《新疆师范大学学报》"现代文化新视角"丛书

丝路文化新聚焦

梁 超 **主编**

社会科学文献出版社
SOCIAL SCIENCES ACADEMIC PRESS (CHINA)

总　序

继全国对口援疆会议和中央新疆工作座谈会召开之后，按照党中央、国务院对新疆工作的总体部署和长远规划，2010 年 5 月，自治区党委在七届九次全委（扩大）会议上明确提出了实现新疆跨越式发展和长治久安的具体战略规划：以现代文化为引领，以科技、教育为支撑，加速新型工业化、农牧业现代化、新型城镇化进程；加快改革开放，打造中国西部区域经济的增长极和向西开放的桥头堡，建设繁荣富裕和谐稳定的美好新疆。这些重要决策和部署，为新疆跨越式发展和长治久安指明了方向，为新疆文化的大发展大繁荣打下了坚实的基础，凸显了文化建设在推进新疆跨越式发展和长治久安中的突出地位和重要作用。《新疆师范大学学报》"现代文化新视角"丛书就是在新的时代背景和战略环境下孕育和催生的。

"现代文化新视角"丛书所收文章均出自《新疆师范大学学报》。《新疆师范大学学报》创刊二十多年来，沐浴了改革开放的春风，在新疆师范大学党委的正确领导下，始终把推动科学发展作为解决一切问题的基础，始终把改革开放作为促进发展的强大动力，以"推进优势学科、凸显民族特色、形成区域风格、参与资政建设"为理念，以"出力作、创名栏、塑品牌，打造期刊核心竞争力"为目标，以提升学报整体质量为生命，以用社会主义先进文化占领意识形态领域的主阵地为己任，体现时代性，把握规律性，突出创造性，不断推动学报文化引领的进程，全面提高学报的主导意识和资政水平，努力使学报成为为自治区跨越式发展和长治久安服务的较高水平的理论平台，成为自治区乃至国家中亚问题研究理论创新的"思想库"和"智囊团",实现了学报又好又快的发展。新疆师范大学的汉文社科学报连续多次被评为"全国百强学报"、"全国民族地区十佳学报"、"新疆期刊奖获奖期刊",并跻身"中文社会科学引文索引(CSSCI)来源期刊"、"中国人文社科学报核心期刊"行列。

《新疆师范大学学报》"现代文化新视角"丛书,从大文化范畴着眼,以现代文化为新的视点和突破口,以解决新疆及中亚最急迫、最紧要的现实问题为诉求,力求站在新的历史起点和时代节点上,坚持正确的舆论导向,服务于自治区党委、人民政府的中心工作,大力推动现代文化研究和现代文化的大发展、大繁荣,充分发挥现代文化兴疆、强疆、富疆、稳疆的重要作用,为自治区经济社会发展提供强大精神动力、智力支持和思想保证,向各族读者奉献优秀的精神文化产品,努力做好推进新疆跨越式发展和长治久安这篇大文章。

"现代文化新视角"丛书主要汇集了学报近几年来具有较高学术水准和显示度的成果,熔铸了国内外作者群的智慧、心血和汗水,是新疆师范大学实施品牌战略和"十二五"科研发展战略的重要举措之一,是《新疆师范大学学报》实行开放办刊和精品战略的主要成果。今后,《新疆师范大学学报》要继续发挥好自身特点和优势,坚持以现代文化为引领,以解决新疆及中亚的重大理论和现实问题为切入点,准确把握自治区大开发、大开放、大发展的时代脉搏和各族读者的新期待、新需求,抢抓机遇,突出主题意识和策划意识,编辑出版更多具有前瞻性、指导性、理论性和针对性的精品力作,把蕴涵在先进文化中的精神力量,真正贯穿到经济社会发展的各个方面和各族群众的生活工作中,为自治区改革发展稳定作出新的贡献,无愧于这个伟大的时代。

《新疆师范大学学报》"现代文化新视角"丛书主编

新疆师范大学党委书记 梁超

2011 年 5 月 18 日

目　录

岁月钩沉：把握文化新脉动

采珠撷玉：挖掘地域新宝藏

瑰丽苍凉：诗意人生新感怀

异彩纷呈：感知艺术新韵律

岁月钩沉：
把握文化新脉动

佛教传入龟兹时间考

霍旭初[*]

摘　要：佛教传入龟兹时间问题，久而未决。文章拟通过中外学者已经发表的观点，并利用已有的新旧材料，开拓思路，从文献记载、文物遗存入手，发掘更深的内涵与背景，对佛教传入龟兹的时间问题作一些考析。经过考析，综合各方学者的意见和观点，得出一些新的概括认识。

关键词：佛教　龟兹　传入时间

佛教传入龟兹时间问题，与佛教传入西域、传入中国内地时间和路线问题紧密相关。它影响到中国佛教史、新疆宗教史、龟兹石窟年代等重要问题的研究探讨。虽然对此问题的探索已有时日，成果也不少，但至今仍有些不够明朗，是学术界久而未决的难题。以往的研究，有的拘泥于文献记载，有的沿袭前贤旧说，有的观点前后抵牾。实际上，此问题还有许多可以拓展的探索空间。本文想利用已有的新旧材料和中外学者研究成果，开拓思路，就此问题发表一些意见。

一

佛教向印度本土以外传播，始于公元前3世纪孔雀王朝的阿育王时代。阿育王进行第三次佛教结集后，就派遣上座向四方传法。到阿育王后期，佛教不但普及印度全境，而且西到地中海东岸，北到克什米尔，南到斯里

* 霍旭初，新疆龟兹研究院研究员。

兰卡及东南亚。此后，以罽宾（克什米尔）为中心，继续向大月氏、康居、大夏、安息和葱岭以东中国西域和中原地区传播。这条传播路线被称之为"北传佛教"路线。

佛教由罽宾向东越过葱岭，于公元前1世纪，首先传入中国西域的于阗。于阗成为西域最早接受佛教的地区，也是佛教继续东传进入中国内地的桥梁。佛教传入于阗的时间问题，有资料可考，已有定论，这里不作详论。但于阗北面近邻的龟兹，何时传入佛教，却是扑朔迷离，众说纷纭，远没有佛教传入于阗那样清楚。由于龟兹地处沟通欧亚大陆交通大动脉——丝绸之路北道的中枢地带，佛教何时传入龟兹涉及丝路北道诸地佛教的传入问题，又与佛教何时、通过何条路线传入中国内地关联着。因此，探讨佛教传入龟兹的问题，实际上也是中国佛教发展史上的重要环节之一。

关于佛教传入龟兹的具体时间，迄今为止尚未发现任何直接可资证明的材料。中外学者所发表的观点多为一种概括论述。中外学者关于佛教传入西域和龟兹的时间与路线有代表性的观点有以下几种。

（一）中国学者

1. 汤用彤《汉魏两晋南北朝佛教史》说：

> 盖在西汉文景帝时，佛法早已盛行于印度西北。其教继向中亚传播，自意中事。佛法来华，先经西域。在汉代，我国佛教渊源，首称大月氏、安息与康居三国。佛教入华，主要者为陆路。……然佛教东渐，首由西域之大月氏、康居、安息诸国。其交通多由陆路，似无可疑。[1]

2. 吕澂《中国佛学源流略讲》说：

> 佛教传入西域，时间要比内地早，但早到什么程度，现在还不能确定。……不过最迟也不会晚于一世纪，因为佛学传入中国是在二世

---

① 汤用彤：《汉魏两晋南北朝佛教史》上册，中华书局，1983，第33、57、59页。

纪中叶，传入内地之前，还应当有个时期在西域流通。①

3. 黄文弼《塔里木盆地考古记》说：

新疆何时始有佛教，现尚无确定说法。就我们所见，两汉遗址，例如轮台湖滩中之西汉旧城，不见有庙宇，沙雅西北沙碛中如大望库木、额济勒克一带之东汉遗址，亦不见有庙宇，由是言之，新疆佛教当起于东汉末季。②

4. 季羡林《佛教传入龟兹和焉耆的道路和时间》说：

佛教传入龟兹，学者们一般都认为早于传入中国内地。公元前某一个时期佛教传入龟兹，从地理条件上来看，龟兹是丝绸之路北道重镇，处于天竺与中国之间。佛教先传入龟兹，完全是顺理成章的。③

5. 严耕望《魏晋南北朝佛教地理稿》说：

佛教由西北陆路传来之传统旧说仍不可易，汤用彤先生详为论证，肯定其事，是也。④

6. 余太山主编《西域通史》说：

龟兹佛教传入的年代和于阗差不多，总在公元二世纪中，它可能是通过它的西邻疏勒传入的。⑤

---

① 吕澂：《中国佛学源流略讲》，中华书局，1979，第39、40页。
② 黄文弼：《塔里木盆地考古记》，科学出版社，1958，第3页。
③ 季羡林：《佛教传入龟兹和焉耆的道路和时间》，《社会科学战线》2001年第2期，第227页。
④ 严耕望：《魏晋南北朝佛教地理稿》，台北，中研院历史语言研究所，2005，第1页。
⑤ 余太山主编《西域通史》，中州古籍出版社，1996，第238页。

7. 吴焯《从考古遗存看佛教传入西域的时间》说：

佛教传入西域的时间为公元二世纪上半叶班勇离开西域之后，在这之前民间可能通过商贾带进一些佛教艺术品，葱岭以西的佛教徒亦可能零星地随商旅进入塔里木盆地，但未流行传开、也未造成影响。[①]

8. 宋肃瀛《试论佛教在新疆的初传》说：

佛教在新疆的始传，不会早于公元二世纪下半叶。[②]

9. 荣新江《陆路还是海路？——佛教传入汉代中国的途径与流行区域研究述评》说：

我认为佛教从西北印度大月氏（今阿富汗和巴基斯坦）经陆路传入汉代中国的说法最为合理。[③]

10. 温玉成《佛教传入路线及早期佛教图像问题》说：

传统的丝绸之路就是佛教初传中国的道路。[④]

（二）国外学者

1. 日本羽田亨《西域文明史概论（外一种）》说：

佛教流行西域始于何时？……在我看来，从文明传播的原则论，

---

① 吴焯：《从考古遗存看佛教传入西域的时间》，《敦煌学辑刊》1985 年第 2 期，第 71 页。

② 宋肃瀛：《试论佛教在新疆的初传》，载《向达先生纪念论文集》，新疆人民出版社，1986，第 423 页。

③ 荣新江：《陆路还是海路？——佛教传入汉代中国的途径与流行区域研究述评》，载《中国中古史研究十论》，复旦大学出版社，2005，第 43 页。

④ 温玉成：《佛教传入路线及早期佛教图像问题》，载《中国佛教与考古》，宗教文化出版社，2009，第 71 页。

必在中国始传佛教之先，西域已经流行佛教。①

羽田亨在另一著作《西域文化史》中进一步说：

> 至于佛教何时起流行于天山南路的西域地方，尚无确证。但从 3 世纪中期有龟兹人白延来魏从事佛典的汉译工作，北魏朱士行到于阗求大乘佛典以及汉译最古佛典中有龟兹语音译或义译的词来看，应在这些汉译佛典之前，即公元 2 世纪以前那里就已经流行佛教了。②

2. 日本羽溪了谛《西域之佛教》说：

> 从地理上之关系而论，佛教之传入龟兹，必较中国为早，殆为当然之理。故佛教传入龟兹之时期，必与佛教传入中国之时即汉明帝时或同时或在前也。③

3. 英国查尔斯·埃利奥特《印度教与佛教史纲》说：

> 目前还不能肯定佛教传入塔里木盆地和通常称之为中亚细亚的其它地区的确切年代。但是大约在基督纪元之时，它必然已经盛行于该地，因为佛教从那里传入中国不晚于公元一世纪中叶。④

4. 日本镰田茂雄《中国佛教通史》说：

> 佛教传入中国的初期，几乎都是从西域地方的陆路而来，到了东晋、南北朝以后，经由南海航路者逐渐增加。⑤

---

① 〔日〕羽田亨：《西域文明史概论（外一种）》，耿世民译，中华书局，2005，第 16 页。
② 〔日〕羽田亨：《西域文化史》，耿世民译，中华书局，2005，第 138 页。
③ 〔日〕羽溪了谛：《西域之佛教》，贺昌群译，商务印书馆，1999，第 184 页。
④ 〔英〕查尔斯·埃利奥特：《印度教与佛教史纲》，李荣熙译，商务印书馆，1982，第 17 页。
⑤ 〔日〕镰田茂雄：《中国佛教通史》第 1 卷，关世谦译，佛光出版社，1985，第 77 页。

以上诸家对于佛教传入西域和龟兹时间的论述，多是以佛教传入中国内地之先必然经过西域为前提的推论。可能限于史料的原因，故而都没有举出比较直接的材料来论证。

国外与我国有的学者在研究佛教传入龟兹问题时，使用了《梁书·刘之遴传》的一条记载："之遴好古爱奇，在荆州聚古器数十百种。……又献古器四种于东宫。……其第三种，外国澡灌一口，铭云元封二年龟兹国献。""澡灌"是佛教洗涤用具，元封二年是汉武帝年号，即公元前109年，故有人认为公元前佛教已传入龟兹。同时举《出三藏记集》中《比丘尼戒本所出本末记序》一段"大法流此（龟兹）五百余年"来印证。① 但有学者对《梁书·刘之遴传》所载表示怀疑，提出了几方面的质疑。主要认为当时龟兹依附匈奴，西域与中原交通阻塞，不存在龟兹朝贡汉朝的可能性。此外，对"大法流此五百年"之说，也认为是后人炫耀佛法长久的心理表述，不足为史凭。②

从上述诸家观点看，佛教传入西域的时间问题都是与佛教向中国内地传播路线问题一起审视的。他们的共同点是：中国内地佛教是通过西域传来的，因此，西域佛教的传入必然要早于内地。持这种观点者，主要从印度向外传播的"北传佛教"路线的走向，印度西北部佛教中心罽宾的地理位置，贵霜王朝的推动，两汉安息、月氏、康居译僧来华及"丝绸之路"的开通等方面，认为中国佛教首先是从陆路传入。持这种观点的代表人物是汤用彤先生。他的"佛法来华，先经西域……佛教入华，主要者为陆路……然佛教东渐，首由西域之大月氏、康居、安息诸国"等论说，代表了主张佛教最早由西域陆路传入中国内地的基本观点。

季羡林先生从语言学角度论述佛教传入中国内地的问题。他对"浮屠"一词的来源进行考证，指出"浮屠"不是来自印度本土的 Buddho，而是来自大夏语，以后又有吐火罗语。季先生将佛教传播路线分为两个阶段，并归纳为一个公式：

印度→大夏（大月支）→中国

① 陈世良：《关于佛教初传龟兹》，《西域研究》1990 年第 2 期。
② 薛宗正：《佛教初传龟兹新考》，载《龟兹学研究》第 2 辑，新疆大学出版社，2007。

buddha→bobo，boddo，boudo→浮屠

印度→中亚新疆小国→中国

buddha→but→佛①

季先生另辟蹊径的论述，对佛教经西域陆路传入中国内地，提供了有力的语言学的支撑。

但是，迄今为止，在新疆范围内尚未发现属于汉代的佛教遗迹，并且《汉书》与《后汉书》没有西域佛教的记载，从而形成了北传佛教路线上的一个时间和空间的空白。这就成为佛教是从海路传入之说的重要理由之一，陆路传播之说受到了挑战。②

主张佛教先从海路传入中国观点的代表人物是梁启超先生，他在《佛教之初输入》中基本否定了佛教传入中国的诸传说，也否定佛教先经陆路的观点。他说：

> 今当研究佛教初输之地之问题，向来史家，为汉明求法所束缚。总以佛教先盛于北。……但举要言之，则佛教之来，非由陆路而由海，其最初根据地不在京洛而在江淮。……汉武平南粤后，大迁其人于江淮；此后百数十年，粤淮交通当甚盛。故渡海移根之佛教，旋播莳于楚乡。③

近年关于佛教传入中国的路线和内地汉代一些佛教造像的辩论比较活跃，其中一个重要因素，也是与新疆佛教遗迹的年代问题紧密关联的。关于佛教传入中国路线问题的论争，已有很大进展与收获，"陆路"传统观点得到有力的支持和维护，这对探讨佛教传入龟兹时间与路线等问题，大有裨益。④

---

① 季羡林：《再谈"浮屠"与"佛"》，载《佛教十五题》，中华书局，2006，第 109 页。
② 荣新江：《陆路还是海路？——佛教传入汉代中国的途径与流行区域研究述评》，载《中国中古史研究十论》，复旦大学出版社，2005。
③ 梁启超：《饮冰室专集》，载《佛学研究十八篇》，中华书局，1989，第 25、26 页。
④ 荣新江：《陆路还是海路？——佛教传入汉代中国的途径与流行区域研究述评》，载《中国中古史研究十论》，复旦大学出版社，2005；温玉成：《"早期佛教初传中国南方之路"质疑》，载《中国佛教与考古》，宗教文化出版社，2009。

二

　　佛教传入龟兹时间问题实际上是佛教传播方式与传播条件的问题，在这个问题上进行过比较深入探讨的是荷兰学者许理和（E. Zürcher），他首先根据汉代中国佛教的具体情况认为：

　　　　汉代佛教是一个综合现象，它至少由三个非常明确的部分组成。其一，以宫廷为中心的混合崇拜；其二，以最初的僧伽为核心的规范化佛教；其三，中国本土的信仰和宗教崇拜对佛教因素广泛和盲目地吸收。①

许理和的论点实际就是佛教传播的条件问题。他认为佛教传播首要条件是：僧伽是佛教传播的核心因素，没有这个核心，佛教就失去社会基础。佛教的传播实际上就是僧团——寺院在传播，而一个僧团必然要有一个供养僧团生活的根据地。许理和说：

　　　　它或是一个发达的农业区，或是一个大城市，或是一个商镇。总之是富户多的地方。那些富户一旦皈依佛教，便成为"施主"（dānapati），即支持僧伽的善男信女。这种创立新僧团的活动不断地、机械地、盲目地重复无数次，成为推动佛教僧院组织扩张的动力。②

　　许理和还指出，僧团在经济上是寄生的，因而，大寺院只有在城市才能实现，必须有城市做基础。许理和将以上佛教传播条件归纳为三个特点：接触传播、保护人（皇家供养人）和城市背景。

　　根据考古发现，公元 1～2 世纪间，佛教从西北印度阿富汗东部发展到北面的巴克特里亚和粟特地区。那里是深受希腊文化影响的发达地区，已

---

① 〔荷〕许理和：《汉代佛教与西域》，吴虚领译，载任继愈主编《国际汉学》第 2 辑，大象出版社，1998，第 292 页。
② 〔荷〕许理和：《汉代佛教与西域》，吴虚领译，载任继愈主编《国际汉学》第 2 辑，大象出版社，1998，第 300 页。

经有大的中心城市。在这里发现许多早期佛教寺院遗址，其中最早的为公元2世纪初。但是，在同一时期的塔里木盆地，却没有发现佛教遗迹。

今天的新疆，虽然在当时充当了佛教传播的通道，但是很明显，那里的绿洲没有那么早就建立起佛教。①

塔里木盆地最早的佛教艺术品发现于和田与鄯善。但时代没有早于公元3世纪的。这就是说，公元1~2世纪，在整个塔里木盆地还没有形成大的中心城市，还不具备佛教传播的社会基础条件。

佛教文献与遗迹都表明，公元3世纪，西域佛教已比较兴盛。但1~2世纪的佛教资料非常匮乏，对这个时期佛教"空白"的原因，长期以来始终没有令人满意的解答。许理和在这方面作了有益的探索。他用《汉书》与《后汉书》西域人口的记载对比，举出古代新疆9个绿洲国家，出现了人口爆炸，百年间居民数量平均增长了5倍②。许理和说：

中国式的密集灌溉农业通过中国军事屯田传到中亚。……由原始农业向高度发达的绿洲农业转变的过程中，屯田制度起了刺激作用（甚至是决定作用）。我们通过比较《汉书》和《后汉书》的人口数据而作出的判断如果成立，那么，下一个推论就是：屯田——人口增长的整个过程的高潮发生在公元2世纪初。这样我们就能够解释为什么佛教在西域出现会如此之晚。公元2世纪，西域农业所发生的质的变化以及人口爆炸式地增长，为城市的出现、商业的发达以及富有的城市贵族的形成，铺平了道路，从而具备了建立僧院佛教的条件，终于在公元3世纪中塞林底亚（西域）的佛教真空被打破，留下了米兰

---

① 〔荷〕许理和：《汉代佛教与西域》，吴虚领译，载任继愈主编《国际汉学》第2辑，大象出版社，1998，第302页。

② 许理和举《汉书》与《后汉书》西域9个国家做比较：《汉书》载九国人口户数为14311户，一个世纪后，《后汉书》记载人口户数为83123户，增长了580%（注：原文计算有误，应为480%）。其中于阗由3300户增到32000户；焉耆由4000户增到15000户；疏勒由1510户增到21000户，是增长最多的国家。由于《后汉书》没有龟兹的人口户数，故没有增长的具体数字，但《汉书》所记龟兹户数为6970户，为西域人口大国。如按增加5倍算，可高达34850户（注：原文计算有误，应为41820户）。与于阗、焉耆、疏勒等同属西域人口大国之列。

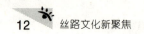

和楼兰早期的、还十分质朴的佛教建筑。①

用许理和的观点就是公元 2 世纪前，西域仅仅是佛教的经过地，而不是"接触佛教"。虽然西域很早就存在东西方交通路线，但在佛教传播上仅仅扮演了一个中间通道的角色。许理和的观点具有启发性，至少从北印度到中国内地的"北传路线"上，在西域这个环节上，有了比较合理的时间解释。

这个问题取得进展，对佛教传入龟兹的路线问题，也有所启示。不管是佛教"远程传递"还是"接触传播"，在传播线上都要有能维持僧侣生活、建立僧团和佛教流通传播的条件。尤其是"接触传播"需要取得驻留弘法、产生僧伽的必备条件。这样，佛教传播路线自然要依附经济贸易活动的路线。从"丝绸之路"开辟后形成的比较固定的路线看，佛教越过葱岭后，首先在疏勒"旱三角洲"形成通往塔里木盆地北缘的中枢地。然后继续向巴楚、姑墨、龟兹推进。疏勒佛教早于龟兹是有资料为据的。玄奘《大唐西域记》卷一"迦毕试国·质子伽蓝"条曰：

> ……闻之耆旧曰：昔健驮逻迦腻色迦王威被邻国，化洽远方，治兵广地，至葱岭东，河西蕃维畏威送质。迦腻色迦王即得质子，特加礼命寒暑改馆，冬居印度诸国，春、秋止健驮逻国。故质子三时住处，各建伽蓝，今此伽蓝即夏居之所建也。②

上述向迦腻色迦献质子的葱岭以东的国度，即有疏勒。据《后汉书·西域传》载，疏勒国曾有疏勒王安国之舅臣盘在月氏王充质子，安国死后，还疏勒为王，疏勒佛教发展当会有其推动之功。此事与《大唐西域记》所载应该是吻合的。时间也相差不多，即在公元 2 世纪初。③ 由此可知，公元 2 世纪上半叶，疏勒已是葱岭以东一个重要国度，且已信仰佛教。佛教以此为塔里木盆地的桥头堡，向东传播发展是顺理成章的。

---

① 〔荷〕许理和：《汉代佛教与西域》，吴虚领译，载任继愈主编《国际汉学》第 2 辑，大象出版社，1998，第 308 页。

② 《大唐西域记》卷一，上海人民出版社，1977，第 24 页。

③ 〔日〕羽溪了谛：《西域之佛教》，贺昌群译，商务印书馆，1999，第 201 页；吴焯：《佛教东传与中国佛教艺术》，浙江人民出版社，1991，第 156～157 页。

三

依据文献所载，公元 3 世纪末开始已有龟兹佛教徒到中原翻译佛经。明确记载为龟兹人的有三则：

（一）太康五年（284）十月十四日，菩萨沙门法护于敦煌从龟兹副使羌子侯（也有作美子侯的）得此梵书《不退转法轮经》（即《阿惟越致遮经》），口敷晋言，授沙门法乘使流布，一切咸悉闻知。①

（二）太康七年（286）八月十日，敦煌月支菩萨沙门法护手执胡经，口宣出《正法华经》二十七品，授优婆塞聂承远、张仕明、张仲政共笔受……九月二日讫。天竺沙门竺力、龟兹居士帛元信共参校，元年二月六日重复。② 同年十一月二十五日竺法护译出《光赞般若经》，元康七年（297）竺法护译出《渐备一切智经》，以上二经翻译时，帛元信也都参与协助。③ 太始二年（266）天竺菩萨昙摩罗察译《须真天子经》，帛元信参与口传此经。④

（三）宁康元年（373）……凉州刺史张天锡在州出此《首楞严经》。于时有月支优婆塞支施仑手执胡本。……出《首楞严》、《须赖》、《上金光首》、《如幻三昧》……时译者龟兹王世子帛延善晋胡音。延博解群籍，内外兼宗。⑤

以上三人的身份非常引人注目。羌子侯是龟兹副使，帛元信是居士，帛延是龟兹王世子，三人均不是出家的僧人，都是在家的佛教信徒，但他们谙熟梵、胡（西域）语佛经，且能用汉文进行翻译。兹对此三人身份略作考析。

羌子侯为龟兹副使。副使，古代中国职官。汉至明清都有设置，但官位、职权、职责在不同朝代有很大变异。副使一般是正使或使臣的副手，但有的朝代专门设副使一职。汉代已有副使一职。其职责不一，有的副使

---

① 《出三藏记集》卷七《阿惟越致遮经记》，中华书局，1995，第 274 页。
② 《出三藏记集》卷八《正法华经记》，中华书局，1995，第 304 页。
③ 《出三藏记集》卷九《渐备经十住梵名并书述》，中华书局，1995，第 332 页。
④ 《出三藏记集》卷七《须真天子注记》，中华书局，1995，第 267 页。
⑤ 《出三藏记集》卷七《首楞严经后记》，中华书局，1995，第 271 页。

受命领兵征讨，执掌军事大权。《汉书·常惠传》载："惠与吏士五百人俱至乌孙，还过，发西国兵二万人，令副使发龟兹东国二万人，乌孙兵七千人，从三面攻龟兹。"① 有的副使是执行特殊任务临时任命的外交使臣。两汉时期，西域与汉朝关系紧密，交往频繁。西域诸国也设有主事外交的使臣。经常向汉王朝派驻使臣，以副使身份出使的，也多见于史籍。近年公布的 20 世纪 90 年代在敦煌悬泉出土的汉简中，有相当多关于西域诸国派使者和副使与中原汉王朝交往的记录。编号Ⅰ90DXT0116②：15 汉简载"以食守属孟敢送自来鄯善王副使者卢□等再食西"。编号Ⅱ90DXT0213③：122 汉简的记载更为丰富，"二月甲午以食质子一人鄯善使者二人且末使者二人莎车使者二人扜（于）阗使者二人皮山使者一人疏勒使者二人渠勒使者一人精绝使者一人使一人拘弥使者一人/乙未食渠勒副使二人扜（于）阗副使二人贵人三人拘弥副使一人贵人一人莎车副使一人贵人一人皮山副使一人贵人一人精绝副使一人/乙未以食疏勒副使一人贵人三人凡卅四人"②。以上汉简系悬泉置接待西域使团的记录。第二支汉简记录了甲午、乙未两天就接待了 10 个国家的各类使节，人数达 34 人。其中有质子、使者、副使、贵人等，都是地位较高的人士。这些汉简的时代，大致在汉宣帝（前 73～前 49）时期。③ 汉宣帝时期龟兹与汉王朝关系也极为密切，龟兹王绛宾娶乌孙公主弟史并在龟兹宫室推行汉宫礼仪。虽然悬泉汉简未见龟兹使团活动的记载，但类似的交往亦为频繁。羌子侯以副使身份出使敦煌，就是一个例证。从以上分析，羌子侯当为龟兹国的高级官员，出使敦煌时，携带梵文《不退转法轮经》，显然是一位虔诚的佛教信徒。

帛元信，龟兹居士，是竺法护在敦煌译经的又一位来自龟兹的助手。一般都仅将在家的佛教徒称为居士。佛教界称男居士为优婆塞，女居士为优婆夷。但在印度和西域早期佛教中，居士常与长者、富豪混同。隋慧远《维摩义记》曰："居士中尊断贪著者居士有二：一广积资产，居财之士名为居士。二在家修道，居家道士名为居士。"④ 帛元信在敦煌协助竺法护翻译了三部经，除了汉文水平很高外，恐也是一位富有的"居财之士"。这

① 《二十五史》1，《汉书》卷七十，上海古籍出版社、上海书店，1986，第 278 页。
② 张德芳《从悬泉汉简看楼兰（鄯善）同汉朝的关系》，《西域研究》2009 年第 4 期，第 9 页。
③ 张德芳《从悬泉汉简看楼兰（鄯善）同汉朝的关系》，《西域研究》2009 年第 4 期，第 9 页。
④ 《维摩义记》卷一，《大正藏》第 38 册，第 441b 页。

说明龟兹的经济已较发达，有富豪往来于东西方，并长期居住内地经营。且这些人亦是精通汉文的佛教徒，能参与竺法护多部的译经，其汉语水平之高，可想而知。

帛延，龟兹世子。古代天子、诸侯的嫡长子称为世子。根据龟兹王族姓帛，帛延不是龟兹王的嫡子就是王族的嫡子，属于龟兹皇族身份。帛延在凉州参与支施仑翻译《首楞严》、《须赖》、《上金光首》、《如幻三昧》等佛经。帛延"善晋胡音"、"博解群籍，内外兼宗"，是龟兹皇族中，既善汉文又通"胡音"（包括梵音），博览群书学识高深的"皇家"高级佛学家、译经家。

以上三人是龟兹早期造就的佛教高级知识分子的突出代表。与帛延同时代龟兹还有佛图舌弥，不久又涌现出中国佛经翻译大师鸠摩罗什。这些都反映出 3 世纪末 4 世纪初龟兹佛教已经有了深厚的社会基础。这样的基础没有较长时期的酝酿、发展、成长的过程是不可能完成的。按许理和教授的论述，这些佛教翻译家和佛教大师的出现，必定是龟兹具备了经济、城市、供养人、僧团等的条件。尤其是龟兹翻译家有很高的汉文水平，更不是短时间能达到的事，而是有更深层的文化发展背景。所有这些告诉我们，至少公元 2 世纪初佛教已经开始在龟兹传播、生根。经过一个多世纪突飞猛进的发展，至 3 世纪龟兹已经成为丝路北道佛教文化的中心地。

四

4 世纪下半叶，龟兹佛教的繁盛和译经事业的突出成就，已在中原产生深刻影响，在中原佛教文献中，记录龟兹佛教情况的内容开始出现。特别是龟兹佛教遵奉的小乘戒律，颇为中原佛教仰慕。东晋简文帝时（371～372）有内地僧人赴龟兹求佛经。《出三藏记集》卷二《比丘尼大戒》注载："简文帝时，沙门释僧纯与西域拘夷（龟兹）国得胡本，到关中，令竺佛念、昙摩持、慧常共译出。"① 同书卷十一《比丘尼戒本所出本末记》记此《比丘尼大戒》于己卯（379）译出。

重要的是《比丘尼戒本所出本末记》记录了龟兹当时佛教的盛况：

拘夷国寺甚多，修饰至丽。王宫雕镂，立佛形象，与寺无疑。有

---

① 《出三藏记集》卷二，中华书局，1995，第 46 页。

寺名达慕蓝，百七十僧。北上寺名致隶蓝，六十僧。剑慕王新蓝，五十僧。温宿王蓝，七十僧。右四寺佛图舌弥所统。寺僧皆三月一易屋、床坐，或易蓝者。未满五腊，一宿不得无依止。王新僧伽蓝，九十僧。有年少沙门鸠摩罗，乃才高大，明大乘学，与舌弥是师徒，而舌弥阿含学者也。阿丽蓝，百八十比丘尼。输若干蓝，五十比丘尼。阿丽跋蓝，三十尼道。右三寺比丘尼统，依舌弥受法戒。比丘尼，外国法不得独立也。此三尼寺，多是葱岭以东王侯妇女，为道远集斯寺，用法自整，大有检制。亦三月一易房，或易寺。出行非大尼不行。多持五百戒，亦无师一宿者辄弹之。①

上述记载告诉我们，公元 4 世纪龟兹佛教寺院林立、僧尼众多、戒律严格、大小乘兼宗，并涌现出名僧大德，而且是葱岭以东佛教重地。这些描述，足以说明龟兹佛教已经达到很高的程度，其寺院规模恐不比当时印度、罽宾等一些寺院逊色。

又据《出三藏记集》卷十四《鸠摩罗什传》载："什于疏勒国诵《阿毗昙六足》诸论、《增一阿含》。及还龟兹，名盖诸国。时龟兹僧众一万余人，疑非凡夫，咸推而敬之，莫敢居上。"② 1 万余僧众在西域诸绿洲国中，是相当可观的。

龟兹佛教繁荣的最重要、最丰富的历史实证，是遍布今新疆库车、拜城、新和一带的十余处 600 多个洞窟的石窟群。其中克孜尔石窟是龟兹开凿最早的。经过学者多年研究考证，并采用 C_{14} 测定方法，克孜尔早期洞窟开凿时间大约在公元 3 世纪末。这与上述龟兹佛教的发展、繁荣是完全可以相互印证的。

龟兹石窟是龟兹佛教考古学的重要遗存。龟兹石窟年代的研究对龟兹佛教的传入、发展、兴盛和对中原的传播影响，都有十分重要的意义。但目前还没有准确的结论。已发表的观点，众说纷纭。在龟兹石窟年代问题上，我们不可囿于某些权威或传统之说。龟兹石窟年代问题目前受制于两个论点：一是德国人的风格论，德国人将克孜尔石窟时代定得很晚，所谓最早的"第一种画风"，定在公元 5 世纪前后；二是我国学术界有代表性的意见是在公

---

①　《出三藏记集》卷十一，中华书局，1995，第 410～411 页。

②　《出三藏记集》卷十四，中华书局，1995，第 531 页。

元 4 世纪中期。这两种意见在中外学术界有广泛的影响。尤其是德国学者的意见在世界范围内流行时间很长。由于这两种意见出于学术权威之手，故影响力很强。其他关于龟兹石窟的分期意见往往被轻视。因而，在克孜尔石窟年代分期研究上，大有"不敢越雷池一步"之感。其实，北京大学宿白先生提出的克孜尔石窟分期意见，有许多学者没有全面领会其含义。宿白先生在《克孜尔部分洞窟阶段划分与年代等问题的初步探索》中，提出克孜尔石窟可分三个阶段，他指出："看来，第一、二阶段是克孜尔石窟的盛期，最盛期可能在四世纪后期到五世纪这一时期之间。第一阶段之前，似乎还应有一个初级阶段。"宿白先生的意思是非常清楚的：克孜尔第一、二阶属于盛期，那么盛期之前，还有一个早期阶段，克孜尔开凿时间当然是在早期。但很少有人注意这个意见。许多人都将第一阶段当做克孜尔石窟开凿之始，进而固守龟兹石窟开凿在 4 世纪之说。

对于上述观点，国内外学术界早有议论，也有不同意见发表。特别值得注意的是，德国当代学者已经出现修正德国传统意见的声音。德国柏林亚洲艺术博物馆原馆长雅尔狄兹教授已经对德国传统观点提出修正，她说：

> ……然而今天根据新的自然科学的知识，尤其是根据放射性 C_{14} 测定分析结果，这个假设（指瓦尔德施密特代表的德国传统观点）的年代顺序必须予以修正。为此，日本、中国和德国的考古学家和艺术史学家们在过去十年中根据 C_{14} 对壁画和木雕的鉴定证明，人们必须另辟新径，使以前关于历史年代顺序的说法得到相应的修改。[1]

近年中国、日本、德国在龟兹石窟采集样本进行 C_{14} 测定的大量数据表明，早期开凿的洞窟年代在公元 3 世纪初，有的还要早。我国取得的 C_{14} 的数据有好几个年代在公元 2 世纪前后。C_{14} 测定数据有很大的误差和伸缩性，只能提供参考。但早期洞窟所反映的佛教理念、题材内容、绘画风格、人物造型、图案装饰等也都接近早期佛教的特征，C_{14} 测定数据可以提供重要的佐证。关于龟兹石窟与龟兹佛教的关系及石窟壁画题材内容所反映的龟兹佛教思想等诸多问题，还有很大的研究探索空间，这些问题都与佛教传入龟兹时间问题紧密相关。国外学者的所谓"权威观点"长期影响

---

[1] 《新疆佛教艺术》，中译本序，新疆教育出版社，2006。

龟兹佛教历史和艺术等问题的开展，制约着佛教传入龟兹时间问题的探讨。充分利用文献与考古资料，开展多方面、多层次的研究，龟兹石窟年代问题与佛教传入龟兹时间问题，定会取得突破性的进展。

五

《汉书·西域传》和《后汉书·西域传》没有古代塔里木盆地诸国佛教的记载，成为一些学者认为佛教无涉龟兹等地的主要论据之一。这种机械、教条、简单的认识问题，是不可取的。《汉书》与《后汉书》成书的历史背景、作者意识和编撰特点，也是值得开拓思路去探讨分析的。

假如说塔里木盆地当时确实没有佛教流传，两书作者无证可引因而不载，那么此时佛教已相当繁盛的大月氏、安息、康国、罽宾等国，为何不作记录？大月氏于公元前就已接触佛教，至贵霜王朝第三代国王迦腻色迦时期，佛教已达十分兴盛的程度，迦腻色迦是佛教的大力倡导者，在吸收希腊艺术成分下，创造出著名的犍陀罗佛教艺术。同时，大量的佛教僧人东越葱岭，到中原传播佛教，翻译佛经。大月氏是佛教东传的重要推动者。《魏略·西戎传》记载："汉哀帝元寿元年（公元前2年）博士弟子景卢受大月支王使伊存口授《浮屠经》。"这是佛教学术界公认的佛教最初传入中国的记载。近代在巴基斯坦和阿富汗古代大夏（巴克特里亚）地区发现的希腊文和阿拉美文阿育王石柱，表明公元前3世纪，佛教已在这一地区普及。近年又在阿富汗地区出土大量佛教雕像和犍陀罗语佛教文献等文物，证明贵霜王朝时期佛教的盛况。

安息国亦在公元前已是佛教兴盛之地。最先来华传播佛教的即是安息人安世高，其为安息国王之太子，弃王位而出家。于东汉桓帝建和二年（148）来到洛阳。安世高翻译了30余部小乘经典，大多属于"说一切有部"的"禅法"，反映出安息盛行小乘佛教的背景。

康国亦是中国佛教的策源地之一。汉灵帝中平四年（187）康国僧人康臣来华翻译《问地狱事经》，以后康孟详、康僧会等康国高僧来中原译经，其所译佛经，对中原佛教具有开创性作用。罽宾佛教渊源更久，此地一直是佛教重要基地，是北传佛教东进的桥头堡。

《汉书》与《后汉书》都有上述诸国的简要记载，然都不及佛教。因此可以认为，《汉书》与《后汉书》作者似为有意回避或忽略了这些国家的佛教的存在。

对于这种情况，已有学者给予评说，余太山先生指出：

> 两汉魏晋南北朝正史"西域传"记述的出发点从来就不是西域或西域诸国本身，而是中原王朝经营西域的文治武功，这就决定了"西域传"的性质；"西域传"编者以专制主义政教礼俗为核心的意识形态则在很大的程度上决定了资料的裁剪、取舍，诸传体例雷同、概念因袭、内容重复也就在所难免。……在《汉书·西域传》和《后汉书·西域传》中，葱岭以东诸国所占篇幅超过了葱岭以西诸国，成为记载葱岭以东地区情况最详细的两篇传记。这是因为两汉魏晋南北朝时期，唯独两汉真正统治过西域（主要是葱岭以东）。但是，细读有关文字，不难发现涉及塔里木盆地周围诸国本身的内容少的可怜，大量的篇幅用于叙述这些绿洲国家和两汉中央、地方政府的关系，且多涉及与匈奴的斗争。因此，即使说这些绿洲国家本身不是"西域传"编者的主要兴趣之所在亦不为过。①

除了以上分析的原因外，编者的思想取向对《汉书》与《后汉书》的影响，也是值得注意的。《汉书》编者班固，出生于世代显贵的富豪家庭，其父班彪，为当时著名儒学大师。班固继承班家儒学传统，将儒学观念贯穿于他的史学著作中。班固曾批评司马迁《史记》："论大道则先黄老而后六经，序《游侠》则退处士而进奸雄，述《货殖》则崇势利而羞贱贫，此其蔽也。"② 这充分表现出班固传统史学的顽固立场。历来学者对班固多有微词，宋代沈括说："凡《史记》次序说论，皆有所指，不徒为之。班固乃讥迁'是非颇谬于圣贤'，论甚不惭。"③ 建初四年（79）汉章帝在白虎观召开一次儒家代表人物讲论五经异同的会议，汉章帝亲临会议裁决以成定论。班固奉帝命，将会议内容整理编成《白虎通义》一书。此书完整、系统地将儒学推向更高的理论化，代表了当时封建帝王的"正统思想"。这种思想必然大量地反映在《汉书》里。显然，班固是站在汉朝儒家思想

---

① 余太山：《两汉魏晋南北朝正史西域传研究》绪说，中华书局，2003，第1~2页。
② 《汉书·司马迁传》，上海古籍出版社、上海书店，1986，第255页。
③ 《梦溪笔谈·补笔谈卷一》，岳麓书社，2002，第213页。

立场上看待"夷地夷族"的，他对待儒家传统以外的其他宗教和异域意识形态，采取轻贬态度或不是"主要兴趣之所在"，就不足为奇了。

综合以上分析，《汉书》与《后汉书》不载西域佛教事迹的缘由就可以理解了。对此余太山先生说："《汉书·西域传》不载西域佛教事情不能成为传文描述时代佛教尚未传入西域之默证。"① 这个结论是比较中肯的。

六

通过以上考察分析，佛教传入龟兹的时间问题，大致可以形成如下几点看法。

（一）佛教传入中国的路线"陆路"早于"海路"。佛教从印度西北部越葱岭，经塔里木盆地（即"丝绸之路"南北道），进入中国内地，这是最早、最主要的路线。西域是佛教东传的必经之地。

（二）佛教传播需要必备的条件和社会基础：城市经济、供养者和僧团组织。西汉时塔里木盆地诸绿洲国，尚未形成这些条件和基础。故佛教主要是从那里经过。或许有部分僧侣留驻传教，但尚不成气候。

（三）由于汉朝对西域的经营，屯田与灌溉的施行，促进塔里木盆地绿洲农业发达，这些国家出现了人口大"爆炸"。从《汉书》与《后汉书》对照，西域诸国人口普遍增长 5 倍多。人口猛增、经济发展、城市形成、商人出现、财富聚集，为佛教传播提供了必备的生存与发展的条件。

（四）龟兹是塔里木盆地北沿的大绿洲，自然条件优越，人口较多。在西域开发经营中，很快发展成西域大国。佛教在公元前即经过龟兹向中国内地传播。随龟兹的发展，佛教在龟兹落地生根，经过一个多世纪的迅猛发展，至公元 3 世纪龟兹成为西域佛教重要中心地之一。

（五）《汉书》与《后汉书》作者，出于其立场、理念和著书的目的等原因，忽视、舍弃佛教记载也是完全可能的。《汉书》与《后汉书》不载西域佛教，不等于西域不存在佛教，不能成为佛教尚未传入西域的默证。

本文摘自《新疆师范大学学报》（哲学社会科学版）

2010 年第 1 期

---

① 余太山：《两汉魏晋南北朝正史西域传研究》，中华书局，2003，第 384 页。

前秦与西域东部关系考

李　方*

摘　要：前秦统治者本姓蒲，后应图谶改姓苻，建立国家。前秦与西域东部的关系可分作两个阶段：第一阶段前秦通过前凉间接统治西域，历时大约20年（356~376）；第二阶段前秦直接统治西域，历时大约10年（376~386）。前秦设置郡县、任命官吏、行用年号，对西域东部行使了有效管理。在此政治背景下，亦开创了氐族与西域民族交流的新篇章。

关键词：前秦　西域东部　民族交流

东晋永和七年（351），氐人苻健建立秦国，史称前秦。苻氏祖先居武都，后徙略阳郡临渭县（今甘肃天水东北），史称略阳氐人。① 武都乃白马氐所在地，其郡为汉武帝时所建，② 是苻氏乃白马氐之后。苻氏本不姓苻而姓蒲。《晋书》卷112《苻洪载记》云："其先盖有扈之苗裔，世为西戎

＊　李方，中国社会科学院中国边疆史地研究中心研究员。

① 《艺文类聚》卷82引《秦记》云："苻洪之先居武都。"《晋书》卷112《苻洪载记》云："苻洪字广世，略阳临渭氐人也。"苻洪乃苻健之父。二书即分别记载了苻氏祖辈先居武都，后徙略阳，为略阳氐人的历史。马长寿先生说："氐族的原始分布地在甘肃的东南部，汉武都郡一带。"魏晋时"除了武都、阴平二郡原有的一个分布中心外，在关中和陇右又形成两个分布中心"。陇右的"氐人分布中心在陇右的天水（即汉阳）、南安、广魏（即略阳）三郡"。马长寿：《氐与羌》，广西师范大学出版社，2006，第8、32、33页。

② 《后汉书》卷116《西南夷传》："白马氐者，武帝元鼎六年（公元前111）开，分广汉西部，合以为武都。"《魏书》卷101《氐列传》："氐者，西夷之别种，号曰白马。三代之际，盖自有君长，而世一朝见，故诗称'自彼氐羌，莫敢不来王'也。秦汉以来，世居岐陇以南，汉川以西，自立豪帅。汉武帝遣中郎将郭昌、卫广灭之，以其地为武都郡。自汧渭抵于巴蜀，种类实繁，或谓之白氐，或谓之故氐，各有侯王，受中国封拜。"

酋长。始其家池中蒲生，长五丈，五节如竹形，时咸谓之蒲家，因以为氏焉。"是蒲氏因家中有巨蒲而姓。《苻洪载记》接云："永和六年，帝以洪为征北大将军、都督河北诸军事、冀州刺史、广川郡公。时有说洪称尊号者，洪亦以谶文有'艹付应王'，又其孙坚背有'艹付'字，遂改姓苻氏。"是蒲氏改为苻氏，乃应谶文而为。有学者认为，"氏族苻氏本旧姓，载记背有草付字改姓之说，显出附会"①。说之有理。苻坚之背是否有"艹付"字，确实不必当真，此当为了"王权神授"的舆论而制造的神话。不过，我们亦不能据此以为此氏本不姓蒲，而姓苻。氏族旧有苻姓不假，如《三国志·蜀书·后主传》载，建兴十四年（236）"徙武都氐王苻健及氐民四百余户于广郡"；《晋书·李特载记》载，永康元年（300），李特弟庠率氐苻成等四千骑归赵钦（广头）。这些氏族苻姓计其年代皆在永和六年（350）以前。但是，氏族原有苻氏，并不等于苻洪家族原姓苻。苻洪之"父怀归，部落小帅。……属永嘉之乱，乃散千金，召英杰之士访安危变通之术。宗人蒲光、蒲突遂推洪为盟主"②，是苻洪先辈为部落小帅，并非统领氏族的大部落酋长，氏族原有苻姓并非一定出自他家。③永嘉之乱后，洪才被推为盟主，推之者蒲光、蒲突等宗人皆姓蒲。《十六国春秋辑补》"前秦·苻健"："健生之夜，洪梦族曾氏王蒲健谓之曰，是儿兴家门，可以吾名字之"，是其族曾氏王健亦姓蒲。《晋书·苻生载记》载："初，生梦大鱼食蒲，又长安谣曰：'东海大鱼化为龙，男便为王女为公。问在何所洛门东。'东海，苻坚封也，时为龙骧将军，第在洛门之东。生不知是坚，以谣梦之故，诛其侍中、太师、录尚书事鱼遵及其七子、十孙。"胡三省在《资治通鉴》卷100穆帝升平元年（357）"秦主生梦大鱼食蒲"下注曰："苻氏，本蒲家也，故以梦鱼食蒲为异。"苻生乃苻洪之孙。若苻生本不姓蒲，苻生就不必惧此谣梦，害怕大鱼食蒲，而诛鱼遵及其七子十孙了。可见苻氏本姓蒲，后改之。周一良先生针对此事指出："利用图谶以

---

① 姚薇元：《北朝胡姓考》（修订本），中华书局，2007，第365页。
② 《晋书》卷112《苻洪载记》。
③ 姚薇元先生指出，建兴十四年（236）武都氐王苻健，时在蜀汉，非苻洪之子。《北朝胡姓考》（修订本），第267页，注2。田余庆先生："氏族从来不是全族基本聚居在一起的民族。他们往往是分散成较小的群体而生活，各有君长，互不统属，住地不一定相联。"《东晋门阀政治》，北京大学出版社，1989，第244～245页。

附会姓名，乃后汉以来旧习，至南北朝未变。"① 蒲氏改姓在晋永和六年（350），第二年，苻健即宣布建立秦国。

前秦建立后，灭前燕，亡前凉，灭代国，进军西域，几十年间基本上统一了北方。然而，由于统一全国的时机不成熟，在南伐东晋的淝水战中战败，并由此转衰，公元 394 年被属下姚氏建立的后秦取代。共传七主，存 44 年（351～394）。

前秦与西域东部的关系可以分作两个阶段：第一阶段是前秦通过前凉间接统治西域的时期，历时大约 20 年（356～376）；第二阶段是前秦直接统治西域的时期，历时大约 10 年（376～386）。第一阶段为前秦氏族进入西域打下了基础，第二阶段为前秦氏族与西域东部民族直接交流、杂居、融合创造了条件。

一

第一阶段，前秦通过前凉与西域建立名义上的间接臣属关系。

前秦建国之初，以长安关中为根据地，势力未及西域，而前凉自张轨西晋永宁元年（301）出任凉州刺史，至东晋孝武帝太元元年（376）八月被秦灭亡，76 年间五世九主②皆任凉州刺史（或牧或王），管辖河西和西域东部，其势力最盛时期还统治了整个西域。

---

① 周一良先生此文前有"苻洪载记谓洪以谶文有草付应王，遂改姓为苻"一句。《魏晋南北朝史札记》"《晋书》札记""五胡次序，无汝羌名"条，中华书局，1985，第 113 页。又，杨茂盛先生认为："这次改姓有两层含义：其一，由改姓的原因可知，从苻洪起，苻氏为王族，即氏族中的贵族；其二，新的苻氏宗族成立了，以前的蒲氏如蒲光、蒲突等蒲氏家族就不包括在内了。"载其著《中国北疆古代民族政权形成研究》，黑龙江教育出版社，2004，第 130 页。然蒲光、蒲突等蒲氏家族是否不包括在苻氏宗族内，恐怕难以断定。

② 九主为：张轨、张寔、张茂、张骏、张重华、张耀灵、张祚、张玄靓、张天锡。五世为：张轨、张寔和张茂（二人为兄弟）、张骏、张重华和张祚及张天锡（三人为兄弟）、张玄靓和张耀灵（二人为兄弟）。据《资治通鉴》卷 103 晋简文帝咸安元年（371）四月条载，前秦苻坚警告前凉末主张天锡："无使六世之业一旦而坠地也！"此处称"六世"。胡三省注云："自张轨保据河西，至天锡凡九主。今言六世者，不以耀灵、祚、玄靓为世数。"王素先生曰："但此三人中，仅祚篡位无谥号，可以不算。耀灵虽谥哀公，却仅在位一月，姑且亦不算。玄靓谥冲公，在位长达九年，似不能不算。因疑苻坚所称之'世'，实指世代、世系之'世'。前凉共传五世，苻坚计算，可能误多一世。"（《高昌史稿·统治篇》，文物出版社，1998，第 107 页）今取其说。

　　前秦与前凉之间的交通"肇始于张骏与苻洪。……但当时,前秦尚未建立,前凉亦未与之为邻。……此后,前凉与前秦的交通,前凉一方为张玄靓、张天锡,前秦一方为苻生、苻坚,据记载至少有七次"①。这七次交通都与前秦迫降、封授前凉有关,若不以一来一往双向计算而以事件计算,前秦迫降、封授前凉共有四次,除一次拒绝之外,前凉三次均接受了前秦的迫降和封授,只不过,前两次是名义上的,后一次是真正降秦,并被前秦所灭。而这三次迫降和封授,都直接涉及西域东部,使前秦成为间接统治西域东部的统治者。

　　第一次是在东晋永和十二年(356)二月。

　　是年二月,苻生得知凉王张柞于东晋永和十一年(355)被臣下所杀,年仅7岁的张玄靓被立为凉王。于是,派征东苻柳,参军阎负、梁殊使凉州,胁迫前凉降秦。时玄靓年幼,不见使者。辅政者张瓘见之,初不接受劝降,称,前凉"世执忠节,远宗大晋","若与苻征东交玉帛之好者,便是上违先公纯诚雅志,下乖河右遵奉之情";指责前秦,"中州无信,好食誓言。往与石氏通好,旋见寇袭。中国之风,诚在昔日,不足复论通和之事也",并嘲讽说:"秦若兵强化盛,自可先取江南,天下自然尽为秦有,何辱征东之命!"②阎负、梁殊一一反驳了张瓘的说法,扬言秦将力取江南,而拟义取凉州,"以吴必须兵,凉可以义,故遣行人先申大好。如君公不能蹈机而发者,正可缓江南数年之命,回师西旆,恐凉州弗可保也"。瓘仍拟抵抗:"我跨据三州,带甲十万,西包崑域,东阻大河,伐人有余,而况自固!秦何能为患!"负、殊威胁劝诱说:前秦"控弦之士百有余万,鼓行而济西河者,君公何以抗之?盍追遵先王臣赵故事,世享大美,为秦之西藩"③。毕竟前凉自公元353年张重华死后经历了争夺王位、自相残杀等一系列内乱,使其大伤元气,④而秦东征西伐,节节胜利,其势正盛。因此,"瓘惧,乃以玄靓之命遣使称藩于秦,秦因玄靓所称官爵而授之"⑤。前凉成为前秦的藩属。

---

① 王素:《高昌史稿·交通篇》,文物出版社,2000,第291～292页。

② 《晋书》卷112《苻生载记》。

③ 《晋书》卷112《苻生载记》。

④ 公元353年,张重华死,其子耀灵立,354年,重华庶兄张柞废耀灵,自称凉王;355年,柞被臣下所杀,族人张瓘立耀灵之弟张玄靓为凉王。

⑤ 《资治通鉴》卷100穆帝永和十二年(356)二月条。

　　前凉既然臣属于前秦，从理论上说，其辖地应归前秦所有。西域东部高昌郡及其以东地区向属前凉①，而按照前引张瓘的说辞，此时前凉"跨据三州，带甲十万，西包崑域"（《资治通鉴》作"西苞葱岭"②），整个西域亦属前凉③，因此，从名义上说，此时整个西域也都应臣属前秦。然而，这仅仅是理论上的推论或名义上的说法，实际情况却未必如此。因为，前凉诸主均以晋臣自居，称臣前秦，乃迫于武力不得已而为之。史载，前凉接受前秦封号不久，东晋升平五年（361）十二月，又接受了东晋的册封。《晋书·哀帝纪》载：是年，"加凉州刺史张玄靓为大都督陇右诸军事、护羌校尉、西平公"④。同年十二月，前凉还"改建兴四十九年，奉升平之号"⑤。建兴是西晋年号，升平为东晋年号。西晋已于建兴四年（316）灭亡，然前凉一直奉其年号，至此才改奉东晋年号，表明其与东晋的关系，由仅建立君臣关系发展到奉东晋之正朔⑥，前凉采取的是两属政策。王素先生指出："五胡十六国时期，国家与国家，政权与政权，弱肉强食，生存斗争本甚激烈。一个国家、一个政权，奉用另一个国家、另一个政权的年号，说得严重是臣属，说得轻松不过是外交手段。"⑦ 这里虽然针对的是

① 前秦"因玄靓所称官爵而授之"，玄靓的官爵为"大将军、凉州牧、西平公"（张瓘后推其为凉王），此次前秦所授前凉主官爵中无"西域都护"官职，这是与前秦第二次封授前凉主不同的地方。但由于高昌郡先属凉州，后属沙州，都在前凉辖境［《晋书·地理上》凉州条："张骏分……敦煌、晋昌、高昌、西域都护、戊己校尉、玉门大护军三郡三营为沙州。"《资治通鉴》卷97系此事于东晋永和元年，即前凉建兴三十三年（345）十二月后。是高昌郡建兴三十三年（345）前属前凉凉州，后属前凉沙州］，因此，西域东部也包含在前秦所授前凉主官职所辖范围中。

② 《资治通鉴》卷100穆帝永和十二年（356）二月条。

③ 《晋书》卷86《张轨附骏传》载，前凉张骏"使其将杨宣率众越流沙，伐龟兹，鄯善，于是西域并降。鄯善王元孟献女，号曰美人……焉耆、前部、于阗王并遣使贡方物。得玉玺于河，其文曰：'执万国，建无极。'"时在建兴二十三年（335）。是时前凉已统治西域，并达到前凉在西域统治的顶峰。有学者认为，"此后西域诸国与前凉的关系渐趋疏远"，张瓘"此语不免夸张，但在一定程度上反映了当时的西域仍未完全摆脱前凉张氏政权的影响和控制"。《西域通史》，中州古籍出版社，2003，第84页。

④ 《建康实录》卷8略同。《资治通鉴》卷101穆帝升平五年（361）十二月条："诏以玄靓为大都督、督陇右诸军事、凉州刺史、护羌校尉、西平公。"

⑤ 《资治通鉴》卷101穆帝升平五年（361）十二月条。

⑥ 此乃前凉第二主张寔制定的外交政策，即与东晋建立君臣关系，但不奉东晋正朔。至此，才改变这种政策。原因是："在前凉境内，由于西晋灭亡已久，不再具有号召力，要求改奉东晋纪年的呼声，一直没有停止。不仅如此，民间私奉东晋年号，已有很长时间。"（王素：《高昌史稿·交通篇》，第272、280页。）

⑦ 王素：《高昌史稿·统治篇》，文物出版社，1998，第142页。

年号奉行问题，但亦适用于受降和封授现象。由此看来，前秦只不过在名义上臣服了前凉，并通过前凉与西域建立了名义上的间接隶属关系，而实际上并未统治西域及其东部。

以后，情况进一步变化。东晋兴宁元年（363）八月，前凉张天锡杀张玄靓自立，坚持臣属东晋的政策，遣使东晋奉章请命，并送还东晋的使者俞归。东晋则于"太和初，诏以天锡为大将军、大都督、督陇右关中诸军事、护羌校尉、凉州刺史、西平公"①。而前秦在得知张天锡继位之后，于东晋兴宁二年（364）四月或六月，"遣鸿胪拜张天锡为大将军、凉州牧、西平公"②，张天锡却拒不接受，东晋太和元年（366）十月，"张天锡遣使至秦境上，告绝于秦"③。宣布与前秦断绝关系。

第二次是在东晋咸安元年（371）四月。

是年是月，前秦在"东平六州，西擒杨纂"，战场上获得巨大胜利的前提下，"欲以德怀远，且跨威河右"④，又遣阎负、梁殊携王猛劝谕书使凉，胁迫前凉降秦。其书云："昔贵先公称藩刘、石者，惟审于强弱也。今论凉土之力，则损于往时；语大秦之德，则非二赵之匹。而将军翻然自绝，无乃非宗庙之福也欤！以秦之威，旁振无外，可以回弱水使东流，返江、河使西注，关东既平，将移兵河右，恐非六郡士民所能抗也。刘表谓汉南可保，将军谓西河可全，吉凶在身，元龟不远，宜深算妙虑，自求多福，无使六世之业二旦而坠地也！"⑤ 同时送还所获张天锡将领阴据及甲士五千。于是，"天锡惧而遣使谢罪称藩。坚大悦，即署天锡为使持节、散骑常侍、都督河右诸军事、骠骑大将军、开府仪同三司、凉州刺史、西域都护、西平公"⑥。前凉在前秦强大的武力威胁下，不得不再次向前秦俯首称臣。前秦这次所授凉主张天锡的官爵中有"西域都护"称号，这是与第

---

① 《晋书》卷86《张天锡传》。《太平御览》卷124引《十六国春秋》作："晋遣使拜（张天锡）陇右关中诸军大将军、凉州牧、西平公。"《晋书·海西公纪》系于太和元年（366）二月己丑。

② 《太平御览》卷122引《十六国春秋·前秦录》。该书载其事在"六年"，此处"六年"，指前秦甘露六年（364），亦即晋兴宁二年。

③ 《资治通鉴》卷101晋海西公太和元年（366）十月条。

④ 《晋书·苻坚载记上》载："先是，王猛获张天锡将敦煌阴据及甲士五千，坚既东平六州，西擒杨纂，欲以德怀远，且跨威河右，至是悉送所获还凉州。天锡惧而遣使谢罪称藩。"

⑤ 《资治通鉴》卷103晋简文帝咸安元年（371）四月条。

⑥ 《晋书》卷113《苻坚载记上》。

一次封授不同的地方，明确表示了前秦委托前凉代管西域的意志。但是，前凉仍未放弃与东晋的关系。传世文献和出土文献证明，前凉此次降秦后，又使用东晋咸安年号①，奉东晋正朔。后来，双方关系更加紧张。"秦以河州刺史李辩领兴晋太守，还镇枹罕。徙凉州治金城。（胡注：自天水徙治金城。）张天锡闻秦有兼并之志，大惧（胡注：以秦徙镇逼之，故惧），立坛于姑臧南，刑三牲。帅其官属，遥与晋三公盟。遣从事中郎韩博奉表送盟文，并献书于大司马温，期以明年夏同大举，会于上邽。"② 张天锡认为秦变更凉州治所，是"有兼并之志"，为此加紧与东晋联系，双方约定咸安二年夏会于上邽，共击前秦。也正因为如此，就有了前秦第三次迫降前凉，并最终灭亡之。

第三次是在东晋太元元年（376）五月。

是年是月，秦王坚下诏称："张天锡虽称藩受位，然臣道未纯。"遣步骑十三万兵临西河，命秦州、河州、凉州刺史帅三州之众为之继，时人称其兵之盛，"戎狄以来，未之有也"；同时，再遣尚书郎阎负、梁殊赴前凉，征天锡入朝，"若有违王命，即进师扑讨"③。张天锡心知"今入朝，必不返；如其不从，秦兵必至"。众皆曰："吾世事晋朝，忠节著于海内。今一旦委身贼庭，辱及祖宗，丑莫大焉！且河西天险，百年无虞，若悉境内精兵，右招西域，北引匈奴，以拒之，何遽知其不捷也！"④ 天锡杀使者阎负、梁殊，发兵拒秦。然终因力量悬殊，不敌前秦。八月，降秦，存在了76年的前凉终于灭亡。⑤

前凉的灭亡，标志着前秦与西域的关系进入一个新的阶段，结束了名

① 咸安为太和六年（371）十一月东晋简文帝所建年号。目前已见4件前凉使用咸安年号的出土文献及文物：（1）咸安三年（373）十月二十日《法句经》题记，（2）咸安五年（375）十月癸酉朔陶罐及陶钵铭（80DFM3：13），（3）咸安五年（375）十月癸酉朔陶罐及陶钵铭（80DFM3：14），（4）咸安五年（375）十月癸酉朔陶罐及陶钵铭（80DFM3：19）。第1件藏甘肃博物馆，见秦明智《前凉写本〈法句经〉及其有关问题》，《敦煌学辑刊》1982年第3期，第23～27页。第2～4件见甘肃省敦煌县博物馆《敦煌佛爷庙湾五凉时期墓葬发掘简报》，《文物》1983年第10期，第58页。
② 《资治通鉴》卷103简文帝咸安元年（371）十二月条。
③ 《资治通鉴》卷104晋孝武帝太元元年（376）五月条。
④ 《资治通鉴》卷104晋孝武帝太元元年（376）五月条。
⑤ 史载张天锡"荒于声色，不恤政事"，又用人不当，"人情怨惧"，加上"连年地震山崩，水泉涌出，柳化为松，火生泥中"（见《晋书》卷86《张轨列传》），前凉之亡，不亦宜乎。

义上的间接臣属关系，进入直接统治西域尤其是东部的阶段。

第二阶段，前秦直接统治西域尤其是东部。

前秦直接统治西域东部的标志，是直接任命前秦官员任凉州刺史，管理河西和西域东部。太元元年（376）八月，前秦灭前凉，九月，苻坚即任命灭前凉的前秦主将梁熙为凉州刺史，领护西羌校尉，镇守姑臧，同时剥夺张天锡的统治权力，封其为归义侯、拜北部尚书，以掌北藩。

按照有些史书的记载，似乎前秦苻氏政权未在西域东部建立地方机构。如《魏书》卷101《氐吐谷浑宕昌高昌列传》载："晋以其地为高昌郡，张轨、吕光、沮渠蒙逊据河西，皆置太守以统之。"张轨、吕光、沮渠蒙逊分别为前凉、后凉、北凉的主者，即谓西晋、前凉、后凉、北凉在西域东部设置了高昌郡及其官吏，而不提前秦。《周书》卷50《高昌传》、《北史》卷97《高昌传》、《通典》卷191《车师高昌附》所载皆略同。然而，西晋并未设置高昌郡，高昌郡始建于前凉张骏时期，即东晋咸和二年（亦即前凉建兴十五年，327）十月或十一月，这些已为学术界公认；前秦设置了高昌郡，此乃事实，亦为学术界所承认。《资治通鉴》卷104孝武帝太元元年（376）条则记载了有关前秦高昌郡之事，其书在苻坚任命梁熙为凉州刺史之下论其属官：以"高昌杨干为高昌太守"。有高昌太守必有高昌郡。《晋书·吕光载记》记载了杨干为前秦高昌郡太守等事。"杨干"，史书又作杨翰，当为同一个人。"高昌杨干"，说明杨干乃高昌土著。唐长孺先生指出："苻坚以高昌人为高昌太守，与后来沮渠蒙逊以高昌人为高昌太守，并是利用当地大姓力量以确保其统治。"[①] 2006年，吐鲁番洋海一号台地四号墓出土了一件《前秦建元二十年（384）三月高昌郡高宁县都乡安邑里籍》文书，更证明前秦不仅在此地建立了郡县，而且县数有所增加。从史籍所知，高昌郡原有高昌、田地二县[②]，而此文书证明，前秦还有高宁县[③]。此文书还证明，前

---

① 唐长孺：《吐鲁番文书中所见高昌郡军事制度》，《山居存稿》，中华书局，1989，第362页。

② 《初学记》卷8"陇右道车师国田地县"条注引顾野王《舆地记》："晋咸和二年（327），置高昌郡，立田地县。"中华书局，2004，第180页。《太平寰宇记》卷156"陇右道"第七"西州高昌县"条引同。

③ 荣新江："高宁立县的时间没有明确的记载，过去出土的文书只能证明高宁县最早见于北凉文书，《建元二十年籍》则可以把高宁立县的年代提前到前秦建元二十年。"《吐鲁番新出〈前秦建元二十年籍〉研究——兼从秦汉吴简看前秦户籍的渊源》，《中华文史论丛》2007年第4期。又，高宁大致位于今吐鲁番地区鄯善县吐峪沟乡。

秦在此地还设置乡、里，实行了严格的户籍管理制度。①

前秦直接统治河西和西域东部的另一个明显标志，就是前秦年号的推行。前面我们简略说过，前凉虽然降于前秦，但始终未奉前秦年号，而是或奉西晋年号，或奉东晋年号，或自建年号，如曾奉西晋建兴年号、东晋升平年号、咸安年号，张祚自建"和平"年号②，等等。而前秦灭前凉之后，前凉故地始奉前秦年号。关于这一点，传世文献和出土材料都可以证明。如传世文献《出三藏记集》卷10《僧伽罗刹集经后记》记有"大秦建元二十年（384）十一月三十日写"题记；河西出土有：建元十二年（376）十一月卅日梁舒墓表（表明前秦建元十二年五月灭前凉，同年即奉行了前秦建元年号）；西域东部则发现了3件记有建元年号的出土材料：（一）建元二十年三月二十三日韩盆为自期召弟应见事，（二）《前秦建元二十年（384）三月高昌郡高宁县都乡安邑里籍》，（三）建元二十二年（386）正月二十二日刘弘妃随身衣物券。③

前秦在西域东部设置郡县、任命官吏、行用年号，对此地区行使了有效管理。而在这个政治背景之下，亦开创了氐族与西域民族交流的新篇章。

二

前秦苻氏在西域东部的政治统治和管理，本身是氐族与西域民族交流的一种形式，在此基础上，史书上还特别记载了双方交流的几件大事。

---

① 文书录文、图版见《新获吐鲁番出土文献》上，中华书局，2008，第177～180页。有关户籍问题可参考上举荣新江先生论文。

② 《晋书》卷86《张轨附祚玄靓传》：永和十年张祚僭立帝位，"改建兴四十二年为和平元年"。张玄靓立，"废和平之号，复称建兴四十三年"。

③ 分别载《吐鲁番出土文书》第1册，文物出版社，1981，第11页；《新获吐鲁番出土文献》上，中华书局，2008，第177～180页；〔日〕小笠原宣秀：《吐鲁番出土的宗教生活文书》，《西域文化研究第三·敦煌吐鲁番社会经济资料（下）》，法藏馆，1060，图版31，第255页，桔文书168号。又，第3件文书为建元二十二年正月二十二日文书，按前秦苻坚建元二十一年八月二十五日被姚苌所杀，建元本无二十二年。此处出现此年月，据学者分析，原因当是秦凉州刺史梁熙曾奉后秦白雀年号，建元二十一年九月，前秦大将氐人吕光由西域归，擒杀梁熙，自立为凉州刺史，率河西复奉前秦建元年号，至建元二十二年十月，吕光得苻坚凶讯，乃改奉坚子苻丕太安年号，故吐鲁番出有建元二十二年正月二十二日随身衣物券。见王素《高昌史稿·统治篇》，第144～145页。

一是前秦凉州刺史梁熙遣使西域，宣扬秦之威德。

太元三年（378），梁熙秉承苻坚旨意，遣使西域各地，宣扬秦之威势、仁德，并以缯彩赐诸国王。此举效果甚好，"于是朝献者十有余国。大宛献天马千里驹，皆汗血、朱鬣、五色、凤膺、麟身，及诸珍异五百余种"①。秦主苻坚为"示无欲"，令返还大宛马："吾尝慕汉文帝之为人，用千里马何为！"并命群臣作《止马诗》。此举虽然有人视为"好名之过"②，但实质上反映了苻坚欲与西域建立和平友好关系的意图。这一策略是相当成功的，时人以此"为盛德之事，远同汉文，于是献诗者四百余人"，而三四年后，包括西域东部车师前部王弥寘、鄯善王休密駄在内的西域、东夷六十二国来秦朝贡，不能说不是受到这个政策的感召。

二是车师前部王弥寘、鄯善王休密駄邀请秦伐西域，依汉法置都护。

建元十七年（381）冬，车师前部王弥寘、鄯善王休密駄朝献前秦。二王观宫宇壮丽，仪卫严肃，甚惧，请年年贡献。苻坚以西域路遥，不许，而令三年一贡，九年一朝。二王又请为向导，讨伐西域"诚节未纯"者。苻坚向有统一西域之志，遂以骁骑将军吕光为使持节、都督西域征讨诸军事，率步卒十万（或作七万），铁骑五千，进军西域；加鄯善王休密駄使持节、散骑常侍、都督西域诸军事、宁西将军，车师前部王弥寘使持节、平西将军、西域都护，率其国兵为光向导。十九年（383）正月，吕光率军出征。此次战争的结果是，吕光不仅征服了焉耆和龟兹，而且"抚宁西域，威恩甚著，远方诸国，前世所不能服者，皆来归附，上汉所赐节传"③。

三是前秦发凉州兵参与伐晋战争。

太元八年（383）七月，苻坚发动伐晋战争，征发诸州兵参战，凉州兵也在其中。《晋书·苻坚载记下》载：坚"悉发诸州公私马，人十丁遣一兵"，"步骑二十五万为前锋。坚发长安，戎卒六十余万，骑二十七万，前后千里，旗鼓相望。坚至项城，凉州之兵始达咸阳"。西域东部高昌郡、伊吾皆属凉州，也应在征发之列。出土文书对此有所反映。阿斯塔那305

---

①　《晋书》卷113《苻坚载记》。

②　引文见《资治通鉴》卷104太元三年条。胡三省在"命群臣作止马诗而反"之下注曰："反则反之，何以作诗为哉！此亦好名之过也。"

③　《资治通鉴》卷105晋孝武帝太元九年（384）七月条。

号墓所出《前秦建元二十年韩瓮辞为自期召弟应见事》，内容为韩瓫向当地官府保证，二日内一定召弟到官府听候差遣，如果违期，愿受马鞭一百的惩罚。① 有学者指出，可见当时情况十分紧急。韩瓫听候什么差遣不详，但不管是兵役，还是劳役，都恐怕与吕光伐西域或秦伐东晋有关。②

四是徙氐族罪人至西域东部。

建元十八年（382）春，苻坚庶兄苻法之子东海公苻阳与王猛之子散骑常侍王皮等谋反，③ 坚皆赦不诛，徙皮等于朔方之北，徙阳于高昌郡。苻阳谋反，是哀其父"死不以罪"，"为父复仇耳"④。苻法与苻坚于升平元年（357）六月举兵废杀秦主苻生，坚以法年长，让位法，法以坚嫡且贤，让位坚，坚在群臣的拥戴下即位，去皇帝号，称大秦天王，改元永兴，授法为都督中外诸军事、丞相、录尚书事、东海公。但同年十一月，坚母秦太后苟氏见法第门车马辐辏，恐终不利秦王坚，谋赐法死。是以阳谓其父"死不以罪"而谋反。

苻阳因罪徙高昌郡，在西域东部民族关系史上是一件大事，此后，高昌地区有了苻姓之人。我们在出土文书中发现了 17 位苻氏，这些人中或许就有苻阳的后裔。当然，苻阳在高昌郡所待时间不长，史称"阳勇力兼人，寻复徙鄯善。及建元之末，秦国大乱，阳劫鄯善之相，欲求东归，鄯善王杀之"。胡三省在"秦国大乱"下注："建元十九年，坚伐晋而败，秦遂以乱。二十年，坚死。是建元十八年也。"他认为阳徙鄯善在秦建元十八年。然则苻阳在高昌郡所待时间不足一年。但无论如何，出土文书所见17 位苻氏即使不是苻阳的后裔，也应与前秦氐族有关，马长寿先生说："到了隋唐以后，氐人除保留一部分特殊的汉式姓氏，如苻氏、啖氏等之外，其他在政治、经济、文化上都与汉人很少区别了。"⑤ 从这个角度也可

---

① 载《吐鲁番出土文书》第 1 册，文物出版社，1981，第 11 页；图文对照本第 1 册，第 4 页。

② 王素：《高昌史稿·交通篇》，第 306 页。该书认为，同墓所出《仓曹属为买八缦布事》（载《吐鲁番出土文书》第 1 册，第 12 页；图文对照本第 1 册，第 4 页）与此二事可能也有关。不赘引。

③ 同时谋反者还有周虓。据《晋书》卷 58《周访传附虓传》："（虓）后又与坚兄子苞谋袭坚"（注 10 谓"坚兄子苞 劳校：载记'苞'作'阳'。"），知所谓谋反，指三人"谋袭坚"。

④ 《资治通鉴》卷 104 孝武帝太元七年（382）条。《晋书·苻坚载记下》亦载阳谋反为父复仇，但有关阳徙高昌郡之后之事，唯《资治通鉴》载之。

⑤ 马长寿：《氐与羌》，广西师范大学出版社，2006，第 19～20 页。

见西域东部的苻氏应是氏族后裔。而苻阳则是有史明文记载的西域东部第一位氏族苻姓居住者。由于篇幅关系，有关西域东部文书中 17 位苻氏问题，我们将另文讨论。

本文摘自《新疆师范大学学报》（哲学社会科学版）

2010 年第 2 期

龟兹学与国学

柴剑虹[*]

摘　要：中国学术是指中国本土的、传统的学术体系。除了儒学之外，它还应当包括佛、道及各种民间宗教文化和我国各少数民族文化。文章认为龟兹学是多种文化（包括宗教）的兼容并蓄，它们对中国灿烂辉煌的传统文化的继承和发展发挥了重要作用，是国学必不可少的一部分。

关键词：龟兹学　国学　乐舞　石窟艺术

近几年来，在国家重视文化建设的大氛围中，"振兴国学"成为学术、教育和文化宣传领域里的热门话题。相应教学机构、传播场所、出版社纷纷参与，乃至国家与地方的节日庆典，小学、幼儿园的读经诵诗活动，以及海外上百所"孔子学院"的建立，都在为此鼓吹造势，可谓热潮涌动，波及万众。这当然是一件好事，然而，今人脑海里的"国学"概念是否明确清晰，是否科学准确，却是大有问题的。许多人尽管也承认我国多民族文化交融的事实，却自觉不自觉地又祭起"尊孔读经"的大旗，强调"儒家文化"即"华夏传统文化"，把敦煌学、藏学、西夏学、龟兹学、回鹘学等民族地域文化和文明交汇色彩鲜明的学问排除在"国学"之外，这肯定是不正确的。据我所知，首先对此提出不同意见的是中国敦煌吐鲁番学会的会长季羡林先生和顾问冯其庸先生。2005年，中国人民大学成立国学院，首任院长冯其庸先生曾专门到医院与季老交流看法，一致认为我们的"国学"应该是长期以来由多民族共同创造的涵盖广博、内容丰富的文化

---

*　柴剑虹，中华书局编审。

学术，而绝非乾嘉时期学者心目中以"汉学"、"宋学"为中心的"儒学"的代名词。2007 年 7 月，季老在病榻上撰文提出"大国学"的观点，强调指出："国内各地域文化和五十六个民族的文化，就都包括在'国学'的范围之内"，"敦煌学也包括在国学里边"，"后来融入到中国文化的外来文化，也都属于国学的范围"。冯先生在国学院开学典礼上也强调国学研究的范围应该包括少数民族地区的文化，并且积极倡导在国学院成立"西域历史语言研究所"。国学院常务副院长孙家洲教授在回答记者采访时，也援引了张岱年先生 20 世纪 90 年代为《国学今论》一书作序时下的定义：国学是中国学术的简称。"中国学术"，肯定是指中国本土的、传统的学术体系。既然如此，当然就应该包括佛、道及各种民间宗教文化和我国各少数民族文化。可惜，他们的呼吁和建议似乎尚未引起有关部门和学界足够的重视，目前的"国学热"，还是基本上局限在"儒学"的范围之内。

多年来，笔者也一直在关注敦煌学与敦煌文化特征的研究，认为多种文化（包括宗教）的兼容并蓄是其主要特性，其对中国灿烂辉煌的传统文化的继承发展贡献至巨；最近，又拟就《藏学与国学》一文，提出藏学是国学的重要组成部分，兹不赘述。我对龟兹学所知甚少，因为 20 世纪 60～70 年代曾在新疆工作 10 年，后来撰写过《岑参边塞诗研究》、《胡旋舞散论》等学术论文，考察过库木吐拉、克孜尔等石窟，这 20 多年来又参与敦煌吐鲁番学的研究工作，可谓与龟兹有缘。近年来，我阅读了新疆龟兹学会精心编印的两辑《龟兹学研究》，亦深受启益。因此，愿意不揣浅陋，就"龟兹学"与"国学"关联的几个问题，简略谈谈自己的感受。

龟兹学是以我国新疆古龟兹地区的历史文化为主要研究对象、以继承和弘扬龟兹文化为重要使命的一门综合性学问。由于它带有鲜明的地域色彩和多民族文化交融的特性，又鉴于它的兴起和 19 世纪下半叶以来东西方多国探险队对新疆的考古发掘及相关研究密不可分，所以又是一门国际性的学术，既和敦煌学、吐鲁番学密切相关，又有自己独有的特性。根据我的初步思考，它对中国传统文化的贡献，至少有如下几个方面值得进一步探究。

其一，龟兹乐舞是融合力、创新力、生命力最强的中国民族民间乐舞，也是最具戏曲因素的中国早期戏剧的雏形和催化剂。原始龟兹乐舞的产生，不会晚于秦汉之际。广袤的龟兹地区多民族共同生活的人文环境，应该是孕育它生长的摇篮；而汉武帝开拓西域，促进了内地与边疆及中亚、西亚、天竺各国的交流，则是它形成与不断发展的丰厚土壤。汉晋时期，龟兹乐传入中原，不断变异创新；隋唐之际，随着丝绸之路经济贸易和文化艺术交流的稳定、畅通与繁荣，"管弦伎乐，特善诸国"的龟兹乐既成为朝廷正式颁布的"七部伎"、"九部乐"、"十部乐"之一，又成为全国民众喜闻乐见的乐舞形式。之后，在长达1000多年的时间内，无论是在其发祥地，还是在其传播地，龟兹乐舞均久盛不衰，显示出强大的兼容态势和创新能力。至于龟兹乐舞和"钵头"、"苏幕遮"等歌舞戏的关系，学界已有不少论述，尤其是研究者通过对库车昭怙厘寺遗址出土的舍利盒乐舞图的分析，认识得以逐渐具体、深入。20世纪在新疆陆续发现的吐火罗文A（焉耆语）和回鹘文《弥勒会见记剧本》，经季羡林等中外专家的释读研究，又大大推进了对中国古典戏剧渊源及早期形态的认识。但是，这些年来，虽然学界对龟兹乐舞的渊源、内容、程式等，已有不少的研究成果，而对其创新的动因、融合的轨迹、演变的规律等，还缺乏细致深入的研究，尤其是它对唐宋曲词、宋元戏曲的影响以及在中国戏剧史上的地位，还鲜有详论。现有的《中国戏曲史》、《中国戏剧史》或《中国曲艺史》等对龟兹乐舞蹈的论述基本阙如。我注意到《龟兹学研究》第二辑上吴寿鹏的《龟兹乐舞与中国戏剧浅析》、钱伯泉的《源远流长的龟兹乐舞》等论文，已经论及于此，应该启示我们去进一步深入探究。

其二，佛教传入中国，龟兹因地理位置、人文环境等原因，是最早接受传播并流行小乘佛教的地域。而且，与其他较早信仰佛教的地区不同，其得风气之先，还特别表现在用当地使用的民族语言（如吐火罗语）翻译梵文佛经原典并进而译成汉文上。但是，诚如季羡林先生所言："佛教最初的活动情况，因为书缺有间，我们不大清楚，最初译为汉文的一些佛教术语，是通过吐火罗文的媒介，这个事实虽然是铁证如山，可是时间和过程，至今仍然是隐而不彰。"不仅公元4世纪中叶出生于龟兹的鸠摩罗什在中国的佛教翻译史、传播史上是一个极为关键的人物，而且同样早于玄奘的一大批在以龟兹、敦煌为中心的"华戎音义，莫不兼解"（见《高僧传》卷一《译经》）的高僧，如帛尸梨密多罗、竺法护、昙无谶等人，无论是在龟兹本地，还是从龟兹出发或途经龟兹到中原地区礼佛，都为佛经的翻译与传播作出了杰出的贡献。此外，像法显、玄奘等大师，他们的译经实践和龟兹也有密切关系。目前，我们对上述译经高僧个人及组织的译经实践与理论的研究，仍比较零散，种种事实还有待钩沉与彰显，而这正是构建一部完备的《中国翻译史》必不可少的基础工作。

其三，龟兹早期石窟艺术的创制时代要先于敦煌、麦积山、云岗、龙门等地，其吸收和融合印度、希腊及中亚和西亚其他地区的艺术成分更为明显，其反映小乘、大乘佛教经义的壁画及塑像也更为完备和丰富；龟兹晚期石窟艺术则和东部的石窟遗存相辅佐，为研究中原和西域及北方民族文化的影响、回流提供了宝贵的实证材料。这些年来，经过贾应逸、霍旭初等一批新疆当地学者专家的不懈努力，对龟兹石窟艺术的研究取得了丰硕的成果，只是宣传推介的力度还不够。与此密切相关，龟兹在中外关系、中外文化交流中有着特殊的地位，老一辈的学者在这方面古代文献资料的整理、释读、研究上以及国外著作的译介上做了大量基础性的工作。但是，如何进一步拓展视野，开掘新材料，运用多重证据、图像学、比较学、传播学、接受美学等科学研究方法，进行从零散到系统、从个案到全局的梳理，还有许多事情要做。目前，如何扩大和宣传已经获得的成果，以求在《中国佛教艺术史》、《中国艺术史》及《中外文化交流史》的撰著中充分体现这些成果，似乎还滞后于敦煌艺术研究，有待于各方面的努力。与此相关，近年来上海东华大学服装·艺术设计学院的赵丰教授等和新疆文物考古研究所通力合作，在新疆出土的汉晋织物的图案、色彩和工艺的研究中获得了令人瞩目的成绩，这也将大大丰富和改进《中国丝绸史》、《中国纺织史》的内容。

其四，古代龟兹地区各民族语言的研究是我们的薄弱环节。由于古新疆地区的语言状态特别错综复杂，如《汉书·西域传》所言五十国中，莎车、疏勒、姑墨、温宿、龟兹、乌垒、尉犁、危须、焉耆、卑陆、卑陆后、郁立师、单桓、蒲类后、劫、山、车师前、车师后等国均明确记载专设译长官职，以备语言交流之需。唐代初期玄奘在《大唐西域记》中明确记录的"语言有异"、"稍异"、"别异"或"语异诸国"的有阿耆尼、屈支（龟兹）、睹货逻（吐火罗）、瞿萨旦那（和阗）等19国。这些分属印欧语系、突厥语系、汉藏语系的语言，因历史变迁，几乎都已消亡或变异。幸而近一个多世纪来，在新疆和敦煌出土了用婆罗迷、笈多、佉卢、窣利等字母书写的各种古代语言写本残卷，如梵语、印度古代俗语、于阗语、窣利语、吐火罗语A（焉耆语）、吐火罗语B（龟兹语）、回鹘语、藏语等，为今人的研究提供了弥足珍贵的资料。可是早年发现的这些民族语言的写本大多为外国探险家掠走，流散德、法、英等国，几乎成为欧洲与日本学者解读和研究的案头掌中"天书",我国学者罕能注目。近40年来,我国的考古工作者又陆续发掘出一些古代西域民族语文写本,不仅丰富了研究的新材料,也方便了中国学者的先行考察与比较,特别是1974年冬发现于焉耆七个星千佛洞附近的吐火罗语A《弥勒会见记剧本》残卷,经季羡林先生成功释读,大大增强了我们在这方面研究的发言权和信心。更可喜的是,对新疆各地所出古回鹘文写本的整理与释读,在老专家的带领下,也培养出了若干位有志于此的年轻的民族语言文字学者。当然,这支队伍还亟待壮大,才能适应学科发展的迫切需要。同时,如何拓宽"中国语言学"的研究领域,跳出乾嘉学派以汉语言文字的训诂、音韵、义理考据为全部内容的"小学"窠臼,将我国少数民族古文字语言学,真正纳入"大国学"的范畴,成为中国语言文字学的重要分支,还需要学界做艰苦的努力。

从本质上来讲,龟兹学还是一门方兴未艾的新兴学科,它与国学的关联远不止以上所述的几个方面,还可以做更广泛、深入的探讨,前面所谈,只是我的一些很不成熟的粗浅感受,提出来敬请方家批评指正。

参考文献

[1] 赵丰:《西北风格 汉晋织物》,香港艺纱堂/服饰出版,2008。

[2] 季羡林:《季羡林文集》,江西教育出版社,1998。

[3] 季羡林:《季羡林说自己·镜头人生》,中国书店,2007。

[4] 季羡林:《鸠摩罗什时代及其前后龟兹和焉耆两地的佛教信仰》,《龟兹学研究》(第2辑),新疆大学出版社,2007。

本文摘自《新疆师范大学学报》(哲学社会科学版)

2009 年第 1 期

论"索国"与突厥部的起源

温玉成[*]

摘　要："索国"是匈奴西北边鄙丁零人的小国。北匈奴西遁，公元 90 年以后至 126 年间，扩展为四大部。其中大儿部在金山中段，号为"突厥"。西晋时，南下的一支与金山之阳的蒲类人"阿恶部"融合，即为阿史那部。他们约东晋时南迁到高昌北山，进入"西域文化圈"，学会冶铁，社会取得迅速发展。

关键词：索国　西海　金山　突厥　阿恶　阿史那　高昌北山

一　近现代史学家对突厥起源研究成果综述

达力扎布主编的《中国民族史研究 60 年》，对突厥史研究作了综述。关于突厥族起源问题，自从 1936 年王日蔚发表《丁零民族考》，到 1974 年台湾学者林恩显发表《突厥名称及其先世考》，许多史学家著书立论，大都认为突厥起源于丁零（铁勒、高车）。但是也有学者如周连宽、朱伯隆等先生持反对之说。[①] 马长寿先生认为："突厥人的最初起源地当在今蒙古国草原西北部叶尼塞河上游的谦河流域。"马先生在注释中进一步解释说："索国可能是指 2 世纪时拓跋鲜卑之祖第二推寅所领导的游牧部落。这一部落，据《后汉书·鲜卑传》的记载，是在敦煌以北，即蒙古草原的西北部。突厥祖先出于鲜卑是不可能的，但与拓跋部落居住较近，出于索

---

* 温玉成，龙门石窟研究院研究员。

① 达力扎布主编《中国民族史研究 60 年》，第五章第二节，中央民族大学出版社，2010。

国之说或由于此故。"① 近年，杨建新也认为，突厥原住地在唐努乌拉山与萨彦岭之间。他认为"西海"可能是指"今蒙古国乌布苏湖或哈尔乌苏湖"②。可惜，均不正确。

2010年，薛宗正先生综合突厥起源的各种传说后，大胆作出新的解读。他据《北史·突厥传》所说"突厥者，其先居西海之右"，认为"传说中的西海，可能指里海，也可能指黑海"。又据《周书·突厥传》所说的"突厥之先，出于索国"，认为"索国之名，不见史书记载，但'索'，古音与塞同音，都是saka的音译……索国亦即漠北塞人所建之国"。

薛先生经分析后，将"古老信息"，"还原为真实的历史"，称："突厥阿史那氏在遥远的古代原本发祥于西海（按：指欧洲的里海或黑海），几经漂泊，东迁至匈奴之北的索国地界。再几经沉沦，从漠北而南迁内地，变为平凉杂胡，沮渠氏西迁高昌。柔然灭沮渠氏，阿史那氏先是迁入高昌北山，似乎已进入突厥近祖阿贤设时代，因冶铁技艺高强，被迁至铁矿资源更为丰富的金山，成为柔然属下专以铁器为贡品的锻奴部落。"③

二　关于突厥来源的史料剖析

在中国古史中，有关突厥来源的史料，只有甲《周书·突厥传》、乙《北史·突厥传》、丙《隋书·突厥传》和丁《酉阳杂俎》相关部分。分析可知，甲、乙、丙三部突厥传都包含了两个系统的传说：第一，前突厥部（索国）传说；第二，阿史那部传说。三部突厥传中，尤以《周书·突厥传》记述最为详备。这是因为周武帝娶了突厥木杆可汗的女儿为皇后。《周书·皇后传》云：公元565年二月，周武帝派陈国公、许国公、神武公、南阳公等120人去木杆可汗牙帐迎亲，但木杆可汗犹疑不决，直到公

---

① 周伟洲编《马长寿民族学论集》，人民出版社，2002，第380~443页。
② 杨建新：《中国西北少数民族史》，民族出版社，2003，第277~281页。
③ 薛宗正：《北庭历史文化研究》第1卷，五高昌北山：突厥发祥地，上海古籍出版社，2010。编者按：此乃薛氏一贯主张的旧说，初见于氏作之《突厥始祖传说发微——论阿史那氏到突厥族的历史演变》，1985年阿布来提最先以维吾尔文译文形式发表该文于新疆社会科学院刊《新疆社会科学》（维文版），汉文原稿则发表于《新疆社会科学》（汉文版）1987年第1期，第71~87页。收入氏作《突厥史》，中国社会科学出版社，1992。其近著《北庭历史文化研究》，第43~50页乃重申坚持这一颇有学术争议的观点。

元568年三月才迎回皇后阿史那氏。从而可知，陈国公等一批高官在突厥住了两年多，他们对突厥的历史应有深入的了解。今以《周书·突厥传》为主线加以分析。

《周书·突厥传》云："突厥者，盖匈奴之别种，姓阿史那氏，别为部落。后为邻国所破，尽灭其族。有一儿，年且十岁，兵人见其小，不忍杀之，乃刖其足，弃草泽中。有牝狼以肉饲之，及长，与狼合，遂有孕焉。彼王闻此儿尚在，重遣杀之。使者见狼在侧，并欲杀狼，狼遂逃于高昌国之北山。山有洞穴，穴内有平壤茂草，周回数百里，四面俱山，狼匿其中，遂生十男。十男长大，外托妻孕，其后各有一姓，阿史那即一也。子孙蕃育，渐至数百家。经数世，相与出穴，臣于茹茹，居金山之阳，为茹茹铁工。金山形似兜鍪，其俗谓兜鍪为突厥，遂因以为号焉。或云，突厥之先出于索国，在匈奴之北，其部落大人曰阿谤步，兄弟十七人，其一曰伊质泥师都，狼所生也。谤步等性并愚痴，国遂被灭。泥师都既别感异气，能征召风雨，娶二妻，云是夏神、冬神之女也。一孕而生四男。其一变为白鸿；其一国于阿辅水、剑水之间，号为契骨；其一国于处折水；其一居践斯处折施山，即其大儿也。山上仍有阿谤步种类，并多寒露，大儿为出火温养之，咸得全济，遂共奉大儿为主，号为突厥，即讷都六设也。讷都六有十妻，所生子皆以母族为姓，阿史那是其小妻之子也。讷都六死，十母子内欲择立一人，乃相率于大树下共为约曰：向树跳跃，能最高者，即推立之。阿史那子年幼而跳最高者，诸子遂奉以为主，号阿贤设。"

我们认为突厥早期的历史，包含三个阶段：索国时代（前突厥时代）；扩展为四大部时代；阿史那氏时代。今分析如下。

三　关于"索国"（前突厥部）的原住地

《周书·突厥传》云："突厥之先，出于索国，在匈奴之北。"《北史·突厥传》云："突厥者，其先居西海之右，独为部落，盖匈奴之别种也。"他们以狼为图腾。

"西海"之名，东汉时始见于史书。永元元年（89）七月，窦宪、耿秉等军，会于涿邪山，北攻北匈奴，进至燕然山，刻石勒功。又派遣军司马，奉金帛遗北单于，宣明国威，"遂及单于于西海上，宣国威信，致以诏赐，单于稽首拜受"①。可见，当时西海中有小岛，水面比现在广大。

"西海"在今蒙古国西部，称哈尔湖及得勒湖。（见谭其骧主编的《中国历史地图集·秦西汉东汉时期图》的"西鲜卑等部图"；又见郭沫若主编的《中国史稿地图集》上册的"东汉时期形势图"。）该处是高原湖泊，海拔在 1000～2000 米之间，大约在东经 93°，北纬 48°的地方。很显然"西海"绝不是欧洲的里海或黑海。当然，西晋以后的"西海"另有所指。

西海的定位十分重要。这说明，位于西海以西的"索国"，是匈奴西北地区的一个"独为部落"的国家。"索国"，史无记载，美国学者西诺（D. Sinor）甚至说："因为索国的位置无法确定，这个记载没有什么用。"②

文献中虽然找不到索国，但我们找到了相关的史料，就是关于索头的史料。《宋书·索虏传》云："索头虏，姓拓跋氏，其先汉将李陵后也，陵降，匈奴有数百千种，各立名号，索头亦其一也。"天汉二年（前 99）九月，汉将李陵投降匈奴，匈奴任命他为"右会王"，镇守匈奴西部。这时匈奴西部的人乘机各立名号，索国当是其中的一个。"索"即将头发编如绳索之状，人称索头，与"塞种"（saka）毫不相干。"索头"是丁零民族系统的习俗。我们已在《论拓跋部源自索离》一文中论证了，组成拓跋等八部联盟者，有一支丁零族的纥骨氏，也是"索头"，就来自丁零西部。③由此推测，至少公元前 1 世纪已存在的"索国"，大体的范围在今蒙古国哈尔湖及得勒湖以西，西至阿尔泰山中段，即在今蒙古国科布多省、巴彦乌列盖省的范围。

四 "国遂被灭"或曰为"邻国所破"解

"索国"地处匈奴西北角偏僻之地。它南邻匈奴，北接坚昆，西隔金山（阿尔泰山），文献中所云"为邻国所破"，只有一个可能，那就是匈奴左贤王自立为郅支单于之后，于公元前 52 年征伐坚昆西部时，必先攻灭其南邻索国。《新唐书·回鹘传》附见黠嘎斯传云："古坚昆国也……其种杂

---

① 《后汉书·窦融传》附见窦宪传。
② 联合国教科文组织编写《中亚文明史》第 3 卷，中国对外翻译出版公司，2003，第 277 页。
③ 温玉成：《论拓跋部源自索离》，中国国家博物馆主办《中国历史文物》2011 年待刊。

丁零，乃匈奴西鄙也……匈奴封汉降将李陵为右贤王（按：应为右会王），卫律为丁零王。后郅支单于破坚昆……郅支留都之。故后世得其地者，讹为结骨，稍号纥骨……众数十万，胜兵八万……人皆长大，赤发、皙面、绿瞳，以黑发为不祥。黑瞳者，必曰（李）陵苗裔也。"郅支在公元前53年自立单于，公元前51年远遁乌孙。因此郅支单于攻灭索国及坚昆，只能在公元前52年。这就是所谓阿谤步兄弟17人（17个氏族）生活的时代。

五　前突厥部（索国）扩展为四大部

郅支单于西遁，索国复国。仍在匈奴统治之下。公元48年匈奴分裂为南北二部，索国在北匈奴统治之下。公元89年北匈奴单于逃至西海上，就是证明。到了所谓泥师都生四男时，前突厥扩展为四大部。这是前突厥历史的转折点。这一历史事件只能发生在公元90年北匈奴西遁，漠北地空以后，到班勇经营西域，匈奴离开车师及以北地区，"车师六国归汉"的公元126年之际。这四大部是：

第一部，阿辅水（今阿巴坎河）、剑水（今叶尼塞河上游赫姆奇克河）之间的契骨部，也称结骨、纥骨部（在今俄罗斯图瓦共和国）；

第二部，白鸿部，大约在金山西南部（今哈萨克族之祖，大约以斋桑泊为中心）；

第三部，大儿部，在践斯处折施山，地点不明，即是突厥纳都六设部，推测在金山中段；

第四部，旭才部，在处折水，地点不明，推测在原索国的中心区。

所谓大儿"出火"，温养阿谤步种类的故事，可能是大儿找到了一种"打火石"，传给诸部，留作火种。《水经注》笺说，在居延海以北"山有石，赤白色，以俩石相打，则水润，打之不已，润尽则火出，山石皆然……"[①]

总之，这次大扩展使前突厥（索国）地理范围扩大了，北至小叶尼塞河及库苏古尔湖以西；东界哈尔湖、得勒湖；南达新疆北塔山（由此再往南是车师后部王的势力范围）；向西越过阿尔泰山至新疆阿勒泰、富蕴、青河一带，西南至斋桑泊周围。这次前突厥的大扩展，不仅仅是地域的扩

---

① 王国维校《水经注校》，上海人民出版社，1984，第1276～1277页。

大，同时也是丁零人与匈奴残部、坚昆人（以牛为图腾），甚至呼揭人等民族大融合的过程。另外，这次大扩展确立了纳都六设部的领导地位，号为"突厥"。

六　阿史那氏就是阿恶氏

突厥讷都六设有十妻，"所生子皆以母族为姓。阿史那是其小妻之子也"。我们推断，阿史那氏（ashie）就是"阿恶氏（ae）"。《后汉书·西域传》蒲类国："蒲类，本大国也，前西域属匈奴。而其王得罪单于，单于怒，徙蒲类人六千余口，内之匈奴右部阿恶地，因号曰阿恶国。南去车师后部，马行九十余日。人口贫羸，逃亡山谷间，故留为国云。"蒲类是汉代"车师六国"之一，与车师前、后部，东且弥，卑陆，移支同属"姑师"种类。蒲类人在汉代已"颇知田作"、"能做弓矢"，较突厥人先进。

由此可知，在车师后部以北的山谷间有蒲类人居住，他们与南下的突厥人融合。这里正是"金山之阳"（阿尔泰山南段浅山区）。而《酉阳杂俎》所说的"阿尔（ae）部落"，也就是这批人，他们一度成为匈奴及索国的奴隶。突厥人进入阿尔泰山南段，大约起于西晋武帝时代（265～290）。《晋书》云"爰及泰始，匪革前迷。广辟塞垣，更招种落"。先后七次内迁的匈奴、丁零、羯胡等达20余万人。其中的"鲜支"，可能是"姑师"的"移支"。

大约在东晋时代，阿史那氏从"金山之阳"再进入"高昌北山"（贪汗山，今天山东段的博格达山）。两者之间只有200公里左右的距离，那里还有他们的同类。从此，阿史那氏进入了"西域文化圈"，社会发生了巨大变化。最重要的是他们掌握了冶铁技术并传入阿尔泰山区。前凉张骏（324～345年在位）、后凉吕光（337～399年在位）、西凉李暠（405～421年在位）、北凉沮渠氏等政权均未控制车师后部。但他们都积极争取各种民族势力。例如西凉武昭王李暠公元407年向东晋朝廷奉表曰："西招城廓之兵，北引丁零之众，冀凭国威，席卷河陇。"《魏书·高昌传》说西晋以来高昌"国有八城，皆有华人"。北70里有贪汗山，夏有积雪，"此山北，铁勒界也"，证明西晋以来"车师后部"已成为铁勒（高车）人的天下。

七　关于《酉阳杂俎》的故事

《酉阳杂俎》云："突厥之先曰射摩舍利。海有神，在阿史德窟西。射摩有神异，海神女每日暮，以白鹿迎射摩入海，至明送出，经数十年。后部落将大猎，至夜中，海神为射摩曰：'明日猎时，尔上代所生之窟，当有金角白鹿出。尔若射中此鹿，毕形与吾来往；或射不中，即缘绝矣'。至明入围，果所生窟中有白鹿金角起。射摩遣其左右固其围。将跳出围，遂杀之。射摩怒，遂手斩阿尔首领。仍誓之曰：'自此以后，须以人祭天'。即取阿尔部落子孙斩之以祭也。至今突厥以人祭毒，常取阿尔部落用之。射摩既斩阿尔，至暮还。海神女执射摩曰：'尔手斩人，血气腥秽，因缘绝矣'。"

这个故事，很显然，反映前突厥部住在"西海"周围时代之事，也就是"索国"早期的故事。那时，高原的前突厥人过着渔猎生活，穴居，已有奴隶，似乎以白鹿为图腾。所谓"射摩有神异"，或许他是一位"萨满"。而在西部山区的人，狩猎为生，则以狼为图腾。

八　关于"平凉杂胡"说

《隋书·突厥传》云："突厥之先，平凉杂胡也，姓阿史那氏。后魏太武灭沮渠氏，阿史那以五百家奔茹茹，世居金山，工于铁作。"太武帝灭北凉沮渠牧犍，在公元 439 年，兵力未达高昌。但是，沮渠安周联合柔然攻破交河城是在公元 450 年，公元 460 年柔然灭高昌。所以，"阿史那以五百家奔茹茹"应在这一历史阶段。关于突厥起源于"平凉杂胡"说，是研究突厥史最困难的问题之一。北周和隋代的平凉总管府，大致在今宁夏固原、甘肃靖远县一带，在其北方，是腾格里沙漠。可以参考的是，东汉时段颖为护羌校尉，在高平川讨伐先令羌，斩首八千级。另外《三国志·魏略·郭淮传》云，曹魏正始元年（240），凉州休屠胡梁元碧率种落两千余家附雍州。雍州刺史郭淮奏请使居安定之高平（今固原）。关于"先令羌"及凉州"休屠胡"中是否包括蒲类人"阿恶氏"之一部，则尚不能断言。

九 小结

突厥源自西汉时代的"索国",是匈奴西北边鄙丁零人的独立部落联盟,在"西海"以西的山区(今蒙古国西部),可称作"前突厥"时代。公元前52年,一度被匈奴郅支单于所灭。公元90~126年间,索国扩展为四大部。其中大儿讷都六设部,始称突厥。大约在西晋时代,南下"金山之阳"(阿尔泰山南段浅山区)的一支,与当地的"阿恶氏"融合,成为突厥阿史那氏。大约在东晋时代,他们南下高昌北山,进入"西域文化圈",学会冶铁技术,社会取得大发展。公元450~460年间,他们以"铁工"著称并附属于柔然。

本文摘自《新疆师范大学学报》(哲学社会科学版)
2011年第1期

敦煌学百年：历史、现状与发展趋势

摘　要：一个世纪前，敦煌藏经洞被王道士发现，由此敦煌文书流散世界各地，产生了一门世界性显学——敦煌学。走过百年的敦煌学研究取得了丰硕的成果，其资料的刊布也已基本完成。在这一背景下，有必要对敦煌学研究的历史进行回顾，客观地分析其研究现状，并对其发展趋势进行展望，以推动敦煌学研究不断向前发展。我们邀请5位国内外敦煌学研究专家，以敦煌学的发展趋势为议题组织本组笔谈。程喜霖先生认为当前迫切需要研究敦煌学理论，同时根据自己多年研究实践经验，指出"二重证据法"仍然是适用于敦煌学研究的基本方法。赵和平先生提出继续重视基础性的文书整理和石窟考古报告的出版同时，要在佛教文献研究、跨学科的综合研究方面有所突破，并积极开展与国际学术界的交流与合作。日本学者关尾史郎先生认为，利用敦煌吐鲁番出土文书，比较敦煌与吐鲁番两地基层民众在信仰、葬俗等方面的异同，是一个值得继续探讨的问题，而且要注意利用近年吐鲁番、库车等地出土的新资料。李锦绣先生认为利用敦煌吐鲁番出土文书，既可以推进内陆欧亚学一些课题的研究，也可以推动敦煌吐鲁番学的深入发展。马德先生结合近年自身的研究工作，以"敦煌吐蕃文化学术研讨会"为例认为，敦煌藏文文献、佛经和佛教文献的研究大有可为，用敦煌文献研究敦煌以外的吐蕃历史文化前景可观。

关键词：敦煌学研究　历史　现状　发展

试论敦煌学理论与研究方法

程喜霖*

一　关于敦煌学理论

1900 年 6 月 22 日，湖北麻城人王圆箓在莫高窟，一个偶然的机缘发现了藏经洞（编号 17 窟），敦煌文书重见天日，揭开了中华民族已湮没的西北古文明的面纱。自文书面世至今已 108 年了，敦煌文书流落世界而兴起了一门显学——敦煌学。然而敦煌学是不是一门学科，学者有不同看法。1985 年 8 月，我参加在乌鲁木齐举行的敦煌吐鲁番学国际学术会议，著名史学家周一良先生讲演称："严格地讲敦煌学不是一门学科，而称敦煌研究为好。"但大多数学者仍认为敦煌学是一门学科。即使如此，敦煌学究竟产生于何时呢？有的认为 1900 年 6 月 22 日，藏经洞的发现是敦煌学的发轫；有的欧洲学者将 1907 年斯坦因第一次窃掠藏经洞文献的时间作为敦煌学之始；有的说敦煌学产生于 1909 年；还有的学者则将 1930 年国学大师陈寅恪先生提出"敦煌学"概念①，作为敦煌学诞生的时间。真是众说纷纭，莫衷一是。

因此，当前迫切需要研究敦煌学理论，第一必须深入研究敦煌学术史。

我以为大凡称为"学科"有其必备条件："一是学科理论和基本研究方法；二是研究对象、内容及基本资料；三是研究队伍和研究机构；四是有一批体现学科体系的论著。"② 依此，综观当前敦煌学发展态势，仅敦煌学术史有所研究，而敦煌学理论与方法几近空白。俗话说：十年树木，百年育人。学科的发展，如同育人。唐人有云："凡男女始生为黄，四岁为小，十六为中，二十有一为丁，六十为老。"③ 也就是说，一个人的一生可划分为婴儿期（诞生至 3 岁）、童年期（4～15 岁）、少年期（16～20 岁）、

---

*　程喜霖，湖北大学历史系教授。

① 陈寅恪：《陈垣敦煌劫余录序》，《金明馆丛稿二编》，上海古籍出版社，1980，第 236 页。

② 程喜霖：《新疆吐鲁番学研究院成立暨第二届吐鲁番学国际学术研讨会感言》，《2006 年敦煌学国际联络委员会通讯》，上海古籍出版社，2006，第 89 页。

③ 《唐六典》卷三尚书户部郎中员外郎条。

成年期（21～59岁）、老年期（60岁以上）。我们考察敦煌学的发展期，可从其发展的标志性年代为切入点，是否可以说，1900年6月22日，藏经洞文书面世，敦煌学如胎儿在敦煌母体中孕育着，是敦煌学的雏形期，为萌芽发轫阶段。由于敦煌文书流散世界，经30年研究于1930年，敦煌学如呱呱坠地的婴儿诞生了，为敦煌学的形成期，即形成阶段，所以此时，前揭陈寅恪文提出："敦煌学者，今日世界学术之新潮流也。"又经50年研究到1983年8月，中国敦煌吐鲁番学会在兰州成立，是敦煌学童年期，为敦煌学初期发展阶段。再经过30年发展，2000年6～8月，中外敦煌学者在北京、敦煌等地举行藏经洞发现百年大祭国际学术会议，敦煌学茁壮成长为少年期，盖世界一门显学，迈进中期发展阶段。可以说，今天的敦煌学尚没有到成年期，它还不成熟，远远没有达到高度发展阶段。这就是为什么国学大师季羡林先生在2000年说"敦煌学还要再搞一百年"①的道理。概而言之，敦煌学发展分为雏形期（萌芽发轫阶段）、婴儿形成期（形成阶段）、童年期（初期发展阶段）、少年期（中期发展阶段）、成年（熟）期（高度发展阶段）。我以为当前敦煌学研究状况尚未成熟，仍处在中期发展阶段，敦煌学者仍须努力拼搏将其推进到高度发展阶段，这是时代赋予的使命。

以上我粗略划分了敦煌学的发展阶段，见仁见智，聊备一说而已！所云发展阶段，当是敦煌学术史的一个组成部分。关于敦煌学发展史的研究不乏佳作，如荣新江《敦煌学十八讲》、刘进宝《敦煌学述论》、郝春文《二十世纪的敦煌学》、柴剑虹《敦煌学与敦煌文化》，凡此皆是敦煌学入门的代表作。然而从整体而言对敦煌学形成发展的规律升华理论的高度，仍然是初步的，比如敦煌学究竟如何划分阶段，各阶段的发展的特点，其代表著作是什么，又如何从发展阶段揭示敦煌学形成发展的规律，尚待深入探讨。

第二，敦煌学理论一个重要问题是敦煌学的定义概念，何谓敦煌学？它的内涵与外延是什么？

这是敦煌学者无法回避的课题。学术界的看法分歧很大，前揭陈寅恪文提出"敦煌学"概念，而其高足周一良又著文称："敦煌资料是方面异常广泛、内容无限丰富的宝藏，而不是一门有系统成体系的学科。如果概

---

① 方广锠：《漫谈敦煌遗书》，《学习与探索》2008年第3期，第207页。

括地称为敦煌研究，恐怕比'敦煌学'的说法更为确切，更具有科学性吧。"①姜亮夫先生提出敦煌学的"内涵"是研究敦煌地区"石窟之造型艺术"、敦煌文书、简牍、长城及烽燧遗址等，都是敦煌学研究范畴。②林家平等先生认为敦煌学内涵"三个层次"，即敦煌地区文献资料、文献文物整理与研究、学科理论。③刘进宝先生则云："所谓敦煌学，就是指以敦煌遗书、敦煌石窟艺术、敦煌学理论为主，兼及敦煌史地为研究对象的一门学科。"④以上具引了有代表性的四种观点，显然第一种观点认为敦煌学不是一门学科，后三种都承认敦煌学是学科，但研究内涵有很大差异。姜氏侧重研究对象广泛，林、刘二氏提出敦煌文献及敦煌学理论为研究内涵。关于敦煌学的看法还有其他说法，在此不一一备举。总而言之，关于敦煌学概念是不定式，异常模糊，在学界争讼不休，究竟孰是孰非，是值得思考的。余不揣冒昧提出一种看法：所谓敦煌学是研究以中华民族传统文化为母体与域外文化（含外来文化及周边胡文化），在敦煌地区碰撞、交汇、升沉、积淀而形成的敦煌文化及其与域外文化关系的学科。因研究对象多元、内容广泛，它又是由敦煌文献学、敦煌考古学、敦煌历史学、敦煌文学、敦煌地理学、敦煌语言学、敦煌艺术学、敦煌民族学、敦煌宗教学、敦煌民俗学、敦煌科技等分支学科组合成的综合性学科。由是其特点可概括为三端。

其一，地域性。著名敦煌学家王永兴先生《敦煌唐代差科簿考释》称："法国伯希和从我国敦煌掠去的古文书里，有唐代敦煌几个乡的登载男子姓名的4件文书残卷。这些文书记载了几个乡不同户等的小男以上男子的姓名、年龄、类别（小男、中男、白丁、老男、勋官等），还记载了大多数人担负的职务或徭役的名称。""这些文献的地域性是很明确的，有几件文献上有敦煌县印，有一件文献上还标明从化乡，从化乡是敦煌13个乡的一个。其次，4件文书记载的几百个人名里，以阎、张、索、曹、安、

① 周一良：《敦煌遗书论文集序》，《敦煌吐鲁番文献研究论集》第2辑，北京大学出版社，1983。又见王重民《敦煌遗书论文集》，中华书局，1984。
② 姜亮夫：《敦煌学之文书研究》，《敦煌吐鲁番文献研究论集》第2辑，北京大学出版社，1983。
③ 林家平等：《试论敦煌学的概念、范围及其特点》，《兰州学刊》1984年第1期。
④ 刘进宝：《敦煌学述论》，甘肃教育出版社，1991，第4页。

史、阴、令狐、氾、石、康、何、罗等姓最多，这是敦煌地方的一个标志。"① 这充分说明这些卷子记载的人和事皆是敦煌的，无论敦煌文书流落何方，学者用来研究何种问题，都无不打上敦煌的印记。因此，王先生在研究唐代差科簿时冠以"敦煌"二字。这篇著名论文既是唐史研究课题，又是敦煌史学的一部分。显然敦煌学诸种分支学科具有浓郁的地域性是不争的事实。

其二，交汇兼容性。柴剑虹先生有云："儒学主流文化与各种外来文明融汇交流，佛、道、祆、摩尼等宗教兼容并蓄。"它具有"多种文明交汇而持续、稳定发展的特性"。"敦煌两千多身彩塑中既有清晰可辨的犍陀罗、马土拉风格，又有在魏晋时代风行一时的秀骨清像和在盛唐时期类似宫娃的丰腴菩萨。"② 我们知道，印度佛教沿"丝绸之路"东渐经龟兹、于阗、高昌至"华戎所交"之敦煌，在历史的长河中改造成汉传佛教，敦煌就是佛教中国化的重要地区之一，乃敦煌学交汇兼容性的实例。

其三，综合性。敦煌学研究对象的多元决定了它综合、交叉性的特点。前揭姜亮夫文将"高昌一带文物"归于敦煌学范畴值得商榷，但说敦煌地区千佛洞石窟艺术、"文书"、"简牍"、长城、城堡、烽燧等遗址为敦煌学研究对象是有道理的。换言之，敦煌学研究对象多元就派生出诸种分支学科，造就它综合性特色。又如敦煌史学运用敦煌文献研究本地区历史、西北区域史、唐史、宋史在整体上统属中国史学。那么，它又与敦煌文献学、简牍学、金石学等学科交叉，敦煌学又与吐鲁番学、藏学、西夏学互相交叉更是不争的事实。凡此反映了学科的交叉性，也可以说这是综合性学科派生出来的。总之，敦煌学的综合交叉性与单体学科是有区别的。

如上所论，敦煌学的定义概念是抽象的，而其诸种分支学科则是将敦煌学具体化。从理论上讲，多元最终归于和谐，表现出同一性，这种一与多从抽象到具体，正好反映了敦煌学综合性的特质。

第三，敦煌学者必须认识主观能动性与客观制约之间的关系，探讨敦煌学形成发展的逻辑演进，研究其逻辑推进的轨迹，从理论上揭示敦煌学

① 王永兴：《敦煌唐代差科簿考释》，《历史研究》1957 年第 12 期。又见王永兴《陈门问学丛稿》，江西人民出版社，1993，第 21 页。

② 柴剑虹：《注重敦煌学的学术背景与学术关联》，《学术与探索》2008 年第 3 期。

的发展规律，也是敦煌学理论研究的课题。

第四，研究理清敦煌学各分支学科之间的关联以及与其周边地域特色的学科，如吐鲁番学、藏学、西夏学、于阗学等学科之间的关系。

第五，敦煌学理论研究的一个重要问题是敦煌学的学术规范、学术评论、学风与文风。如所周知，在学术界，文学评论、文艺评议异常活跃，史学评论次之，相形见绌，敦煌学评论少之又少。有位英年早逝的友人黄约瑟博士云："学术工作者花上一段时间写成和出版了论著，理应得到同行的回应和反响。出版并不是学问成果的终结而是开始，而评论除了在赏识作者所花的时间和精力外，更应该加以学术性的衡量，或与同类著作相比，以便读者明白书中内容的重要和价值。放眼世界，任何取得成就的学术领域中，必有其评论传统，具发扬和监察学术的作用。"①

我在中国敦煌吐鲁番学会 2007 年度理事会（武夷山）上，宣讲了《学术规范与书评》，就是呼吁"发扬和监察学术的作用"。可是当前敦煌学界每年论著数以百计，其质量良莠不齐，更有沽名钓誉或为生计捞奖捞职称者，急功近利炮制文章。因此，公正的学术评论规范和监察敦煌学的健康发展，已提上日程。当然学风与文风，治学严谨，特别是"严谨"二字是学者的学术生命，也是敦煌学者应当注意的。

第六，敦煌学理论与方法的研究，即方法论研究是敦煌学理论研究中最重要的课题。

如上所述六端，为敦煌学理论研究的基本内容，亦聊备一说而已！

二　敦煌学转型与中层理论

自 2006 年一次以"转型"为中心的学术讨论会后，敦煌学转型成为热门话题。方广锠先生云："按照有些学者的说法，似乎敦煌遗书大多已经公布，新资料已经很少了"，各自拿敦煌资料"开展研究，这就是转型"。"坦率地说，为什么要转型？怎样才能转型？我到现在也没有弄明白"。又称：仅就整理文献而言，应"扎扎实实地把资料工作做好，离所

---

① 黄约瑟：《近年隋唐五代史研究的回顾与反思》，《新史学》1992 年第 3 期。又见刘健明编《黄约瑟隋唐史论集》，中华书局，1997，第 18 页。

谓'转型'还有很长一段路要走"①。我赞成方先生的意见，说实话，我非常费解，为何要提出敦煌学转型，也弄不明其含义。实际上转型概念是经济学常用的术语，如耶鲁大学金融学教授陈志武建言：当今中国要"推动经济模式向内需转型"②。当然也有史家称唐宋为中国封建社会的转型时代，这里的转型仍是指唐宋之际经济、政治的变革，所以将唐宋称为封建社会从前期向后期转型，乃指制度而言。因此，转型概念是否适合一个学科如敦煌学的转型，是值得商榷的。前揭柴剑虹文云："因此，这样做的结果，非但不会'消灭'敦煌学，而且能为其先天不足的躯体补充丰富的营养，促进敦煌学科自身的发展壮大，使其真正巍然屹立于世界学术之林。"所云"先天不足"，也就是说，还没有发育成熟。这与前文所述，敦煌学处在少年期（中期发展阶段）相契合。换言之，敦煌学还不是成熟的学科，距成年期（高度发展阶段）还有一段距离。诚如季羡林先生所言，"敦煌学还要搞一百年"。所以，即使要将"转型"理念引入敦煌学亦为时尚早！

2006年6月敦煌学会理事会（武当山）上，有学者宣讲"敦煌学中层理论"，引起与会者关注。所谓"中层理论"，追本溯源，乃美国著名社会学家默顿提出的"中层（又译作"程"）社会学理论"，它既不是宏观也不是微观理论，而是介于宏观与微观之间的社会学理论，故称"中层理论"。其核心是研究自然人进化为社会人的社会化过程的理论。这种美国社会学中层理论是否适合敦煌学呢？我以为任何理论的产生都有自己的背景，学科也有自己的文化背景，中国与美国的文化背景完全不同，导致学科的学术背景亦千差万别。因此，将西方不同的学科理论简单的移植，由于土壤不适应是难以存活的。人们不是常说"本体论"吗？敦煌学植根于中国的敦煌。显然美国社会学中层理论不适合敦煌学。

一言以蔽之，"转型"与"中层理论"，不见得适合敦煌学。因为敦煌学有自己独特的学术背景，诚如前揭柴剑虹文所言："要解决这个问题，必须弄清该学科的构建与其学术背景、学术渊源的关系。"也就是说，研究敦煌学理论应着力探索敦煌学内在的"构建"，即诸分支学科的构建和他们之间的关联以及相关的学科的关系，展开深入研究。

---

① 方广锠：《漫谈敦煌遗书》，《学习与探索》2008年第3期，第207页。

② 陈志武：《中国用财政手段推动经济转型》，2008年10月2日《参考消息》。

三　理论与研究方法

　　大凡一个学科的理论与方法论，如影随形是不可分割的整体，当是学科理论研究中的核心问题。由于敦煌学研究对象多元，形成诸多研究领域，造就多种分支学科合成为综合性学科，这样就导致了研究方法的多样性，即各分支学科当有适合自身发展的独特的研究方法。譬如敦煌史学是敦煌学的重要内容，它又是中国历史学中唐宋历史、西北区域史的一部分。那么，史学理论方法论亦可用于敦煌史学研究。史学理论可用一句话说明："唯物史观"，治史者又称为"历史唯物主义"。在其宏观理论指导下派生出治史方法，可概括为思辨法（辩证）、考据法、实证法、推论法、计量法、比较研究法、二重证据法等等。毋庸置疑，敦煌史学必须用唯物史观来统率，在研究中交叉运用上列研究方法。但是最适合的正确方法，却是"二重证据法"，盖敦煌史学独特的方法论。

　　关于"二重证据法"，我谈点意见：2000 年 6 月，在首都师范大学举行的"纪念敦煌藏经洞发现一百周年国际学术研讨会"上，我讲："敦煌文献为王国维创立'二重证据法'研究古史提供重要依据。"[①] 有论者则认为"二重证据法"，古已有之，如宋人就有运用者，用王国维的话说："然则中国之纸上之学问赖于地下之学问者，固不自今日始矣。"但他对此有一段结论性语言："吾辈生于今日，幸于纸上之材料外，更得地下之新材料。由此种材料，我辈固得据以补正纸上之材料，亦得证明古书之某部分全为实录，即百家不雅驯之言亦不无表示一面之事实。此二重证据法，惟今日始得为之。"[②] 也就是说，虽然"二重证据法"古人有用之者，但是作为研究史学的一种方法论则是王国维创导的，"今日始得为之"也，说得再明白不过了。众所周知，文献始初意义乃指文字记载，献者指贤者论事。今国家定义："文献是记录有知识的载体。"据此，文献分为存

[①]　程喜霖：《20 世纪敦煌文献与古史研究》，郝春文主编《敦煌文献论集——纪念敦煌藏经洞发现一百周年国际学术研讨会论文集》，辽宁人民出版社，2001。

[②]　王国维：《古史新证》第一章"总论"，清华大学出版社，1994。原载《国学月刊》第 2 卷，1926。参见柴剑虹《敦煌学与敦煌文化》，上海古籍出版社，2007，第 62～63 页。

世文献和出土文献两大类。王氏所云"纸上之材料"为存世文献,"地下之新材料"为出土文献。1900 年 6 月 22 日,王圆箓开启藏经洞,5 万余卷敦煌文书面世,接着吐鲁番出土文书、汉简(含敦煌简)、甲骨文相继发现,盖震动世界考古学的四次重大发现。国学大师王国维、罗振玉、陈寅恪敏锐地发现新材料产生新学问。王国维指出:"自古新学问之起,大都由于新发现之赐。"① 陈寅恪亦云:"一时代之学术,必有其新材料与新问题。取用此材料,以研求问题,则为此时代学术之新潮流。"② 他们首先运用新出敦煌文献研究中古史,特别是王国维把近代西方思辨的方法,同乾嘉传统考据方法及古人曾使用过的以地下出土材料证明纸上材料的方法合一炉而治之,发明"二重证据法",即把考古资料(敦煌文书、简牍、甲骨文、金石文等)与存世的历史文献典籍互为印证,揭示古史的全貌。王国维研究敦煌文书的贡献,柴剑虹有专文③,无须整述。我仅扼要概述王国维最早利用甲骨文纠正《史记·殷本纪》记载殷朝帝王、世系、称号的舛误,利用敦煌文书研究唐朝"职官"、"户籍"、"田制"等论文和罗振玉合著《流沙坠简》等堪称运用"二重证据法"的典范。他在史学理论和方法论上的重大发明将史学研究推向新的阶段。他与罗振玉、陈寅恪研究敦煌文献的论著皆是敦煌学形成阶段的代表作。陈寅恪评价王国维的学术贡献有云:"其学术内容及治学方法,殆可举三目以概括之者。一曰取地下之实物与纸上之遗文互相释证";"二曰取异族之故书与吾国之旧籍互相补正";"三曰取外来之观念,与固有之材料互相参证"。又称:"自昔大师巨子,其关系于民族盛衰学术兴废者,不仅在能承续先哲将坠之业,为其托命之人,而尤在能开拓学术之区宇,补前修所未逮。故其著作可以转移一时之风气,而示来者以轨则也。"④ 陈寅恪对王国维史学方法论的形成及贡献所论精审。又郭沫若称道:"王国维的业绩,是新史学的开山。"⑤ 可以说,正是 20 世纪初敦煌文书、敦煌汉简、甲骨文的发现,造就了王国维的历史方法论。反之,他

---

① 《女师大学术季刊》第 1 卷第 4 期。
② 陈寅恪:《陈垣敦煌劫余录序》,《金明馆丛稿二编》,上海古籍出版社,1980,第 236 页。
③ 柴剑虹:《王国维对敦煌写本的早期研究》,《敦煌学与敦煌文化》,上海古籍出版社,2007,第 53~65 页。
④ 陈寅恪:《王静安先生遗书序》,《金明馆丛稿二编》,上海古籍出版社,1980,第 219 页。
⑤ 1999 年 7 月 5 日《光明日报》第九版《世纪》第 13 期。

发明的"二重证据法"为敦煌史学独特的新的研究方法，事实证明极大地推进了敦煌史学的发展。

20 世纪 50 年代，陈寅恪高足、著名敦煌学家王永兴先生著《唐代敦煌差科簿考释》①，征引《唐六典》、《唐书》、《通典》、《唐会要》等典籍与敦煌天宝十载徭役文书所记互相参证，揭示唐代郡上、纳资、子弟、侍丁、亲侍丁、执衣、捉钱、充僦、渠夫、斗门、卫士、土镇、豆卢健儿、终服等徭役名色的内涵，将此文书科学定名为"差科簿"，纠正了原定名《丁籍簿》的舛误。王文是新中国成立之初，在敦煌史学领域最早运用"二重证据法"的典范，乃敦煌学初期发展阶段的代表作。可以说，王文是敦煌学术史上划时代的著作，它在敦煌史学方法论上，影响了一代人。

20 世纪 80～90 年代，出现唐长孺先生主编《敦煌吐鲁番文书初探》、王永兴先生主编《敦煌吐鲁番文献研究论集》、韩国磐先生主编《敦煌吐鲁番出土经济文书研究》等三部研究敦煌吐鲁番文书的高水平学术著作，也是运用"二重证据法"将典籍记载与文书互为印证，揭示唐朝政治、经济、军事若干重大问题，它是敦煌学中期发展阶段的标志性著作。在这些经典著作的昭示下，余著《汉唐烽燧制度研究》、《唐代过所研究》，在方法论上当是运用"二重证据法"，把汉唐史籍记载与敦煌吐鲁番文书、简牍互为印证，揭示烽燧、过所制度形成发展的规律。近来我写作一组研究唐代杂徭的论文，仍是运用"二重证据法"，将文书与唐文献互相参证，重新诠释唐《充夫式》，试图解决杂徭征役日数问题。凡此等等皆证明，"二重证据法"，盖敦煌史学研究的正确方法。

综上所论，我们可以说，历史唯物主义及思辨法，可以统领敦煌学诸分支学科，这是共性，但各个分支学科有自己独特的个性。因此，每个分支学科又有适合自己学科的研究方法，如"二重证据法"，为敦煌史学之方法论者然。从理论上讲，这就是共性与个性的统一，最终归于和谐。

---

① 王永兴：《敦煌唐代差科簿考释》，《历史研究》1957 年第 12 期。又见王永兴《陈门问学丛稿》，江西人民出版社，1993，第 21 页。

对未来我国敦煌研究的一些看法

赵和平*

一　缘起

南京师范大学刘进宝教授是个有心人，他约集了一批我国在敦煌学研究上颇有造诣的学者搞了一个笔谈敦煌学，承蒙不弃，笔者也在刘教授罗网中，且多次催稿，辞不获己，只得勉强应命，却十分为难，若仅写笔者熟悉的"书仪研究"，恐失之过窄；若写国际敦煌学如何发展，又不是愚钝如我所能承担的；思之再三，只好就本人所知、所做、所想的一些事情和问题，写出一些真实想法，且不去管对错与否，只管真实就好。一是践刘教授之约，二是供同道与读者参阅。

在同行中，我戏称自己是"三无"人员，即学校内一无对口专业，二无学生（研究生），三无专题研究经费，乃敦煌学界的一名散兵游勇而已。但同时，我要感谢上苍给了我太多的机缘，使我至今钟情于敦煌研究而痴心不改。20世纪70年代末80年代初，在北京大学读研究生时，被王永兴、张广达先生领进了学术之门，毕业后，又经宁可、沙知先生及邓文宽学长之荐，在先师周一良先生门下问学十七载，其中，80年代末，一良师去美国探亲，我又得经常向周绍良师请教，1998年底至1999年初在香港中文大学饶宗颐先生处当了三个月学生，而从1985年开始，参与《敦煌学大辞典》的编撰工作，得以向季羡林先生、唐长孺先生、段文杰先生等老一辈学者及陈国灿、樊锦诗、姜伯勤、李永宁、李正宇、施萍婷、朱雷等诸位先进求教，从这些师长那里，我学到了做人的道理，也逐步进入了"敦煌学"的殿堂。在中国敦煌学的圈子里，邓文宽、方广锠、郝春文、黄征、荣新江、王素、张涌泉、郑炳林等又成为我在学术上的畏友和诤友，并从与他们的交往和阅读他们的著作中获益良多，在这样的学术生态中，你不好好干也难。因为你不努力去做，就无面目去见老师，更无法与朋友们交流，正是这种学术上的因缘，才使我这名游骑有勇气继续在敦煌研究的路上走下去。

---

*　赵和平，北京理工大学人文学院教授。

以上两段多余的话似乎与"研究"二字无关，但从我国敦煌研究的历史上看却别有意味。20世纪20～30年代我国的敦煌学研究先驱者们，正是凭着一种对学术的追求，克服重重困难，为我国的敦煌学做了奠基性的工作。50年代中，向达、王重民、周一良、启功、曾毅公、王庆菽等六教授所著《敦煌变文集》刊出，这是我国敦煌学史上的一件大事，但正如向达先生在此书"引言"中所说："我们六个人都是用业余和会后的时间从事于这一工作的。有的人往往是午夜以后，还在那里丹黄杂下，不以为苦。"检阅一下目前的敦煌学学术史可以发现，1979年以前我国的敦煌研究多处于这种"业余"的情景（敦煌研究院的保护和临摹除外）。

二　过去与现在

1983年中国敦煌吐鲁番学会的成立，使我国的敦煌研究真正进入了一个新阶段，中国大陆的敦煌学者终于有了自己的"组织"，情况发生了巨大的变化，取得了令全世界瞩目的成果，主要有以下几点。

第一，专门研究机构纷纷成立，专职研究人员队伍壮大。

25年前，敦煌文物研究所是大陆地区唯一的专职研究和保护敦煌的机构，目前，它已扩展成研究院，并成为全世界最大的敦煌石窟保护和敦煌学研究实体，人员达数百人。除敦煌研究院之外，吐鲁番也成立了吐鲁番研究院，已形成规模。兰州大学成立了敦煌学研究所，并成为教育部文科研究基地（与敦煌研究院合作），目前已培养出数十名博士和更多的硕士。兰州的西北师范大学、兰州理工大学等都有专门的敦煌学研究机构。浙江大学古籍研究所也以敦煌文献的研究整理为主要方向之一。北京大学中国古代史研究中心、首都师范大学历史学院都招收以敦煌研究为主的硕士、博士生。中国社科院有跨所的敦煌学研究中心，承担了院级重大课题。南京师范大学也设有专门的研究机构，招收以敦煌学研究生为主的硕士、博士生。这里仅举出了部分机构和学校，即可以看出，目前，中国大陆拥有一支相当数量的敦煌研究专业队伍。

除研究机构外，中国敦煌吐鲁番学会成立之后，在其资助下成立的三个资料中心，国家图书馆敦煌吐鲁番资料中心和兰州敦煌吐鲁番资料中心得到健康发展，发挥着越来越重要的作用。

这些专门机构的成立，为敦煌学的发展从人员、设备、资料、经费上准备了充分的条件，为学科的发展奠定了物质基础。

第二，敦煌学刊物和著作出版相对顺利。

20 世纪 80 年代初，学术著作的出版一时称为"老大难问题"。只要翻翻那些年出版的敦煌学专著的"前言"或"后记"即可，无须繁言，随着社会的发展，敦煌学专著的出版相对来说顺利多了，仅以笔者有限的耳闻目睹来说，英藏敦煌文献除四川人民出版社已印出的汉文非佛教之部外，其余佛经部分的出版已在紧锣密鼓的筹划中；法藏、俄藏、北大藏、天津艺术博物馆藏、上海图书馆藏、上海博物馆藏等敦煌文献已由上海古籍出版社刊出，上海古籍出版社与西北民族大学合作在出版敦煌古藏文文献，浙江藏、甘肃藏敦煌文献也已刊出，可以说，除了数目不大的散藏外，大宗的敦煌文献（尤其是汉文部分）基本出齐，这项工作的重要性不言而喻。

相对而言，专业研究的敦煌学书籍出版也渐趋顺利，如江苏古籍出版社的《敦煌文献分类录校丛刊》（11 种 13 册），甘肃教育出版社的《敦煌学研究丛书》（12 种）及《走近敦煌丛书》，民族出版社的《敦煌学博士文库》、《敦煌学研究文库》，甘肃民族出版社的《敦煌研究院文集》，社会科学文献出版社的《英藏敦煌社会历史文献释录》，中华书局出版的《新获吐鲁番出土文献》等等，这里仅举其规模较大者，单本和多本的敦煌学著作的刊布也较 20 世纪 80 年代顺畅了许多。就目前的出版大势看，只要有好的书稿，出版已不是难事，这对于敦煌研究的发展将非常有利。

第三，敦煌研究工作正在向纵深发展。

我们已经有了相当数量的研究机构、研究人员；敦煌文献的刊布也已取得重大进展，几种专业刊物 [《敦煌研究》、《敦煌学辑刊》、《敦煌吐鲁番研究》、《魏晋南北朝隋唐史资料》、《敦煌学国际联络委员会通讯》、《敦煌学》（中国台湾）] 的影响也越来越大，人员、资料、阵地均已具备，敦煌研究在此基础上正向纵深发展。

20 世纪 80 年代初启动，90 年代末完成的《敦煌文献分类录校丛刊》和《敦煌学大辞典》，是由中国敦煌吐鲁番学会直接领导和组织的两项"工程"，也可以看做是 20 世纪中国敦煌研究的里程碑，在此基础上，我国的敦煌研究目前发展的状况如何呢？笔者仅举三例以说明之。

例一，郝春文教授主编的《英藏敦煌社会历史文献释录》（敦煌社会历史文献释录第一编）已经公开出版 5 卷，这部著作将英藏敦煌文献中非佛经之部逐件释录，目的是将敦煌社会历史文献校订成为像《二十四史》标点本一样便于使用的可信从文本，虽然工作量很大，全部完成尚待时日，但这项工作正在扎扎实实进行，书正在一卷卷地陆续刊出，这是一项十分有意义的工作。

例二，浙江大学张涌泉教授领导下的《敦煌文献合集》，拟将敦煌汉文文献以经、史、子、集四部分类整理，目前已取得重大进展，书成有日。张涌泉与郝春文的工作虽然貌似不同，但都是耗时费力为敦煌研究打基础的工作。

例三，笔者在敦煌研究中，20多年来集中于敦煌本书仪研究，基本上将敦煌本书仪的大部分做了分类录校整理，也写了一批研究论文，近几年来，吴丽娱据此进行的唐代礼制研究、史睿进行的礼制研究、张小艳进行的书仪词语研究，都从不同角度将敦煌本书仪研究引向深入。

当然，中国敦煌研究向纵深发展的例证还很多，如林悟殊先生对三夷教的研究；如王卡、王承文、刘屹、万屹等对敦煌道教的研究；如许建平对敦煌经籍的研究；如冯培红对归义军官制的研究；如陈明对医药文献的研究；如余欣对"神道"的研究等等，不一而足。无论是总体还是个案上，我国目前的敦煌研究正在健康地向纵深发展。

中国官方语言中有两句话，叫："成绩说够，问题说透。"要将"成绩说够"，非这篇小文所能承载，只是点到为止；而"问题说透"，更非此篇小文作者所能胜任，所谓"问题"，也仅是对我国敦煌研究发展的点滴想法而已，遑论"说透"。

三　未来

2006年秋，在南京师范大学召开了"转型期的敦煌学"国际学术讨论会，何谓"转型"？依笔者理解，就是如何把敦煌研究推向前进，使研究更加深入，取得更多的学术成果。要"转型"，有以下几点需要特别注意。

第一，重视基础工作。

如本文说"成绩"部分所言，敦煌汉文资料的大部分已影印出版，但"胡语"部分则刚刚开始，仍需努力。张涌泉、郝春文的工作正在进行中，盼其早日完成。更重要的一点是，多年来，学界盼望敦煌石窟的考古报告早日面世，考古报告属于基础工作的重要组成部分，是敦煌学深入的基础研究与藏传佛教艺术的研究有机地结合到一起，这是敦煌吐蕃文化的延续。如果说，敦煌石窟在她的最盛期，迎来吐蕃对敦煌的管辖，因而对吐蕃文化的发展产生过重大影响的话，那么到敦煌石窟濒临衰竭的晚期，是吐蕃的佛教艺术反哺敦煌，给了敦煌石窟艺术新的活力！这就又为我们从事敦煌学研究和藏学研究开拓了新的领域。

本组稿件的组稿、审稿，得到了南京师范大学刘进宝

教授大力支持

本文摘自《新疆师范大学学报》（哲学社会科学版）

2009 年第 2 期

近百年来的高昌政治史研究概况

施新荣[*]

摘　要：自19世纪80年代以来，吐鲁番盆地陆续出土了大量属于魏晋隋唐时期的文书和石刻文字材料，这些新材料不仅弥补了传世文献之不足，也提出了许多新问题。特别是新中国成立后所出文书，有关高昌郡高昌国时期的资料，多为传世文献所缺载，因而引起了国内外学者的关注，并出现了一个研究高昌史的小高潮。文章就近百年来国内外学者对高昌郡、高昌国政治史的研究情况作了简要概述。

关键词：高昌　政治史　研究概况

汉唐时期的吐鲁番盆地，大致经历了高昌壁、高昌郡、高昌国、唐西州等几个阶段。虽然传世文献对高昌的记述，主要集中在正史的西域传中，但少之又少，许多史事不清。自20世纪初以来，吐鲁番盆地出土了大量文物和文献材料，为高昌历史的研究提供了丰富的资料。特别是新中国建立后，吐鲁番出土的大批文书、墓砖中，有关高昌郡和高昌国时期的资料，较之以往的总和还要多许多。随着这些文书、墓砖相继出版了录文本和图版本，极大地推动了高昌郡和高昌国（以下简称高昌）史的研究。学者们在《敦煌吐鲁番文书初探》（一编、二编）、《魏晋南北朝隋唐史资料》、《敦煌研究》、《西域研究》、《敦煌吐鲁番研究》、《吐鲁番学研究》、《吐鲁番出土文物研究会会报》等书刊上发表了数量可观的研究论文，有力地推动了吐鲁番学和相关的魏晋南北朝隋唐史、西域史的研究，而高昌政治史的研究成果尤为突出。本文拟就近百年来高昌政治史研究的概况作一回顾总结。

---

*　施新荣，新疆师范大学历史系副教授。

的"IDP"（国际敦煌学项目）已经运作，2003 年春，更是成立由中国、日本、法国、英国、俄罗斯、美国、德国、哈萨克斯坦等国代表组成的"敦煌学国际联络委员会"，秘书处设在日本京都大学人文科学研究所，委员会主要是协调各国敦煌学者的学术活动。我们中国学者应该进一步加强与国际敦煌学界的合作与交流，以促进这个学科的长盛不衰。

其实，谈敦煌学的过去与未来，是一篇内容十分丰富的大文章，本文的主旨是立足于现在，即"路在脚下"，又要放眼未来，即"路在前方"，脚踏实地，一步步将我国的敦煌学推向更高的阶段。

（附记：因为是"一些想法"，本文中提到的一些机构、一些人、一些著作、一些研究，可能有重大遗漏，排序也可能不尽妥当，选择更难说妥帖，只是想到哪儿说到哪儿，绝无孰轻孰重、你先我后之意，至于"想法"，也只是一人之言，聊备一说而已，望同道及读者谅之。）

从吐鲁番文书看敦煌文物
及其地域情况

关尾史郎*

自从在敦煌莫高窟第 17 窟（藏经洞）发现了大量文献以来，已经过去了一个世纪。几乎与敦煌文献发现的同时，人们还在其西面的吐鲁番发现了大量文书。但是，这些吐鲁番出土文书不是从石窟寺院发现的，而主要是从"阿斯塔那—哈喇和卓"古墓群的墓葬中发掘出来的。尽管出土情况不同，但是，都可以把它们作为原始资料看待，因此，无论是敦煌文献还是吐鲁番文书都得到了世界史学界的极大关注，取得了丰硕的研究成果。在此过程中，人们对敦煌文献和吐鲁番文书进行了比较研究，并开始尝试对它们的内外关系进行总结概括。然而，如果仔细思考，我们就会发现：即使是石窟寺院的莫高窟所出土的文献、阿斯塔那—哈喇和卓古墓出土的文书都可以作为原始资料来看待，但不能认为它们在史料价值上是完全相等的吧？尤其是从墓葬出土的吐鲁番文书几乎都是被葬者穿戴的冠、带及鞋等，偶尔也能发现作为纸棺等的素材而载有文字的纸片，这些纸片被裁断后又被再利用，或者是反复再利用，才成了今天偶然残存的样子。

---

* 关尾史郎，日本新潟大学人文学部教授。

与敦煌文献相比，吐鲁番文书大多是些断片而已，虽然研究不断，而一直很难取得进展就是这个缘故。不过，要想把敦煌文献的史料价值彻底搞清楚也许是不可能的。与第17窟的特点关系密切的是：为什么那么多以写经为中心的各种文献被收藏在如此狭小的石窟里面呢？目前对于这个问题还没有一个明确的答案。关于这个问题，也许今后还会有很多假说不断地被提出，也许，人们似乎还会把分藏在世界各地的所有的敦煌文献归类做出目录并判定真伪吧？然而，这里我们不想探究这个难题。这里要论及的仅仅是关于敦煌文献和吐鲁番文书之间的比较和整合的一点建议。①

　　无论是法制文献，还是户籍、契约文书以及社文书等，都是历史研究所不可或缺的贵重原始史料。而且，这些都是可以在敦煌文献或吐鲁番文书中找到的。在敦煌文献中，我们可以推断：这些世俗文件都是被贴在一起的，背面还写有经文，或者说是为了使用的目的而被保存下来了。这就是说，不适合做写经用纸的世俗文件几乎一点也没留下来。那么，我们之所以在敦煌文献中没有发现吐鲁番文书中所见高昌国时代的条记文书、唐西州时代的领抄文书之类的可以按照交付文书分类的20字左右的极小型文书，是不是因为它们即使贴在一起也不适合在背面做写经用纸呢？纳税者每当完成一次纳税行为时交付的文书，在本质上说当然属于租税制度的事情，而且对其相关的各种制度，例如，土地制度、村落制度以及这些制度背后所存在的基层社会的各种关系等都是意义重大的原始史料，但在敦煌地方我们是无法通过交付文书找到研究线索的。不仅如此，也很难通过交付文书对吐鲁番和敦煌两地的制度和社会进行比较。

　　除了纳税交付文书以外，我们不得不一开始就从敦煌文献中放弃寻找的是：仅仅在吐鲁番文书中才出现的、为说明墓葬情况而写的"随葬衣物疏"。顾名思义，这种文书从随葬品目录开始写起，然后写为被葬者镇魂的内容。这种风格从4世纪到7世纪中期基本是一贯的，只是有点微妙的变化。因此，它不仅是研究这一时期吐鲁番的信仰和葬礼历史发展的珍贵史料，也是人们研究的最多的一种文书。但是，就风格而论，在世界各地所藏的敦煌文献中是找不到类似例子的。仅仅在莫高窟北区新出土的文书中才有可能找到。为什么呢？在这些近年才开始进行认真研究的地区中，

① 〔日〕关尾史郎：《随葬衣物疏与镇墓文——寻求新的敦煌吐鲁番学》，《西北出土文献研究》第6号，2008，第5～25页。

先生将之暂置于阚氏前期（461~465），① 关尾史郎先生认为是高昌于公元
432~442 年间行用的年号，② 王素先生则认为是阚爽于公元 438~440 年间
自建年号。③

　　关于"建平"年号，侯灿先生认为是张氏王国或马氏王国的年号。④
唐长孺先生推测是阚爽自建或称王改元所用的年号。⑤ 吴震先生倾向于
"建平"是沮渠牧犍于承和五年（437）改元后的年号，到建平五年
（441）为高昌太守阚爽所奉。⑥ 朱雷先生认为"建平"是沮渠牧犍的年
号，在承和之后，承平之前。沮渠氏北凉灭亡后，沮渠无讳流亡高昌继续
行用"建平"，因而文书中有建平五年、六年者。⑦ 余太山先生、柳洪亮先
生、王素先生和关尾史郎先生的看法与吴、朱二位先生大致相似，但对原
因的解释有所不同。⑧ 持"建平"为北凉沮渠牧犍年号，并在吐鲁番行用
到 442 年的观点占主流。

　　学术界对大凉（443~460）所用纪年"承平"无异议。对阚氏高昌王
国建立于 460 年也无异议，但对其灭亡之年和使用的年号却有不同的看法。
冯承钧先生、侯灿先生、荣新江先生等认为阚氏王国亡于 491 年，⑨ 而白

①　侯灿：《西晋至北朝前期高昌地区奉行年号探讨证补》，《南都学刊》1988 年第 4 期；又
　　收入《高昌楼兰研究论集》，新疆人民出版社，1990。

②　〔日〕关尾史郎：《"龙兴"纪年の随葬衣物疏考〈吐鲁番出土文书〉札记（一）》，《史
　　朋》第 21 号，1987。

③　王素：《吐鲁番文书与南北朝隋唐史研究》，《文史知识》1992 年第 8 期；王素：《高昌史
　　稿·统治编》文物出版社，1998，第 222~225 页。

④　侯灿：《西晋至北朝前期高昌地区奉行年号探讨》，《考古与文物》1982 年第 2 期；又收
　　入《高昌楼兰研究论集》，新疆人民出版社，1990。

⑤　唐长孺：《吐鲁番文书所见高昌郡县行政制度》，《文物》1978 年第 6 期。

⑥　吴震：《吐鲁番出土文书中的若干年号及相关问题》，《文物》1983 年第 1 期。

⑦　朱雷：《出土石刻及文书中北凉沮渠氏不见于史籍的年号》，《出土文献研究》，文物出版
　　社，1985；朱雷：《北凉"按赏配生马"制度》，《魏晋南北朝隋唐史资料》第 3 辑，
　　1981，后改题《吐鲁番出土文书中所见的北凉按赏配生马制度》，载《文物》1983 年第 1
　　期。

⑧　余太山：《吐鲁番出土文书所见"缘和"、"建平"年号》，《西域研究》1995 年第 1 期；
　　柳洪亮：《吐鲁番出土文书中"建平"、"承平"纪年索隐》，《西域研究》1995 年第 1
　　期；王素：《高昌史稿·统治编》，文物出版社，1998；〔日〕关尾史郎：《"建平"の结
　　束——〈吐鲁番出土文书〉札记（四）》，《新潟史学》第 19 号，1986。

⑨　冯承均：《高昌事辑》，《西域南海史地考证论著汇编》，中华书局，1957，第 48 页；侯
　　灿：《西晋至北朝前期高昌地区奉行年号探讨》，《考古与文物》1982 年第 2 期；侯灿：
　　《西晋至北朝前期高昌地区奉行年号探讨证补》，《南都学刊》1988 年第 4 期；荣新江：
　　《吐鲁番的历史与文化》，《吐鲁番》，三秦出版社，1987。

须净真先生和王素先生则认为阚氏高昌王国亡于 488 年。① 对阚氏 460 ~ 465 年使用何年号，侯灿先生认为可能使用的是 "白雀" 或 "龙兴" 年号，② 吴震先生认为可能是 "甘露" 年号，③ 王素先生持谨慎态度，认为尚无法断定。④ 由于对阚氏高昌王国灭亡的时间有不同的看法，相应的对 "建初"（489 ~ 491）年号⑤的归属就有分歧。白须净真先生和王素先生认为 "建初" 为张氏高昌王国的年号；⑥ 唐长孺先生、侯灿先生、吴震先生、荣新江先生则认为归阚氏所有。⑦ 对马氏高昌王国灭亡及麴嘉取得政权的时间也有不同的看法：罗振玉先生据传世文献认为在北魏太和二十一年（497）；⑧ 黄文弼先生、冯承钧先生认为在公元 499 年；⑨ 吴震先生认为是年马儒被杀，麴嘉继立，但迟至 502 年才建元 "承平"；⑩ 侯灿先生据出土文书中有承平五年、八年的记载，认为承平元年为 502 年，依照次年改元的惯例，马氏王国灭亡及麴嘉取得政权当在 501 年，此说得到荣新江、王

---

①　〔日〕白须净真：《高昌墓砖考释》（三），《书论》第 19 号，1981；王素：《高昌史稿·统治编》，文物出版社，1998，第 271 ~ 274 页。

②　侯灿：《西晋至北朝前期高昌地区奉行年号探讨》，《考古与文物》1982 年第 2 期；侯灿：《西晋至北朝前期高昌地区奉行年号探讨证补》，《南都学刊》1988 年第 4 期。以上两文又收入《高昌楼兰研究论集》，新疆人民出版社，1990。

③　吴震：《敦煌吐鲁番写经题记中 "甘露" 年号考辨》，《西域研究》1995 年第 1 期。

④　王素：《高昌史稿·统治编》，文物出版社，1998。

⑤　宋晓梅先生仍然认为哈喇和卓 88、99 号墓出土文书中的 "建初" 年号是西凉李暠的年号，见《论哈喇和卓 88 号墓、99 号墓出土若干纪年文书》，《敦煌研究》1998 年第 1 期。

⑥　〔日〕白须净真：《高昌墓砖考释》（三），《书论》第 19 号，1981；王素：《吐鲁番出土张氏高昌时期文物三题》，《文物》1993 年第 5 期。

⑦　唐长孺：《新出吐鲁番文书简介》，《东方学报》1982 年第 54 期，后收入《山居存稿》，中华书局，1989；侯灿：《西晋至北朝前期高昌地区奉行年号探讨》，《考古与文物》1982 年第 2 期；侯灿：《西晋至北朝前期高昌地区奉行年号探讨证补》，《南都学刊》1988 年第 4 期；吴震：《吐鲁番出土文书中的若干年号及相关问题》，《文物》1983 年第 1 期；荣新江：《吐鲁番的历史与文化》，《吐鲁番》，三秦出版社，1987。

⑧　罗振玉：《增订高昌麴氏年表》，《辽居杂著乙编》，辽东印本，1933。

⑨　黄文弼：《高昌国麴氏纪年》，《高昌砖集》（增订本），中国科学院，1951，第 7 页；冯承钧：《高昌事辑》，《西域南海史地考证论著汇辑》，中华书局，1957，第 60 页。

⑩　吴震：《麴氏高昌国史索隐——从张雄夫妇墓志谈起》，《文物》1981 年第 1 期；吴震：《敦煌吐鲁番写经题记中 "甘露" 年号考辨》，《西域研究》1995 年第 1 期；吴震：《阿斯塔那—哈拉和卓古墓群考古资料中所见的胡人》，《敦煌吐鲁番研究》第 4 卷，北京大学出版社，1999。

世的日常生活的各种场面，而在上述的敦煌古墓群中，墓室的入口处的门楼上方，画像砖画的是各种各样的神兽，包括四神。① 换言之，画像砖的主题也说明处在河西地方的敦煌的信仰和葬礼的独特性。

将这一点记在心里，再重新研究一番吐鲁番的壁画墓，我们发现：这里所描绘的内容和嘉峪关以南各地的砖画墓所描绘的一样，都是生活图景。② 这里也得承认敦煌和吐鲁番之间确有差异。

可是，最近在吐鲁番更西的地方——库车——发掘的"五胡"时代的墓葬中的画像砖（浮雕）却和敦煌的古墓群相同，都是嵌在门楼的上部，都有神兽的主题。③ 虽然被葬者的出身民族等不详，但是完全可以有理由推断：在"五胡"时代，汉族在西方的扩张已经越过了吐鲁番，达到了库车这个地方。

另外，根据画像砖的主题以及墓内的位置等来判断，他们在河西地方也主要是从西部的敦煌来到此地的。当然，也不是说从敦煌到西方进行的流动都以库车为目的地。根据吐鲁番的古墓群出土的墓表的内容来判断，在吐鲁番定居的敦煌人也是各处散居的。

本文的讨论虽然脱离了文献和文书，但是，可以作为今后的课题而记载下来，并以此结束本文。

作为吐鲁番文书研究的最新成果的图录本④已经把阿斯塔那—哈喇和卓古墓群为首的吐鲁番各地的古墓群出土的文书汇集到了一起。同时，交河故城内的寺院出土的文献（写经）也被收录于此。当然，吐鲁番寺院出土的文献早就为世人所知，而笔者还在芬兰的赫尔辛基大学图书馆以及德国柏林的国立图书馆里看到过很多写经类文物的藏品。但是，它们大多是很小的断片，而且似乎并未被整理成目录。

在本文收笔之时，我们希望，今后专家们能借新版图录出版之契机把寺院之类遗址出土的写经类的文物进行比较和整合。

---

① 〔日〕关尾史郎：《对甘肃出土魏晋时期画像砖与画像砖墓的基础整理》，《西北出土文献研究》第 3 号，2006，第 5～26 页。

② 〔日〕町田隆吉：《吐鲁番 4～5 世纪古墓所出纸画和墓室壁画》，《西北出土文献研究》第 5 号，2007，第 27～58 页。

③ 于志勇、吴勇、傅明方：《新疆库车县晋十六国时期砖室墓发掘》，国家文物局主编《2007 中国重要考古发现》，文物出版社，2008，第 92～98 页。

④ 荣新江、李肖、孟宪实主编《新获吐鲁番出土文献》，中华书局，2008。

敦煌吐鲁番学与内陆欧亚学

李锦绣 *

陈寅恪先生在《陈垣敦煌劫余录序》中指出：

　　一时代之学术，必有其新材料与新问题。取用此材料，以研求问题，则为此时代学术之新潮流。治学之士，得预于此潮流者，谓之预流（借用佛教初果之名）。其未得预者，谓之未入流。此古今学术史之通义，非彼闭门造车之徒，所能同喻者也。敦煌学者，今日世界学术之新潮流也。

1900 年敦煌藏经洞的偶然发现，使埋藏近千年的文物典籍重见天日，震惊了全世界。东起中国、日本，西迄法国、英国、美国，各地学者均投入对敦煌遗书的研治之中，从而形成了世界性显学——敦煌学。

敦煌遗书发现的消息，引起了一些正在我国西北活动的外国探险家的注意。1907 年，斯坦因首先来到敦煌莫高窟，通过在莫高窟居住的道士王圆箓，劫走 13000 余卷写经及其他文物。写经现藏于英国伦敦大英图书馆。1908 年，法国人伯希和以同样的方式劫走 7000 余卷写本和刻本，现藏于巴黎法国国立图书馆。次年，我国学者得知敦煌遗书外流的状况，敦促清政府立即采取保护措施。1910 年，清政府下令将藏经洞文献运往北京，但由于王道士的私藏和参与官员的盗窃，敦煌文献仍有外流。1912 年和 1914 年来到中国的日本大谷探险队成员橘瑞超和吉川小一郎，1914 年来到敦煌的俄国人鄂登堡、英国人斯坦因，均分别劫走了一批宝贵文书。日人劫走及以后购买的文书现藏龙谷大学图书馆和京都有邻馆等地，俄人劫取敦煌遗书虽稍后，但数量较多，现藏俄罗斯圣彼得堡东方学研究所分所。外国人劫余尚存遗书近万卷，现藏北京中国国家图书馆。此外，德国、丹麦、瑞典、芬兰、美国等国及敦煌研究院、敦煌市博物馆、甘肃省博物馆、上海博物馆、天津艺术博物馆、大连博物馆、北京大学及港台等地，也有数量不多的收藏。

＊　李锦绣，中国社会科学院历史研究所研究员。

氏高昌王国的官制逐渐显露出来。先是罗振玉先生利用墓砖对麴氏高昌的官制进行了初步的排比。[①] 1931 年黄文弼先生根据墓砖制作了《麴氏高昌国官制表》。后又对其进行增订，提出麴氏高昌有内府官制、各城官制、勋官及领兵将官。[②] 后来，日本学者嶋崎昌、中村一雅、荒川正晴等先生也对麴氏高昌的官制进行了研究，并取得了不小的进步。[③]

20 世纪 80 年代初，侯灿先生在前人研究的基础上，将吐鲁番出土有关麴氏高昌官制的所有墓砖和相关文书 197 件加以汇集，对其进行更系统的研究。他分析了以往学者研究的贡献及其存在的问题，按照迁转关系进行排比，以明了麴氏高昌官制升迁转调及其品秩。对麴朝中央官制、地方官制和军将官制进行了全面的探讨，将其分为六个系统九个等级，并考察了麴氏高昌官制的来源与性质，认为麴氏王国中央行政官制兼有中央王朝和地方政权的两重特点，一方面是中央王朝尚书各部的缩小，另一方面又是地方政权开府置官的扩大。[④]

陈仲安先生的《麴氏高昌时期门下诸部考源》一文，则集中考察了高昌王朝中枢官制的历史渊源，指出其主要行政机构分为门下、诸部两部分，并认为高昌中枢官制远承汉、魏、晋，近继诸凉，而实际脱胎于高昌郡地方行政组织。[⑤]

王素先生的《麴氏高昌中央行政体制考论》，对麴氏高昌王国中央行政体制有关的出土资料分类排比，按照传统的中央行政体制原则，将麴氏高昌中央行政机构分为出纳审查、诸部执行和王府三个部门。认为麴氏高昌最名正言顺的机构是"王府"，至少开有四府，即王公府、都督府、州牧府和将军府，每府有长史、司马均分左右，高昌"王府"就有八长史和八司马，这就是史传所记的八长史和八司马的出处，诸部长官实际上是

① 罗振玉：《增订高昌麴氏年表》，《辽居杂著乙编》，辽东印本，1933。
② 黄文弼：《高昌砖集》（增订本），中国科学院，1951。
③ 〔日〕嶋崎昌：《麴氏高昌国官制考》，《中央大学文学部纪要》史学第 8、9 号，又收入《隋唐时代的东土耳其斯坦研究》，东京大学出版会，1977；〔日〕中村一雅：《吐鲁番出土史料所见麴氏高昌官制研究》，《东洋史苑》第 13 号，1978 年；〔日〕荒川正晴：《麴氏高昌国官制研究》，《史观》第 109 号，1983。
④ 侯灿：《麴氏高昌国官制研究》，《文史》第 22 辑，中华书局，1984；又收入《高昌楼兰研究论集》，新疆人民出版社，1990。
⑤ 陈仲安：《麴氏高昌时期门下诸部考源》，《敦煌吐鲁番文书初探》，武汉大学出版社，1983。

"王府"的长史、司马，"王府"官员兼诸部事务。① 对此，孟宪实、宣红二位先生的《试论麹氏高昌中央诸曹职掌》持不同看法。他们认为麹氏高昌中央的吏部、库部、仓部、主客、民部、兵部、祀部、屯田和都官 9 个部门，当时称"曹"，从高昌王所受封号上可以推测出王公府等四府的存在，但在该国实际发挥作用的却是诸曹。诸曹应有曹府，真正有名无实的应是"四府"。② 王素先生还对麹氏高昌王国的军事制度进行了探讨，认为麹氏高昌的军事制度虽然仍有不明之处，但大体上是较为健全的。不仅有专门的兵源保障制度，还有专门的军事管理机构。军官的名号、品阶，也有专门的系统。③ 另外，王素先生《麹氏高昌职官"儒林参军"考略》认为，"儒林参军"一职是高昌军事府署掌握儒学教授的官员，是从南朝遣使移置而来的。④

在吐鲁番出土墓砖中，有数十方墓砖和一件文书涉及追赠制度。孟宪实先生《麹氏高昌追赠制度初探》，对麹氏高昌国的追赠制度进行了探讨，认为这项制度遵循论官、论功、论贵（贵戚、贵族）、论亲四条原则。虽然追赠制度是针对死者个人的，但其实质是对死者生前生活的继续，作为一项制度，追赠已纳入了麹氏高昌官僚升迁诠选的序列之中，而且追赠制度在高昌发挥了维护现存社会等级的功能。⑤

关于麹氏高昌国的地方行政制度。日本学者荒川正晴先生率先指出：麹氏高昌的郡县互不统属，而是分别听命于王国中央。⑥ 不过，侯灿先生和孟宪实先生认为，也存在个别郡县合治的现象。⑦ 白须净真先生认为麹氏高昌的地方官职由地方豪族把持。⑧ 至于麹氏高昌国的地方行政区划，分为多少等级，存在多少单位，学者们观点有分歧。侯灿先生《麹氏高昌

---

① 王素：《麹氏高昌中央行政体制考论》，《文物》1989 年第 11 期。

② 孟宪实、宣红：《试论麹氏高昌中央诸曹职掌》，《西域研究》1995 年第 2 期。

③ 王素：《麹氏高昌军事制度新探》，《文物》2000 年第 2 期。

④ 王素：《麹氏高昌职官"儒林参军"考略》，《文物》1986 年第 4 期。

⑤ 孟宪实：《麹氏高昌追赠制度初探》，《敦煌吐鲁番研究》第 5 卷，北京大学出版社，2000。

⑥ 〔日〕荒川正晴：《关于麹氏高昌地方郡县制的性质——以吐鲁番出土资料为据》，《史学杂志》第 95 编第 3 号，1986。

⑦ 侯灿：《麹氏高昌王国郡县考述》，《中国史研究》1986 年第 1 期，又收入《高昌楼兰研究论集》，新疆人民出版社，1990；孟宪实：《关于麹氏高昌王朝地方制度的几个问题》，《西域研究》1993 年第 2 期。

⑧ 〔日〕白须净真：《高昌门阀社会的研究》，《史学杂志》第 88 编第 1 号，1979。

法替代的示范意义。

中国吐鲁番学的前辈和奠基人马雍先生的名篇《突厥高昌始建交考》①，便是利用出土文书在这方面进行研究，取得开创性成就的典型。

内陆欧亚学的另一主题是内陆欧亚游牧民族的迁徙。这是一个内陆欧亚史上的经典课题。敦煌、吐鲁番自古以来就是欧亚交通的枢纽，也是历史上各游牧势力的必争之地。毋庸置疑，研究这个课题离不开敦煌吐鲁番文书，离不开已有敦煌吐鲁番学的成果。

内陆欧亚的其他课题，譬如内陆欧亚民族的渊源似乎与吐鲁番文书没有直接关系。但敦煌吐鲁番地区古来就是一个多民族聚居之地，十分明显，这方面取得的成果对于敦煌吐鲁番学有着很大的促进作用。推而广之，内陆欧亚各种研究课题取得的进展，对于敦煌吐鲁番学的进步均有直接或间接的作用。

历史上，内陆欧亚许多民族的兴衰存亡、发生的许多事件在深刻影响了中国历史进程的同时，也深刻影响了中国传统文化的发展、变化。不仅仅研究内陆欧亚任何局部（如中亚或东北亚）的历史文化必须具有内陆欧亚的视野，研究敦煌吐鲁番文书，如欲更上层楼，也必须有内陆欧亚的视野。

陈寅恪先生是敦煌学的开拓者、奠基人，他不仅为最早提出"敦煌学"一词的学者之一，而且身体力行，对敦煌文书进行了系统研读和深入探讨。他以对佛经的精熟②及左右逢源、触类旁通的中亚文字功夫，从文化史的角度，研究佛经及佛经翻译作品对演说经义的文学作品的影响，③不仅较罗振玉等据传统史籍考证佛曲更上一层，而且与东西洋学者相较，亦站在世界前列。这里只举他对《忏悔灭罪金光明经冥报传》及莲花色尼出家因缘的考证。比较敦煌汉文写本《金光明经》及其突厥文本、梵文本、藏文本、蒙古文本等的内容，寅恪先生指出：佛经首冠感应冥报，为西北昔年之风尚；《金光明经》之所以流传独广，是因为其义主忏悔，最

---

① 《西域史地文物丛考》，文物出版社，1990，第 146～153 页。

② 如从《贤愚经》、《杂宝经》找出敦煌佛经讲唱文学依据，见《有相夫人生天因缘曲跋》、《须达起精舍因缘曲跋》，《金明馆丛稿二编》，上海古籍出版社，1980，第 171～174 页。

③ 见《敦煌本维摩诘经文殊师利问疾品演义跋》、《西游记玄奘弟子故事之演变》、《忏悔灭罪金光明经冥报传跋》、《敦煌本唐梵对字音般若波罗蜜多心经跋》（《金明馆丛稿二编》）。参姜伯勤《陈寅恪先生与敦煌学》，《广州社会科学》1988 年第 2 期。

易动人；佛教入中国后，冥报传，也从佛典附庸，演变为小说文学的鸿篇巨制。① 寅恪先生通过对欧亚多种文字写本的精确比勘，考释佛经内容、流传迹象，进而探讨佛经对文学的影响，如剥芭蕉，层层深入，不仅令人耳目一新，而且也奠定了寅恪先生为比较文学研究先驱者的地位。② 同样具有划时代意义的，还有他的《莲花色尼出家因缘跋》③ 一文。敦煌写本《诸经杂缘喻因由记》记载了莲花色尼六种恶报，寅恪先生根据巴利文写本，指出敦煌本删去了莲花色尼与其女共嫁一夫，其夫即其所生之子的恶报。究其原因，是因为这种恶报与华夏民族传统伦理观念不相容，而佛教传入中国时，佛教教义中与中土社会组织及传统观念相冲突者，教徒多采取隐秘闭藏、禁其流布的方式，将莲花色尼七种恶报删去一种，即显著一例。寅恪先生的论述，高屋建瓴地揭示了佛教中国化的曲折历程。此二文均出入文史，贯通儒释，沟通中外，而所以能如此，其原因之一，是寅恪先生具有欧亚学的视野。自少年起，寅恪先生"廿载行踪遍五洲"，力学梵文、巴利文、蒙文、藏文、满文、波斯文、土耳其文、突厥文、回鹘文、吐火罗文、西夏文、朝鲜文、佉卢文、印地文、伊朗文、希伯来文等近20种中亚西域及东方民族文字。从遗存笔记本看，他对藏文、蒙文、突厥文、回鹘文、梵文、巴利文等致力尤勤。④ 在欧洲、北美，他承历史语言学、比较语言学蔚为大宗，风云际会之际，吸收西洋学者治东方学精华，更辟天地，在清末西北史地、佛典翻译基础上扩大视野，层楼再上，使传统的史学、哲学研究进入了一个崭新的阶段，体现了古代欧亚文本解读及欧亚历史文化研究的世界先进水平。

寅恪先生多次强调："盖今世治学以世界为范围，重在知彼，绝非闭户造车之比。"⑤ 因而他留滞海外数十年，对西洋学术的锐进及日新月异有切身理解和体会，力学其所长。但他治学并不是盲目步西洋人后尘，而是

① 《忏悔灭罪金光明经冥报传跋》，《金明馆丛稿二编》，上海古籍出版社，1980，第256～257页。
② 钱文忠：《略论陈寅恪先生之比较观及其在文学研究中之运用》，《纪念陈寅恪先生百年诞辰学术论文集》，江西教育出版社，1994，第475～505页；袁获涌：《陈寅恪与比较文学》，《文史杂志》1990年第1期。
③ 《寒柳堂集》，上海古籍出版社，1980，第151～156页。
④ 季羡林：《从学习笔记本看陈寅恪先生的治学范围和途径》，《纪念陈寅恪教授国际学术讨论会文集》，中山大学出版社，1989，第74～84页。
⑤ 《金明馆丛稿二编》，上海古籍出版社，1980，第318页。

既然义和元年为公元 614 年，"义和政变"似乎就发生在延和十二年（613）了。

在前贤已有的研究基础上，孟宪实先生《关于麴氏高昌晚期纪年的几个问题》认为，麴氏高昌复辟成功当在延和十九年（620）一月十二日之前，改元重光当在是年一月十二日之后，二月二日之前。[①] 张铭心先生《"义和政变"与"重光复辟"问题再考察》也持类似的看法，并认为"义和政变"是王子争权而引起的"宫廷政变"。[②]

孟宪实、姚崇新二位先生的《从"义和政变"到"延寿改制"——麴氏高昌晚期政治史探微》认为，"义和政变"的外来因素，应注意铁勒。另外，该文还对麴文泰的"延寿改制"进行了探讨，认为从延寿时期官文书的新变化、命妇制的变化和高昌城城门的新名称等反映出麴文泰加强王权的意愿。[③]

麴氏高昌有国 130 余年，但麴氏王陵何在？至今尚是一个谜。不过，学术界对吐鲁番 TAM336 墓主人的探讨，多少有了一点头绪。吴震先生在《TAM336 墓主人》一文中认为，这座不同寻常的大墓的主人似乎是麴氏高昌末王麴智胜。[④] 对此，柳洪亮先生在《高昌王陵初探——兼与吴震先生商榷》一文中却持不同的看法，他认为 TAM336 墓是麴氏高昌国的亡国之君麴文泰的陵墓。[⑤]

总之，20 世纪初以来，以吐鲁番地区出土文书、墓砖为中心的高昌政治史研究取得了极大的进步，特别是近 20 多年来，学者们利用新材料，使高昌政治史的研究上了一个新的台阶，不但揭示了诸多史籍缺载的历史史事，而且开拓了魏晋隋唐史研究的领域。但是，有关高昌政治史的史料毕

① 孟宪实：《关于麴氏高昌晚期纪年的几个问题》，《学术集林》卷十，上海远东出版社，1997。
② 张铭心：《"义和政变"与"重光复辟"问题再考察》，《敦煌吐鲁番研究》第 5 卷，北京大学出版社，2001。
③ 孟宪实、姚崇新：《从"义和政变"到"延寿改制"——麴氏高昌晚期政治史探微》，《敦煌吐鲁番研究》第 2 卷，北京大学出版社，1997。
④ 吴震：《TAM336 墓主人》，《新疆文物》1992 年第 4 期，又见《敦煌吐鲁番学研究论集》，书目文献出版社，1996。
⑤ 柳洪亮：《高昌王陵初探——兼与吴震先生商榷》，《西域考察与研究续编》，新疆人民出版社，1998。

竟非常有限，在新材料已刊布多年后的今天，研究难度亦愈来愈大。近年来，一些原先在该领域极为活跃的学者纷纷转向，有关的论著亦多为总结性者，[①] 就是明证。正如陈国灿先生所言："当前的问题是，需要更深入、更全面的科学展开，这就需要将海内外收藏的文物与出土文书全面的结合起来；将吐鲁番的古文献记载，与吐鲁番盆地客观实际情况结合起来；与新疆其他地区出土的古文献、以及敦煌文献结合起来，进行客观的而不是主观的、深入的而不是表面的、做出全面实际调查的而不是片面的研究来。"[②] 同时，对高昌政治史的深入研究也期待着不断有新的考古材料的发现。

本文摘自《新疆师范大学学报》（哲学社会科学版）

2004 年第 4 期

---

① 王素：《吐鲁番出土高昌文献编年》，台北新文丰出版公司，1997；王素：《高昌史稿·统治编》，文物出版社，1998；王素：《高昌史稿·交通编》，文物出版社，2000；侯灿、吴美琳：《吐鲁番出土砖志集注》，巴蜀书社，2003。

② 陈国灿：《吐鲁番学研究和发展刍议》，《西域研究》2003 年第 3 期。

样，无论是在前人基础上的进一步研究，还是前人没有涉足过的领域，藏族学者都表现出研究自己母语的独特优势。会议上有关藏文佛教文献的研究，藏文写经中的报废经页的研究等，都让人耳目一新。另外，会议上在对国内外以往的研究（包括一些权威性的研究）的不足和失误方面的评议和指正，有理有据，令人信服。同时，会议上还将建立吐蕃写本研究的文法体系定向问题重新特别提出；吐蕃文献浩如烟海，建立自己的文法体系是进一步深入研究的需要。关于敦煌吐蕃时期汉文文献的研究，以往也有大量成果，而以后无论是佛教文献还是社会文书，都需要与藏文文献的结合研究。而且，敦煌吐蕃文献的进一步发掘、整理和研究，无论是对敦煌吐蕃时期历史的进一步研究，还是对吐蕃时期的敦煌石窟研究的深入，都有非常重大的作用和意义。这方面还有许多工作等待我们去做。

进行大吐蕃文化的研究，也是这次会议上提出的新课题。敦煌文献中，也有一些记载吐蕃时期所占领的中国西南、西北广大地区及中亚地区的情况。吐蕃最强盛时期，统治有中国西北、西南以及中亚的大批疆土。敦煌之外，青藏作为吐蕃本土保存了比较多的遗迹，而西南地区现存的遗迹也为数不少，但对这方面的发掘和研究工作也是刚刚起步。当然，在敦煌吐蕃文化方面还有许多尚待研究的课题，这次会议上也只是涉及了一部分，更多的研究领域还有待开拓。

这次敦煌吐蕃文化学术研讨会，也为笔者个人的研究工作提出了新的要求。近几年，由我主持的"甘肃藏敦煌藏文文献整理研究"先后被列为敦煌研究院重大课题和教育部人文社会科学重点研究基地重大项目。在从事这个项目的研究过程中，根据自己掌握的敦煌藏文文献和敦煌吐蕃时期的石窟以及百余年来国内外研究状况，对敦煌这一地区在吐蕃历史上的地位和作用有了一些初步的认识。在这次研讨会上，我发表了《论敦煌在吐蕃历史发展中的地位》一文，基于敦煌吐蕃历史文化遗迹遗物以及前人研究成果，从敦煌历史文化底蕴对吐蕃的影响、吐蕃在敦煌的政治制度、吐蕃封建经济的确立、以译写佛经为主要内容的佛教文化事业、吐蕃史传在敦煌编纂及其意义、敦煌石窟与吐蕃佛教文化、吐蕃在敦煌的文化交流、吐蕃统治对周边及后世的影响等方面作了论证，提出了敦煌一度成为吐蕃的文化中心的论断。特别指出吐蕃在敦煌完成了封建经济改革和封建化过程，吐蕃时期在敦煌抄写了大量佛经并运往吐蕃本土及统治区各地，吐蕃灭亡后及统治敦煌结束后汉蕃各族文人仿效唐朝的官修史志制度在敦煌编纂吐蕃史志三个方面的史实和意义。令我特别激动和兴奋的是，在这次会议上，西藏大学图书馆的西热桑布先生发表了《卓卡寺所藏吐蕃时期〈喇蚌经〉之考》，公布了西藏山南隆子县卓卡寺新发现吐蕃时期的《喇蚌经》，即吐蕃热巴巾和朗达玛时期的赞普御用经书，内容为《十万般若颂》。我一眼看出《喇蚌经》与敦煌藏经洞所出藏文写经《十万般若颂》在纸质、尺寸、书写格式、装帧形式等各方面的一致之处，认定《喇蚌经》就是在敦煌抄写后运到西藏供奉给赞普的。因为在此之前，我在《论敦煌在吐蕃历史发展中的地位》的演讲中，根据敦煌方面的记载，已经论及吐蕃时期在敦煌抄写了大量佛经并运往吐蕃本土及统治区各地；经核对，《喇蚌经》除上述与敦煌写经的一致之处外，更重要的是部分写经、校经人名题记与敦煌博物馆及法国国家图书馆所藏敦煌藏文写经完全相同；进而通过对敦煌市博物馆藏《十万般若颂》的考察，与会的汉、藏族学者们都赞同或默认了我的这一推论。因此，《喇蚌经》是西藏发现的吐蕃时期的敦煌写经，它是唐代吐蕃和敦煌历史上汉藏民族文化交流以及敦煌在吐蕃历史发展中的地位的历史见证，无论对敦煌研究还是吐蕃研究，以及整个中华民族发展史的研究，都有十分重大的历史意义和现实意义。另据透露，西藏首府拉萨三大寺之一的哲蚌寺，和山南地区桑白县的巴郎却康、洛扎县的色卡古托寺等处也保存有吐蕃时期的写经。西藏保存了1000多年前的敦煌写经，这就从空间上为敦煌吐蕃文化的研究提供了更加广阔的平台。

另外，我在多年从事敦煌石窟营造历史的研究中，对敦煌晚期石窟的认识有了一个新的想法：敦煌石窟的晚期，由于西藏后弘期佛教的兴起和广泛流传，给徘徊200多年的敦煌石窟营造，展现出一个崭新的时期，石窟艺术重新焕发了青春，莫高窟和榆林窟、安西东千佛洞、五个庙等地的西夏、蒙古和元代的壁画，可以说是敦煌佛教壁画的登峰造极、炉火纯青时期。而这一切都有赖于藏传佛教艺术所注入的活力，我称之为敦煌石窟营造史上的复兴时期，并写进了2002年出版的《敦煌石窟营造史导论》，但因资料所限，对这一问题并未作出深刻的阐述。四川大学中国藏学研究所近年在西藏西部的石窟艺术的研究和介绍方面取得了巨大成就，在这次敦煌吐蕃文化学术研讨会上，他们发表了这一方面研究的新成果，对我们进一步认识敦煌石窟晚期的艺术提供了很大帮助。西藏西部的佛教石窟艺术，展示了与敦煌晚期石窟艺术不可分割的渊源关系，使敦煌石窟艺术的资料，因为没有坚实的一手资料，许多研究工作难以深入，为什么这么说呢？笔者从 2002 年起，即注意到莫高窟 96 窟、130 窟的大像及榆林窟第 6 窟大像，想做一些相关研究，但时至今日，连一份有关大像各部分准确尺寸的资料都难以获得，使研究很难深入。

第二，重视佛教文献的研究。

敦煌藏经洞中，90% 以上为佛教典籍，而我国在这方面的研究一直薄弱。其实，自清末民初起，我国的著名学者已将佛教与佛经纳入了研究视野。陈垣、陈寅恪、汤用彤先生更是在佛教研究上开辟了新天地。只是由于种种原因，我们没有继承好这一学术传统。中国的宗教，尤其是佛教，与政治关系密不可分。安公（道安）说："不依国主，佛法难立"；武则天时，薛怀义等进《大云经疏》，九人赐"国公"，全国各地皆建大云寺；神会助平安史之乱，禅宗南能一系则全国风行。政治与宗教关系可见一斑。另外，宗教不仅与政治有关，而且与普通民众生活密不可分，众多敦煌文献即是明证。

敦煌佛教典籍数量庞大，种类繁多，除入藏的经、律、论外，疑伪经占相当数量，这些"中国化"的疑伪经可研究的空间非常大，至于中国僧人所做"论"、"疏"、"赞"、"义"等则更具中国特色，深入研究这些文献，无疑具有广阔的前景。

笔者对佛教、佛学基本上是门外汉，只是在学术研究上偶有涉及，不敢深入。前几年，我发现敦煌写经中咸亨二年（671）至仪凤二年（677）中的宫廷写七卷本《妙法莲花经》和一卷本《金刚经》，乃是武则天为其逝去的父母发愿所写，并复原了置于经前的两篇以武则天名义撰写的发愿文字。宫廷写经直接颁到敦煌，全国其余州县亦当如此，这该是多么大的影响！更深一步，深入研究敦煌所出佛经，可以看到佛教在中国的传播过程，什么时段以什么经典为主，什么时段官方提倡的是何种经典，这些经典与当时的政治背景、社会生活有何种联系等，深究下去，一定会对佛教与中国中古社会的关系有深入的了解，一定会更深刻地了解中国中古社会的变动。其实，郝春文《唐后期五代宋初敦煌僧尼的社会活动》开了一个好的先例，沿着此路数走下去，将敦煌佛教典籍与政治、社会文化生活作通盘思考，必定会有突破。

第三，重视跨学科的综合性研究。

"敦煌学"一词学界一直有不同看法，此不赘述。但众多学者所认同的是，敦煌研究中已包含有历史、考古、宗教、艺术、科技等众多学科的资料。敦煌研究，本来就应该把敦煌石窟、敦煌所出土文献及敦煌史地综合在一起来进行研究。可惜近代的学科划分过细，往往使研究者很难做跨多个学科的研究。笔者以为，解决的方法大约不外乎两个方面：一方面，各学科把基础研究做好，如石窟要有考古报告，壁画要有线描图，文献要有准确的释读等等；另一方面，研究者要开阔眼界，把不同学科中相互关联的资料作综合分析，虽然难度很大，却是我们研究者应该努力的方向。还是以笔者个人研究的体会为例，如敦煌写本中，《老子》或《道德经》及其注疏本很多，若单从宗教观点看，说明敦煌陷蕃前，也曾流行道教，换一个角度，唐代前期，《老子》曾经是科举考试中必考科目，他就成了与儒家经典相同的经书，成为读书人考试的必读书。这就从另外一个角度解读了《老子》及其注疏在藏经洞中存留较多的原因。究竟何者为主因，则要进一步探讨。再举一个更复杂的例子，武则天利用宗教尤其是佛教为其当皇帝制造"政治气氛"，这是一个众所周知的事实，而《大云经疏》、《宝雨经》、《华严经》的敦煌写本与莫高窟同时代的洞窟里《弥勒上生经》、《弥勒下生经》、《宝雨经变》、《华严经变》的壁画有何联系？《大云经疏》、《宝雨经》、《华严经》的敦煌写本与莫高窟同时代的洞窟里的塑像间有何关系？与96窟、130窟弥勒大像及榆林窟6窟大像有何关系？再扩大而言，与现存我国西北的石刻与泥塑弥勒大像有何联系？深究下去，将历史、考古、艺术、宗教等作一综合的思考，将有新发现，这样做不是很有趣味吗？

第四，重视国际学术界的交流与合作。

敦煌自古即是"华戎所交一都会"，是"丝绸之路"上的枢纽，所含内容中，中外文化交流是重中之重，自藏经洞发现之后，文物外流，敦煌研究开始即具有国际性特色。时至今日，敦煌在1987年被联合国列为我国第一批人类文化物质遗产，敦煌研究更具有鲜明的国际特色。西起欧美，东至日本，代不乏人，要推动新时期敦煌学的深入，开展广泛的国际学术合作是十分必要的。

自1983年中国敦煌吐鲁番学会成立以来，大陆地区召开的多次敦煌学国际学术研讨会都有欧美、日本及我国港台学者参加，而在英、法、美、俄、日、加等国及中国港、台等地区举行的敦煌学国际学术研讨会也都有大陆学者莅临。近年来，中英、中法、中俄合作出版敦煌文献，中英合作

一 高昌纪年与年号

研究高昌史，高昌国始于何年是必须面对的。传世文献几乎都以公元460年柔然立阚伯周为高昌王，作为高昌国之始。当今学者大都持此说。然而，有些学者则认为，高昌国之始，应在公元443年沮渠无讳号称凉王之时。① 似乎后说更符合历史史实。

吐鲁番出土文书是研究高昌史的重要资料。利用吐鲁番文书，首先要解决的是纪年、年代问题。高昌郡时期（327～442），高昌先后处在前凉、前秦、后凉、西凉、北凉的控制之下；高昌国时期（443～640），在高昌先后建立了大凉政权和阚氏、张氏、马氏、麹氏高昌王国政权。不论是诸凉所奉年号、纪年，还是高昌王国的年号，在传世文献中有一些记载，但零散且不全面，有些甚至与出土文书中的年号相悖。

早在1914年，旅居日本的罗振玉先生获悉大谷探险队在吐鲁番盆地获取墓砖的信息后，便过录砖文。于次年编成《高昌麹氏年表》。以后又利用《麹斌造寺碑》及黄文弼先生在吐鲁番发掘的墓砖汇成《高昌专录》，并对《高昌麹氏年表》进行修订。② 1931年，黄文弼先生根据他在吐鲁番交河沟西考古发掘所获墓砖，进行初步整理，出版了《高昌第一分本》，其中包括《高昌国麹氏纪年》。③ 后又对其进行进一步研究，修正了将重光年号归属为麹嘉的旧说。④ 但对高昌郡、高昌国时期纪年年号研究取得重大突破，则是在《吐鲁番出土文书》整理出版之后。大陆和日本的有关学者，利用吐鲁番出土文书和河西地区的有关考古资料进行研究，虽解决了一些问题，但有些年号的归属及其原因尚未圆满解决，仍然存在分歧。

如"白雀"年号，史树青先生和吴震先生将之归于姚苌后秦；⑤ 关尾

---

① 冯承钧：《高昌事辑》，《西域南海史地考证论著汇辑》，中华书局，1957，第48、60页；侯灿：《高昌楼兰研究论集》，新疆人民出版社，1990，第143页；孟凡人：《丝绸之路史话》，中国大百科全书出版社，2000，第30页；荣新江：《高昌王国与中西交通》，《欧亚学刊》第2辑，中华书局，2000。

② 罗振玉：《增订高昌麹氏年表》，《辽居杂著乙编》，辽东印本，1933。

③ 黄文弼：《高昌第一分本》，西北科学考察团理事会印行，1931。

④ 黄文弼：《高昌砖集》（修订本），中国科学院，1951。

⑤ 史树青：《新疆文物调查随笔》，《文物》1960年第6期；吴震：《吐鲁番出土文书中的若干年号及相关问题》，《文物》1983年第1期。

史郎、王素二先生在吴震先生的基础上作了考证，认为前秦凉州刺史梁熙与后秦姚苌同为羌人，有共同的利害关系，梁熙归附姚苌以示支持，奉后秦年号；① 马雍先生则认为最可能属于阚伯周至马儒时期（461～498）某个割据政权；② 侯灿先生在马雍先生研究的基础上，认为"白雀"年号最有可能属于阚氏前期（461～465）。③

　　对吐鲁番出土文书中的真兴五年、六年年号，侯灿、朱雷、吴震、荣新江、白须净真等先生认为，是沮渠氏北凉于公元 424～425 年归附大夏而奉其正朔的结果；④ 关尾史郎先生更进一步认为沮渠氏北凉奉大夏"缘禾"年号，应始于 423 年秋至 424 年初，⑤ 这一看法得到了王素先生的支持。⑥ 而文书中的"缘禾"、"太缘"年号，学界认为是沮渠氏北凉归附北魏，奉北魏"延和"、"太延"年号谐音的反映，⑦ 当缘禾四年（435）沮渠氏北凉退出高昌后，阚爽继续沿用缘禾年号不改。⑧ 关于"龙兴"年号，侯灿

① 〔日〕关尾史郎：《"白雀"臆说——〈吐鲁番出土文书〉札记补遗》，《上智史学》第 32 号，1987；王素：《吐鲁番文书与南北朝隋唐史研究》，《文史知识》1992 年第 8 期。

② 马雍：《吐鲁番的"白雀元年衣物疏"》，《文物》1973 年第 10 期。

③ 侯灿：《西晋至北朝前期高昌地区奉行年号探讨》，《考古与文物》1982 年第 2 期；侯灿：《西晋至北朝前期高昌地区奉行年号探讨证补》，《南都学刊》1988 年第 4 期；侯灿：《再论吐鲁番出土文书中所见高昌奉行年号问题》，《吐鲁番学研究专辑》，敦煌吐鲁番学新疆研究资料中心，1990。

④ 侯灿：《西晋至北朝前期高昌地区奉行年号探讨》，《考古与文物》1982 年第 2 期；朱雷：《出土石刻及文书中北凉沮渠氏不见于史籍的年号》，《出土文献研究》，文物出版社，1985；吴震：《吐鲁番出土文书中的若干年号及相关问题》，《文物》1983 年第 1 期；荣新江：《吐鲁番的历史与文化》，《吐鲁番》，三秦出版社，1987，第 31 页；〔日〕白须净真：《〈吐鲁番出土文书〉第一册——その绍介と纪年の考察》，《书论》第 18 号，1981。

⑤ 〔日〕关尾史郎：《北凉政权と"真兴"奉用——〈吐鲁番出土文书〉札记（一）》，《东洋史苑》第 21 号，1982。

⑥ 王素：《沮渠氏北凉建置年号规律新探》，《历史研究》1998 年第 4 期。

⑦ 侯灿：《北凉缘禾年号考》，《新疆社会科学》1980 年创刊号；吴震：《吐鲁番出土文书中的若干年号及相关问题》，《文物》1983 年第 1 期；柳洪亮：《吐鲁番出土文书中的缘禾纪年及有关史实》，《敦煌学辑刊》1984 年第 5 期；余太山：《吐鲁番出土文书所见"缘禾"、"建平"年号》，《西域研究》1995 年第 1 期；王素：《沮渠氏北凉建置年号规律新探》，《历史研究》1998 年第 4 期；〔日〕关尾史郎：《"缘禾"と"延和"のあいだ——〈吐鲁番出土文书〉札记（一）》，《纪尾井史学》第 5 号，1985；〔日〕白须净真：《高昌阚爽政权と缘禾、建平纪年文书》，《东洋史研究》第 45 卷第 1 号，1986。

⑧ 吴震：《吐鲁番出土文书中的若干年号及相关问题》，《文物》1983 年第 1 期；柳洪亮：《吐鲁番出土文书中的缘禾纪年及有关史实》，《敦煌学辑刊》1984 年第 5 期；朱雷：《出土石刻及文书中北凉沮渠氏不见于史籍的年号》，《出土文献研究》，文物出版社，1985；余太山：《吐鲁番出土文书所见"缘禾"、"建平"年号》，《西域研究》1995 年第 1 期。

存在一种专门安置死者的窟，即"瘗窟"，而且，和墓葬规模相当的这种瘗窟已经被确认的一共有 27 个，其中只有一个（B228）出土了随葬衣物疏。在隋唐交替时期（619）的随葬衣物疏使用了与吐鲁番出土的同时代的随葬衣物疏相似的文言，那么，可以推断：高昌国统治下的吐鲁番和中国管辖下的敦煌虽然是不同的地域，但是，通行的是同样的信仰和葬礼制度。①

众所周知，莫高窟最初的开凿是 4 世纪后半叶的"五胡"时代的事。但是遗憾的是，那个时代的窟在莫高窟北区并不存在。因此，根据包括北区在内的莫高窟出土文物，我们还无法确认，在这个时代敦煌是否也和吐鲁番一样流行把随葬衣物疏一起埋葬的信仰和葬礼。但是，如所周知，敦煌周边有很多古墓群。离莫高窟最近的是新店台古墓群（DXM，敦煌郡效谷县），与之相邻的是佛爷庙湾古墓群（DFM，敦煌郡敦煌县东乡），接着有与它们相对的、处于街道两旁的祁家湾古墓群（DQM，敦煌郡敦煌县都乡、西乡），等等。人们已经对每一个古墓群都进行了发掘研究，以考察从 3 世纪后半叶到 5 世纪前半叶的墓葬情况，尤其是对最后的祁家湾古墓群进行了详细的研究。② 但是，在任何一个古墓群中都未发现任何形式的文字资料，无论是纸的，还是竹简的或是布帛的。当然，不能因此就断定说这意味着这里缺乏信仰和葬礼。似乎仅有一点是清楚的：在 4 世纪后半叶莫高窟开凿的时候，随葬衣物疏这种做法在敦煌还未普遍流行开来。而且，经过研究发现，写在小的壶形或钵形陶器上的"镇墓文"是"五胡"时代的敦煌给被葬者的镇魂物。这种镇墓文始于后汉时代，流行于洛阳和长安等华北中心地带，到了 3 世纪开始向河西地域及其周边地区普及，③但是，在敦煌所发现的不仅在器形上独特，而且尺寸也特别小，埋葬的数目也很特殊。④

在整个"五胡"时代，无论是敦煌还是吐鲁番，大体上都在如下一系

---

① 〔日〕关尾史郎：《莫高窟北区出土〈大凉安乐三年（619）二月郭方随葬衣物疏〉的两三个问题》，《敦煌吐鲁番研究》第 9 卷，中华书局，2006，第 111～122 页。

② 甘肃省文物考古研究所编《敦煌祁家湾——西晋十六国墓葬发掘报告》，文物出版社，1994。

③ 〔日〕关尾史郎编《中国西北地域出土镇墓文集成（稿）》，新潟大学超域研究机构，2005。

④ 〔日〕关尾史郎：《敦煌的古墓群与出土镇墓文》（上、下），《资料学研究》第 4 号，2007，横 15～31 页；第 5 号，2008，横 1～16 页。

列政权的统治之下：前凉→前秦→后秦→后凉→北凉→西凉→北凉。然而，即使在相同的政权统治之下，这两个地域也遵循着完全不同的信仰和丧葬制度。一般认为，吐鲁番盆地中高昌郡的设立是由于"五胡"时代的4世纪前半叶河西地域的人口流入所导致的。① 但是，敦煌来的移民们的镇墓文所象征的信仰和葬礼并未传入吐鲁番。或者说，敦煌来的移民是移民全体中的少数势力或后发势力吧？至少，在信仰和葬礼这些方面，我们不得不这样认为。

然而，在"五胡"时代对支配河西地域的前凉以下诸凉政权积极支持的是敦煌以西（包括敦煌）的名门望族们，② 以敦煌为据点成立的西凉政权是他们存在的象征；而另一方面，河西地域东部的名门望族们自从前凉政权成立以来就反抗该政权，至少一直都是以敌对的姿态对待它的。关于其因由，人们做过各种猜想。一个原因大概是：在此地域东部，华北的中心地带来的移民和流民涌到了这里，为了收留他们，各地都建立了侨民郡县。侨民郡县不仅出现在河西地域，连黄河干流以及湟水流域等许多地方都大量出现过，③ 所以，虽然我们也许不能仅仅强调这一个事实，但是，也许可以这样说：侨民郡县的建立造成了与河西东部一代的基层社会的摩擦，其中一个结果就是以基层社会的政权的姿态出现，另一个结果就是造成了新的人口流动。这里所说的流动指的是该地域的基层社会的成员们向西方的流动。我们目前还不能说这次流动是以吐鲁番为主要终结点，因此，我们希望今后能通过阿斯塔那—哈喇和卓古墓群以及雅尔湖古墓群出土的麴氏高昌国时代的墓碑分析等途径来逐步解决这个疑问。

吐鲁番的阿斯塔那—哈喇和卓古墓群的"五胡"时代的墓葬中含有一些壁画墓。众所周知，即使在河西地方，从魏晋时代到"五胡"时代，人们也造了许多壁画墓和砖画墓。在河西地方，嘉峪关的新城古墓群以及酒泉的西沟古墓群（酒泉郡禄福县）、高台的骆驼城古墓群（酒泉郡表氏县）、永昌的东四沟古墓群（张掖郡番和县），砖画墓的画像砖的主题是现

① 〔日〕关尾史郎：《在古代中国的移动与东亚世界》，《岩波讲座世界历史》第19卷·移动与移民，东京，岩波书店，1999，第225~253页。
② 〔日〕佐藤智水：《从五胡十六国到南北朝时代》，榎一雄编《讲座敦煌》第2卷·敦煌的历史，东京，大东出版社，1980，第39~98页。
③ 〔日〕关尾史郎：《南凉政权（397-414）与徙民政策》，《史学杂志》第89编第1号，1980，第42~63页。

素、张广达等先生的支持,[①] 可成定论。

另外,对敦煌吐鲁番写经题记中的"甘露"年号的归属也存在分歧。罗振玉先生将之归为麴氏高昌第二代王麴光的年号,[②] 此说得到侯灿先生、王素先生等人的响应;[③] 吴震先生则认为"甘露"年号是高昌地区政权自建年号,由阚氏高昌王朝首王伯周始建于开国之初的可能性极大。[④]

吐鲁番出土文书和墓砖解决了麴氏高昌王朝的王统和纪年问题。麴氏高昌(502~640)建立的时间和所使用的年号,目前没有大的分歧,大都认同侯灿先生、荣新江先生、王素先生所编的年表。[⑤] 但对重光年号的归属存在两种不同的看法,吴震先生、陈国灿先生、王素先生、荣新江先生、孟宪实先生等认为是麴伯雅的年号,[⑥] 而侯灿先生、薛宗正先生和刘戈先生则认为归麴文泰。[⑦] 前者当是。

另外,王素先生《沮渠氏北凉建置年号规律新探》一文,对北凉所用年号的规律进行了探讨。认为北凉指河西沮渠氏北凉和高昌沮渠氏北凉两个政权,前者为五胡十六国之一,后者为前者的流亡政权。他认为玄始—承玄、义和—承和、建平—承平这三组年号都有中断,前两次因其采用大夏的真兴、承阳两个年号或北魏的缘禾、太缘两个年号,第三次中断是因

---

① 侯灿:《西晋至北朝前期高昌地区奉行年号探讨》,《考古与文物》1982 年第 2 期;侯灿:《西晋至北朝前期高昌地区奉行年号探讨证补》,《南都学刊》1988 年第 4 期;荣新江:《吐鲁番的历史与文化》,《吐鲁番》,三秦出版社,1987;王素:《高昌史稿·统治编》,文物出版社,1998;张广达:《高昌》,《中亚文明史》第 3 卷,中国对外翻译出版公司,2003。

② 罗振玉:《增订高昌麴氏年表》,《辽居杂著乙编》,辽东印本,1933。

③ 侯灿:《麴氏高昌王国官制研究》,《文史》第 22 辑,中华书局,1984;王素:《吐鲁番出土写经题记所见甘露年号补说》,《敦煌吐鲁番学研究论集》,书目文献出版社,1996。

④ 吴震:《敦煌吐鲁番写经题记中"甘露"年号考辨》,《西域研究》1995 年第 1 期。

⑤ 侯灿:《麴氏高昌王国官制研究》,《文史》第 22 辑,中华书局,1984;荣新江:《吐鲁番的历史与文化》,《吐鲁番》,三秦出版社,1987;王素:《吐鲁番文书与南北朝隋唐史研究》,《文史知识》1992 年第 8 期。

⑥ 吴震:《麴氏高昌国史索隐——从张雄夫妇墓志谈起》,《文物》1981 年第 1 期;陈国灿:《敦煌吐鲁番文书与魏晋南北朝隋唐史研究》,朱绍侯主编《中国古代史研究入门》,河南人民出版社,1989;荣新江:《中国所藏吐鲁番文书及其对中古史研究的贡献》,《敦煌学》第 21 辑,1998,又收入作者《敦煌学新论》,甘肃教育出版社,2002;孟宪实:《关于麴氏高昌晚期纪年的几个问题》,《学术集林》卷十,上海远东出版社,1997;王素:《高昌史稿·统治编》,文物出版社,1998,第 346~348 页。

⑦ 侯灿:《麴氏高昌王国官制研究》,《文史》第 22 辑,中华书局,1984;刘戈:《关于麴伯雅年号问题》,《西域史论丛》第 3 辑,新疆人民出版社,1990;薛宗正:《父子悲剧高昌王——论麴伯雅与麴文泰》,《新疆师范大学学报》2001 年第 2 期。

为河西沮渠氏北凉灭亡。这说明北凉自建年号所用"承"字，是为了抹去自身曾臣属大夏、北魏的丧权辱国，即其国曾经国破家亡的历史。①

二　职官制度和行政区划

传世文献对高昌郡的记载非常少，高昌郡作为凉州或沙州的一郡，其郡属机构当与内地的郡一致。从文书所见，高昌郡的行政制度远承汉魏，近同晋宋，从乡里组织直到郡和军府机构完全和内地郡县相一致。② 但在北凉时期高昌郡府文书中的僚属押衔中，"校曹主簿"和"典军主簿"不见史籍。唐长孺先生认为校曹之名始见孙吴，北凉的门下校郎似较接近孙吴政权所置校事，不过又承认很难说北凉的校郎直接继承孙吴旧制。认为北凉诸郡的校曹主簿，似乎可以看做是中枢的门下校郎，其职掌是审查和传宣太守批准的文书。至于典军主簿，内地郡属亦间有此名目，只是史无征用而已。③ 但吴震先生认为北凉"校曹"建置源于孙吴，是在遣使江南的过程中引入的，并及于府郡。高昌郡府置建校曹之来由，可能即在于此。④

祝总斌先生在《高昌官府文书杂考》中对吐鲁番出土前凉、高昌郡到麴氏高昌国官府文书中的某些公文用语、程序和类别进行了考释，如"记识奏诸奉行"、"列辞"、"辞"、"启"、"敕"等，从一个侧面反映出这一地区受秦汉以来内地汉族文化的巨大影响。⑤ 柳洪亮先生《高昌郡官府所见十六国时期郡府官僚机构的运行机制》，通过对近 200 件高昌郡文书的分析、研究，基本勾勒出了高昌郡的公文运转轮廓，认为郡太守直接领导下的以阁为中心的诸曹，是郡的最高行政执行机关，总理一郡的政务；校曹类似中央的门下；主簿协助太守统领诸曹，总掌诸曹文案。⑥

传世文献《周书·高昌传》等对麴氏高昌的官制仅略有记述，因而后人对其官制知之甚少。随着 20 世纪吐鲁番地区大量墓砖、文书的出土，麴

---

① 王素：《沮渠氏北凉建置年号规律新探》，《历史研究》1998 年第 4 期。
② 唐长孺：《从吐鲁番出土文书中所见的高昌郡县行政制度》，《文物》1978 年第 6 期。
③ 唐长孺：《从吐鲁番出土文书中所见的高昌郡县行政制度》，《文物》1978 年第 6 期。
④ 吴震：《北凉高昌郡府文书中的"校曹"》，《西域研究》1997 年第 3 期。
⑤ 祝总斌：《高昌官府文书杂考》，《敦煌吐鲁番文献研究论集》第 2 辑，北京大学出版社，1983。
⑥ 柳洪亮：《高昌郡官府所见十六国时期郡府官僚机构的运行机制》，《文史》第 43 辑，中华书局，1997。

　　吐鲁番文书的发现较敦煌遗书更早，1898 年，俄国人克列门兹从吐鲁番地区的哈喇和卓墓地盗走了一批古代文卷写本和铭刻。1902 年后，德国人克伦威德尔等先后三次在吐鲁番劫走文书、经卷和文物，其中文书10000 多件，现藏柏林德国国家图书馆。日本大谷探险队也先后于 1902年、1912 年、1913 年对阿斯塔那古墓群进行发掘，盗劫了 7000 余件文书，现藏龙谷大学图书馆。鄂登堡与斯坦因也在吐鲁番地区进行了盗劫活动。1927 年，中国学术团体协会与瑞典斯文·赫定联合组建"中瑞西北科学考察团"，次年开始中国学者对吐鲁番地区的第一次考察，发掘了一批宝贵的吐鲁番文书，这是我国最早的吐鲁番文书收藏。从 1959 年开始，在国家资助下，对吐鲁番古墓葬群进行了有计划的考古发掘，至 1975 年，对阿斯塔那—哈喇和卓古墓群共发掘 13 次，其中从 203 座墓中出土文书 2000 余件，现藏新疆博物馆。吐鲁番文书的大量发掘，成为中外学术史上的大事，也改变了敦煌文书独受重视的现状，使吐鲁番文书具有与敦煌文书相提并论的地位，因而形成了新的学科——敦煌吐鲁番学。

　　敦煌遗书 50000 余卷，内容涵盖古籍、宗教、文学、史学、哲学、艺术、民族、地理、风俗、经济、财政、政治、军事、语言、声韵、中西交通、医学、建筑、自然科学及技术科学等诸多领域，包罗万象，极为丰富，被称为"学术的海洋"、"百科全书式的宝藏"。吐鲁番文书也有万余件，但较为零碎，很长的、完整的经卷较为罕见。由于保存大量的官府档案，从展示唐代历史的角度而言，吐鲁番文书更加珍贵。

　　20 世纪初，四大考古发现推动了中国史学的研究，它们是：殷墟甲骨文、居延汉简、明清档案和敦煌吐鲁番文书。对隋唐五代历史研究而言，敦煌吐鲁番文书的发现有着划时代的意义，敦煌吐鲁番文书不但为魏晋南北朝、隋唐五代和宋初历史的研究提供了宝贵的资料，丰富了这一阶段的历史，使唐史研究向更广阔更纵深的方向发展，而且，深藏于地下千余年的官府档案及民间文献的发现，为中国中古史学提供了全新的内容，更新了史学界对隋唐五代历史面貌的认识，开创了中国中古史学研究的新局面。敦煌吐鲁番文书与史籍文献相结合，成为 20 世纪唐史研究的重要时代特点。

　　目前，以出土敦煌吐鲁番文书为基础形成的敦煌吐鲁番学正处在不断发展壮大的过程之中。敦煌吐鲁番学对于中国史研究的重要意义已经被越来越多的学者认识到，毋庸赘述。这里，笔者只想就敦煌吐鲁番学和内陆欧亚学的关系简述如下。

本文所谓"内陆欧亚"（Eurasia），大致东起黑龙江、松花江流域，西抵伏尔加河、多瑙河流域，具体而言除中欧和东欧外，主要包括我国东三省、内蒙古自治区、新疆维吾尔自治区，以及蒙古高原、西伯利亚、哈萨克斯坦、乌兹别克斯坦、吉尔吉斯斯坦、土库曼斯坦、塔吉克斯坦、阿富汗、巴基斯坦和西北印度。其核心地带即所谓欧亚草原（Eurasian Steppes）。

内陆欧亚幅员辽阔、资源丰富，自古以来繁衍生息着无数的民族，创造了千姿百态的文化。这是一个种族、语言、文字、宗教、生产、生活方式千差万别的地区。

主要由于游牧民族特别是所谓骑马游牧民族迁徙、征服、贸易等活动，古代内陆欧亚形形色色的民族及其文化、经济、政治之间存在着非常密切的联系。

同样主要由于游牧民族的活动，欧亚草原文化与周邻诸文化（汉文化、希腊—罗马文化、印度文化、伊斯兰文化）形成了积极的互动关系，并深深地影响了世界文明的进程。

内陆欧亚历史文化研究是世界历史文化研究不可或缺的组成部分，东亚、西亚、南亚以及欧洲、美洲历史文化上有许多疑难问题都必须通过加强内陆欧亚历史文化的研究，特别是将内陆欧亚历史文化视作一个整体加以研究才能获得确解。随着国内外中亚史研究的不断深入，越来越多的学者认识到中亚史的研究必须与整个内陆欧亚历史的研究结合起来，一个专门的学科——内陆欧亚学于是应运而生。

内陆欧亚学研究的对象主要是历史上活动于欧亚草原及其周邻地区（特别是我国甘肃、宁夏、青海、西藏和伊朗、印度、日本、朝鲜乃至西欧、北非等地）诸民族本身，及其与世界其他地区在经济、政治、文化各方面的交流和交涉。由于内陆欧亚（尤其是其核心地带）自然地理环境的特殊性，其历史文化呈现鲜明的区域特色。

内陆欧亚最主要的生产和生活方式是绿洲和游牧。过去囿于资料，有关研究无法深入，正是因为敦煌吐鲁番文书、和田文书和佉卢文书等出土文书的问世，这方面的研究才得以深入。其中利用敦煌吐鲁番文书进行的研究对于探究整个内陆欧亚绿洲和游牧这两种生产和生活方式本身，以及在此基础上建立的上层建筑，特别是两者之间互动的形式及影响，有着无王国郡县考述》一文认为，麹氏高昌王国地方行政分郡、县、城三级，个别郡县合治。灭亡时有郡四、县十三、城九，合计郡县城为二十六，其中还不包括王都高昌城。[1] 郑炳林先生的《高昌王国行政地理区划初探》认为高昌王国时期的地方行政划分为王国、府、郡、县四级，城都是县。唐灭高昌时有三府、五郡、二十七县。[2] 荣新江先生和张广达先生认为麹氏高昌实行的是郡县制，有四郡二十一县。[3] 钱伯泉先生认为高昌王国实行的是郡、县、镇戍三级制，灭亡时有都城一、郡三、县十四、镇戍四，共二十二城。[4] 郁越祖先生认为麹氏高昌末年有三郡十八县，再加上两废县和两城，共二十二城。[5] 近年，王素先生撰文对以往的研究进行总结评判后认为，麹氏高昌末年有三府、五郡、二十二县。[6]

三　政治事件

传世文献对高昌郡、高昌国的记述本来就少，许多史事不清或缺载。通过对文书的研究，有些史事得到了初步的揭示。如柳洪亮先生通过对吐鲁番阿斯塔那 382 号墓出土文书《缘禾五年（436）民杜犊辞》的研究，认为沮渠氏北凉失去对高昌的统治权当在缘禾四年（435）十月；[7] 吴震先生通过对俄藏 Дx02670ν "揖王入高昌城事" 文书所包含的历史信息的挖掘，揭示出该文书反映的是沮渠氏北凉灭亡后，沮渠氏西迁定都高昌城之初，迎接沮渠无讳入城的史事。[8]

对于沮渠氏在高昌建立的大凉政权（443～460）。荣新江先生《〈且渠安周碑〉与高昌大凉政权》认为，北凉王族在吐鲁番盆地建立的这个政权，不仅是一个首次独立于河西的地方政权，它还首次统一了整个盆地，

---

① 侯灿：《麹氏高昌王国郡县考述》，《中国史研究》1986 年第 1 期。

② 郑炳林：《高昌王国行政地理区划初探》，《西北史地》1985 年第 2 期。

③ 荣新江：《吐鲁番的历史与文化》，《吐鲁番》，三秦出版社，1987；张广达：《唐灭高昌国后的西州形势》，《西域史地丛稿初编》，上海古籍出版社，1995。张广达《高昌》则为 "四郡，22 县和城"（《中亚文明史》第 3 卷，中国对外翻译出版公司，2003）。

④ 钱伯泉：《高昌国郡县城镇的建置及其地望考实》，《新疆大学学报》1988 年第 2 期。

⑤ 郁越祖：《高昌王国政区建置考》，《历史地理研究》2，复旦大学出版社，1990。

⑥ 王素：《麹氏王国末期三府五郡二十二县考》，《西域研究》1999 年第 3 期。

⑦ 柳洪亮：《吐鲁番出土文书中的缘禾纪年及有关史实》，《敦煌学辑刊》1984 年第 5 期，又收入作者《新出吐鲁番文书及其研究》，新疆人民出版社，1997。

⑧ 吴震：《俄藏 "揖王入高昌城事" 文书所系史事考》，《吐鲁番学研究》2001 年第 2 期。

为麹氏高昌立国百余年打下了基础。而且使吐鲁番的文化登上了一个新的台阶，是一次巨大的飞跃。①

吴震先生的《麹氏高昌国史索隐——从张雄夫妇墓志谈起》根据出土材料，率先揭示出麹氏高昌国晚期发生的"义和政变"史事，认为麹伯雅仰慕中华文化"解辫削衽"的改革招致铁勒的不满，政变者在铁勒的支持下于延和十二年（613）夺取了政权，并于次年改元义和。义和六年（619）麹伯雅及其世子麹文泰和大臣张雄在西突厥的支持下，重新夺回政权，次年二月改元重光。②

学界对"义和政变"发生的原因和时间还有不同的解说。如宋晓梅先生认为政变发生在延和八年至十一年（609～612）间，在此期间，麹伯雅入隋为敌对势力发动政变提供了机会。③ 郑学檬先生认为麹伯雅长期在外，其他高昌大姓与麹氏矛盾从而导致了政变。④ 关尾史郎先生认为麹伯雅"解辫削衽"的目的是强化王权，以确立自己的衣冠制。"义和政变"是由高昌内部支持，由隋主导并产生质变的改革的亲中国、亲隋势力发动的。政变时间有可能是延和十二年，但也可能是延和十三年，即义和元年。而麹伯雅复辟应在620年二月以后。⑤ 王素先生则认为"义和政变"是由高昌内部守旧势力发动的，与外界干预没有关系。具体地说是在麹氏宗室的领导下，由一些臣下发动的。政变发生在义和元年（614）十一月十九日之前不久。对麹伯雅复辟的时间则同意吴震先生的看法。⑥

一般认为高昌地区存在逾年改元的惯例，如沮渠无讳、沮渠安周兄弟于442年9月进占高昌，443年改元承平。麹嘉也是称王的次年改元的。正如王素先生所言：他们"都是创业主，在他们之前，都没有所谓需要表示敬意的'先王'。他们也都逾年改元，说明逾年改元在当时本是惯例。"⑦

---

①　荣新江：《〈且渠安周碑〉与高昌大凉政权》，《燕京学报》1998年新5期。

②　吴震：《麹氏高昌国史索隐——从张雄夫妇墓志谈起》，《文物》1981年第1期。

③　宋晓梅：《麹氏高昌国张氏之仕臣——张氏家族研究之一》，《西北民族研究》1991年第2期。

④　郑学檬：《隋与高昌王朝关系考察》，《祝贺胡如雷教授七十寿辰中国古史论丛》，河北教育出版社，1995。

⑤　〔日〕关尾史郎：《"义和政变"新释——隋、唐交替期的高昌国、游牧势力、中国王朝》，《集刊东洋学》第70号，1993。

⑥　王素：《麹氏高昌"义和政变"补说》，《敦煌吐鲁番研究》第1卷，北京大学出版社，1996。

⑦　王素：《高昌史稿·统治编》，文物出版社，1998，第326页。

在吸收输入外来学说同时，结合中国传统治学方法，融会贯通，推陈出新，使之具有中国特色。寅恪先生所开创的，正是中国内陆欧亚学及敦煌吐鲁番学的新风气，而其融汇中西所创长编考异之法，又是为中国内陆欧亚学及敦煌吐鲁番学治史者所辟的一个新途径。

著名古文字学者唐兰先生曾说：古文字学的功夫在古文字学之外。我们是不是也可以说：敦煌吐鲁番学的功夫在敦煌吐鲁番学之外。那么，究竟应该在哪里下工夫，我认为首先应该在内陆欧亚学上下工夫。敦煌吐鲁番学和内陆欧亚学可以说是天然盟友，是一种共生、共荣的关系。

总之，内陆欧亚学因敦煌吐鲁番学的兴起而充实提高，敦煌吐鲁番学因内陆欧亚学的开展而发扬光大。愿这两个领域的学者精诚团结，努力合作，不断开创这两个学科的新局面。

敦煌吐蕃文化研究前景广阔
——"敦煌吐蕃文化学术研讨会"的启示

马　德*

2008 年 8 月 1 日至 6 日，敦煌研究院在敦煌莫高窟举办了"敦煌吐蕃文化学术研讨会"，这是敦煌历史上，也是藏族历史上，更是国际学术界第一次以敦煌吐蕃文化为主题的学术研讨会。来自国内各地的 50 多位专家学者出席会议并提交了论文。会议回顾了一个多世纪以来敦煌吐蕃文化研究的成就，分别从敦煌与藏族早期历史及原始宗教、敦煌与吐蕃历史、敦煌吐蕃石窟和藏地佛教艺术与考古、敦煌吐蕃文献、敦煌吐蕃文化综合研究等五个方面作了深入的讨论，解决或初步解决了敦煌学、藏学、民族学、语言学、佛学等相关学科领域内一系列重要而有意义的问题，同时在一些领域有了重大发现和突破。这次会议为我们展示了敦煌吐蕃文化研究的广阔前景。

敦煌与藏族早期历史及原始宗教研究，主要是利用敦煌文献中的象雄语、苯教文献，对藏族早期历史文化进行重新审视。国内外藏学界百年以来在这方面也做了大量工作，成果丰硕。这次会议上，学者们在回顾以往研究成就的基础上，指出了前人在这方面研究的不足，又从敦煌藏文文献

＊　马德，敦煌研究院文献研究所教授。

中挖掘出一些吐蕃原始宗教和自然崇拜方面的资料进行阐述；更为重要的，康巴地区一直保存着较多的藏族原始宗教（多为苯教）的遗迹遗物，近年来在西藏地区又发现大量的苯教遗迹和文献，在这次会议上都得到广泛深入的讨论，使藏族早期历史的研究工作有了一个新的起点。值得注意的是，这方面的研究成果足可以改写藏族历史。

敦煌与吐蕃历史的研究，一直是百年以来国内外学术界最活跃的研究课题。国内外对吐蕃历史的系统研究，实际上也就是从敦煌藏经洞文献面世之后开始的。吐蕃时期的敦煌石窟和敦煌藏文文献是记录反映吐蕃历史文化的第一手资料，以往所有的研究都表明了敦煌文献和敦煌石窟在吐蕃历史文化研究方面的不可替代的重要作用和意义。这次会议向我们展示，敦煌藏文文献和敦煌石窟资料在历史文化的研究方面还需要进一步地仔细调查、深入挖掘和充分利用，以便更深刻地认识吐蕃历史文化的本来面目。敦煌吐蕃时期的石窟艺术，历来是敦煌石窟研究的重点和难点。这次会议上有几篇关于吐蕃时期石窟个案的研究，无论理论和方法，都在前人研究的基础上有突出的创新，也为今后相关的研究提供了一定的借鉴。特别是会议上公布的藏地佛教艺术与考古的研究成果，展现了鲜为人知的西藏西部佛教石窟艺术的风貌，对敦煌石窟中相关内容的研究也有一定的借鉴作用和意义。

敦煌吐蕃文献的研究，是这次研讨会的重点议题。目前国内外所藏敦煌藏文文献的总数已近15000多件，其中海外8000多件，国内甘肃以外各地（含台、港地区）共300余件，甘肃省内藏6600余件。百余年来，受到学术界重视和研究过的仅千件左右，主要在社会文书和佛教史传类文献方面。而大量的佛经和佛教文献都没有得到重视和研究。敦煌藏文文献与汉文文献一样，绝大部分是佛教文献，而佛教文献中绝大部分是佛经。百余年的研究工作也大致相似：佛经和佛教文献的研究方面十分薄弱。法藏敦煌文献已经公布的2200多号藏文文献中，1299号以后的基本上是佛经和佛教文献，而这一部分文献基本上没有人进行过研究；甘肃藏敦煌藏文文献，也基本上没有进行过研究。因此，敦煌吐蕃文献的研究可以说是才重新起步，有如20世纪80年代初国内的敦煌汉文文献的研究，随便选取一份文献，甚至一个名词，一个专题等，都可以进行研究（实际上这种方法我们现在还在使用）。当年我们进行汉文文献研究，一起步就显示出中国学者研究自己母语比外国学者明显的语言优势。研究藏文文献也是一

山东兖州兴隆塔地宫出土遗物与新疆于阗佛教关系考

贾应逸[*]

摘 要：文章就山东兖州兴隆塔地宫出土遗物中的"安葬舍利"碑、鎏金银棺和石函上的图像进行了研究后，指出碑文中所说的于阗法藏法师可能是于阗王族；其赴"西天"取"世尊金顶骨真身舍利"，云游峨眉、五台，并因"恋皇帝化风，不归本处"的时代正值喀喇汗王朝进攻于阗的战争中，碑文中的"西天"可能是指于阗或疏勒等新疆地区。鎏金银棺上的"华严三圣"和阿修罗图像反映了中古于阗佛教的信仰，是受法藏的影响。鎏金银棺、石函上的涅槃经变图和龟兹石窟壁画不完全相同，是依据大乘经典錾刻的，但图像中的"魔王众"值得我们借鉴。

关键词：兴隆塔 "安葬舍利"碑 法藏法师 鎏金银棺 石函 涅槃经变图

兴隆塔位于山东省兖州市内的东北部，塔身用砖砌筑，呈八边形。底面边长约6米，对边长约15米；通高54米，13层，下面7层较大，且有收分，但上面6层遽然缩小（图1）。2008年，山东省博物馆对其进行了抢救性清理，发掘了地宫的北甬道和地宫。北甬道位于塔基北侧正中，由入口地面、竖井、直通道组成，通长9.20米；地宫底部平面为正方形，边长2.25米，面积约5平方米；地宫至顶高3.2米。地宫顶部有16排斗拱，

---

* 贾应逸，新疆维吾尔自治区博物馆研究员。

地面中央有一口圆形小井。①

地宫中出土的遗物主要有：宋嘉祐八年"安葬舍利"碑、石函、鎏金银棺、佛牙、金瓶、舍利、瓷碗、玻璃瓶等。本文仅就"安葬舍利"碑记载起塔缘起与于阗佛教、鎏金银棺图像所反映的中古于阗佛教信仰、石函和鎏金银棺的涅槃经变图与新疆石窟壁画等三方面进行研究，以飨读者。但笔者所见遗物有限，研究不深，仅抛砖引玉而已。

图 1 山东兖州兴隆塔

一 "安葬舍利"碑与于阗佛教辨析

"安葬舍利"碑，石质，长 86 厘米，宽 75 厘米，厚 10 厘米。阴刻汉文 32 行（图 2）。首行书"中书门下 牒 兖州"，接着记述了龙兴寺泗州院状请修筑兴隆塔的缘起与"西天于阗国帝前赐紫光正大师法藏"相关。碑文记载：为了安葬于阗法藏法师"亲往西天"取得的佛祖金顶骨"真身舍利"而请求起塔，说法藏"先于开宝三年，自离于阗本处，亲往西天取得释迦形像、世尊金顶骨真身舍利、菩提树叶及进奉本处；白玉三百九十斤、细马三匹，寻蒙圣恩帝前赐紫及师号。回宣御马两匹，闹牡金鞍辔驿劝请俸。自后乞于国内巡礼圣境，奉宣云游西川至峨嵋、代州五台山、泗州，逐处斋僧一万人，各送金襕袈裟一条"等过程，并说，他"在兖州住寄岁久，恋皇帝化风，不归本处"，因而，"世尊金顶骨真身舍利"仍在该寺。后来"有小师怀秀"，欲乞赐名额安置，但"为年老无力起塔"未果，直至嘉祐八年癸卯岁（1063）将上件功德舍利付与当寺大悲院主讲经僧法语起塔供养。后面则是龙兴寺泗州院下各寺院主、供养僧及助缘修塔者和匠人的法号、姓氏。

碑文所述内容涉及法藏其人及其身世以及他是在什么样的时代背景

---

① 山东省博物馆、兖州市博物馆：《兖州兴隆塔发掘简报（二）》，见《兖州佛教历史文化研讨会论文集》。

图 2 "安葬舍利"碑

下，向宋王朝进奉，云游中原峨眉山、五台山等著名佛教圣地等问题。涉及内容广泛具体，时间跨度大，地域广，问题较多。这里仅就当时的历史背景与法藏的身世问题谈一点看法。

首先，关于法藏云游中原时的于阗。据碑文所述，法藏大师于宋太祖开宝三年，即公元970年赴西天取"释迦形像、世尊金顶骨真身舍利、菩提树叶"。由于碑文没有记载法藏大师来到宋廷开封和兖州以及圆寂的年代，只知小师怀秀"欲乞岱岳回銮驿，乞赐名额"，"兴造宝塔"未获批准的年代，据谭世宝先生考证，是年应为大中祥符元年，即1008年①。一个不可忽视的历史事实是，从开宝三年法藏取得舍利到大中祥符元年的38年间，法藏的故乡于阗发生了巨大的变化：它从以前的佛教圣地变成伊斯兰教的信奉地，而且，这一过程是采用武力手段完成的。

法藏生活的10世纪时期的于阗，处于赶走吐蕃的统治者后，联合敦

---

① 谭世宝：《兖州兴隆塔地宫宋嘉祐八年十月六日"安葬舍利"碑考释》，见《山东省兖州市佛教历史文化研究参考资料》，2009年4月。

煌归义军，并与其联姻共同发展时期结束，正走向与信仰伊斯兰教的喀喇汗王朝的长期战争，最终被其灭亡的时期。《册府元龟·外臣部·册封三》记载，"（后）晋高祖天福三年十月制曰：于阗国王李圣天，境控西陲，心驰北阙……宜册封为大宝于阗国王，乃令所司择日备礼册命"，并派供奉官张匡邺充使。这位李圣天的于阗文名字为尉迟僧乌波，娶敦煌归义军节度使曹议金之女为后，至今他们的供养像仍描绘在敦煌莫高窟第98窟的前壁。李圣天于965年后逝世，由其长子从德太子继位，其于阗文名为尉迟输罗，也是虔诚的佛教信仰者，他奉献的一座六边形木质佛塔至今仍收藏在甘肃省博物馆。总之，五代—宋初的于阗是一处佛教盛行，佛教建筑林立，并与中原地区保持着频繁往来的地方。

公元9世纪中叶以后，新疆西部的喀什地区、伊犁河谷和吉尔吉斯斯坦、塔吉克斯坦、哈萨克斯坦及乌兹别克斯坦东部建立的喀喇汗王朝信奉了伊斯兰教。据说其第三代王、10世纪时的苏里坦·苏图克·波格拉汗是第一位接受伊斯兰教的可汗。著名阿拉伯史学家伊本·阿西尔（1161~1234年）著《全史》记载公元960年，有20万帐突厥人接受了伊斯兰教，[①] 就在这一年，其王木萨宣布伊斯兰教为喀喇汗朝的国教。在当时的历史情况下，信仰佛教的大宝于阗国与信仰伊斯兰教的喀喇汗王朝之间的斗争已是不可避免的。

汉文史籍没有对这一战争情况的详细记载，只知《宋史·于阗传》有"开宝……四年，其国僧吉祥以其国王书来上，自言破疏勒国得舞象一，欲以为贡。诏许之"和"大中祥符二年，其国黑韩王遣回鹘逻厮温等以方物来贡"。[②] 从这两条记载中可以看到，从先是于阗与喀喇汗交战获胜，到后来于阗已被喀喇汗王朝征服。近年来，由于对敦煌藏经洞发现于阗文《于阗王尉迟输罗致沙州大王曹元忠信》的解读，使我们了解到前一条所述事件的存在及其过程[③]：于阗王尉迟输罗率军攻破喀喇汗的东都疏勒城，战争于969年12月开始，970年1月结束，所获战利品中确实有象。尉迟输罗亲自写了一封信向沙州曹元忠报捷，信使从于阗到沙州，再赴宋都开

① 魏良弢：《喀喇汗王朝史稿》，新疆人民出版社，1986，第77~78页。
② 《宋会要辑稿》和《资治通鉴长编》中有着同样的记载。
③ 黄盛璋：《和阗文〈于阗王尉迟徐拉与沙州大王曹元忠书〉与西北史地问题》，《历史地理》第3辑，上海人民出版社，1983；《再论于阗王尉迟徐拉与沙州大王曹元忠书》，《新疆社会科学》1990年第1期，第99~108页。

封，到达开封时已是 971 年。这是喀喇汗与于阗长期战争的开始。

后来双方交战的情况，汉文史籍中没有记载，详细情况至今仍不清楚，仅根据阿拉伯文史籍可知其点滴。如巴托尔德著的《中亚简史》中说，在哈三·波格拉汗统治喀喇汗时期征服于阗的战争仍在进行中。"998年，喀什噶尔的阿尔斯兰汗（应为波格拉汗）·阿里在一次圣战中殉难，他死去的地方是在英吉沙东北。"据说，他的父亲在此之前也死于这一战役，父子死于同一场战役，可见战争之惨烈。后来，喀喇汗的玉素甫·卡德尔汗乞请伊斯兰教的四位"伊玛目"派来大队奉教战士，"叶尔羌（今莎车）于是为神圣的宝剑力量改变了它的信仰，并参加了伊斯兰教的事业"①。现在莎车至民丰一带仍保存有伊玛目的几处麻扎。后来，学术界较多认为，这场战争大约进行了 24 年之久，玉素甫·卡德尔汗以 4 万士兵围攻于阗，最终于 1006 年，于阗陷落，玉素甫·卡德尔汗成为于阗最高的统治者。

法藏大师就是在这样的历史背景下离开自己的故乡——于阗，来到中原朝贡，云游中原佛教圣地的。其实，在这场战争中，城市被摧毁，佛教塔寺被夷为平地，像吐蕃文《僧伽婆尔陀那之于阗悬记》预言的那样，佛教被灭亡了。"于阗陷落后，寺院和僧房如果不是被捣毁，便是改为清真寺了。不仅如此，（于阗）城本身也被夷平，而向东迁移了不知多少里。"②《突厥语大辞典》中收集了一首诗歌真实地反映了这种情况，诗曰："我们如洪水奔流／走进了城市／拆毁了佛庙／在佛像上厕屎。"③ 僧人和有些佛教信徒四处逃散，有的到西藏、青海等地，有的奔向回鹘高昌。他们的到来充实了那里的佛教及其艺术。碑文记载法藏大师于开宝三年，即公元 970年赴西天取佛顶舍利，其时间正是这场战争的开始，接着就是延续几十年的战争。因此，可以推想：无论法藏圆寂于哪一年，他因"在兖州住寄岁久，恋皇帝化风，不归本处"，晚年在兖州度过是完全符合历史事实的。其实，当时的佛国于阗已不存在，他的故乡已经在"圣战"中变为伊斯兰教的管辖地区，因此，他已无法，也不可能再回到自己的故乡——于

---

① 黄盛璋：《喀喇汗朝征服于阗圣战年代过程与于阗国都变迁综考》，《新疆文物》2005 年第 3～4 期，第 48～65 页。

② 黄盛璋：《喀喇汗朝征服于阗圣战年代过程与于阗国都变迁综考》，《新疆文物》2005 年第 3～4 期，第 60 页。

③ 李吟屏：《和田春秋》，新疆人民出版社，2006，第 126 页。

阗了。

由此，我们联想到关于碑文中所说的"西天"问题，一般认为"西天"即指印度。碑文中四处提到"西天"，例如，在"状"中称"兖州奏据龙兴寺泗州院西天于阗国帘前赐紫光正大师"，显然是指位于我国西部的于阗——法藏的故乡，因为"西天"的后面紧接着于阗国，从地理概念和文字语法上讲都是毫无疑问的。但在建塔缘起中说，法藏"先于开宝三年，自离于阗本处，亲往西天取得释迦形像、世尊金顶骨真身舍利、菩提树叶"，"先从西天将到世尊金顶骨真身舍利……"及"兴造宝塔，安葬于阗国光正大师从西天取得世尊金顶骨真身舍利"。这里提到的"西天"内容基本相同，似为指印度，但是否是指印度也值得怀疑。如前所述，开宝三年于阗和喀喇汗之间的战争正在激烈进行中，从于阗到疏勒间刀光剑影，法藏不可能通过战火纷飞的于阗、疏勒等地赴印度取得世尊舍利等。我认为，这几处"西天"自然不可能是印度，应该是西域某地，或者就是于阗本处。面对着残酷的战争，法藏于开宝三年，带着本地的，或者是上述969～970年战争的战利品——佛舍利等圣物，奔向中原不是没有可能的。

其次，关于法藏其人及其身世，在《宋史》、《资治通鉴长编》和《宋会要辑稿》中没有见到直接的相关记载，其中有关公元900多年于阗的信息只有"乾德三年五月，于阗僧善名、善法来朝，赐紫衣。其国宰相因善名等来，致书枢密使李崇矩，求通中国。太祖令崇矩以书及器币报之。至是冬，沙门道圆自西域还，经于阗，与其朝贡使至。四年，又遣其子德从来贡方物。开宝二年，遣使直末山来贡。且言本国有玉一块，凡二百三十七斤，愿以上进，乞遣使取之。善名复至，贡阿魏子，赐号昭化大师。因令还取玉。又国王男总尝贡玉榍刀，亦厚赐报之"。仅从这些记载，我们很难直接和法藏法师联系起来。就目前我所查到有限的几件敦煌文书及酒、面等的破历帐中也没有找到相关法藏的记录。现仅能就我所知和认识进行分析。

碑文说法藏"云游西川至峨嵋、代州五台山、泗州，逐处斋僧一万人，各送金襕袈裟一条"，看来，他有着雄厚的经济力量。据明万历《兖州府志》记载，此塔"有尉迟公修建年月"[①]。尉迟是于阗王族的姓氏，

---

① 转引自樊英民整理《兖州现存有关佛教的碑刻选录》，载《山东省兖州市佛教历史文化研究参考资料》，2009年4月，第34页。

《唐书·于阗传》称"于阗王姓尉迟氏",前述大宝于阗国王李圣天本族名为尉迟僧乌波。看来,该塔的修建确与于阗王族相关。《宋史·于阗传》在记载善名"赐号昭化大师。因令还取玉"的后面,紧接着说"又国王男总尝贡玉欓刀,亦厚赐报之"。《宋史》的这条记录在"开宝二年"条下。值得注意的是,当时的于阗国王虽然已是李圣天之子——尉迟输罗,汉名从德,但他刚刚继位,这一消息不可能马上传至宋廷,所以我认为,这里所说的国王仍是李圣天,其"男总尝"应该是李圣天的另一个儿子。

从敦煌莫高窟藏经洞发现的 P. 3184 文书背面题名"甲子年七月八日,于阗太子三人来到佛堂内,将《法华经》第四卷"看,李圣天有三个儿子。莫高窟供养人像的题名中,也有这三个儿子的名字,这就是第 244 窟的"戊辰□五/月十五日/从□太子",即从德太子;第 444 窟有"南无释迦牟尼佛说妙法莲华经大宝于阗国皇太子从连供养"、"南无多宝佛为听法故来此法会大宝于阗国皇太子琮原供养"①。这三个儿子中,从德太子曾于乾德四年(966)到宋廷贡方物,回到于阗后不久即继位,② 年号天尊。那么,这个"总尝"当然就是另外两个儿子中的一个了。日本学者熊本博士根据北京国家图书馆藏丽字 73 号写本《善财童子比喻经》前面所书"□常宗德",提出宗德即从德,"□常"则很可能是《宋史》所记,开宝二年,入贡于宋的于阗"国王男总尝"③。也就是说,总尝是于阗王李圣天的儿子。

安葬舍利碑文中称,法藏献"白玉三百九十斤,细马三匹",而《宋史》中仅记"贡玉欓刀",也许法藏贡玉之事与善名回国取所贡之玉相关,因而,宋廷"亦厚赐报之"。我们可以这样推论:首先,这条记载是紧接在善名赐紫衣后说的,是否可以把它理解成属于对僧人的赏赐;其次,这里所说的"厚赐"内容不很清楚,仅赐紫衣似乎也不会称为"厚赐",是否还应该有赐法师号,即碑文中所说的"光正法师"。

① 《敦煌莫高窟供养人题记》,甘肃人民出版社,1999,第 168 页"第 444 窟";贺世哲、孙修身:《〈瓜州曹氏年表补正〉之补正》,《甘肃师大学报》1990 年第 1 期,第 78 页。

② 荣新江:《敦煌文书 P. 3510(于阗文)〈从德太子发愿文(拟)〉及其年代》,《于阗史丛考》,中国人民大学出版社,2008,第 45 页。

③ 荣新江:《关于敦煌出土于阗文献的年代及其相关问题》,《于阗史丛考》,中国人民大学出版社,2008,第 78~82 页。

这样，我们得出的结论是：法藏大师是于阗国王尉迟僧乌波，汉名李圣天的儿子，原名总（琼）尝（常），于开宝三年（970）到宋廷贡献白玉，赐紫衣，并赐号"光正法师"。目前，由于资料有限，我们仅能作这样大胆的推测，当然，还期待有关资料进一步证实。

二 鎏金银棺图像与中古于阗佛教信仰

兴隆塔的鎏金银棺与和田县布扎克乡墓葬出土的木质彩棺的形制有一些相似之处，且鎏金银棺上图像所表现的内容中，多处反映了于阗佛教的信仰。下面就其形制与图像内容作比较分析。

首先，关于兴隆塔鎏金银棺和于阗彩棺的形制。山东兖州市兴隆塔出土的鎏金银棺为供奉佛舍利的奉献物，形制呈前挡高宽，后挡低矮式，下方周围有一圈围栏（已残失）。棺长 43 厘米，前挡处高 29 厘米（包括上方的云纹片饰）、宽 21.5 厘米；后挡高 12.2 厘米、宽 12 厘米（图 3）。

图 3 兴隆塔内的鎏金银棺

　　1983～1984 年，在新疆和田县布扎克乡伊玛目·木沙·卡孜木麻扎发现了一处五代—宋初的墓葬群，被称为布扎克墓地。这里出土一批木质彩棺，其中 3 座已开棺整理。木棺的形制与尼雅、楼兰等魏晋时期出土的完全不同，不再是带四足的木箱式，而是前挡高，后挡低的中原式，与兴隆塔出土的鎏金银棺很相似。其中装殓男性死尸的彩棺长 215 厘米，底座高 34 厘米，前挡高 68 厘米、宽 75 厘米；后挡高 55 厘米、宽 64 厘米。底座四周有高约 15 厘米的围栏。[①] 围栏由每隔 18 厘米镶嵌的小木柱和横向的木条组成。

　　这座彩棺与兴隆塔出土鎏金银舍利棺有相似之处，诸如：四周带栏杆式围栏，盖板和头端有乳钉装饰，前挡画出双扇门、门上有铺首和锁。拱形盖板上装饰着的木质乳钉，每排 5 个，与兴隆塔舍利银棺前档门上一样，不过，兴隆塔舍利棺前挡门上有 12 排，而和田彩棺仅 5 排。布扎克木棺显然是借鉴了中原的一些佛舍利棺椁的造型，当然也包括兴隆塔地宫出土的鎏金银舍利棺。可以这样说，尽管两者用途上各不相同，但却共同反映了佛教信仰者相同的理念。

　　《洛阳伽蓝记》中记载，于阗"死者以火焚烧，收骨葬之，上起浮图。……唯王死不烧，置之棺中，远葬于野，立庙祭祀，以时思之"。从这些墓葬均有木棺看，这无疑是于阗王家族的墓地，根据男性死尸头侧随葬的一件白色绫上，一面墨书于阗文，一面墨书汉文"夫人信附 男宰相李旺儿"，可知墓主人的身份。"男宰相李旺儿"何许人也，现在尚不清楚，但他与李圣天同姓，可以推测，这原是一处王族墓葬，是尉迟家族的墓葬区。另外，从墓葬群南面不远处还发现有佛教寺院的装饰件石膏残件也可佐证墓主人是信仰佛教的。后来，这里又埋葬了"圣战"中殉职的伊玛目·木沙·卡孜木，从而使其又变成伊斯兰教的圣地，至今仍建有清真寺，成为著名的穆斯林麻扎。所以说，该墓地出土彩绘木棺的主人李旺儿是于阗王族，而且是信仰佛教的。

　　兖州与于阗虽然相距遥远，但从兴隆塔出土的石碑和鎏金银舍利棺等来看，两地在古代就有来往联系，相互影响，充分说明祖国大家庭的历史渊源是紧密相连的，中原的文化影响到新疆。

---

　　① 　姚书文：《新疆和田布扎克墓地出土一号彩色木棺的加固保护》，《新疆文物》2002 年第 3～4 期合刊。

其次，关于鎏金银棺上纹样与于阗佛教信仰的关系。兴隆塔鎏金银棺上运用捶揲、錾刻、镶嵌等工艺表现出许多佛教内容的图像，其中有以下几点。

（一）前挡及其上方：前挡板门上，满錾卷草纹作地；门有铺首，并加锁；上饰 12 排，每排 5 个乳钉纹。门两侧各立一身胁侍菩萨。

门上方增加云纹片饰。拱形如意云纹状饰片穿孔系于前挡上方：满地捶揲出娑罗花叶，表示佛在娑罗树下涅槃；中间为双龙戏珠；上方镂空捶揲佛坐像，两侧天人双手捧花盘供养；下方垂云饰，中央立一合十的菩萨（图 4）。

图 4 鎏金银棺的前挡（与两侧的文殊、普贤组成华严三圣）

（二）棺体右侧的图案可分为两部分：前部有骑狮子的文殊及其眷属（图 5）；后部为佛涅槃经变图，但其中的佛涅槃像是左胁而卧。

（三）棺体左侧的图案也可分为两部分：前面是乘象的普贤及其眷属

图 5　鎏金银棺右侧文殊

（图 6），后面是佛涅槃经变图。

（四）后挡捶揲呈游戏坐姿的弥勒菩萨，两侧各立一身天王，下方各跪一身手捧鲜花和宝珠供养的天人。

（五）棺盖呈盝顶状，顶面分成四组图案，分别为伽陵频伽、团龙、博弈图、凤鸟等。两侧斜面各有六组一佛二菩萨。

我们将鎏金银棺上这些捶揲、錾刻的图像内容进行梳理研究，发现它包含了许多与于阗佛教信仰密切相关的内容。①

第一，在棺前挡上方镂空捶揲佛坐像，接着在紧挨前挡、银棺左右两侧的前面分别捶揲文殊和普贤菩萨及其眷属像，都是我们在其他舍利棺上没有见到过的。其中文殊菩萨虽然在大乘《涅槃经》中多有出现，但表现在涅槃经变图中除此之外仅有一例；至于说普贤菩萨至今在涅槃图像中还没有见到过。② 而这一佛二菩萨，三尊圣像的组合正好构成"华严三圣"，更是《大方广佛华严经》中表达的根本宗旨：一佛即华严主尊毗卢舍那

　　① 　关于这个问题，温玉成先生作过论述，请参看温玉成《于阗僧人法藏与兖州宋代金棺》，载山东兖州市宗教局编《兖州佛教历史文化研讨会论文集》，第 143～150 页、158～165 页。
　　② 　刘建华：《山东兖州兴隆塔地宫出土佛舍利葬具雕刻图像分析与解读》，载山东兖州市宗教局编《兖州佛教历史文化研讨会论文集》，第 143～150、158～165 页。

图 6　鎏金银棺左侧的普贤

佛——法身，是诸佛的本源；二菩萨为普贤和文殊。这三者是《华严经》所树立的崇拜对象及其所蕴涵义理的象征。

我们知道，《华严经》是继般若类经典之后，最重要的一部大乘经典。《华严经》的许多单行本早在东汉魏晋已译为汉文，如《兜沙经》、《菩萨本业经》、《菩萨十住经》等，后来，将这些散本编辑而成《华严经》。多数学者认为"《华严经》当是公元四世纪流传在西域，可能在于阗编纂成集的"①。该经在中原地区有两个汉文译本，一为 60 卷本，另一是 80 卷本。这两个译本都与于阗相关。60 卷本《华严经》于东晋时译出，《高僧传》、《出三藏记集》和该经的《译经后记》中都有记载，《华严经》在于阗流传的胡本有十万偈。先是僧人支法领，从于阗国得《华严经》胡本三

①　任继愈主编《中国佛教史》第 3 卷，中国社会科学出版社，1988，第 196～197 页。

万六千偈，但没有翻译。到晋义熙十四年（418）三月十日，请天竺佛驮跋陀罗（觉贤）手执梵文，译为晋言，沙门释法业亲从笔受。当时，沙门慧观、慧严等百余人，于道场寺铨定文旨，会通华戎，而妙得经体，直至刘宋永初二年（421）译完。《华严经》的流行使社会各领域都可以进入佛的世界，从而把佛教社会化的进程推向一个新阶段。80卷本《华严经》是在唐代武则天证圣元年（695）开始翻译，圣历二年（699）译完的。据《宋高僧传·实叉难陀传》记载，由于"华严旧经，处会未备"，而于阗有梵本，故"发使求访，并请译人"，于是于阗高僧实叉难陀"与经夹同臻帝阙。……于东都大内大遍空寺翻译"，而后广泛流布于中原地区。

《华严经》是于阗人，尤其是尉迟王族尊奉的重要经典和于阗佛教艺术重点表现的内容。仅据我所知，在今和田地区发现的毗卢舍那佛像就有20多件，同时，也发现有文殊和普贤菩萨的造像。正是由于对"华严三圣"的信仰，敦煌莫高窟才会有于阗王为文殊菩萨牵坐骑——狮子的图像。[①] 由于五台山是文殊菩萨示现的道场，《华严·菩萨住处品》说："东北方有菩萨住处名清凉山。过去诸菩萨常于中住，彼现有菩萨名文殊师利，有一万菩萨眷属。常为说法。"五台山又名清凉山，《广清凉传》中有五台山留有于阗王踪迹的记载。[②] 这也就是法藏法师云游谒拜"代州五台山"的缘起吧！同样，法藏云游谒拜的"峨嵋山"相传是普贤菩萨说法的道场，早在晋代就在此山建白水普贤寺。法藏所云游的地方也和鎏金银棺所表现的内容一样与他的信仰相关。

第二，关于涅槃经变图。至今我们没有看到和田地区发现的涅槃经变图，兴隆塔鎏金银棺左侧的图像中，站立于佛脚侧的阿修罗非常有趣，其形象是：三头六臂，头顶戴骷髅冠；六臂中，上面两臂分别擎日月，胸前两臂合十致哀，另两臂自然下垂；颈部戴骷髅项圈；双脚直立，站立在佛的足侧（图7）。温玉成先生指出，这种形象，至今没有出现在中原地区，而是反映了于阗地区造像的特征。新疆和田地区策勒县巴拉瓦斯特佛寺曾出土一幅阿修罗图像的壁画，三头四臂，头戴骷髅冠，两臂上举擎日月；另两臂，右臂置胸前，手持吉祥果，左手置于膝上，手执法器。该壁画

---

① 敦煌研究院编《中国美术分类全集"中国壁画全集"敦煌五代—宋》，辽宁美术出版社，1989，图版二六、二七。

② 《广清凉传》卷上《五台境界寺名圣迹》。

1904 年被斯坦因拿走，现存新德里国立印度博物馆。在一些出版物中，称为摩醯首罗天。德国人椿格尔将他在这里拿走的壁画和该图汇集、拼合，描绘出一幅较完整的线描图。① 根据其图像组合和《金光明最胜王经》相对照，可以证明那是一幅《金光明最胜王经》变相图，而该形象应是阿修罗图像。② 这种阿修罗图像出现在山东省兖州市兴隆塔的舍利棺上，应是受于阗密教的影响，与法藏法师的信仰相关。

图 7　涅槃经变图中的阿修罗图像

第三，鎏金银棺的后挡捶揲弥勒菩萨（图 8）也与新疆石窟壁画的内容相同。如前所述，我们没有发现于阗的涅槃经变图，但在龟兹石窟壁画中看到大量的涅槃经变图与弥勒菩萨的组合图像：龟兹石窟的后甬道或整个甬道中描绘佛涅槃经变图，而在主室前壁门上方表现弥勒说法图。使瞻仰者右旋领略佛涅槃的场景后，走出甬道抬头就看到弥勒菩萨，了解到末法时代过去，弥勒就会诞生，为一切有情说法，教化众生。兖州兴隆塔的鎏金银棺上同样也表现这一内容。

从兖州兴隆塔鎏金银棺的图案上看，其主体思想或个体图像与新疆，尤其是于阗的信仰相关，例如前挡的“华严三圣”，涅槃经变图与弥勒佛的组合，涅槃经变图中的阿修罗形象等。但涅槃经变图却又与现知新疆，主要是龟兹和高昌地区的不同。这里的涅槃经变图主要是根据《佛说大般泥洹经》绘制的。这种现象与各地所尊佛教派别相关。

---

① 发表在不来梅博物馆编辑的 *Archaologische Funde aus Khotan Chinesisch-Ostturkestan* 中。

② 参见拙文《唐代新疆佛教艺术》，古正美主编《唐代佛教与佛教艺术》，台北，觉风佛教艺术文化基金会，2006。

图 8　鎏金银棺后挡的弥勒菩萨像

三　石函、银棺上涅槃和举哀图像与
新疆石窟壁画

有关佛涅槃的故事，很多佛教经典中都有叙述，涅槃图像一般都是根据佛经绘制的，但我至今没有见到于阗有关涅槃经变图的图像，而在新疆龟兹石窟和高昌柏孜克里克石窟壁画中却存在较多。

龟兹石窟早期涅槃经变图的图像与帛法祖（帛远）译的《佛般泥洹经》内容更接近些。诸如：壁画将佛涅槃、荼毗、举哀组合在一个画面上：佛右肋而卧，床前坐于佛头侧地上的是佛最后度化，并先佛而灭的弟子须跋陀罗；众比丘立于佛脚旁，从外地赶回的迦叶跪在佛床旁，两手抚摸着佛的双足；床前，密迹金刚悲哀坐地，护卫佛的金刚杵被抛在一旁；佛床的上方为举哀圣众：梵天、帝释、拘尸那城的力士，天空中飘荡着的天人持各种宝物前来供养。随着时代的推移，涅槃经变图中出现了《长阿含经》、《根本说一切有部毗奈耶杂事》的内容，增加了单独构图的八王争分舍利、第一次结集等画面。①

高昌地区仅柏孜克里克石窟现存四铺涅槃经变图，且多残损，只有涅槃台、先佛而灭的须跋陀罗、王子举哀图、举哀比丘和乐人像，还有些图像严重模糊，难以辨识。

兴隆塔的涅槃和举哀图是分别表现在鎏金银棺和石函上，而且清晰、完整。

首先，关于鎏金银棺上的佛涅槃图像。鎏金银棺上的涅槃图像主要是根据《佛说大般泥洹经》绘制的。

在鎏金银棺左侧后部的涅槃图像中，佛右肋而卧于床上，围绕于佛床周围的是十大比丘：其中悲痛的阿难昏坐于地上，阿那律等过来劝住；立于佛头侧的大迦叶，左手托铜板，右手持槌，表现佛临涅槃时，"正法付大迦叶"；佛涅槃后，迦叶敲击铜板，召集众比丘进行了第一次结集。蹲跪于佛床前头侧的不是须跋陀罗，而是最后供养佛的铁匠儿子纯陀，供养佛的饭罐倒在地上，是对《佛说大般泥洹经·长者纯陀品》的概括。抚摸着佛双足的也非从外地匆匆赶回的迦叶，却是佛母摩耶。如佛经所说"天人阿修罗举声哀叹"，图像中阿修罗站在了佛的脚侧。此外，图像中"复有十恒河沙诸鬼神王毗沙门等"。只有悲伤的密迹金刚坐在地上，护佛的金刚杵扔在一旁的描绘与龟兹石窟中的图像是一致的（图9）。

鎏金银棺的右侧后部捶搩的图像与上述基本相同，但佛左肋而卧于床上。这种卧姿，佛教称其为爱欲相，不好解释，也许是由于所处部位是在银棺右侧的后部，只有这种卧式，佛头部才能位于前面吧！温玉成先生命名为"临涅槃图"，即"临终遗教"，表现佛在拘夷城双树间将要般泥洹时，"告诸众生，今当灭度，诸有疑难皆应来问，为最后问"，于是一切有情以种种饮食、宝物前来供养，并劝佛不般泥洹。画面与左侧图像基本相同，仅在佛头侧、迦叶的后面出现了梵王和魔王，是对佛经中"娑婆世界主梵天王……稽首请佛，于一面住"，"时魔波旬及魔天女，稽首佛足于一面住"，"以神力普开一切诸地狱门，随彼地狱众生有所愿乐皆给济之"的描绘。只是脚旁没有了阿修罗。这些情节，在新疆石窟壁画中至今还没有

---

① 参见拙文《克孜尔石窟与莫高窟涅槃经变比较研究》，《1990年敦煌学国际研讨会文集·石窟考古编》，辽宁美术出版社，1995。

图9　鎏金银棺左侧的涅槃图

见到。

从上面的对比中，我们看到兖州鎏金银棺上的涅槃图像与新疆石窟壁画同类图像的相似和不同处，开阔了我们的眼界。这种区别不仅是由于崇信大乘或小乘的不同，更包含着地域传统的差异，值得进一步研究。

其次，关于兴隆塔石函上的举哀圣众。放置鎏金银棺的是石函。石函置于地宫中央，为青石质，由基座、函体和函盖组合而成，通高98厘米、

图10　石函

长102厘米、宽82厘米（图10）。基座由仰覆莲花纹座组成：下层的仰莲纹座为长方形，长102厘米、宽83厘米、高24厘米；上层覆莲座为圆角长方形，长11厘米、宽74厘米、高19.5厘米；束腰部分阴刻缠枝卷草纹。函盖顶部阴刻缠枝牡丹纹，四侧面有龙纹、金翅鸟形象和缠枝牡丹纹饰。函体由整石凿刻而成，长约85厘米、宽47.5厘米、高31厘米，四周阴刻图像。前面为弟子掩门图，门上有铺首、门钉，两侧各立一尊菩萨，分别捧瓶花和枝花供养。后面有两身天王站立，手执钺维护。两侧面阴刻的六组举哀圣众立于祥云上，每组

间以高高的云尾纹相隔，人物前面均阴刻汉文榜题，为我们认识相关图像提供了借鉴。这六组举哀圣众与新疆石窟壁画中的同类内容基本相同，但表现形式有别。

石函右侧依次为"梵天众"、"帝释众"、"天王众"。"梵天众"中的梵王大多以皇帝的形象出现：体型略显肥壮，具有成年人的沉稳感；头戴冕冠，长袍玉带；两侧童男童女搀扶，侍女执扇随从（图11）。"帝释众"中的帝释为女性。虽头部残缺，但隐约仍可见其头戴通天冠，身服贵妇装，右手持拂尘；执扇侍女和童子前呼后拥（图12）。"天王众"中的天王大腹便便；头戴高冠，身着铠甲；右手托宝塔，左手执仗幡；前后有童男童女侍从（图13）。这些图像已经全部汉化了，新疆石窟壁画中则更多保留了佛经和印度图像的成分，如梵王位于佛头侧上方，形象为天人，头梳高髻，右肩斜披天衣。帝释像紧挨梵天，也是天人装束，头戴宝冠，袒上身，披帛，腰结裙，佩项圈、耳珰、钏镯等装饰品，两眉间有一眼，即佛经中所说的三眼帝释。

图11　梵天众　　　　　　　　　　　　图12　帝释众

石函左侧依次阴刻"比丘众"、"诸王众"、"波旬众"。八身比丘中，前面的两身分别执炉、托钵、持法轮，后面的合十致哀，面部刻画较细腻（图14）。"诸王众"中刻出八身帝王，数字与龟兹争分舍利图中的八王相等。八身帝王身穿冕服，头戴冕冠；或身服交领宽袖长袍，戴通天冠、羽冠、花冠等（图15）。

图 13　天王众

图 14　比丘众

图 15　诸王众

图 16　波旬众

　　值得注意的是"波旬众"，波旬是佛教中魔王的名字。图像中有五身：中央为波旬，头戴高冠，身穿宽袖长袍，双手置胸前持笏板。其余的均服圆领窄袖对襟衣，腰结带，下裳宽松似裙，足蹬高腰靴，明显具有古代新疆服饰的特点。位于波旬左侧的持拍板，后面的两人分别敲答腊鼓，吹长笛；前面的一身戴尖顶高帽，右手置前，左手上举，正在舞蹈（图 16），其形象及体姿与鎏金银棺右侧"临终遗教"中位于梵王后面的魔王相同。龟兹地区石窟壁画中大部分涅槃图没有这一内容，只有库木吐喇第 23 窟后甬道两侧壁各描绘魔王和魔女，右侧的魔王持铃，左侧的魔女起舞。但这一内容却在柏孜克里克石窟中表现得十分突出，画面位于右壁后部、后壁涅槃图的头侧。一般为六身，波旬众的形象为圆目、鹰钩鼻，面貌丑陋；袒上身，披帛，块块肌肉凸起；手执各种乐器，有鼓、拍板、琵琶、筚篥、横笛等。佛经说，魔王宫中有"琴瑟箜篌一切乐器"，当波旬皈依佛时，"多将诸众歌舞调戏。五音作乐众伎和合"。不过所有诸众"都不复能歌舞调戏，五音作乐皆悉闭塞不能出声"，只能"却坐一面，听法而住"。因而，画面中的魔王波旬手持各种乐器。从新疆壁画中穿龟兹装或袒上身披帛的装束，到兖州石函上服胡装的变化中，我们看到这一内容和图像在不同地域的传播和变化。

　　总之，山东兖州兴隆塔的新发现不仅为新疆中古史、新疆佛教及其艺术的研究提供了新的资料，同时，也使我们看到新疆佛教东传和对我国佛教及其艺术的影响，看到佛教在各地传播和发展中都有相互影响和促进的作用。

本文摘自《新疆师范大学学报》（哲学社会科学版）

2010 年第 1 期

试论新疆地区的密教信仰

——以千手观音图像为例

李 翎*

摘 要：通过勒考克、斯坦因等欧洲探险家于20世纪初在新疆地区发现的佛教文物，以及后来由中国学者、中日考古队发现的石窟和壁画残片等，基本上可以确定新疆地区在公元7世纪前后已传入密教，在8世纪以后有密教图像存留，说明新疆地区有密教的持明乘、金刚乘和无上瑜伽密的信仰与传播。文章以千手观音图像为例，分析了新疆地区对于观音秘密身形的信仰。

关键词：新疆地区 密教信仰 千手观音

一

密教（Guhya-yāna）狭义上是指佛教发展到后期出现的一种宗教形态。学者将之划分为陀罗尼密教（公元3、4世纪盛行）、持明密教（或持明乘 vidyadhāra i-yāna，公元4、5世纪至6、7世纪盛行）、真言密教（或真言乘 mantra-yāna，公元7、8世纪盛行）、瑜伽密教（金刚乘 vajrayāna，公元8、9世纪盛行）①、无上瑜伽密教（公元10、11世纪盛行）五个流派。② 西藏佛学家布顿·仁钦朱（1290～1364）依据经典则将

---

* 李翎，中国国家博物馆研究员。

① 学术界通常以金刚乘来泛指密教，事实上金刚乘是密教发展到中期以后才出现的名称，作为通称使用是在10世纪以后。见吕建福《中国密教史》，中国社会科学出版社，1995，第9页。

② 见吕建福《中国密教史》，中国社会科学出版社，1995，第3～4页。

密教分为四部：所作坦特罗部，即事部（kriyā）；行坦特罗部，即行部（caryā）；瑜伽坦特罗部，即瑜伽部（yogā）；无上瑜伽坦特罗部，即无上瑜伽部（anuttarayogā）。这四部分别可与汉地五个阶段的密法相对应，其中事部对应陀罗尼密教和持明密教，即所谓的杂密；行部对应真言密教，即以《大日经》为中心的胎藏密教；而瑜伽部是指以《金刚顶经》为中心的金刚乘密教；无上瑜伽部是指以《秘密集会》为中心的左道密教，无上瑜伽部又分为方便、智慧、无二三部，或称父续、母续、无二三部。

　　新疆是印度佛教东传的第一站，大量的文物发现证明，在新疆地区大约公元 7 世纪前后已传入密教。北京大学教授张广达和荣新江全面调查过敦煌藏经洞所出两种唐代密宗史料——《瑞像记》和瑞像图，认为密宗传入于阗应在 7 世纪。[①] 图像实物也证明了密教在新疆的传播。据研究东距柏孜克里克石窟仅 2 公里的伯西哈尔石窟第 3 窟，该窟正壁两端上方表现有密宗的灌顶图，这是高昌现知壁画中仅有的内容，而整个壁画内容可能与五佛曼陀罗或莲花部礼拜有关，[②] 其图像或许与以《大日经》为中心的胎藏密法有关。《大日经》的神灵系统，在继承了晚期持明密中的佛部、莲花部和金刚部法的同时，已出现五佛观念。文献记载在唐代已有西域僧人到汉地弘传曼陀罗密法的。赞宁《高僧传》记："般若斫迦三藏者，华言智慧轮，亦西域人。大中行大曼拿罗法，已受灌顶为阿阇梨，善达方言，深通密语，着佛法根本。宗乎大毗卢遮那，为诸佛所依，法之根本者，陀罗尼是也。至于出生无边法门，学者修戒定慧以总侍助成，速疾之要，无以超越。又述示教指归，共一十余言，皆大教之钤键也。"[③] 最极端的一个图像例证是斯坦因在丹丹乌里克掠走的一幅木板画（图1），画面表现的是一尊密教的双身像！这是令人难以想象的。从画面上看，这似乎是

---

① 参见张广达、荣新江《敦煌"瑞像记"、瑞像图及其所反映的于阗》，载《于阗史丛考》（增订本），中国人民大学出版社，2008，第 166～223 页。

② 见贾应逸《伯西哈尔石窟研究》，《吐鲁番学研究》2004 年第 2 期。原文认为残画可能表现的是胎藏界曼陀罗，中心主神是胎藏界大日如来。近日笔者与贾先生看图再次确认，画中表现的可能是阿弥陀佛。但从现存残画和现有空间来看，不太可能是五佛曼陀罗组合，因此笔者推测或者表现的是莲花部系统的神。

③ 《大宋高僧传》卷三，中华书局，1987，第 51～54 页。赞宁在《高僧传》中记载此人两次，又记：西域高僧满月传（智慧轮）时说："释满月者，西域人也。爰来震旦，务在翻传瑜伽法门，一皆贯练。既多神效，众所推钦。"

图1　丹丹乌里克 D. X 佛寺出
D. X. 8 木板画，这是迄
今发现最早的密宗双身像

一尊三面四臂神，三面皆呈怒相，其中左面可见有三目，二主臂之左手抚胯，右手搂抱明妃。另两臂上举。以前曾有学者将之误认为是抱小儿的鬼子母像。[1] 事实上，仔细观察一下现存的鬼子母图就可以发现，通常鬼子母怀中的小孩有两种表现形式，一种是用布包裹的小儿，如瑞士人鲍默发表的一幅出自丹丹乌里克的画（图2），一种是攀爬的幼儿形象，如现藏大英博物馆的鬼子母画（图3）。而这里在明王怀中的是一个少女，头上的卷发和右手持钵的姿态，正是通常表现明妃向明王敬献盛血颅器的通式（图4）。

明王与明妃相对而拥属于密教系统中

图2　1998 年瑞士人鲍默图录《丝绸之路：贸易、
战争与信仰》公布的绘图

---

① 有学者以为是怀抱婴儿的女神，参见《报告》第 36 页。

**图 3　西域考古图和阗法哈特伯克亚依拉克遗址 F. XII 寺庙出，
蛋彩壁画，现藏大英博物馆（6～7 世纪）**

晚期出现的无上瑜伽密造像。公元 9、10 世纪，密教体系发生了一个很大
的变化，就是金刚乘的大乐思想发展到了极端，将之与印度教左道的女神
性力思想结合在一起，通过两性的结合，达到解脱的目的，无上瑜伽密形
成之后，首先向其周边国家传播，包括北印度、西印度和西域诸地。① 无
上瑜伽密经典最早在 9 世纪就已出现，10 世纪则大量涌现。其造像强调性
力在修法中的作用而表现为佛父佛母形，在后弘期的藏传佛教中有大量的
表现，藏文称 yab-yum。在西藏这种造像流行的时间主要是元代以后，藏
西阿里地区可以见到的最早的作品，大约是公元 11 世纪的。汉地无上瑜伽

① 见吕建福《中国密教史》，中国社会科学出版社，1995，第 80 页。另有学者认为无上瑜
　伽密及经典出现于公元 7、8 世纪，或更早。参见索南才让《西藏密教史》，中国社会科
　学出版社，1998，第 10～12 页。

图 4　双身阎魔像（明永乐造像）

密类经典的翻译最早为宋代法护译《大悲空智金刚大教王仪轨经》①。由于
这种修持方法与汉地伦理观念有极大的冲突，因此，即使在 10 世纪，无上
瑜伽密的经典在汉地已经译出，但并没有在民间流行起来，因此，汉密几
乎不见双身类图像。对于新疆这个双身图像，斯坦因在《古代和田》中已
清楚地描述了这是一个天神与其明妃的组合，并且提到这是西藏对特殊保
护神或本尊的常用表现手法。② 事实上，这不是西藏的表现手法，更不是
新疆对西藏手法的套用。无上瑜伽密经典的藏译在 11 世纪后，汉译在 10
世纪末。显然，从这幅图像的表现风格看，通过与新疆地区现存的其他壁
画的比对，基本可以断定为公元 9 世纪的遗存。因此，新疆的双身画像式

---

① 该经凡五卷二十品。又作《大悲空智金刚经》、《喜金刚本续王》、《喜金刚本续》，内容
　主要在叙述双修（双运）法，及其他无上瑜伽的某些法门。
② 参见巫新华等译《古代和田》，山东人民出版社，2009，第 273 页。

可能直接源于印度，也就是说，新疆于阗地区无上瑜伽密的传播与印度几乎同时，它是中国境内最早接受印度无上瑜伽密信仰的证明，也印证了在《大悲空智金刚大教王仪轨经》中记载的修持此经的地区包括西域的说法。[①] 这幅双身组合像保留着印度早期双身像中明妃侧坐于明王腿上的样式（图 5），有别于后来藏传佛教中广泛流行的相对而拥的造型。基于以上

图 5　吉美国立艺术馆藏 14 世纪仿早期双身像唐卡

---

① 该经反映了无上瑜伽密形成后传播的情况，这部经中提到有 12 个地方可以修得成就，这 12 个地方包括 26 个地名，除不详的 13 个外，有 11 个地方分布在北印度、西印度和西域 等地。参见吕建福《中国密教史》，第 81 页。

情况可见，新疆丹丹乌里克这幅木板画的发现是十分重要的，可说是无上瑜伽密传入中国后，目前发现的最早的一幅图像，远远早于汉地及藏区，也是新疆地区到目前为止发现的唯一一件双身图像，这为我们将来进一步发现相关的无上瑜伽密文物提供了可能，甚至对于以往的一些残画图像的解释也可以从无上瑜伽密的角度给予重新考虑。由于这类资料存留不多，本文只是以此为引言，而大量的千手观音图像，则将新疆密教信仰问题的讨论空间，集中在观音秘密身形的问题上。

二

由于图像资料丰富，本文将以此为例讨论新疆地区对于观音秘密身形的信仰。笔者通过资料的调查得知，现存的秘密观音实物大致有：

（一）柏孜克里克第 20 窟大悲变相图

（二）柏孜克里克第 40 窟一面千手观音画

（三）松本荣一《敦煌画の研究》记高昌千手观音图

（四）高昌古城 K 寺藏书室甬道出千手观音画粉本（图 6）

（五）高昌时期木头沟水源附近残塔出千手观音绢画

（六）和田达玛沟喀拉墩 1 号佛寺壁画残片千手观音像（图 7）

（七）达玛沟托普鲁克墩 2 号佛寺出千眼坐佛木板画，编号 06CDF2：0027（共三块）

（八）北庭高昌千手观音残画

（九）伯西哈尔石窟千手观音壁画[①]

（十）高昌交河古城出十一面观音残画（图 8）

（十一）高昌 a 寺千手观音绢画

以上共 13 件，除第 1 件无法确知是十一面还是千手观音外，有 8 件是千手观音像，3 件是画有千眼的木板画，1 件是十一面观音。这些遗迹主要分布在高昌和于阗两地，虽然分布距离较远，但图像样式基本统一，都是一面千手像式。通过以上数据大致的结论是新疆地区对于观音秘密身形

---

① 现在此画已无，只有切割痕迹，依据的是贾应逸《伯西哈尔石窟研究》中提到的格伦威德尔考察时记录的图像。

的信仰主要体现在一面千手观音方面，① 并且通过高昌古城 K 寺藏书室甬
道出千手观音画粉本残片，可以推测当时新疆地区对于千手观音造像的需
求量是比较大的，同时粉本残片的发现，也让我们考虑到通过西域僧和画
师的流动，这种画样可能传入汉地。

图 6　高昌回鹘时期古城 K 寺藏书室甬道出

千手观音粉本，勒考克

---

① 虽然在新疆地区发现诸多千手眼观音残画，但事实上，印度神话中，似乎没有相当于千手眼观
音的神格，但一般因陀罗（Indra）、原人（Purusa）、湿婆（Siva）、毗纽（Visnu）等诸神素有
千眼之说，而且湿婆及阿鲁纠那（Arjuna）曾有千臂（Sahasra-bāhu）之称。又《大教王经》
卷九曾述及大自在天有千手千面。现代印度本土也未曾发现任何有关此尊之物。

图 7　达玛沟喀拉墩 1 号佛寺壁画残片，编号 06CDKF1K：001

　　相比于汉地观音秘密身形的信仰，可见新疆与汉地之不同，以敦煌石窟的遗存为例，在敦煌石窟可见最早的秘密观音主要体现在初唐的几个洞窟，如 321（图 9）、334、340（图 10）、331（图 11）等，都是十一面观音像，而现存的千手观音像，最早的大约在五代时期（图 12）。

　　从佛经翻译方面看，汉文十一面观音经的翻译要早于千手观音经。《十一面观世音神咒经》最早的译本为北周耶舍崛多所译，① 而千手眼观音

① 后又有三译：唐玄奘译本，题名《十一面神咒心经》；唐阿地瞿多译本，题名《十一面观世音神咒经》，载于《陀罗尼集经》第四卷。以上皆作一卷。唐不空译本，题名《十一面观自在菩萨心密言念诵仪轨经》，三卷。藏文也有两种译本，其中之一系据唐玄奘译的汉文《十一面神咒心经》转译而成。此经的内容，叙述佛在王舍城耆阇崛山中，时观世音菩萨在会众中白佛：欲为除灭一切众生的忧恼病苦等，说十一面观世音心咒，使能读诵书写者，除殃护身。并说过去恒沙劫前，在百莲准眼顶无障碍功德光明王如来所，为大持咒仙人，获得此咒，即能见十方佛，得无生忍。又于曼陀罗香如来所为优婆塞时也得到此咒，由此而得一切诸佛大慈悲喜舍诵慧藏法门等功德。然后次第说示根本神咒、咒水、咒衣、咒香、咒华、咒油、咒食、咒火、结界、行道等咒，及造十一面观世音像法，供养念诵法、诸种成就法等。

图8　高昌绢画十一面观音，交河古城出，勒考克

经典及仪轨、图像，至初唐时代始传至中国。据《千眼千臂观世音菩萨陀
罗尼神咒经》序文所载，唐武德年中（618～626），中天竺婆罗门僧瞿多
提婆携来此尊形像及结坛手印经本，但“太武见而不珍，其僧悒而旋
踵”①，由于没有得到认可，这位印度僧人伤心地回去了。至贞观年中
（627～649），另有北天竺僧奉进《千臂千眼陀罗尼》的梵本，后由智通译
成汉文。可知，千手眼观音的信仰应是形成于公元7世纪。现存千手眼观
音经主要有唐代智通译《千眼千臂观世音菩萨陀罗尼神咒经》，凡二卷；
另唐代南印度沙门菩提流志译《千手千眼观世音菩萨姥陀罗尼身经》为此
经之异译。“又佛授记寺有婆罗门僧达摩战陀，乌伐那国人也，善明悉陀
罗尼咒句。常每奉制翻译，于妙毡上画一千臂菩萨像并本经咒进上，神皇
令宫女绣成或使匠人画出，流布天下不坠灵姿。”②虽然有皇令使之流布天

① 智通译《千眼千臂观世音菩萨陀罗尼神咒经》译序。
② 智通译《千眼千臂观世音菩萨陀罗尼神咒经》译序。

图 9　敦煌 321 窟初唐十一面观音壁画

图 10　敦煌初唐十一面观音，340 窟东壁门上

图 11　敦煌莫高窟 331 窟东壁北门附近作为胁侍的
初唐十一面观音像

下，但事实上，没有流传至今的图像，可能说明当时这种古怪的千手眼神
像，并没有真正地流行起来。同样，虽然十一面观音经早在北周时期就已
译出，但事实上，在民间的流行则要到唐初，这是古代壁画传达给我们的
信息。也就是说在该经译出五六十年以后，十一面观音信仰在汉地才流行
起来。同样的情况也表现在千手眼观音的信仰上。千手观音经在初唐译出
后，甚至有皇令让画样流布天下，这种信仰也没有马上流行。据文献记
载，武后长安年间（701～704）重建大慈恩寺时，于阗来的画家尉迟乙僧
曾绘千手千眼观音，据朱景玄《唐朝名画录》记：尉迟乙僧为"神品下"，
"乙僧今慈恩寺塔前功德，又凹凸花面中间千手千眼大悲，精妙之状，不
可名焉"①。乙僧的千手观音到宋代还存留于世，《宣和画谱》卷一"道释

---

① 自朱景玄《唐朝名画录》，载《唐五代画论》，湖南美术出版社，1997，第 87 页。

图 12　东千佛洞出五代千手眼观音经变绢画

一”记："乙僧尝于慈惠（恩）寺塔前画千手眼降魔像，时号奇迹，然衣冠物像，略无中都仪形……（今御府所藏八，其中）：大悲像一。"关于千手观音的像式，按智通译《千眼千臂观世音菩萨陀罗尼神咒经》卷上"次说画像法"记：（其样式）"谨案梵本……广十肘此土一丈六尺，长二十肘此土三丈二尺，菩萨身作檀金色，面有三眼一千臂，一一掌中各有一眼。"按经中所记其样式是：一面千手，面有三眼，千手各具千眼，这种一面千手的观音样式正是新疆地区存留下来的图像，不同于藏传佛教广泛流行的十一面千手观音像，而尉迟乙僧的千手观音画式，依据的正是此类经典和印度梵本的传承，这种样式后来可能经汉地，传入了朝鲜半岛，元代汤垕《画鉴·外国画》记："高丽画，观音像甚工，其源出唐尉迟乙僧，笔意流而至于纤丽。"就是说，源于乙僧的观音画，到高丽时代已过于纤丽了。

虽然当时的乙僧在中原绘制了绝妙的千手观音像，但在民间的流行与否，我们不得而知，事实上我们看到的造像实物在大约200年以后才大量出现。汉地的造像情况基本上是十一面观音像首先流行，之后是一面千手观音，而十一面的千手观音礼拜的流行，则是受到藏传佛教的影响，晚至元代以后的事了。

汉地的这种情况，与印度的早期造像可以吻合。我们现在看到的印度最早的观音秘密身形正是十一面观音，即坎黑利石窟存据说公元5～8世纪的十一面观音石像（图13）。从藏传佛教这个图像系统看，早期的，即公元9、10世纪的克什米尔金铜像、藏传佛教后弘初期都是十一面观音像（图14、15）。通过上面的描述，可见汉、藏对于观音秘密身形的信仰是一致的，首先是十一面观音，然后才是千手观音（时代早晚有差异）。[①]当然，具体到像式的表现上，即对于十一面的排列方式，汉地与藏区有着明显的不同，不属于一个图像传承系统，并且藏区也似乎不见一面千手观音像。[②]

图13　5～8世纪印度坎黑利石窟
第41号窟十一面观音像

从现存文物看，不同于汉藏对于观音秘密身形的礼拜情况，新疆地区首先流行的是千手观音信仰，图像样式是一面千手，从造像实物上看，大约都是唐代的。以和田策勒县达玛沟喀拉墩1号佛寺出残画，我们可以推

---

①　据图齐的研究，在藏传佛教的后弘期，仁钦桑波与阿底峡（Atīśa）合译有 Sahasrabhujā valokiteśvarasādhana（千手观自在成就法）和 Bhaṭṭārakāryaikādaśamukhāvalokiteśvarasādhana ［rje btsun 'phags pa spyan ras gzigs dbang phyug zhal bcu gcig pa'i sgrub thabs（十一面圣观自在尊成就法）］。对于经中描述的十一面和千手观音样式，我们不得而知。

②　关于汉藏十一面观音图像系统的研究，参见拙作《十一面观音像式研究》，《敦煌学辑刊》2004年第2期。

图14 9～10世纪克什米尔样式
（藏克利夫兰美术馆）

测，当年尉迟乙僧在长安大慈恩寺画的千手观音，也应是这种一面千手形象，并且通过乙僧选择把千手观音图像画在当时著名的慈恩寺塔前这一举动来看，也说明他对于这种画样的熟悉，这一点恰好与新疆地区存留的残画遗迹在时代上相吻合，证明当时在西域，这种千手观音信仰十分流行。从流传下来的五代图像看，汉地系统的千手观音像式与新疆地区的像式一致，可以推测，汉地的千手观音像的样式可能来自新疆，以尉迟乙僧的画迹来看，可能就是来自于阗画派的。

据学者研究，回鹘文千手观音经，可能是译自汉文。[①] 于阗文译经不知译自何处何时。总之事实上是，新疆地区千手观音信仰的流行要早于汉地。

千手眼观音信仰源自密教系统的持明咒密。原始密教陀罗尼信仰发展到公元4、5世纪，形成了形态完备的早期密教——持明密。持明咒密的神灵系统包括陀罗尼密的佛、菩萨、金刚、诸天等部，新出现而且突出的神祇是菩萨部中的观音类、金刚部中的金刚手类以及女性神类。持明密的观音信仰不同于传统的形象，就是出现了十一面、千手眼、马头、如意轮等。十一面观音在印度大约于公元4、5世纪就出现了，差不多同时，千手观音信仰也在印度传统文化的基础上出现了。[②] 从新疆地区现存千手眼观音图像的年代看，大多是公元8、9世纪的，也就是说持明密信仰在出现

---

① 密教经典的残片，讲述的是千手千眼观音的神奇魔法，经卡拉、茨默辨认，他们都是译自汉文，所依经典为《千手千眼观世音菩萨陀罗尼身经》（《大正藏》第1058号）、《千手千眼观世音菩萨广大圆满无碍大悲心陀罗尼经》（《大正藏》，第1060号）、《千手千眼观世音菩萨大悲心陀罗尼经》（《大正藏》，第1064号）和《观世音菩萨秘密如意轮陀罗尼经》（《大正藏》，第1082号）。引自杨富学著《回鹘文献与回鹘文化》，民族出版社，2003，第52页。

② 关于密教史的发展脉络，参看吕建福《中国密教史》，中国社会科学出版社，1995，第39～52页。

图 15　阿里出约 11 世纪十一面观音擦擦

大约 400 年后，于新疆地区开始盛行，其传承的途径还有待于进一步的研究。

三

由于于阗与吐蕃的交通关系，下面我们尝试讨论新疆观音秘密身形的信仰与藏区的互动关系。从对于观音秘密身形的表现方式来看，显然，新疆或者说于阗地区的密教信仰几乎没有受到西藏的影响。同样，虽然西藏与于阗保持着交通，至少，对于千手观音的信仰方面，于阗也没有影响到西藏。

托普鲁克墩 2 号佛寺发现有擦擦，这是藏传佛教信徒常用的礼拜物。对擦擦有不同的定义，据杰斯开（Jaschke）说：它们是"用土和水制作的佛像或锥状造型"①。德斯格定斯（Desgodins）认为它们是"用黏土制作的小像"。钱德拉·达斯（S. Chandra Das）认为是："用黏土制作的用于供养的锥形小像，它们大量地安放在塔的凸出位置。"瓦特尔（Waddell）认为它们应该是："用粘土或者是在土中掺进骨灰，揉捏而成的瘗葬用像或支提。"② 施拉根韦特（Schlagintweit）③ 认为擦擦这个名称往往指的是有装藏的造像，"也可以指旅行者用粘土揉捏而成的塔形锥体"。意大利学者图齐（Tucci）认为："擦擦名称的本身证明它不是藏人的发明，西藏的语言学将该词的词源归于梵文。更准确地说，这个词来自于印度俗语的某种形式……这个词的原形是 sancaka，意思是模具，实际上，擦擦也正是通过模具制造的……它的原意是完美的'形象'或'复制'……擦擦的名字本身显示了它的来源是印度；下文对最古老的擦擦的研究也将证实这一点。它们不仅附带梵文铭和北印度文字，而且与在印度尤其是菩提伽耶

（Bodhgaya）发现的还愿物极为相似。菩提伽耶的擦擦与分布在印度许多佛教圣地类似的还愿物应当被看作是西藏擦擦的原型"，西藏人将这种来自印度圣地的纪念物带回西藏，"逐渐地，这种早期由印度带回的泥像在西藏独立发展起来，并开始在其本土制造"。④ 从和田托普鲁克墩 2 号佛寺发现的擦擦（标本 06CDF2：0019；06CDF2：0021）样式看，表现的是莲花手观音（图 16），这种样式的菩萨造型，流行于藏传佛教的前弘期和后弘期的初期，与阿里地区出的有塔和偈颂的观音擦擦近似（图 17），但显然是以手托泥、按压而

图 16　托普鲁克墩 2 号佛寺出莲花手观音擦擦

① H. A. Jaschke, *Handworterbuch der Tibetischen Sprache*, Gnadau, Unitatsbuchadlung, 1871, p. 452.

② L. A. Waddell, *Buddhism of Tibet*, 1894, p. 497.

③ E. Schlagintweit, *Buddhism in Tibet*, 1863, p. 206.

④ 以上关于"擦擦"的解释，引自图齐《印度—西藏》卷 1《塔（mchod rten）和擦擦（tsha tsha）》，中文译本，见《梵天佛地》（全 8 册），上海古籍出版社，2009，李翎译第 1 卷。

成，导致边缘泥土厚而圆的制作方式则与吐蕃早期的擦擦近似（图18）。据荣新江的研究，于阗国灭于 1006 年。"《宋史·于阗传》记载：'大中祥符二年，其国黑韩王遣回鹘罗厮温等以方物来献。'黑韩王即攻灭于阗的喀喇汗王，再次证明公元 11 世纪初于阗国已覆亡。"新兴的伊斯兰王国毁灭了可能存在的一切佛教文物，而这几件幸存的擦擦的下限应是 11 世纪初，可能是西藏佛教的前弘期或后弘初期，即 7～10 世纪，西藏的佛教信徒通过阿里地区带到这里的。但擦擦的存在，并不能证明佛教造像方面二者的互动关系，至少于阗地区流行的一面千手观音，几乎没有对西藏产生任何影响，而仅见的高昌交河故城的十一面观音像式，也没有通过于阗地区影响到吐蕃。①

图 17　阿里出约 11 世纪莲花手观音
擦擦（7cm×6.5cm×2cm）

---

① 新疆地区的十一面观音造像与汉传属于一个系统，十一面排列是横向、如花朵般的样式。而印—藏系统的十一面排列是纵向如塔般排列。

图 18　约 7～9 世纪金刚手擦擦，西藏日喀则出

(6.5cm × 5cm × 3cm)

结　语

综上所述，新疆地区的密教信仰大约在公元 7 世纪已经传入，五佛曼陀罗系统的金刚乘可能通过别的渠道在这里弘传。而至少在公元 9 世纪，密宗的无上瑜伽密已在于阗地区传播，它可能直接源自印度，并与印度这一信仰的传播时间相同，这要远远早于汉地的译经时间和在西藏的流行时间。而现存的一些于阗文文献，也证实了晚期金刚乘密教在这里的流传，[1]

---

① 参见于阗文文献：Ch. ii. 004；Ch. i. 0021b，a；Ch. i. 0021b，b。

这将对于阗佛教史的研究提供重要的图像与文献证据。

通过千手观音像的分析，说明新疆地区对于持明密中观音秘密身形的信仰主要体现在一面千手观音方面，这一主题的流行要远远早于汉、藏地区。通过画史记载的尉迟乙僧的资料和千手观音经像传入的文献看，这种在汉地初唐就传入的像式，没有得到传播，但在于阗地区较为盛行。当汉地五代开始流行这一身形的信仰时，这种观音的像式可能直接引自于阗，或者就是乙僧传下来的粉本。而通过遗存的画迹和译经的回顾，再一次提醒学者在研究中关注理论的建立与民间信仰的时差问题，即译经的时代不能代替信仰在民间的真正流行时间。另外，于阗与西藏的关系，可能导致文化上的交流，但至少在观音信仰方面没有太多的互动，新疆地区流行的一面千手观音像式没有影响到西藏的观音图像系统。

尚存的疑问有两个，一是汉地的十一面观音像，其十一面的排列不同于印—藏的纵式图像系统，却与高昌出绢画像式一致，但二者的关系尚不明确，有待于更多的考古发现。二是从双身像木板画的尺寸（大约为21厘米×15厘米）上看，这种较小的可移动的画板，在修持或礼拜中是如何使用的，尚待研究。

本文摘自《新疆师范大学学报》（哲学社会科学版）

2010 年第 1 期

新发现的塔什库尔干河谷
大像窟相关问题解析

王　征[*]

摘　要：对新发现塔什库尔干河谷大像窟的调查，论述了与此相关的塔什库尔干地区古代佛教文化。通过对玄奘法师的行程分析，论述大像窟在塔什库尔干地区的古代交通道路中的位置。探讨塔什库尔干河谷大像窟在葱岭以东、以西的大像窟影响关系中的位置，通过与龟兹和巴米扬大像窟的比较，分析出来自龟兹大像窟的影响。

关键词：美术考古　塔什库尔干河谷大像窟　玄奘法师行程　龟兹和巴米扬大像窟

笔者在课题研究中曾撰文探讨龟兹石窟与巴米扬石窟的关系，而塔什库尔干河谷大像窟处于龟兹与巴米扬之间，在一定程度上来说是葱岭以东、以西交流环节中的重要例证，具有研究价值。2009年6月我和新疆博物馆的张辉等同志专程对塔什库尔干河谷内新发现的石窟进行了实地调查。石窟位于塔什库尔干河谷中途"新迭"一带，洞窟开凿在河旁崖壁，我们也涉水进行探查，只是冰河水深流急，河底暗流涌动，距河岸五六米处即已深达腰部。洞窟底部淹没于水中，底部情况不清。即使是这样也能够对此得出一些初步的分析，目的是为抛砖引玉，能够引起更多有兴趣的同志进行调查研究。

---

*　王征，新疆师范大学美术学院中亚佛教美术研究室主任，讲师。

一　塔什库尔干河谷大像窟的具体情况

（一）从洞窟的整体形状来看非常对称和规则

虽然两侧壁岩石部分脱落有些斑驳，但也能够看出整体上较为规则。在近处能够清晰地看到石窟开凿的崖壁由几层横面软硬不同的岩石构成，这样对称的壁面由自然形成是很罕见的，能够判定这是人工的洞窟，或是在自然形成洞穴基础上再继续开凿成此规则的洞窟。洞窟内和两旁的崖壁下部距河面近两米多处岩石上有河水长期浸泡形成的水线，这当是塔什库尔干河上游未修水库时，到夏季时常有洪水，这是洪水的水位。这些水渍也表明此石窟有较长的时间。

塔什库尔干河谷大像窟图

（二）洞窟为大像窟的形制，左右侧壁近洞窟窄，洞窟高10余米，洞窟整体比例较高，主室的进深浅，顶部能够判定为券顶

洞窟左侧壁与正壁交接处，有一较大的裂隙。形制和龟兹石窟中部分大像窟主室接近，但相比较在细部和龟兹大像窟有些不同，克孜尔47等窟，在主室侧壁凿凿孔，凿孔内安装木构件，构成栏台，在栏台上安置塑像。森木赛姆5窟等主室侧壁壁面未有安置栏台的凿孔，与此窟类同。此洞窟底部淹没在较深的水中，但洞窟右下部露出水面泥石堆积层，左下部凸出的石蕊与左侧壁很近，无开凿左右甬道的空间。或是如克孜尔70窟等，正壁下方凿凹面，待大像塑成后，在大像下方形成环绕的甬道空间。

情况有待进一步调查。

（三）洞窟中凸出的岩石犹如石蕊像的石蕊，石蕊像见于葱岭东西的巴米扬石窟和龟兹石窟

由于塔什库尔干地区自古以来寒风猛烈，加之此窟部分淹没在水中，很潮湿，洞窟中的墙壁和"石蕊"上的泥层已消失殆尽。石蕊风化严重，上部塌落难辨。

（四）从地理位置来看，古代大像窟即建于石窟寺，同时也大多位于交通要道

塔什库尔干地区是古代连接塔里木盆地、犍陀罗和印度的交通要道。古代时的交通道路大多沿河流行进，此大像窟所在的河道为塔什库尔干河，既是古文献中记述的"徒多河"，也是叶尔羌河上流的一个重要支流，古代文献中将塔什库尔干河与叶尔羌河主流都称作"徒多河"。沙畹认为"徒多河"是佛教中所指的私陀、私多等称谓，是 Sita 的对音。[①] 关于洞窟与古道的关系见后文详述。

（五）现洞窟底部淹没在河水中，石窟怎能建于水中

关于这个问题我们仔细观察了周边的地理环境，从整体环境来看，这应是河道的变化和河水上升所致。塔什库尔干河谷在此处比较宽阔，现在石崖对岸的台地是由对面山谷泥石流形成的冲积扇台地，居民在此平整土地，形成能耕种和聚居的台地，尤其是洞窟前的台地，耕地的田垄仍然明显。由于冲积扇台地不停地渐渐向河道扩展，河道也渐渐移向崖壁。再者洞窟两侧的崖壁都有泥石流的遗迹，大量的泥石流又导致河床上升。陪同我们考察的当地向导江格斯汗讲，以前在洞窟的崖壁下有一条小路，他的父辈曾走过，这也说明了这点。

（六）在石窟遗址中，大像窟周围多有其他类型的洞窟相配置，此大像窟现只有一个洞窟

从洞窟周围的环境来看，或有两种配置的情况。第一种情况，洞窟两

---

① 〔法〕沙畹编著《西突厥史料》，冯承君译，中华书局，2004。

旁的崖壁底部为泥石流堆积层，大像窟左侧崖壁和泥石流堆积层接合部露出几个小洞口，只是洞口堆积的泥石很多，是开凿的石窟或是自然的洞，有待清理后的结果。第二种情况，洞窟前的台地能够建造地面寺院，大像窟也能够和地面寺院相配置。从这一地带的整体看，河谷在此处较为宽阔，河畔有野生的红柳等植物，适宜生息，此处应是古代商旅行进中，休整、祈祷平安之处。

二 塔什库尔干地区古代的佛教

塔什库尔干一带的地区在我国古代各个时期有多种称谓，《汉书》称为蒲犁，《魏书》、《梁书》等称为渴盘陀，《魏略》作喝盘陀，《唐书》称谓羯盘陀，《宋云行经记》称为汉盘陀，玄奘《大唐西域记》称谓朅盘陀国。《魏书·西域传》、《梁书·西北诸戎传》等文献对其地理风物作了些记述。《魏书·西域传》记述："渴盘陀国，在葱岭东，朱驹波西，河经其国，东北流。有高山，夏积霜雪。亦事佛道。"① 《梁书·西北诸戎传》记述："渴盘陀国，于阗西小国也。西邻滑国，南接罽宾，北连疏勒，所治在山谷中，城周十余里。国有十二城，风俗与于阗相类，衣古（吉）具布，着长身小袖袍，小口裤。地宜小麦，资以为粮，多牛马骆驼、羊等。出好毡，金玉。"② 玄奘法师在《大唐西域记》卷十二中对当时的风貌作了丰富的概述："朅盘陀国，周两千余里。国大城基大石岭，背徒多河，周二十余里。山岭连署，川原隘狭。俗稼俭少，菽麦丰多，林木稀，花果少，原隰丘墟，城邑空旷，俗无礼仪，人寡学艺。性即犷暴，力亦骁勇。容貌丑弊，衣服毡褐。文字语言，大同佉沙国。然知淳信，敬崇佛法。伽蓝十余所，僧徒五百余人，习学小乘教说一切有部。"③ 由这些记述我们能够了解到塔什库尔干一带古代的状况。

塔什库尔干地区是古代西出葱岭的重要通道之一，很多由葱岭以西前往中原的僧侣和由中原前往印度求法的僧侣经过这一地区，其中法显和玄

① 《魏书》，中华书局，1973。
② 《梁书》，中华书局，1973。
③ （唐）唐玄奘、辩机著，季羡林等校注《大唐西域记校注》，中华书局，2000。文中有关《大唐西域记》的内容俱引于此。

奘法师都先后途经这里记述了塔什库尔干地区当时的佛教状况。法显法师在《法显传》中记述了国王举行般遮越师大会的情况："般遮越师汉言五年大会也。会时，请四方沙门皆来云集，集已，庄严众僧坐处，悬缯幡盖，作金银花，著缯座后，铺净坐具。王及群臣如法供养，或一月二月，或三月，多在春时。……"也提到此地"有千余僧，尽小乘学"。① 能够看出佛教在当时已较繁荣。据《大唐西域记》卷十二记述："揭盘陀国……无忧王命世，即其宫中建窣堵波。其王于后迁居宫东北隅，以其故宫，为尊者童寿论师建伽蓝，台阁高广，佛像威严。……故此国王闻尊者盛德，兴兵动众，伐呾叉始罗，胁而得之，建此伽蓝，识昭瞻仰。"此国的无忧王出兵伐呾叉始罗，胁请呾叉始罗的著名佛学大师"童寿论师"（拘摩罗逻多），国王以其故宫建伽蓝以供养。童寿伽蓝的方位所在，笔者在调查塔什库尔干河谷大像窟时考虑到石窟与都城之间通道的问题，后到石头城调查，学术界大多学者认为此石头城即是古代的都城，塔什库尔干地区除此之外再无遗址能够与都城相论了。但有个问题是，此城经考古测量的周长只有1300米，而玄奘法师说"城周二十余里"，《释迦方志》卷上"遗迹篇"第四记述为"城周五十余里"，这几个周长不同的都城为学界所困惑，因此有学者说是玄奘法师虚指，然而学界又公认玄奘法师在《大唐西域记》中记述多不虚，即使是虚指，周长也过余多了。再者，道宣法师跟随玄奘法师译经，道宣著《释迦方志》即依据《大唐西域记》又结合当时其他文献相佐而成书，因此《释迦方志》也有依据性。② 是否所指的都城不同呢？但《大唐西域记》和《释迦方志》相一致，又都说都城基大石岭、背徒多河，而此周长1300米的石头城也是基大石岭、背徒多河。笔者带着这些困惑盘城攀缘查看此城几次重建的遗迹，在城中考察，到城中东南佛寺遗址处，由此远眺雪山和环顾四周乡村，俯瞰着乡村已久想到玄奘法师说"原隰丘墟，城邑空旷"，再看这个周长1300米的小城内，建筑布局充实怎么也没有空旷感，次日凌晨再到城中佛寺观察，又到四周乡村考察，有所感悟。从城内外的整体形势来看，城内的佛寺加王宫和行署构成此城内的布局，而三个周长各异的城都"基大石岭"是由小到大重叠套在一处，这明显是三重城的建制。现在塔什库尔干县城石头城应当是揭盘陀

① （东晋）法显：《法显传》，杨建新编注《古西行记选注》，宁夏人民出版社，1987。
② （唐）道宣著，范祥雍点校《释迦方志》，中华书局，2000。

国都城的内城（宫城），在如此小的城内建佛寺也只有著名的童寿伽蓝相当，这也说明这就是宫城。而"原隰丘墟，城邑空旷"所描绘的20余里的城或是50余里的城是此宫城的外城乡邑。"原隰丘墟"正是宫城外乡邑的景致，自然有"城邑空旷"之感。宫城中的佛寺遗址即是玄奘法师所记述的尊者童寿伽蓝。①

在叶尔羌河水系相关河谷中塔什库尔干县的大同乡有石窟，相邻的叶城县棋盘乡河谷也有石窟，整体上能够看出这一地区有造石窟寺的状况。据《大唐西域记》卷十二记述："城东南行三百余里，至大石崖，有二石室，各一罗汉于中，入灭尽定，端然而坐，难以动摇，形若羸人，形骸不朽，已经七百余岁，其须发恒长，故众僧年别为剃发易衣。"这个记述表明塔什库尔干当时之前已有修行的石窟。《大唐西域记》卷十二记述其邻国斫句迦国（叶城）："国南境有大山……崖龛石室，棋布严林……今犹现有三啊罗汉居岩穴中，入灭心定。"而此处石窟即为县叶城棋盘乡石窟，从这些记述能够了解到这一带石窟当时多为修行习定用的。

三　塔什库尔干河谷大像窟的位置与
古代交通路线的几个问题

塔什库尔干地区因其特殊的地理环境，通行的道路也必须适应山口与河谷谷地的条件，这些通往各地的道路，对研究古代通道提供了便利。过去考古工作者对塔什库尔干地区的主要几条道路进行过一些调查和考证。②宏观来看塔什库尔干通往叶城、莎车、英吉沙地区的道路，主要是沿塔什库尔干河谷、叶尔羌河谷、棋盘河谷、提仔那甫河谷、依格孜也尔河谷等行进的，其中塔什库尔干河谷、棋盘河谷又汇入叶尔羌河谷互相连通，在这些河谷中又有很多小支流河谷能够通行。当地的居民村落也主要分布在这些河谷谷地中。在这些河谷道之间虽有山岭，但仍有翻越山口达坂的道路相互沟通连接。由于这些道路受制于雪山大岭与激流河谷的自然环境条件等因素，因此，人们必须选择适宜的山口与河谷行进，也是这个原因一

---

①　详细的论证见拙文《玄奘法师葱岭东路塔什库尔干行程考》，待刊。
②　王炳华：《丝绸之路我国境内帕米尔路段调查》，《丝绸之路考古研究》，新疆人民出版社，1993。

些古道至今仍然使用。这些道路对我们认识古代交通十分有益，而这个在新迭附近的塔什库尔干河谷大像窟是否也处于古代的重要通道，对我们深入研究有很大作用。

古代文献中，《法显传》、《宋云行经记》、《大唐西域记》、《大慈恩寺三藏法师传》、《释迦方志》等文献对塔什库尔干有所记述，其中玄奘法师对塔什库尔干地区记述最为丰富，玄奘法师的行程对研究塔什库尔干地区的古代交通有重要价值，笔者对此已撰文《玄奘法师葱岭东路塔什库尔干行程考》，在文中将《大唐西域记》、《大慈恩寺三藏法师传》、《释迦方志》中所记结合现实地理环境和道路进行梳理和分析，对玄奘法师葱岭东路的行程进行分析论述。据《大唐西域记》卷十二记述法师的主要行程是：都城→大石崖二石室罗汉入定处→奔穰舍罗大罗汉构馆立舍以资行旅处→乌铩国。结合实地的交通路线，考证了朅盘陀国都城、童寿伽蓝、大石崖、奔穰舍罗、乌铩国都城等地的方位，对应到现在的方位是：县城（都城）→达布达尔东北方向山谷（大石崖）→马尔洋与瓦恰之间高山谷地（奔穰舍罗）→新迭→莎车南部。斯坦因也曾比定玄奘法师行程路线，是由县城→提仔那甫→新迭→奇奇克里克达坂（奔穰舍罗）→英吉沙。斯坦因将奔穰舍罗比定在新迭以北的奇奇克里克达坂，[1] 但与《大唐西域记》卷十二记述奔穰舍罗在东南 300 里到大石崖再东北行 200 里的方位不符。斯坦因的路线是由都城西北行到提仔那甫在沿塔什库尔干河谷到新迭再沿新迭沟北上越奇奇克里克达坂到奔穰舍罗，斯坦因也认为都城在现在的县城一带。如此说来奔穰舍罗在都城北部偏东的方向了，斯坦因忽略了《大唐西域记》卷十二中关于大石崖和奔穰舍罗的方位的问题。《大唐西域记》明确说，大石崖在都城东南 300 余里，由大石崖东北行 200 余里到奔穰舍罗，因此奔穰舍罗在都城东南方向，和斯坦因记述的方位相反。奔穰舍罗是玄奘法师行程中的重要坐标，《大唐西域记》卷十二记述的奔穰舍罗环境是："葱岭东岗，四山之中，地方百余顷，正中垫下。冬夏积雪，风寒飘劲，畴垄舃卤，稼穑不滋，既无树木，唯有细草。时虽暑热，而多风雪，人徒才入，云雾已兴。商旅往来，苦斯艰险。"这样艰险之处，商旅

---

① 〔英〕斯坦因：《重返和田绿洲》，刘文锁译，广西师范大学出版社，2000。〔英〕斯坦因：《斯坦因中国探险手记》（沙埋契丹废墟记），巫新华、伏霄汉译，春风文艺出版社，2004。

途经于此，大罗汉又在此构立馆舍周给行人的原因是，这里定是一处通往多个方向的交通要道。结合瓦恰和马尔洋之间一带地形和现在仍然使用的道路来看，此处确实是十字路口，有四方的八条通道，是连接县城与叶尔羌河上游与叶城地区的重要通道，也是连接县城到瓦恰河谷的重要通道，由此经新迭到莎车与英吉沙或喀什；由此经布伦木沙到大同乡或渡叶尔羌河进入叶城地区；或经由叶城西合休继续东进进入喀拉喀什河谷往和田地区的皮山、墨玉等地行进。因此这是个交通要塞。

斯坦因与笔者对玄奘法师行程路线的考证，孰是孰非，学界自然看论证而定，但两者都认为玄奘法师途经新迭。新迭也就是大像窟所在的地方。新迭也是个十字路口式的交通要道。新迭主要有七条通道，通往四方。是由县城或"奔穰舍罗"到此再往莎车、英吉沙、喀什的重要途径。

由奔穰舍罗翻越达坂进入瓦恰河谷沿河谷到新迭，瓦恰河谷中相续有些村落，考古工作者在这一河谷发现几处古遗址，表明这条谷地是古代有人居住和通行的河谷。现在由新迭沿河谷途经班迪、瓦恰逾岭到马尔洋或布伦木沙的路线仍然通行，这是塔什库尔干县城北部山区中的最主要通道。新迭到托依鲁布隆的路程能够途经库科西鲁格的乌鲁木克和巴勒达灵窝孜到达，也能够由新迭沿北部山谷行进翻越奇奇克里克达坂到托依鲁布隆，越达坂这条路即是斯坦因所走的路。

新迭到喀群一带在古代也是当时居民和商旅的活动地带，在由新迭出山的道路中，恰尔隆和托依鲁布隆之间有较大规模的"乞力贡拜孜遗址"，表明恰尔隆一带的地区有古代居民居住。新迭到喀群一带的塔什库尔干河谷山区在古代是产玉地区，《汉书·西域传》记述"西夜国……而子合土地出玉石"，又说"沙车国……有铁山，出青玉"[1]。《梁书·西北诸戎传》记述："渴盘陀国……出好毡，金玉。"而徐松在《西域水道记》中对这一带的产玉地带和开采情况进行了详细记述，《西域水道记》卷一："西源……又东，经托里布鲁隆之南，是曰托里布鲁隆河……经密而岱山之北。（密而岱旧作阐勒）山峻三十许里，四时积雪，谷深六十余里。……故曰玉山。"徐松也认为这个玉山就是《汉书》和《山海经》中说的铁山。[2] 而玄奘法师出葱岭到达的是乌铩国，《大唐西域记》卷十二记述：

---

① 《汉书》，中华书局，1962。

② （清）徐松著，朱玉麒整理《西域水道记》，中华书局，2005。

"乌铩国……多出杂玉，则有白玉，鼍玉，青玉。"乌铩国在斤驹波之西，其役属揭盘陀国，玄奘法师所指的乌铩国产玉区也主要在这一带。由此来看，这一带也是古代人们经常活动的一通道。这一地区连接起由新迭向东通往喀群，向东北通往莎车，向北通往英吉沙等地的道路。

由此路线分析我们能够认识到新迭在古代交通路线中的重要位置，这样就很容易理解塔什库尔干河谷大像窟的存在了，由此能够展开更多问题的探讨。

四　塔什库尔干河谷大像窟与葱岭以东、以西大像窟的相关问题

塔什库尔干大像窟的发现，为葱岭以东、以西的大像窟之间联系提供了思考。以往大部分学者认为，由于西方造大像的传统，又将巴米扬大像作为唯一的大像，让巴米扬大像窟承担着大像窟始创的责任，巴米扬大佛影响了葱岭以东的造大像形式。近些年学术界一些学者对巴米扬大佛窟的建造年代进行了深入研究，将大像窟年代划定在 6 世纪中晚期至 7 世纪中晚期，[1] 此年代的划定也对巴米扬大像窟影响葱岭以东大像窟的观点提出问题。宿白、金维诺先生曾提出龟兹葱岭以东大像窟对巴米扬影响的推测，近些年来也有一些学者认同这种推测，但只停留在推测的层面，一直未有相关的论文来论证，主要是两者之间相联系的文献与实物的例证较少，此问题也似如悬案待解，成为学术界关注的问题。笔者曾撰文《巴米扬与龟兹佛教艺术的比较研究》，通过巴米扬石窟与龟兹石窟壁画风格比较，从壁画中寻找出异同和各自的源流以及一些有关年代的图像，同时在进一步论述中也涉及大像窟问题，通过对古代文献分析提出，葱岭以东佛教造大像源于在古代犍陀罗地区的乌仗那国的"达丽罗川慈氏菩萨大像"。现在有几点已能够确定：第一，法显法师与玄奘法师在不同的时代都曾见到达丽罗川的弥勒菩萨大像而记述，这表明此大像的真实存在。第二，《法显传》记述："像立在佛泥洹后三百许年，计周氏平王时。"《大唐西域记》记述："达丽罗川大伽蓝侧，有刻木慈氏菩萨像……末田底迦，阿

---

① 〔日〕田边胜美：《重新推定巴米扬 38 米佛像年代的证据》，魏文捷译，《新疆文物》2005 年第 4 期。

罗汉之所造也。"据《付法因缘传》卷二和《阿育王传》卷三记述，"末田底迦罗汉"是"阿难"的弟子。这些记述表明达利罗川大像立在公元前，是佛教美术中较早的造像。法显法师 4 世纪见到此像也表明此像至少在 4 世纪时即已存在，是大像年代的下限。这是葱岭以西最早的佛教大像。第三，《法显传》记述："大教宣流，始自此像……则汉明之梦，有由而然矣。"《大唐西域记》卷三记述："自有此像，法流东派。"这都提示出达丽罗川大像对东方的影响意义。这一方面大像是作为佛教传播东方的象征。另一方面，达丽罗川大像为弥勒菩萨像，在教义内容上与龟兹等地流行的说法一切有部中对弥勒菩萨信仰相一致。第四，乌仗那国的佛教十分繁荣，也有众多的佛教圣迹。《法显传》、《宋云行经记》、《大唐西域记》等都有记述。乌仗那国达丽罗川也是古代往来葱岭以东和以西的交通要道。《法显传》中记述法显法师的路线是由塔什库尔干继续前行度葱岭到陀历（达丽罗川）。由上述来看，在达丽罗川的地理位置、乌仗那国的佛教状况、达丽罗川大像的真实性、年代、佛教教义和法显与玄奘法师对此像对东方影响的记述等几个方面，我们已能够肯定，是达丽罗川大像在早期直接对葱岭以东形成影响。这种影响也包含了用造大像的形式来弘法的观念。由此来看东方佛教大像之缘起在达丽罗川大像，这解决了东方佛教大像的源头问题。这样也就解决了学术界长期以来将巴米扬石窟作为葱岭以西影响东方的唯一大像，但年代又晚于龟兹与云冈大像的时代所形成的学术困扰。

现在我们由此进入另一层面中又出现的几个问题：第一，达丽罗川大像影响葱岭以东造大像形式，而将造大像形式与石窟寺相结合创造出大像窟又是一个过程，大像窟形式是在哪里完成的？第二，云冈与龟兹部分大像窟在年代上早于巴米扬大像窟，是否存在葱岭以东地区对巴米扬形成影响？巴米扬石窟壁画与葱岭以东的龟兹等石窟壁画中一些互有关联的图像因素形式，能够看到两者的联系。以往学术界多注意和列举巴米扬石窟的图像对葱岭以东的影响，那么巴米扬是否受到来自葱岭以东的影响？笔者能够列举出靠得住的图像是：巴米扬壁画中出现的一种"偏衫"式袈裟样式罕见于葱岭以西的佛教造像，笔者曾论证其是在葱岭以东形成的，这种形式在龟兹和中原很普遍，这种图像表明巴米扬石窟中的图像也受到了来自葱岭以东的影响。①

---

① 王征：《龟兹石窟塑像龛调查与塑像风格研究》，《西域文史》（第 1 辑），科学出版社，2006。

因此这种影响关系也有存在的理由。再者和田地区的佛教艺术，也和巴米扬有关联，和田地区的佛教绘画具有自己的艺术风格，其绘画中表现人物面部的一些特点，与巴米扬部分洞窟和丰都斯坦的壁画有类似之处。第三，构成大像窟的因素是多方面的，所来自的影响有些时候也是多方面的，不一定是一种模式的影响。如巴米扬大像既有迦毕式造像风格的因素，同时其中也有笈多艺术的因素。在讨论佛教艺术中晚期的问题时更应注意综合因素，因为其所受到的影响因素是来自多方面的，其艺术风格中也有更多的因素。所以，达丽罗川大像、龟兹大像对巴米扬大像的影响也只是其中的某些方面的因素。巴米扬与龟兹石窟之间也是相互影响的关系，龟兹石窟中一些方形窟的内容布局有巴米扬石窟的因素，而巴米扬石窟中亦有龟兹的影响。这些相互关系在研究中需注意，避免出现以往出现的研究矛盾。

综合来看，形成了达丽罗川大像、龟兹石窟大像、巴米扬石窟大像之间的关系，这几个地方的传播关系有几种形式：一是达丽罗川大像对龟兹石窟大像的传播关系。二是葱岭以东地区的龟兹大像窟等对巴米扬石窟大像的影响关系。这两个传播关系中，塔什库尔干河谷大像窟是重要环节。我们从达丽罗川所在的乌仗那国、巴米扬所在的梵衍那国、龟兹的地理交通宏观看，三者位置如三角形，横亘于中的是葱岭（我国古代文献将这一范围的山统称葱岭），由龟兹到乌仗那国或梵衍那都需越葱岭。在古代由塔里木盆地逾越葱岭主要有两个地带，即由龟兹的温宿直接越葱岭北麓为北道，由疏勒和塔什库尔干越葱岭为南路。而学术界认为越葱岭途经塔什库尔干进入塔里木盆地的道路是古代早期较为繁荣的通道，往来于葱岭以东和以西的僧侣和商旅多行经此路。[①] 乌仗那国到龟兹通过此路线联系。文献中记述龟兹国佛教与罽宾佛教关系密切，来往道路是此葱岭南路。巴米扬与龟兹之间的交往途径较为复杂，两者之间能够由葱岭北路直接联系，如玄奘法师由龟兹的温宿翻越葱岭北麓到巴米扬的通道。再者，能够由龟兹途经塔什库尔干后由"瓦罕走廊"进入阿富汗途经毕式迦到巴米扬，塔什库尔干有红其拉甫达坂、明铁盖达坂、瓦赫基里达坂，其中穿越瓦赫基里达坂到达阿富汗的瓦罕走廊。玄奘法师回程即是由迦毕式经"达

---

① 〔日〕桑山正进：《巴米扬大佛与中印交通路线的变迁》，王越译，《敦煌学辑刊》1991 年第 1 期。

摩悉铁帝"（瓦罕）进入朅盘陀国的。所以，龟兹与巴米扬途经塔什库尔干的影响关系也存在。

由此我们能够将塔什库尔干河谷大像窟放置于葱岭以东和以西石窟的关联环节中来分析。如果塔什库尔干河谷大像窟年代较早和有与其相配套发展关系的遗迹则表明，由西向东即达丽罗川→龟兹影响关系中的一环节。如果洞窟年代比较晚则表明，由东向西即龟兹→巴米扬的影响的中间环节。也有种情况是塔什库尔干河谷大像窟晚于龟兹大像窟，也晚于巴米扬大像窟，只处于龟兹或是巴米扬对其的影响关系中。确定是哪种关系则需取决于石窟的年代和更多的材料。

关于洞窟年代，由于洞窟底部淹没在水中，洞窟风蚀严重未留有泥层和壁画，判定其年代较困难。期待对洞窟和周边进行进一步考古发掘，然而因其已淹没于河中，对此开展发掘工程巨大，需尚待时日。但即使如此，从对古代佛教和石窟寺的状况与洞窟形制的比较进行分析，也能够得到一些线索依据。

首先的问题是，塔什库尔干河谷大像窟是否是受早期达利罗川大像直接影响的早期大像窟？是否是达丽罗川大像→龟兹大像窟影响关系中的环节？如果此大像窟与达利罗川大像有直接关联，是大像窟形式的始建者，至少在当地必有影响和相关典故，法显法师与玄奘法师都对达丽罗川大像的典故与影响有记述，如遇与此相关的造像形式必记之，前文已论述玄奘法师行程中途经新迭，玄奘法师于此必当耳闻目睹而记之，并且也未见其他史料记述。再者，从大像窟的形成分析来看：由造大像形式到造大像窟形式需要过程，大像窟是造大像和石窟寺的结合而形成的洞窟形式，这个过程应当是在石窟寺发达地区完成的，就石窟寺的发展来看，初期石窟多为习定用的洞窟，由习定功用的石窟发展到礼拜功用的佛堂窟又是一个过程，而大像窟是礼拜功用的佛堂窟形式的升华，而这一过程，能够在龟兹石窟的发展中清晰地看到，龟兹礼拜用的中心柱窟形制的演化与大像窟形制的演化有着密切的关系。而塔什库尔干地区未有佛堂窟，又仅此一大像窟，恐难以承担创建大像窟的责任。整体看丝路南道的石窟，塔什库尔干地区的大同乡石窟、叶城棋盘乡石窟、喀什的三仙洞石窟、和田牛角山石窟等，洞窟数量较少，洞窟为方形窟和禅定窟，洞窟形制朴素，洞窟的建制也没有形成丰富的体系，石窟的规模和建制无法和丝路北道的龟兹、吐鲁番等地区的石窟相比。并且丝路南道除此之外也没有大像窟，塔什库尔干大像窟为一特例。而丝路北路的龟兹大像窟数量多，龟兹也有巨大的地面大像，据《大唐西域记》卷一记述龟兹："大城西门外路左右，各有立佛像，高九十余尺。"关于大像窟形式的始创问题，因巴米扬大像窟年代晚于龟兹、云冈等石窟大像窟年代，大像窟的始创应在葱岭以东的龟兹或河西与云冈，这又是一个长篇讨论的复杂问题，这里只讨论与塔什库尔干河谷大像窟相关的问题。由上述分析能够看出塔什库尔干大像窟是受外来的影响。

既然塔什库尔干河谷大像窟不是始创，是来自外界的影响，那么这种影响来自哪里？是来自葱岭以西的巴米扬还是葱岭以东的龟兹？对此我们将塔什库尔干河谷大像窟与巴米扬大像窟和龟兹大像窟进行比较能够得到些依据：从洞窟形制来看，塔什库尔干河谷大像窟的形制朴素，侧壁基本垂直，未有向内收的倾斜度，券顶弧度小与侧壁结合处没有叠涩。巴米扬大像窟的侧壁上部向内倾斜，券顶与侧壁结合处有较大的叠涩，由此形成三叶形的形制特点，由此来看塔什库尔干河谷大像窟与巴米扬大像窟的形制不同。而龟兹石窟大像窟形制较为丰富，龟兹大部分大像窟侧壁基本垂直，与此相同。但克孜尔47窟等大像窟，主室两侧壁凿几排凿孔用来安置栏台安置塑像，库木吐拉63窟等大像窟在顶部与侧壁结合处有叠涩，这些形制与塔什库尔干河谷大像窟形制不同。但森木赛姆5窟等大像窟上部形制朴素，未有叠涩和安装木制栏台的凿孔，和塔什库尔干河谷大像窟上部类似。这样看来塔什库尔干河谷大像窟与龟兹这类大像窟的联系更多些。

再从佛教部派的联系来看，塔什库尔干地区的佛教教派据《大唐西域记》记述为说一切有部，和其相邻的乌铩国（今莎车、英吉沙一带）、疏勒也为说一切有部，整体看这一地带与龟兹同为说一切有部。而塔什库尔干东邻的叶城与和田地区为大乘佛教。葱岭以西曾是佛教繁荣之地，也流行说一切有部，曾对葱岭以东地区说一切有部产生过重要影响。但6、7世纪葱岭以西的犍陀罗等地佛教已不如以前，宋云法师《宋云行经记》记述葱岭以西乌苌国佛教依然兴隆，但犍陀罗国佛教已衰落。[1] 7世纪，昔日的几个佛教兴隆之地情况严重，据《大唐西域记》卷二记述："犍陀罗

---

① （北魏）宋云著，〔法〕沙畹刊校《宋云行经记》，冯承君译，《西域南海史地考证译丛》（第2卷，第6编），商务印书馆，1962。

国……多敬异道，少信正法。"据《大唐西域记》卷三记述："乌仗那国……旧有一千四百伽蓝，多已荒芜，昔僧徒一万八千，今渐俭少，并学大乘，寂定为业"，"呾叉始罗国……僧徒寡少，并学大乘"，"迦湿弥罗国……好学多问，正邪兼信，伽蓝百余所，僧徒五千余人"。玄奘法师的记述表明当时的佛教说一切有部繁荣的国度已成如此，并且至此时已多为大乘佛教了。此时迦毕试国和梵衍那（巴米扬）的佛教依然繁荣，据《大唐西域记》卷一记述："迦毕试国……伽蓝百余所，僧徒六千余人并多习学大乘教法"，"梵衍那……伽蓝数十所，僧徒数千人，宗学小乘说出世部"。迦毕试国为大乘，梵衍那虽是小乘但是宗学出世部。而相比较葱岭以东的龟兹，阿耆尼、疏勒等区域范围佛教说一切有部部派十分繁荣，这能够看出他们的联系。

在葱岭以东说一切有部的这些地区，早期都受到葱岭以西的罽宾佛学的影响，但史料中也有依据能够看出龟兹佛教对葱岭以东地区的佛教影响，《出三藏集记》卷十一《比丘尼戒本所出序》记述："阿丽蓝百八十比丘尼，输若干蓝五十比丘尼，阿丽跋蓝三十尼道。右三寺比丘尼统一舌弥受法戒。比丘尼外国法不得独立也。此三寺尼，多是葱岭以东王侯妇女，为道远集斯寺，用法自整，大有检制。"① 鸠摩罗什法师更扩大了龟兹的影响，《高僧传》卷二记述，鸠摩罗什法师年少时到罽宾学习佛学，因才智超群已有名声，12 岁时"诸国皆聘以重爵，什并不顾"，后归途中在疏勒等地广研各种经书也包括外道经书，此时也能见疏勒一带因其处于通往葱岭以西的路口，而经书内容之丰富。鸠摩罗什法师跟莎车僧人苏摩接触大乘佛教"因广求义要，受诵中百论及十二门论等"，莎车是大乘佛教与小乘佛教交汇地带，莎车以东的和田地区为大乘佛教。鸠摩罗什法师在由疏勒到龟兹的归途中在温宿辩论胜过"神辩英秀，振名诸国"的外道，"于是声满葱左，誉宣河外"，回龟兹后"广说诸经，四远学宗，莫之能抗"，鸠摩罗什法师 20 岁受戒后，"西域诸国，咸伏什神俊，每至讲说，诸王皆长跪座侧，令什践而登焉，其见重如此。什即道流西域，名被东国"。鸠摩罗什虽是弘扬大乘，但其影响也扩大龟兹佛教的影响地位。他在学术上兼通大小乘佛学，一些小乘高僧也能够与他相处，他在罽宾的老师盘头达多也来到龟兹，盘头达多是罽宾著名的

---

① （唐）慧立、彦悰著，孙毓棠、谢方点校《大慈恩寺三藏法师传》，中华书局，2000。

小乘教派的大法师，从盘头达多与龟兹王的对话能够了解龟兹的吸引力，《高僧传》卷二记述："王曰：'大师何能远顾？'达多曰：'一闻弟子所悟非常，二闻大王弘赞佛道，故冒涉艰危，远奔神国'。"盘头达多将龟兹称为"神国"，是对龟兹佛教繁荣的美誉之词。① 《高僧传》卷二记述罽宾高僧卑摩罗叉："先在龟兹，宏阐律藏，四方学者，竞往师之。"鸠摩罗什法师在龟兹时也从卑摩罗叉受律，卑摩罗叉闻鸠摩罗什法师在长安大弘经藏，也到长安；罽宾高僧佛陀耶舍先至疏勒后"停十余年，乃东适龟兹，法化甚盛"；鸠摩罗什法师在疏勒也曾随其受学，佛陀耶舍后也到长安与鸠摩罗什法师相会。这些是早期龟兹佛学的影响情况。

　　由《大唐西域记》中对整个途经国度的佛教情况来看，到 7 世纪初时，小乘佛教的势力主要在葱岭以东的龟兹、阿耆尼、疏勒和葱岭以西的梵衍那及以北的地区了。在龟兹、疏勒等说一切有部的地区中，当时僧侣状况和佛教艺术水平通过《大唐西域记》记述中的用词评价能够进行比较。玄奘法师对龟兹僧侣的学识多有佳词，《大唐西域记》卷一记述："昭怙釐……佛像装饰，殆越人工，僧徒清肃，诚为勤励。……阿奢理贰伽蓝……庭宇显敞，佛像工饰。僧徒肃穆，精勤匪怠，并是耆艾宿德，博学高才，远方俊彦慕义至此。"据《大慈恩寺三藏法师传》卷一记述，法师在龟兹因教派观点不同与龟兹高僧进行辩论，② 事后多年玄奘法师著《大唐西域记》时虽然在教派上与龟兹说一切有部不同，但对龟兹佛教艺术和僧侣仍然有如此赞美之词。而玄奘法师对疏勒的僧侣用词是："伽蓝百余所，僧徒一万余人，习学小乘教说一切有部。不究其理，多讽其文，故诵三藏及毗婆沙者多矣。"这是以玄奘法师的视角来看待的，当然带有不同教派观念的看法，即便如此，通过与同属说一切有部教派的龟兹相比较能够见轻重。疏勒的佛教僧侣多于龟兹，而玄奘法师对龟兹僧侣的评价是："并是耆艾宿德，博学高才，远方俊彦慕义至此。"说明龟兹此时已成为葱岭以东说一切有部的佛学中心而吸引远方俊彦，能见其影响。据《大慈恩寺三藏法师传》卷二记述："有高昌人数十于屈支出家，别居一寺。"据《比丘尼传》卷四《伪高昌都郎中寺冯泥传》记述："时有法慧法师，精思迈群，为高昌一国尼依止师。冯后谓法慧言：'阿阇梨未好，冯是阇梨

<hr />

① （梁）释僧佑著，苏晋仁、萧炼子点校《出三藏记集》，中华书局，1995。
② （梁）释慧皎著，汤用彤校注《高僧传》，中华书局，1992。

善知识。阇梨可往龟兹国金花帐下直月间，当得胜法'。"这些史料也能够
体现出一些龟兹佛学影响周边的信息。

在佛教艺术方面，龟兹4世纪时已十分繁荣了，《出三藏集记》卷十
一《比丘尼戒本所出本未序》中记载："拘夷国，寺甚多，修饰至丽，王
宫雕缕，立佛形像与寺无异。"《晋书》卷九十七《列传》中记述："龟兹
国……其城三重，中有佛塔庙千所……王宫壮丽，焕若神居。"① 由这些史
料能够看出龟兹当时的佛教造像和建筑艺术的繁荣状况。《续高僧传》卷
二十五《唐京师胜光寺释慧乘传》记述："（东都）龟兹国檀像，举高丈
六，即是后秦罗什所负来者，屡感祯瑞，故用传持，今在洛州净土寺。"②
《高僧传》卷十三《齐上定林寺释法献传》中记述，法献在西域"又得龟
兹国金镈碟像，于是而返"③。《大唐西域记》卷十二记述："瞿萨旦那
国……王城西南十余里，有地迦婆缚那伽蓝，中有夹纻立佛像，本从屈支
国而来至止。昔此国中有臣被谴，寓居屈支，恒礼此像。后蒙还国，倾心
遥敬。夜分之后，像忽自至，其人舍宅，建此伽蓝。"这几条史料也能够
反映出一些龟兹佛教造像艺术对外影响的信息。

玄奘法师用"佛像装饰，殆越人工"之类词句来赞美龟兹的佛教艺
术，在整个《大唐西域记》记述众多的国度中，这种对佛教艺术的上乘评
价，也只出现在佛教圣地"摩揭陀国"等少数国度中。玄奘法师对疏勒一
带佛教艺术未评价，对朅盘陀的童寿伽蓝评价是"台阁高广，佛像威严"。
玄奘法师对和阗记述较多，也多有如"俗知礼仪，人性温恭。好学典艺，
博达技能"的佳词，但对佛教艺术未有如对龟兹的赞叹。在音乐舞蹈方面
亦然，玄奘法师对龟兹乐舞用词是"管弦伎乐，特善诸国"，对和阗乐舞
用词是"国尚音乐，人好歌舞"。和阗流行大乘佛教，由此也能够看出玄
奘法师未带有大小乘教派的立场评价各地的艺术。通过这些比较，能够看
出龟兹佛教艺术在此时的地位，在葱岭以东的塔里木盆地也能够对同属说
一切有部的地区有所影响。

由这些依据能见塔什库尔干河谷大像窟是来自龟兹的影响，是龟兹大
像窟→塔什库尔干河谷大像窟的影响关系，那么塔什库尔干河谷大像窟是

① 《晋书》，中华书局，1974。
② 《续高僧传》卷二十五"唐京师胜光寺释慧乘传"，《大正藏》卷五十。
③ （梁）释慧皎著，汤用彤校注《高僧传》，中华书局，1992。

否是处于龟兹→巴米扬石窟的影响关系环节中，这依然需要更多的例证，有待研究。

笔者至此只能将洞窟情况和图片以及其涉及的相关问题表述于此，以求教于各位方家。

本文摘自《新疆师范大学学报》（哲学社会科学版）

2010 年第 1 期

图理琛西使动因小议

杨富学[*]

摘　要：康熙年间，清朝政府史无前例地向活动于伏尔加河下游地区的土尔扈特部落派遣了使团，即后世所谓的"图理琛使团"。使团西使的动因可以说是多方面的，其中，与土尔扈特加强联系是要因之一，但并非清政府的主旨。其终极目的在于诱使与之关系友好的土尔扈特部东归故土，以牵制沙俄与准噶尔部等敌对势力。

关键词：图理琛使团　西使　土尔扈特　东归

康熙五十一年至五十四年（1712~1715），清朝政府史无前例地向活动于伏尔加河下游地区的土尔扈特部落派遣了使团。该使团由太子侍读殷扎纳、理藩院郎中纳额、内阁侍读图理琛及厄鲁特人舒哥、米斯等5人组成。同行的还有3名侍从武官、22名家仆以及阿拉布珠尔派遣的4名人员，共计一行34人，首脑为太子侍读殷扎纳。由于使团中的图理琛在归国后曾撰《异域录》，详细记录了出使经过和沿途所见所闻，受到康熙帝的嘉奖，并引起了国内外的重视，故而这个使团便被后人称作"图理琛使团"。

土尔扈特本为卫拉特蒙古四部之一，原游牧于塔尔巴哈台及额尔齐斯河中游西岸。17世纪30年代，准噶尔部噶尔丹势力勃兴，逐步蚕食卫拉特其他各部。于是，以和鄂尔勒克为首的一部分土尔扈特部，为摆脱准噶尔部的掣肘，离开原来的牧地，越过哈萨克草原，渡过恩巴河和乌拉尔河，经由诺盖草原，于1630年左右迁徙到乌拉尔河和伏尔加河流域下游南

---

* 杨富学，敦煌研究院民族宗教文化研究所所长、研究员，西北民族大学教授。

北两岸的草原地带居住下来。

1699 年，噶尔丹与清军战于昭莫多，失败后仰药自杀，其位遂为策旺阿拉布坦所继承。此人同噶尔丹一样，掌权伊始便走上了分裂割据之路。他先是兼并了土尔扈特首领阿玉奇（或阿玉气）汗之子散札布所属的15000 余户，又扣留散札布作为人质，以胁迫阿玉奇支持其叛乱，遭到拒绝，双方关系急剧恶化。康熙四十三年（1704），阿玉奇汗的一个侄子阿拉布珠尔由伏尔加河下游起程，经长途跋涉到西藏朝拜，拜谒了达赖喇嘛。由于其归途被准噶尔部阻断，阿拉布珠尔不得不请求清政府予以安置。他被安置于嘉峪关外的党色尔腾地方，并被晋封为"固山贝子"。① 阿玉奇汗得知此事后，派萨穆坦等为使，经由西伯利亚，不远万里到达北京，"要求放阿拉布珠尔回去"②。这一偶然事件，直接引发了"图理琛使团"的西使。

关于"图理琛使团"西使的动因，各种史料均无直接记载，唯图理琛所撰《异域录》转引的康熙"圣训"中对此略有反映。文曰：

> 尔等到彼，问阿玉气无恙，欲将贝子阿拉布珠尔遣回，与尔完聚……伊（阿玉气汗）竭诚差萨穆坦等请安进贡，朕甚嘉悯，特选厄鲁特舒哥、米斯及我等各项人前来。颁发谕旨，并赐恩赏。至于阿拉布珠尔归路，业遣侍郎祁里德前往策旺阿拉布坦处计议，尚未到来。如到时移会尔等，彼若言欲会同夹攻准噶尔部策旺阿拉布坦，则断不应允……鄂罗斯国人民生计、地理形势，亦需留意。③

从记载看，图理琛西行的目的是相当明确的，其主旨有三：（1）商议遣还阿拉布珠尔事宜；（2）转达康熙皇帝对阿玉奇汗和土尔扈特部众的问候与关怀，以期加强双方的联系；（3）沿途注意观察俄罗斯风土人情与地

---

① （清）祁韵士：《皇朝藩部要略》卷 11，《中国西北地方文献丛书》第 95 卷，兰州古籍书店，1990，第 144 页。

② 〔俄〕尼古拉·班蒂什 - 卡缅斯基：《俄中两国外交文献汇编（1619－1792）》，商务印书馆，1982，第 97 页。

③ （清）图理琛著，庄吉发校注《满汉异域录校注》，台北，文史哲出版社，1983，第 9～17 页。

理形胜。这是目前我国学界比较一致的看法。① 若仅仅从《异域录》的记载观察，使团的意图似乎也仅止于此。尤其是康熙在"圣训"中指出，如果阿玉奇汗提议与清"夹攻准噶尔部策旺阿拉布坦，则断不应允"，更可进一步证实康熙之遣使别无他图。

在上述三种动机中，第三项是附带因素，不足为论，第二项于理可通，应不容怀疑，但第一项就显得有点勉强了。因为阿拉布珠尔由清回归伏尔加河流域，不一定非经准噶尔地区（阿拉布珠尔正是由于其归途被准噶尔部阻断而不得不滞留清朝的）不可，随清朝使团同行，经由俄罗斯而返回，应该说是一种比较简捷而理想的选择。但康熙帝并未这样做，而是将阿拉布珠尔留下，唯让使者告诉阿玉奇汗，此前他曾派人赴策旺阿拉布坦处，商议阿拉布珠尔的回归路线，尚未得到答复，故阿拉布珠尔的遣归问题需与阿玉奇汗进一步商议后再做决定。这一结果，意味着萨穆坦使团的无功而返。但阿玉奇汗似乎并不以之为憾，反而告诸使者："将阿拉布珠尔作何遣回之处，大皇帝自有睿裁……今请天使先回，随后差往察汗处，如允我遣使时，再行闻奏。"② 这就为此后的进一步往来埋下了伏笔。所以，我认为，遣返阿拉布珠尔，充其量只能说是康熙与阿玉奇汗保持密切联系的借口而已。1979 年夏于新疆和静县发现的满文《康熙谕阿玉奇汗敕书》（康熙五十一年五月二十日），似可为这一推测提供佐证。敕书所引阿玉奇汗之上疏是非常耐人寻味的。奏文曰："所差遣之使，乃吾心腹小役，圣主若有密旨，请赐口谕。"③ 显然，当时康熙与阿玉奇汗急于对话的绝非仅仅是阿拉布珠尔的遣返问题。清朝初年的外交史也告诉我们，康熙帝的遣使必有着更深层的原因。

如所周知，自努尔哈赤于 16 世纪末勃兴并建立政权伊始，一个半世纪

---

① 马汝珩、王思治：《土尔扈特蒙古西迁及其反抗沙俄压迫、重返祖国的斗争》，马汝珩、马大正：《厄鲁特蒙古史论集》，青海人民出版社，1999，第 166～168 页；郭蕴华："图理琛使团"和〈异域录〉》，《新疆大学学报》1980 年第 3 期，第 64 页；郭蕴华："图理琛使团"出使土尔扈特部和〈异域录〉一书》，《中国蒙古史学会论文选集》（1980），内蒙古人民出版社，1981，第 443～444 页；图理琛著，庄吉发校注《满汉异域录校注》序，台北，文史哲出版社，1983，第 1 页；等等。

② （清）图理琛著，庄古发校注《满汉异域录校注》，台北，文史哲出版社，1983，第 148～149 页。

③ 马大正、郭蕴华：《〈康熙谕阿玉奇汗敕书〉试析》，《民族研究》1984 年第 2 期，第 20 页。

间，清政府从未向外国派遣过任何形式的使团，即使与清朝干系重大的沙俄。那么，至18世纪初，仅仅为了加强与一个远在万里之外的俯伏于沙俄之下的土尔扈特部落的联系，康熙有必要打破惯例，冒着被沙俄拒绝而有失颜面的危险派使西行吗？于情于理都难以说通。

我们还是应当将这一事件放在当时的历史大背景中来考量。这里不妨先回顾一下土尔扈特西迁后的状况及与沙俄的关系。

土尔扈特迁到伏尔加河流域后，很快便成为沙俄觊觎和侵略的对象，这是剽悍而善战的土尔扈特人所无法接受的，于是，二者之间产生了难以调和的矛盾。随着矛盾的日益加深，他们不时发生冲突，甚至诉诸武力，西迁土尔扈特的第一代首领和鄂尔勒克就是在1644年攻打沙俄阿斯特拉罕的战斗中阵亡的。[①] 其后，沙俄政府凭借军事上的优势，逐步加强了对土尔扈特的控制，对其进行政治奴役与经济掠夺，更为严重的是，沙俄政府"屡征土尔扈特兵与邻国战"[②]，他们"拣选土尔扈特人众当其前锋"，"损伤土尔扈特人众数万，归来者十之一二"，以达"暗行歼灭"之目的，[③] 这些措施势必会严重地削弱土尔扈特的实力。

土尔扈特部众笃信藏传佛教，他们"重佛教，敬达赖喇嘛，而俄罗斯尚天主教，不事佛，以故土尔扈特……归向中国"。以此之故，其首领常常遣使（或亲自）赴西藏"熬茶、供佛，谒达赖喇嘛"[④]。这些也是沙俄政府所难以容忍的。为了阻断土尔扈特与清朝，尤其是与西藏黄教界的联系，沙俄政府不惜对土尔扈特部众进行大规模的宗教迫害，"无所忌惮地给伏尔加河流域的土尔扈特人施加洗礼"[⑤]，彼得一世更是颁布敕令，督促教士们学习蒙古语，以争取土尔扈特部众皈依东正教。

沙俄的这些措施，虽然在一定程度上达到了削弱土尔扈特实力的目的，但同时也加深了土尔扈特人对沙俄的敌对情绪和对故乡的怀念。所

---

① 〔俄〕帕里莫夫：《卡尔梅克在俄国境内时期的历史概况》，许淑明译，新疆人民出版社，1986，第12页。

② （清）何秋涛：《朔方备乘》卷38《土尔扈特归附始末》，《中国西北地方文献丛书》第94卷，第145页。

③ （清）椿园：《西域总志》卷2《土尔扈特投诚纪略》，《中国西北地方文献丛书》第60卷，第92页。

④ （清）何秋涛：《朔方备乘》卷38《土尔扈特归附始末》，《中国西北地方文献丛书》第94卷，第145页。

⑤ 〔法〕加恩：《早期中俄关系史》，江载华译，商务印书馆，1961，第145页。

以，长期以来，土尔扈特部众非常注意保持与新疆西蒙古诸部、西藏佛教界的频繁往来，同时也一直保持着与清朝中央政府的联系。自 1655 年土尔扈特首领书库尔岱青与清政府建立了直接联系后，不断遣使进贡。至康熙时，双方联系更加密切，"表贡不绝"①。土尔扈特蒙古的这种远沙俄而亲清朝的政策，适应了清政府巩固周边地区的需要，与之加强联系，符合清政府的长远利益。将此视为清政府遣使的重要原因之一，当是不容置疑的，但若称之为图理琛之使的根本动因，则于情于理都难说通。

那么，图理琛西使的根本动因何在呢？陈复光先生曾如是推断：

> 康熙命图理琛使土尔扈特之主要目的，不过借报聘为名，优遇阿玉奇汗，以资羁縻，而坚其内向之心，不为他族利用。②

此说尽管比《异域录》所载已有较大进步，但仍非得的之论，我认为康熙之真意应是诱使土尔扈特人返回故土。图理琛出使之时，正是清朝与准噶尔策旺阿拉布坦交恶之际，而沙俄对清朝的觊觎之心也日益凸显出来。而与策旺和沙俄均有矛盾的土尔扈特长期奉行亲清政策，如能返回故土，以其战斗力之强，对清政府遏制沙俄的南下及准噶尔策旺阿拉布坦势力的扩张与东进，无疑都具有重要的战略意义。

在这种情势下，清朝使臣在土尔扈特滞留了十余日，与阿玉奇汗会晤两次，同时受到阿玉奇汗之妻、子、妹等土尔扈特显贵们的盛宴款待。他们在会谈时不会缄口不言对时局的看法以及对前途与未来的展望（这对双方来说都是讳莫如深的问题，不会公开），从图理琛西使后的历史发展及其结果来看，此推想当非空穴来风。说明了这一点，我们就比较容易理解乾隆三十六年（1771）土尔扈特的回归问题了。是年 1 月，土尔扈特首领渥巴锡率部离开寄居了一个半世纪的伏尔加河流域，经过长途跋涉，冲破艰难险阻，付出巨大牺牲，终于返回故土。土尔扈特的归来，受到了乾隆皇帝的高度重视和极为荣宠的礼遇。乾隆皇帝多次接见渥巴锡等人，封之为卓哩克图汗，命其以盟长的身份管理旧土尔扈特蒙

---

① （清）何秋涛：《朔方备乘》卷 38《土尔扈特归附始末》，《中国西北地方文献丛书》第 94 卷，第 142 页。

② 陈复光：《有清一代之中俄关系》，国立云南大学文法学院，1947，第 46 页。

古乌讷恩素珠克图盟南路四旗（今巴音郭楞蒙古自治州）。对其回归的 6
万民众，清政府也采取多项措施，予以赈济："分拨善地安置，仍购运
牛羊粮食，以资养赡，置办衣裘庐帐，俾得御寒，并为筹其久远资生之
计，令皆全活安居，咸获得所。"① 对外来异族部众如此优遇，堪称清朝
此前所未有。

由是以观，图理琛在与阿玉奇汗会晤时，理应表示过清朝政府希望其
东归故土的意向，二者在一定程度上已达成默契。这一推想从沙俄国务秘
书伊凡·格拉儒诺甫的言论中可得到佐证。他在 1730 年 8 月 13 日上呈外
交部的报告中曾这样说：

> 关于前次出使至喀尔木克汗阿玉气处一事，我从随同这个使团的
> 人员处得知，当时使臣曾带同他的侄儿的喀尔木克游牧民族中最优秀
> 的人物一同前往……利用他们……以推动已故阿玉气从阿斯特拉罕迁
> 回他们以前的草原，现有草原上珲台吉在游荡，中国人答应给阿玉气
> 以武力援助及皇帝的资助，以帮助他打珲台吉。②

这段话是伊凡·格拉儒诺甫在负责伴送清朝使臣时从他们那里听
到的，说明图理琛出使确有诱使土尔扈特部迁回原地之意。使团表示，
如果阿玉奇汗愿率部返回故地，清政府将会予以协助，并帮助他打败
策旺阿拉布坦的势力。此说虽属孤证，难以断言其可信度有多大，但
思之颇觉合乎情理。后来土尔扈特于 1771 年东归的史实也从某种意义
上证明格拉儒诺甫的说法并非全系无稽之谈，诚如法国学者加恩所论
证的那样：

> 后来事件的发展也提供了证明，中国浪子土尔扈特人的归来一
> 事，最初提出于 1714 年，后来由于中国对厄鲁特人的征伐而拖延下
> 来，直到 18 世纪中叶厄鲁特人被乾隆灭亡后才真正实现，而这时距离

---

① 《清高宗实录》卷 889，乾隆三十六年七月辛酉条。具体优恤措施见乾隆《优恤土尔扈特
部众记》，载齐敬之《外八庙碑文注译》，紫禁城出版社，1985，第 72 ~ 74 页。
② 〔法〕加恩：《彼得大帝时期的中俄关系史（1689 – 1730 年）》，江载华、郑永泰译，商务
印书馆，1980，第 128 页注 48。

提出这个问题已有 60 年了。我们设想一下，土尔扈特人若不是由于中国甘言许诺因而长久以来怀有重归故土的想法，怎么可能在 1775 年（应为 1771 年——引者）突然决定离开他们已经生活了一个世纪的国土，同时又冒着旅途上的种种危险，而且前途未卜，就回到故土去呢？[①]

这里，我们必须面对这样一个问题：既然清政府派遣使团既有加强与土尔扈特部之联系，又有诱使其回归故里之双重目的，那么，康熙在使团出行前何以又要谆谆告诫使人，如果阿玉奇汗提议与清合击策旺阿拉布坦，则予以拒绝这一问题呢？其中的奥妙也值得探讨。

结合当时的清、俄、土尔扈特和准噶尔部四方的复杂情势，我认为对康熙的告诫应该从两个层面上来考量。其一，清政府对处理策旺阿拉布坦问题有足够的信心。如果节外生枝，与俄境内的土尔扈特联合夹攻之，势必会引起沙俄的警觉与不满，乃至军事干预，引起不必要的国际争端。其二，土尔扈特尽管有一定的实力，但与沙俄相比毕竟要弱小得多。在沙俄的逼迫下，阿玉奇汗自 1673 年至 1684 年间，曾先后五次向沙俄政府"宣誓"，尽管内容每次不同，但都少不了阿玉奇汗向俄国臣服这一内容。此外，还有多项屈服性的誓约，如土尔扈特人不得袭击俄国辖区；阿玉奇汗不得与俄国的敌人交往；俄国对外战争时，土尔扈特汗国需出兵助战等。[②]在这种严峻的形势下，清政府是不可能与土尔扈特结盟来夹击准噶尔部的。况且，土尔扈特由伏尔加河流域长途奔袭准噶尔，劳师远征，未必会有多少效果，反而会损伤清政府与俄国之间本来就相当脆弱的睦邻关系。后来，历史的发展也证实康熙的这一决策是相当正确的。1771 年 1 月，土尔扈特举族东返，一路遭到沙俄的阻击与围攻。加上长途行军的劳苦和沿途水草、供养的缺乏以及各种疫病的流行，土尔扈特人畜大量死亡，损失极为惨重。这次迁徙前后历时 6 个月，行程 1 万余里，当他们于是年 7 月中旬到达伊犁时，其人口已由原来的 17 万锐减至 6 万余人。推而论之，设若当时康熙允诺阿玉奇汗的请求，与之合击策旺阿拉布坦，那么，未经参

---

① 〔法〕加恩：《彼得大帝时期的中俄关系史（1689 - 1730 年）》，江载华、郑永泰译，商务印书馆，1980，第 117 页。

② 马汝珩：《清代西部历史论衡》，山西人民出版社，2002，第 182 ~ 184 页。

战即已损失过半的土尔扈特人何以与以逸待劳的策旺阿拉布坦军队作战？如何完成东、西二面合击计划？如是，不仅难收预期之效，反而还会使清朝"泱泱大国"的颜面尽失。

　　质言之，"图理琛使团"的西使，其动因是多方面的，与土尔扈特加强联系虽是要因之一，但并非清政府的主旨，其终极目的在于诱使与之关系友好的土尔扈特部东归故土，以牵制沙俄与准噶尔部等敌对势力。

本文摘自《新疆师范大学学报》（哲学社会科学版）

2007 年第 1 期

徐松及其西域著作研究述评

朱玉麒[*]

摘　要： 兴起于清代的西北历史地理学，以祁韵士、徐松为创始，已然成为清代学术史与地理学史研究的共识。其中徐松的贡献与影响尤为突出，其西域研究的著作，作为认识、研究中亚与中国西北边疆的重要文献，一直为后世所据引。有关徐松生平及其学术著作的研究，影响到对清代学术史的评价，以及西北历史地理学、文献学等许多学科的深入发展。文章对截止到 2004 年以前有关徐松的生平、学术，及其西域著作、其他著述的研究情况，进行了详细的综述与评价。

关键词： 徐松生平　西域著作　其他著述　研究综述

徐松（1781～1848）是清代嘉庆、道光之际著名的文献学家、西北历史地理学家。风行于晚清的张之洞《书目答问》，在附录《国朝著述诸家姓名略总目》所列 12 门中，将徐松列入"史学门"和"经济门"中，可见徐松在学术研究本身以及清末士人最为看重的经世致用标准下，都得到了崇高的荣誉。同样，民国时期影响时代学术潮流的梁启超在其《清代学术概论》中也评论说："自乾隆后边徼多事，嘉道间学者渐留意西北边新疆、青海、西藏、蒙古诸地理，而徐松、张穆、何秋涛最名家。"并且在另一部名著《中国近三百年学术史》中，他特别强调了徐松的历史地理研究以注重实地考察而形成对清代学术的反拨。以上的评论，成为后来将徐松作为嘉道之际西北历史地理学创始人的经典依据。

---

* 朱玉麒，新疆师范大学人文学院教授。

但关于徐松的研究，并没有成为学术史的一个热点，徐松生平及以《西域水道记》为代表的西域著作，无论是在乾嘉学术的研讨热潮，还是西域研究与出版的学术热点中，都表现得相对沉寂。这本身就是学术研究非常值得思考的问题。当然，在这种研究的欠缺和不足中，也并非没有关怀的声音。此处的综述，正是对以往具体研究成果的总结，希望因此而引起研究者的关注并推进相关研究的发展。

一　生平研究

就徐松的生平而言，清国史馆编纂的《徐松传》当是最早的记录。①但最早公开的记载，则是在同治年间的《畿辅通志》中才出现，其中《徐松传》的主要篇幅是对其《新疆赋》的抄录，有关生平的记载，不到千字，不过在当时已是很详细的记录了。②清末，缪荃孙因为个人的偏好，开始收集徐松的资料，《光绪顺天府志》中的徐松小传即由缪荃孙撰稿。③其后，他又编辑了两千字左右的《徐星伯先生事辑》作为其行年记录，汇辑其遗文佚诗31篇为《星伯先生小集》。④此外，徐世昌的《清儒学案》"星伯学案"也是民国时期收集徐松事迹最丰富的一种。⑤在西方，19世纪末20世纪初的中亚探险热潮兴起之际，徐松的《西域水道记》是探险家和汉学家们重要的参考书，但具体研究和了解徐松生平的主要材料，则

---

① 清国史馆修"徐松传"可参《清国史》嘉业堂钞本卷五八"文苑传"，中华书局1993年6月影印，第984～985页。《清史列传》卷七三"徐松传"即沿用，王钟翰校点，中华书局，1987，第5991～5992页。《清史稿》卷四八六"徐松传"亦据以删订而成，中华书局，1977，13413～13414页。

② 《畿辅通志》三〇〇卷，李鸿章等纂修，同治间刊刻，"徐松传"在卷二二六"列传三四"。缪荃孙《续碑传集》[宣统二年（1910）序刻本]卷七八转录。

③ 《光绪顺天府志》一三〇卷，周家楣、缪荃孙等纂，光绪丙戌（十二年，1886）付梓，北京古籍出版社1987年12月据以排印，"徐松传"在卷一〇三、"徐松著述"在卷一二六。

④ 缪荃孙辑《徐星伯先生事辑》见《艺风堂文集》[作者著，辛丑（1901）印行]卷一，《北京图书馆年谱珍本丛刊》据以影印，北京图书馆出版社，1999，第137册，第231～242页；《星伯先生小集》见《烟画东堂小品》[缪荃孙辑，民国九年（1920）缪氏刻本]第七册"微卷"。

⑤ 徐世昌辑《清儒学案》二〇八卷，1939年北京修绠堂本，"星伯学案"在卷一四一。前此徐氏另辑有《大清畿辅先哲传》四〇卷，1917年天津徐氏刻本，其"徐松传"在卷二五"文学类"，即《清儒学案》"星伯学案"之由来。

只有 20 世纪 40 年代的《清代名人传略》①。

即使有缪荃孙这样的热心者从事收集，徐松的生平也已经有许多湮没不闻，或者传闻失实。陈垣先生的《记徐松遣戍事》②，是徐松生平考证中最早也最为重要的成果。徐松遣戍伊犁的缘起，"为御史赵慎畛所纠"是比较明确的，但因为什么罪而遣戍，并没有具体交代；姚莹所撰《赵慎畛行状》则认为是"父干正事，公奏论之"。但陈垣通过军机处所藏赵慎畛原折和初彭龄等的拟奏，证明这是一种误解，实际的原因是赵慎畛以九种罪名弹劾徐松，经过初彭龄等的查办，真正成立的罪名主要是刻印《经文试帖新编》分派教官令生童购买而得利一事，因而判杖一百、流三千里。论文还考证出姚莹的误传实际上是将钱仪吉奏浙江学政朱士彦的事混为一谈所致。通过清军机处档案专门考证这一问题，成为利用明清内府档案解决历史悬疑问题的个案。

其后相隔近半个世纪，日本学者榎一雄发表了长篇论文《关于徐松的西域调查》③。虽然着重于对徐松西域研究的贡献，但在长达 13 个章节的长篇论文中，作者追寻了徐松身后著作的流散情况，通过钩稽清代大量的史料，并对照纪昀、洪亮吉、林则徐等人遣戍的记载，探讨了徐松遣戍伊犁的法律因素、路途经历、遣戍生活，进而又回溯其一生在北京的生活与交游、品节与著作情况，以非常丰富的材料对徐松一生的学术经历进行了考证。

与此同时而稍后，中国台湾学者王聿均的《徐松的经世思想》一文④，分为前言、生平与著述、徐松的经世思想落实于新疆史地的研究、《宋会要辑稿》的流传与徐松注重实务之思想、结论五部分进行论证，对徐松在

①《清代名人传略》（*Eminent Chinese of the Ch'ing Period 1644 - 1912*），恒慕义（A. W. Hummel）主编，华盛顿美国政府印刷所 1943 ~ 1944 年出版，中文版由中国人民大学清史研究所《清代名人传略》翻译组翻译，青海人民出版社，1990。其中"徐松传略"由杜联喆撰稿，见中文版中册第 487 ~ 489 页。

② 陈垣：《记徐松遣戍事》，《国学季刊》第 5 卷 3 号（1936 年 9 月），第 141 ~ 150 页，后收入《陈垣史学论著选》，陈乐素、陈智超编校，上海人民出版社，1981，第 371 ~ 381 页。据编者按，后者据原稿及作者编辑之《徐星伯事件》资料校订。

③〔日〕榎一雄：《徐松の西域调查について》，载《近代中国》第 10、11、13、14 卷，东京，岩南堂书店，1981 ~ 1983，第 135 ~ 148、147 ~ 168、167 ~ 189、147 ~ 166 页，收入《榎一雄著作集》第二卷"中央アヅア史Ⅱ"，东京，汲古书院，1992，第 37 ~ 112 页。

④ 王聿均：《徐松的经世思想》，《近世中国经世思想研讨会论文集》，台北，中研院近代史研究所编印，1984，第 181 ~ 197 页，后附王尔敏评论。

清代转型之际的学术思想有非常细致的分析；但作者未能利用缪荃孙《徐星伯先生事辑》是其最大的失误，因此而影响了其论文全面的考证，有些材料的分析、辨正也不够。但他收集了许多未被前人研究所注意的清代史料，如揭示左宗棠通过其兄左宗植而受到徐松影响，就颇有价值。在中国大陆，有吴振清的《徐松事迹辨正》一文①，就徐松生平事迹在清代记载中的舛误进行辨析，主要对其中举年代、任湖南学政年代、遣戍新疆释还与进书授官情况、后期仕宦经历等四个方面，进行了辨正。

以赵俪生《西北学的拓荒者之一：徐松》为代表的一系列大陆学者的论文，则多结合徐松西域史地学方面的贡献进行生平与学术思想的论述。但这些论文，因为没有新的材料，甚至对前贤研究成果的忽略，人多仍停留在介绍性的评述上，没有提供太多的生平信息。② 只有周轩在《清宫流放人物》中通过对《清实录》的检索，增加了在新疆生平事迹的细节论证。③

二　《西域水道记》及其相关著作研究

围绕着《西域水道记》的研究，成果相对要出色一些。最早以《西域水道记》为题发表的论文是民国时期西北史研究的领袖人物沈曾植，他的

---

① 吴振清：《徐松事迹辨正》，《南开学报》1989 年第 1 期，第 48、31 页。
② 赵俪生：《西北学的拓荒者之一：徐松》，《西北史地》1985 年第 1 期，第 9 ~ 12 页，收入《赵俪生史学论著自选集》，山东大学出版社，1996，第 473 ~ 480 页。其他类似的论述有：
　　Ⅰ 乔松：《徐松在新疆的十年》，《新疆文学》1962 年 11 ~ 12 月合刊号，第 94 ~ 96 页。
　　Ⅱ 刘美崧：《清代学者徐松对新疆史地研究的贡献》，《新疆历史丛话》，新疆人民出版社，1983，第 79 ~ 92 页（前此乔松一文的翻版）。
　　Ⅲ 翟忠义：《徐松传》，作者编著《中国地理学家》，山东教育出版社，1989，第 358 ~ 363 页。
　　Ⅳ 王桂云：《徐松对新疆方志事业的建树》，《新疆地方志》1992 年第 3 期。
　　Ⅴ 郭书兰：《晚清地学巨子徐松》，《史学月刊》1999 年第 4 期，第 41 ~ 43 页。
　　Ⅵ 方立军：《徐松与西北边疆史地研究》，《固原师专学报》2003 年第 2 期，第 37 ~ 41 页。
③ 周轩：《清宫流放人物》，紫禁城出版社，1993，"徐松传"见第 174 ~ 177 页。其后作者与高力合作有《清代新疆流放人物》一书，对徐松生平与西域研究著作有更详细的论述，新疆人民出版社，1994，第 151 ~ 171 页。

遗作《西域水道记跋》①，主要是对卷四"回部王吐呼鲁克吐木勒罕墓"所引《库鲁安书》中回部世系所进行的辨析。这种读书笔记式的论文后来有秦佩珩的《〈西域水道记〉简疏：罗布淖尔和哈喇淖尔水源的初步追踪》②，通过对《西域水道记》中罗布淖尔和哈喇淖尔水道之读书笔记之连缀，从农业开发与水利兴修的角度表彰了徐松对水道记载的经济地理意义，在考证方面主要驳正了徐松"三危山在鸣沙山北"的方位错误。作者的另一篇相关研究《清代敦煌水利考释》同样也引用《西域水道记》的记载，而对个别的理解错误进行了辨正。③

以陈家麟、孔祥珠《徐松与〈西域水道记〉》为代表的一系列论文则从比较全面的角度分析《西域水道记》的体例、内容，以及学术特点与价值意义，基本上仍属于介绍的性质。④ 其中，杨正泰在《中国地理学史·清代》上编"地理著述"第三章"河渠水利专书"—"水道著作"中关于《西域水道记》的介绍是比较翔实而中肯的。⑤ 冯锡时的《徐松〈西域水道记〉辨误》是一篇对《西域水道记》进行了比较深入研究后的考订文章⑥，作者指出了徐松《西域水道记》有关域外或边疆历史地理记述的错误。如回历与夏历的换算之误，将和阗东源玉陇哈什河作为阿姆河下流之

---

① 沈曾植：《西域水道记跋》，《学海》第 1 卷第 3 期（1944 年 9 月），第 42～43 页。

② 秦佩珩：《〈西域水道记〉简疏：罗布淖尔和哈喇淖尔水源的初步追踪》，《郑州大学学报》1988 年第 2 期，第 4～11 页。

③ 秦佩珩：《清代敦煌水利考释》，《郑州大学学报》1985 年第 4 期，第 3～8、80 页。

④ 陈家麟、孔祥珠：《徐松与〈西域水道记〉》，《新疆历史论文集》，新疆人民出版社，1977，第 344～353 页。类似的论文有：

Ⅰ 杨润黎：《徐松与新疆地理水文研究》，1987 年 12 月 5 日《新疆日报》。

Ⅱ 赵俪生：《徐松及其〈西域水道记〉》，《兰州大学学报》1992 年第 4 期，第 1～4 页，收入谭其骧主编《中国历代地理学家评传》第 3 卷，山东教育出版社，1993，第 120～128 页。

Ⅲ 杜瑜：《实地勘察过的〈西域水道记〉》，《舆地图籍：〈异域录〉与〈大清一统志〉》，作者著，辽海社，1997，第 87～94 页。

Ⅳ 王燕玉：《徐松和〈西域水道记〉》，《贵州师范大学学报》1998 年第 4 期，第 36～37 页。

Ⅴ 牛海桢：《徐松〈西域水道记〉的学术特点》，《史学史研究》2000 年第 2 期，第 57～59 页。

⑤ 赵荣、杨正泰：《中国地理学史·清代》，商务印书馆，1998。《西域水道记》的论述见本书第 93～97 页，杨正泰执笔。

⑥ 冯锡时：《徐松〈西域水道记〉辨误》，《中国边疆史地研究》1998 年第 2 期，第 59～72 页。

玉龙杰赤之误，将兀庐误作阿鲁忽、阿力麻里误作叶密里，以及有关钦察汗国的世家和黄河河源记述的失误，等等。所惜该文植字多误，白璧微瑕。

《西域水道记》研究真正的扛鼎之作，应该推榎一雄《关于徐松的西域调查》，作者是在有关清代新疆史进行全面研究的框架下选择徐松《西域水道记》作为个案对象展开探讨的。在追寻了徐松遣戍前后的生平之后，作者探讨了他在西域的考察、从《伊犁总统事略》到《新疆识略》，以及“西域三种”的著述因果，其中对徐松超越祁韵士的著述欲望、作为历史地理学和文学传记的《西域水道记》，都给予了生动而翔实的论证。就像当年徐松不断完善自己的著作一样，作者从 1981 年发表前四节开始，也一直在以后的发表中不断根据新的材料和理解更改着研究的心得。而这也充分体现了清史研究中一种令研究者本人颇感不安的研究状态，即始终处在新材料发现的诱惑和不能彻底完成的遗憾之中。

最新的研究成果是周振鹤《早稻田大学所藏〈西域水道记〉修订本》一文。[①] 作者对其在早稻田大学图书馆发现的徐松《西域水道记》刻本的亲笔修改本做了录文和初步研究。他最早注意到《艺风堂友朋书札》和《艺风老人日记》中钱恂与缪荃孙之间关于《西域水道记校补》的记载；指出徐松参考了《东西洋考每月统记传》的信息。但是由于此前没有对已有版本作出充分的调查，其录文与考证不免舛误。其后，石见清裕也在 2001 年青岛举行的中国唐史学会年会上发表与此相关的论文，介绍这一修订本入藏早稻田大学的经过，并对其流传作了初步的研究。[②] 笔者近年的相关研究，主要从版本流传的角度，对《西域水道记》多种版本之间的关系，进行了比较全面的探讨。《〈西域水道记〉稿本研究》研究了国家图书馆藏《西域水道记》稿本的写定时间、与刻本的异同、详细的递藏经过，以及省夺的浮签内容与准确的排列顺序等问题，对《西域水道记》在刻本印行之前的成书过程进行了梳理。[③]《〈西域水道记〉：稿本、刻本、校补

①　周振鹤：《早稻田大学所藏〈西域水道记〉修订本》，《中国典籍与文化》2001 年第 1 期，第 86~95 页。

②　〔日〕石见清裕：《日本早稻田大学图书馆所藏徐松〈西域水道记〉之著者亲笔校订本简介》初稿，在青岛 2001 年中国唐史学会年会上宣讲，其后又有简短的介绍文章《早稻田に残された徐松の直笔》，作为卷首言发表在早稻田大学东洋史恳话会出版的《史滴》第 23 号（2001 年 12 月）。最后的定稿《早稻田に残された徐松の直笔：早大图书馆所藏自笔校订本〈西域水道记〉》，《中国古典研究》第 47 号（2002 年 12 月），第 71~86 页。

③　朱玉麒：《西域水道记稿本研究》，《文献》2004 年第 1 期，第 172~194 页。

本》一文①，则对《西域水道记》稿本、刻本和校补本之间的关系进行了勾勒，并从两个角度探讨其在中外关系方面的问题：一是通过本书关于域外知识的记载，讨论嘉道之际中国士人的接受西学的态度；一是介绍该书版本的传承，通过徐松校补本手稿的发现，揭示近代中日文化交流中钱恂赠书成为早稻田大学汉籍基础的史实。

徐松的西域著作，还有《新疆识略》12 卷。该书全称《钦定新疆识略》，是徐松最早正式刻版印行的著作。其作者署名为"臣松筠恭纂"，凡例之后的一份"武英殿修书处刊校"诸臣职名中，也没有徐松的名字。也许因为著书时的徐松是遣犯的身份，所以由当时主持其事的前伊犁将军松筠列名。但其书由徐松编著则是普遍公认的事实，《宣宗实录》卷一二"嘉庆二十五年十二月己酉"下也记载着"以纂辑《新疆识略》，赏已革翰林编修徐松内阁中书"。时人龚自珍等在引用《新疆识略》的材料时，也径称徐松所作。因此，按照方志编纂的署名通例，应该是"松筠修、徐松纂"。榎一雄《关于徐松的西域调查》在二、八、一〇、一一等章节用很长的篇幅考证了《西陲总统事略》、《伊犁总统事略》、《新疆识略》之间的关系。

徐松还有《新疆赋》和《汉书西域传补注》的西域著作，它们与《西域水道记》先后成书，道光以后常常以《大兴徐氏三种》（或称"西域三种"、"徐星伯先生著书三种"）的名义不断被影印或翻刻，其中《汉书西域传补注》，填补了《汉书·西域传》历来注释不详的空白，王先谦撰《汉书补注》，于徐氏此书几完全采录。《清儒学案》卷一四一"星伯学案"对其书之考证成果有比较详细的举证，颇得其荦荦大者。而杨树达为《续修四库全书提要》所撰《汉书西域传补注提要》，于其优劣得失，言之尤详，可以看做是比较符合事实的研究札记。②

三　其他著述研究

徐松作为清代乾嘉学派的继往开来者，其学术成果不仅表现在西域

---

① 朱玉麒：《〈西域水道记〉：稿本、刻本、校补本》，荣新江、李孝聪主编《中外关系史：新史料与新问题》，科学出版社，2004，第 383～404 页。

② 杨树达：《汉书西域传补注提要》，《续修四库全书总目提要（稿本）》第 3 册，齐鲁书社，1996，第 542～543 页。

舆地之学的开创方面，他的多方面著述，还影响到其他传统学科的
发展。

在都城文献的研究方面，他的《唐两京城坊考》5 卷是研究隋唐都城
和文化各个方面的重要工具书。徐松是书以史料之排比参证见长，而体大
思精，是"对隋唐长安、洛阳城市规制、宫殿官署、街市坊里、苑囿渠
道、水陆交通、风土人物等记述最为详备的划时代巨著"①。唯其书以个人
之力爬罗剔抉于零散之史料之间，阙漏难免。即如久佚之《两京新记》第
三卷残抄本，亦在徐松身后出于东瀛金泽文库中；加之考古学之发展与出
土文献之涌现，使两京研究成为热潮，于本书之订补成果亦斐然可称。因
此，关于该书实证性的订正、补遗专著，即有《两京城坊考补》、《隋唐两
京丛考》、《隋唐宫廷建筑考》、《增订唐两京城坊考》、《隋唐两京坊里
谱》、《隋唐两京考》等，② 于此亦可见徐松著作之于两京学兴起之奠基地
位。另外，该书还有爱宕元的日文译本。③

在这一方面，徐松还有辑佚自《永乐大典》中的《河南志》4 卷，系
元人抄录宋敏求《河南志》20 卷本改编而成者。高敏的点校本《河南志》
系目前最好的整理本，④ 该书以徐松原钞本为底本，校补以《藕香零拾》
本及其他相关文献，后附庄璟摹绘之《宋次道洛阳志图》、《永乐大典》卷
九五六一中的《河南府图》33 幅，以及相关文字资料，又有索引，既称全
备，又便检索。附于其后的高敏长篇跋语是继缪荃孙《藕香零拾》本《河
南志》跋语、夏鼐《永乐大典卷九五六一引元河南志的古代洛阳图十四
幅》之后比较详细的研究；⑤ 作者就《永乐大典》本《河南志》是宋志
还是元志、抄辑者徐松和校刻者缪荃孙留下的印记、《河南志》关于汉
魏西晋后魏洛阳城与隋唐宋洛阳城的史料价值四个方面进行了深入的

---

① 李健超：《增订唐两京城坊考序》，作者增订《增订唐两京城坊考》，三秦出版社，1996，
　　第 3 页。
② 阎文儒、阎万钧编著《两京城坊考补》，河南人民出版社，1992；辛德勇：《隋唐两京丛
　　考》，三秦出版社，1991；杨鸿年编著《隋唐宫廷建筑考》，陕西人民出版社，1992；李
　　健超增订《增订唐两京城坊考》，三秦出版社，1996；杨鸿年：《隋唐两京坊里谱》，上海
　　古籍出版社，1999；杨鸿年：《隋唐两京考》，武汉大学出版社，2000。
③ 爱宕元译注《唐两京城坊考》，东京，平凡社，1994。
④ 徐松辑，高敏点校《河南志》，中华书局，1994。
⑤ 缪荃孙跋语，原载作者辑刻之《藕香零拾》丛书第九册"以"字卷，宣统二年（1910）
　　刻，民国二年（1913）印行；夏鼐文，原载《考古学报》1959 年第 2 期。以上二文高敏
　　校点本《河南志》均有附载。

探讨。

在科举制度的研究方面，其《唐登科记考》30卷，被认为"实际上是一部相当详备的、经过考订的唐五代科举史料编年，对于研究唐代的历史、文学都是很重要的参考书"①。与《唐两京城坊考》一样，由于晚近地不爱宝，大量出土的墓志成为补充、订正该书的丰厚材料，而传统文献中被遗漏的内容也不在少数，因此补苴之作不断出现，自罗继祖《登科记考补》② 以来，不下20余家；孟二冬的《登科记考补正》③，则后来居上，成为融括众家、汇集最新材料的重要增补著作。

徐松现在留存下来的著作还有《明氏实录注》1卷、《徐星伯说文段注札记》1卷、《新斠注地理志集释》16卷等，但都未见相关的研究成果。

作为辑佚学的代表人物，徐松曾经从《永乐大典》中辑录出《宋中兴礼书》300卷、《宋中兴礼书续编》80卷、《宋会要辑稿》500卷、《宋元马政》2卷、《四库阙书》1卷、《伪齐录》2卷，成为相关历史、文献研究中不可或缺的重要史料。

《宋中兴礼书》300卷，淳熙八年（1181）礼部太常寺纂修，收录南宋中兴以来所行各种典礼，分为300卷、680门；嘉泰二年（1202），太常寺主簿叶宗鲁又续修孝宗朝典礼，为《宋中兴礼书续编》80卷。其书向无刊本，徐松在全唐文馆时，从《永乐大典》中抄出，并在道光年间由陈杰、龙万育协助厘定成帙，但卷数均已有缺。今有中山大学藏曾钊校抄本、中国国家图书馆藏蒋光煦宝薛堂抄本、叶渭清校抄本、北京大学图书馆藏刘承干嘉业堂旧藏本。但有关研究似尚阙如。

《宋会要》为宋代官修列朝会要之总称，徐松于嘉庆十四年、十五年在全唐文馆，据《永乐大典》而辑录《宋会要》凡五六百卷，为《永乐大典》辑书之最宏大者。道光年间，徐松欲依《玉海》所载《宋会要》体例，进行编次厘定而终未果；徐松身后，原辑稿本又几经转手，被后人剪裁、删取，无复本来面目。因此，有关《宋会要辑稿》的相关研究，反而比较引起学界的关注，重要的研究论著有《宋会要研究》、《影印宋会要辑稿缘起》、《宋会要辑稿考校》、陈智超《解开〈宋会要〉

---

① 赵守俨：《登科记考点校说明》，赵守俨点校本《登科记考》卷首，中华书局，1984。
② 罗继祖：《登科记考补》，《东方学报》1943年第4期，第91~127页。
③ 孟二冬：《登科记考补正》，燕山出版社，2003。

之谜》等。①

《宋元马政》中的"宋马政"一卷,今在《宋会要辑稿》中,故无单独影印者;"元马政"一卷,即《大元马政记》,元赵世延奉敕撰,光绪十三年(1887)文廷式(1865～1904)据缪氏藏本转录"元马政"为二卷,并附校后识语;文氏故后,钞本辗转为柯劭忞藏书,柯氏著《新元史》,"马政"类亦据此补苴,苏振甲《元政书经世大典之研究》对此有详细研究。② 近又有王清源撰《〈永乐大典〉中元代史料举隅:以文廷式辑〈经世大典〉佚文为例》一文③,以文廷式辑《经世大典》佚文钞本二册今藏辽宁省图书馆,并认为其中一册之《征伐高丽纪事》、《元代画塑记》、《阜通七坝》、《元马政》皆系文廷式转钞缪荃孙藏徐松从《永乐大典》之本,其根据则是《元马政》下文氏题识。然缪荃孙著作中并未有前三种之著录,故仍当以文氏直接录自《永乐大典》为是。作者以文氏题识中"此卷"为"此册",故有此误。

《四库阙书》又名《秘书省续编到四库阙书目》或《宋绍兴秘书省四库阙书目》等,系南宋绍兴年间秘书省访求阙书之目录,元代以后罕见流传。徐松于嘉庆年间在全唐文馆时从《永乐大典》录出,并在道光十二年据朱彝尊《经义考》所引进行订补而成《四库阙书》一卷,成为了解南宋目录学的重要典籍。《伪齐录》二卷为南宋从政郎杨尧弼撰,记载金人扶植刘豫称帝的历史,亦由徐松在全唐文馆时从《永乐大典》中辑录者。此外,徐松还从史馆之宫史及敬事房档册中录出乾隆十六、二十六、三十六年皇太后六十、七十、八十大寿之寿礼名目,为《东朝崇养录》四卷,成为清代宫廷掌故的典实。但以上辑佚书三种,亦鲜有研究者。

---

① 汤中:《宋会要研究》,商务印书馆,1932;国立北平图书馆:《影印宋会要辑稿缘起》,大东书局印刷所民国廿五年(1936)影印《宋会要辑稿》卷首;王德毅:《两宋十三朝会要纂修考》,台北,新文丰出版公司1976年10月影印《宋会要辑稿》卷首;王云海:《宋会要辑稿考校》,上海古籍出版社,1986;陈智超:《解开〈宋会要〉之谜》,社会科学文献出版社,1995。

② 苏振甲:《元政书经世大典之研究》第四章"经世大典原文辑考·大元马政记",台北,中国文化大学出版部,1984,第41～43页。

③ 王清源:《〈永乐大典〉中元代史料举隅:以文廷式辑〈经世大典〉佚文为例》,中国国家图书馆编《〈永乐大典〉编纂600周年国际研讨会论文集》,北京图书馆出版社,2003,第190～200页。

从以上的综述可知，虽然有关徐松的生平与著作研究具有个别的突破性进展，但对于这样一个晚近的学术宗师，仍然表现出较多的空白点。本来，在学术史研究的一些热点问题中，如对于乾嘉学术的批判或者反弹，可以关注到徐松这样的朴学传人，但乾嘉学派的研究热潮过度集中于乾隆和嘉庆前期的倾向，使徐松这一活动在嘉道之际的乾嘉殿军被放到了近代史的范围中而不加深究。而近代史研究侧重于探讨中国社会与政治发展的研究关注点，又使得相对远离于这种政治倾向的学术史研究不无沉寂，这是为什么徐松与同期担任内阁中书的龚自珍、魏源在研究格局中冷热悬殊的一个因素。

以往的徐松研究也经常只是作为一种例证，来证明学术史的某个观念。如作为西北历史地理学的开创性人物，徐松被多所褒扬；但具体到徐松的生平研究，及以《西域水道记》为代表的徐松西域著作本身的现代价值，则并没有太多的深入。相反，其在中国古代史研究中重要工具书的编纂、重大政书的辑佚，虽然被广泛使用与整理，而其编纂辑佚的学术史意义、徐松的学术思想，又反被忽视。这种研究的不均衡性，是以后研究应该正视的问题。

本文摘自《新疆师范大学学报》（哲学社会科学版）

2004 年第 4 期

采珠撷玉：
挖掘地域新宝藏

国法与乡法
——以吐鲁番、敦煌文书为中心

孟宪实[*]

孟宪实[*]

摘　要：通过吐鲁番、敦煌出土的契约文书，文章讨论了在民间契约问题上的国家立场。国家对于民间契约制定的司法界限是什么，与此同时，民间契约又是怎样对待国家法律的。在双方的相互对待中，文章试图找出一条国家与社会之间的边界。文章认为，乡法与国法之间，都有针对对方的预设：国法方面存在着预设的干预条件；而乡法方面对待国法既有依赖，又有预防。双方的关系，随着时代的变迁而发生变动。

关键词：敦煌吐鲁番文书　国法　乡法　契约

一

咸亨五年，是公元 674 年。这一年，唐朝最大的事件应该是八月唐高宗称天皇，武则天称天后，这标志着武则天政治生涯的新阶段。在遥远的西州，这一年发生了一场民事纠纷，债权人王文欢把债务人张尾仁告上了官府。不过这是不值得史学家记录的小事，然而对于我们今天的历史认识，却是难得的第一手资料。1964 年，阿斯塔纳古墓群的第 19 号墓出土了一组文书，其中两件属于这个案件。一个是王文欢与张尾仁的契约，另一个是王文欢的诉状。前者，应该是后者的附件，是作为证据呈送给官府的。

＊　孟宪实，中国人民大学国学院副教授。

让我们先看一下原来的契约文书：

1. □亨四年正月二十五日，酒泉城人张尾
2. 仁于高昌县王文欢边举取银钱二（后缺）
3. 至当年□□月别生（后缺）
4. 日生利具还（后缺）
5. 钱直。□身东西不在，仰妻儿及收（后缺）
6. □和立契，画指为验
7.　　　　钱主王文欢
8.　　　　举钱人张尾仁
9.　　　　保人吴白师
10.　　　　知见人辛
　　　　（后缺）①

这件重要的呈堂证据现在已经不完整。不过，通过王文欢的诉状，我们可以部分复原这个契约的部分内容——整理小组将此诉状文书定名为《唐咸亨五年王文欢诉酒泉城人张尾仁贷钱不还辞》，原文如下：

1. （前缺）酒泉城人张尾仁
2. （前缺）件人去咸亨四年正月内立契，（后缺）
3. （前缺）银钱二十文，准乡法合立私契。（后缺）
4. 十文后□□钱二文。其人从取钱已来，（后缺）
5. （前缺）索，延引不还。酒泉去州（后缺）
6. （前缺）来去常日空归。文欢（后缺）
7. （前缺）急，尾仁方便取钱人（后缺）
　　（后缺）②

---

① 《吐鲁番出土文书》（录文本）六册，文物出版社，1985，第525页；图版本三，文物出版社，1996，第268页。
② 《吐鲁番出土文书》（录文本）六册，文物出版社，1985，第527页；图版本三，文物出版社，1996，第269页。

　　以上两件文书虽然都不完整，但可以互证。现在知道，张尾仁咸亨四年（673）正月，从王文欢手里借银钱二十文，按照当地的习惯，以月为单位计算利息。第二件文书的第四行，有"钱二文"字样，应该就是每月所生的利息数额。但是，张尾仁取钱以后，就没有按时偿还，酒泉城与西州城相去不近，王文欢多次往返索取，但是张尾仁一直不还。现在，王文欢家有急用，只好把张尾仁告上官府。这是王文欢诉状所写的内容。

　　通过与此契约大约同时的西州其他契约，可以为我们提供相似的证明，并比较全面地了解这个契约的基本面貌。让我们以《唐乾封元年（666）郑海石举银钱契》和《唐乾封三年（668）张善熹举钱契》为证，来了解王文欢与张尾仁的借钱契约，两者相距只有三五年的时间，有较高的参考价值。

　　《唐乾封元年（666）郑海石举银钱契》：

1. 乾封元年四月廿六日，崇化乡郑海石于左憧
2. 熹边举取银钱十文，月别生利一
3. 文半。到左须钱之日，索即须还。若郑延
4. 引不还左钱，任左牵掣郑家资杂物，
5. 口分田园，用充钱子本直。取索掣之物，
6. 一不生庸。公私债负停征，此物不在停
7. 限。若郑身东西不在，一仰妻儿及收后
8. 保人替偿。官有政法，人从私契。两和立契，
9. 画指为信。
10. 　　　　钱主左
11. 　　　　举钱郑海石
12. 　　　　保人宁大乡张海欢
13. 　　　　保人崇化乡张欢相
14. 　　　　知见人张欢德[①]

　　每一个契约都有异同，通过相同的部分我们可以复原一些残缺的部

① 《吐鲁番出土文书》（录文本）六册，文物出版社，1985，第417~418页；图版本三，文物出版社，1996，第214页。

分。王文欢与张尾仁的举钱契约，第 5 行，"身东西不在"前的空格，应该是假定词"若"。后面缺少的部分应该是"仰妻儿及收后保人替偿"。再看下面的契约《唐乾封三年（668）张善憙举钱契》：

1. 乾封三年三月三日，武城乡张善憙于
2. 崇化乡左憧憙边举取银钱二十文，
3. 月别生利银钱二文。到月满，张即须
4. 送利。到左须钱之日，张并须本利酬还。
5. 若延引不还，听左拽取张家财杂物平为
6. 本钱直。身东西不在，一仰妻儿保人上钱使
7. 了。若延引不与左钱者，将中渠菜园半亩，
8. 与作钱质，要须得好菜处。两和立契，
9. 获指为验。左共折生钱，日别与左菜五尺围，到菜干日。
10. 　　　　钱主左
11. 　　　　举钱人张善憙
12. 　　　　保人女如资
13. 　　　　保人高隆欢
14. 　　　　知见人张轨端[①]

这个契约，在签名后面，都有画押记号。通过这个契约，我们可以复原张尾仁举钱契约第 4 行与第 5 行之间的残缺部分，应该是"听王拽取张家财杂物平为本钱直"。

我们现在回到案件本身，讨论王文欢是在怎样的情况下把张尾仁告官的。按照契约，如果张尾仁亡故（身东西不在），可以让他的妻儿偿还，如果举钱人张尾仁延期不还，钱主王文欢是可以拽取张尾仁的家财的，也可以让保人替还。现在的情况是，张尾仁人依然健在，就是不还钱。从诉状的用语推测，内容涉及王文欢因为急用钱而向张尾仁讨还，多次往返酒泉城和高昌城之间，因为一直没有结果，最后才告官。他并没有采取拽取张尾仁家财物来充当钱值的符合契约的行动。

---

① 《吐鲁番出土文书》（录文本）六册，文物出版社，1985，第 422～423 页；图版本三，文物出版社，1996，第 219 页。

官府最后如何审判此案我们不得而知。根据唐朝的法律，如果王文欢所诉是事实的话，一定会惩罚张尾仁的。《唐杂律》规定："诸负债违契不偿，一匹以上，违二十日笞二十，二十日加一等，罪止杖六十；三十匹，加二等；百匹，又加三等。各令备偿。"① 据此，张尾仁不仅要偿还王文欢的债务，可能还要受皮肉之苦。为什么王文欢在契约中已经规定在张尾仁不还钱的时候可以拽取张尾仁相当价值的家财，但他并没有采取这个行动而是告官呢？这一点我们在唐律中也可以找到答案。"诸负债不告官司，而强牵财物，过本契者，坐赃论。"议曰："谓公私债负，违契不偿，应牵掣者，皆告官司听断。若不告官司而强牵掣财物，若奴婢、畜产，过本契者，坐赃论。"② 即使契约中规定可以拽取负债人的财物以充债值，但是最难把握的是拽取多少才可以与债值恰好等值，稍有不慎，就有可能超出债值而造成犯法，那就会出现案中案的复杂局面。而所谓牵掣财物，一般不是由当事人执行，需要告官，由官府执行。《唐律》的律文，似乎含有两个方面的内容，一是当告官而不告官；二是牵掣财物过本契。所谓过本契，应该理解为超过了契约规定的数额。当事人王文欢没有直接牵掣财物，是一种符合法律规定的行为。他应该是知道擅自牵掣财物的法律后果，说明他是考虑过相关法律问题的，而法律的预先设防显然也是必要的。而王文欢把张尾仁告官，具体地说，就是"告官司听断"。

本文关心的问题是民间契约纠纷在什么情况下官府可以介入，也就是在这类纠纷中，民间与官府保持着怎样的关系，两者之间是否存在着一定的游戏规则。案件的进一步审理情况我们没有资料证明，但是，政府介入之后，恐怕也首先保持调解姿态。一件《唐贞观二十二年（648）洛州河南县桓德琮典舍契》能够说明这个问题：

1. 贞观廿二年八月十六日，河南县张□□
2. 索法惠等二人，向县诉桓德琮□宅价
3. 钱三月未得。今奉明府付坊正追向县。
4. 坊正、坊民令遣两人和同，别立私契。
5. 其利钱限至八月卅日付了。其赎宅价

① 《唐律疏议》卷二六，刘俊文点校本，中华书局，1983，第484页。
② 《唐律疏议》卷二六，刘俊文点校本，中华书局，1983，第485~486页。

6. 钱限至九月卅日还了。如其违限不还，任

7. 元隆宅与卖宅取钱足，余剩任

8. 还桓琮。两共和可，画指为念。

9. 　　　　负钱人　桓德琮　琮

10. 　　　　男大义　　　义

11. 　　　　同坊人　成敬嗣

12. 　　　　　　　　嗣

13. 　　　坊正李　差　经①

　　根据陈国灿先生的研究，这件出土于吐鲁番的西州古契约，应该来自当时的中原河南，其中"张□□"就是张元隆。② 桓德琮向张元隆、索法惠借钱，用住宅作抵押，到了期限，却拿不出钱来赎回住宅，被债主张元隆、索法惠告了官府。官府入场干预，责令坊正负责，让他们再立私契，规定了还钱新的期限以及过限的处置办法。这是一个实用契约，上有签字和画押印迹。其中，没有债权人张元隆和索法惠，他们应该是此契的持有人，只有债务人还钱完毕后，这个契约才会回到债务人手中。我们现在无法证实后来的结果，如果这个契约是桓德琮带回西州的，可以说明债务关系已经解除。如果是张元隆带回的，则可能案件依然没有结束。通过这个案件我们可以看到，政府干预民间私契的方法，不是简单地进行法律宣判，调解是一个重要的选择方案，而充分利用私契也是调解的一个途径。

二

　　在本案中，有一个重要词语引起我们的注意，这就是：乡法。在诉讼辞中，王文欢把他与张尾仁订立的贷钱契约称之为"私契"，并称该私契依据的是"乡法"，所谓"准乡法合立私契"。乡法，在许多契约中都有涉及，如《麟德二年（665）八月赵丑胡贷练契》：

---

① 《吐鲁番出土文书》（录文本）四册，文物出版社，1983，第269～270页；图版本二，第152页。

② 陈国灿：《唐代的民间借贷：吐鲁番敦煌等地所出唐代借贷契券初探》，唐长孺主编《敦煌吐鲁番文书初探》，武汉大学出版社，1983，第222页。

1. 麟德二年八月十五日，西域道征人赵丑

2. 胡于同行人左憧熹边贷取帛练

3. 三匹，其练回还到西州，十日内还

4. 练使了，到过具月不还，月别依

5. 乡法酬生利，延引不还，听拽家财

6. 杂物，平为本练直，若身东西不在，

7. 一仰妻儿还偿本练，其练到安西

8. 得赐物，只还练两匹；若不得赐，始

9. 还练三匹。两和立契，获指为验。

10. 　　　　　练主左

11. 　　　　　贷练人赵丑胡（押）

12. 　　　　　保人白五千（押）

13. 　　　　　知见人张轨端

14. 　　　　　知见人竹秃子（押）①

这里的乡法使用，是"依乡法酬生利"。看来乡法中对利息的数额是有明确规定的，所以契约中没有具体的利息数额。

《武周长安三年（703）曹保保举钱契》也提供了类似证明：

1. 长安三年二月廿七日顺义乡曹保保并母目

2. 于史玄政边举取铜钱三百二十文。

3. 月别依乡法生利入史，月满依数送

4. 利。如史须钱之日，利本即须具还。如

5. 延引不还，及无本利钱可还，将

6. 来年辰岁石宕渠口分常田二亩，折充

7. 钱直。如身东西不在，一仰收后保人当

8. 代知。两和立契，画指为信。

9. 　　　　　钱主

10. 　　　　　举钱人曹保保、曹宝宝

---

① 《吐鲁番出土文书》（录文本）六册，文物出版社，1985，第412～413页；图版本二，第213页。

11.	母阿目十金
12.	保人女师子
13.	知见人杜孝忠
14.	知见人吴申感①

相比之下，这两个具体契约中的乡法含义，似乎不如王文欢诉状中所说的乡法范围大。相对利息的数额，前文的乡法则是制定契约的所有依据。不管怎样，"乡法"这个词语说明在西州地方的民间习惯中，至少在民间契约的订立过程中，确实存在着这么一个规则。陈国灿先生认为乡法"当是指本乡原有的惯例。从多件举钱契看，西州举钱生息的原有惯例，可能就是上述多件契约上写的月息百分之十，月满即须纳利的规定"②。依据现有的资料，我们对乡法可以大概有所了解。从《麟德二年（665）八月赵丑胡贷练契》中我们可以看到，所谓乡法，在这个具体契约中就是利息数额的规定。根据王文欢诉状的用语，我们可以认为所谓乡法是关于制定双方契约的所有规矩。再根据《唐乾封元年（666）郑海石举银钱契》中的所谓"官有政法，人从私契"的说法，既然如此分明地并列，证明这些乡法与官府的政法没有关系，两者是完全不同的规则。此话语可以进一步解释私契的地位：民间的私契如同政府的官法一样具有权威性。

王文欢告诉张尾仁案件，就是一场官方裁定民间契约纠纷的案件。如果我们用乡法代表民间契约的话，那么告官行为则把乡法与国法连接起来。作为国家法律的执行机关，地方官僚机构当然要面对这样的官司，要面对民间存在的乡法问题。于是我们看到，民间社会秩序的多种因素，其中就有国法与乡法相编织的基本经纬线。

契约本身就是乡法，即使称作"私契"，他们也是合法的。不然，就不会有私契纠纷要告到官府，就不会告官司听断。对于民间私契，唐朝的法律并非没有顾及，《唐律》是如此规定的：

---

① 《吐鲁番出土文书》（录文本）七册，文物出版社，1986，第453~454页；图版本三，文物出版社，第524页。
② 陈国灿：《唐代的民间借贷：吐鲁番敦煌等地所出唐代借贷契券初探》，唐长孺主编《敦煌吐鲁番文书初探》，武汉大学出版社，1983，第230页。

诸公私以财物出举者，任依私契，官不为理。每月取利，不得过六分。积日虽多，不得过一倍。若官物及公廨，本利停讫，每计过五十日不送尽者，余本生利如初，不得更过一倍。家资尽者，役身折酬。役通取户内男口，又不得回利为本（其放财物为粟麦者，亦不得回利为本及过一倍）。若违法积利、契外掣夺及非出息之债者，官为理。收质者，非对物主不得辄卖。若计利过本不赎，听告市司对卖，有剩还之。如负债者逃，保人代偿。①

诸以粟麦出举，还为粟麦者，任依私契，官不为理，仍以一年为断，不得因旧本更令生利，又不得回利为本。②

诸出举，两情和同，私契取利过正条者，任人纠告，利物并入纠人。③

在这些法律条款中，国家的法律规定了什么样情况下国家需要介入民间纠纷，什么样情况下国法不予干预。这就是所谓"官为理"的界限。比如，只要私契没有超出国法规定的界限，有私契要遵守私契，否则"官不为理"。但是，超出国法规定的范围，则国家法律入场干预，这就是"官为理"。

对此，并非只有吐鲁番资料可以证明这些原则的现实存在。唐高宗永徽元年（650）十月，发生中书令褚遂良抑买中书译语人史诃担土地的案件，因为可能存在政治斗争的背景，许多史书对此都有记载，如《资治通鉴》、《新唐书》、《旧唐书》等，而《唐会要》的记载最为完整，其辞曰：

永徽元年十月二十四日，中书令褚遂良抑买中书译语人史诃担宅。监察御史韦仁约劾之。大理丞张山寿断，以遂良当征铜二十斤。

---

① 《宋刑统》卷二六《杂律》引唐令，中华书局，1984，第 412～413 页。仁井田升考订此条为唐开元二十五年杂令，见仁井田升《唐令拾遗》，栗劲等译，长春出版社，1989，第789 页。

② 《宋刑统》卷二六《杂律》引唐令，中华书局，1984，第 413 页。仁井田升考订此条为唐开元二十五年杂令，见仁井田升《唐令拾遗》，栗劲等译，长春出版社，1989，第790页。

③ 《宋刑统》卷二六《杂律》引唐令，中华书局，1984，第 413 页。仁井田升考订此条为唐开元二十五年杂令，见仁井田升《唐令拾遗》，栗劲等译，长春出版社，1989，第791页。

少卿张叡册，以为非当，估宜从轻。仁约奏曰："官市依估，私但两和耳。园宅及田，不在市肆，岂用应估？叡册曲凭估买，断为无罪。大理之职，岂可使斯人处之。"遂迁遂良及叡册官。①

从《唐会要》的这个记录看，中书令褚遂良买的是宅院，而最令我们注意的是韦仁约所说的"官市依估，私但两和耳"。两和，即是两情和同，在私人交易中，最核心的问题是价格双方商议，如果有凭据，就是私契。吐鲁番出土的唐代民间契约中，经常有"两和立契"的文字。褚遂良是史诃担的长官，用市估的价格购买史诃担的宅第，没有采取双方商议价格的方式，因此被定为"抑买"。褚遂良最后是贬官同州刺史，雷家骥先生认为是长孙无忌祖护褚遂良才有这个从轻发落的结果。② 由此，我们更能体会到私契在个人交易中的核心作用，因为私契正是两情和同的文字表达和证据。

除了国法以外，我们在民间的契约中，同样可以看到这条界限，可以感受到民间对这条界限的明确意识。民间的经济关系，用契约方式做一种保证，契约是作为凭证存在的。有的契约直接写道"两和立契，获指为验"，有的写道"两和立契，画指为信"③，含义都是一致的。有的契约甚至这样写——"为人无信，故立私契为验"④。如果这些说法都能确证民间契约的意义的话，那么有的契约直接与国法联系起来，就更应该引起我们的重视，因为在民间订立私契的时候，他们是考虑到国法的。在上文所举的《唐乾封元年（666）郑海石举银钱契》中，把官法与私契并列，说"官有政法，人从私契"。其含义应该是遵从私契如同国法，私契在社会生活中的重要地位是与国法一样的。另一方面，这种文字告诉我们，从民间的立场来看，他们也对国法与乡法有着明确的界限划分。国有国法，乡有乡法，我们这里是遵从乡法的。这种以乡法为重的民间立场，不应该理解为刻意与国法制造对立，而应该看做是民间传统的自然存在。

一件开元十九年（731）十一月的文书，说明在西州，官方是遵循另

---

① 《唐会要》卷六一，上海古籍出版社，1991，第1257页。
② 雷家骥：《武则天传》，人民出版社，2001，第106～107页。
③ 《吐鲁番出土文书》（录文本）六册，文物出版社，1985，第414页；图版本三，文物出版社，1996，第214页。
④ 《唐总章三年（670）左幢熹夏菜园契》，见《吐鲁番出土文书》（录文本）六册，第428～429页；图版本三，第222页。

外规则的。如果拖欠官方物品，政府也要按时间收利，"如违限不还，一依官法生利"[1]。所谓官法的生利标准，应该是上文所引《唐律》的"每月取利，不得过六分"。虽然同时规定，生利不许"回利为本"，这个六分的最高限额也是不低的。

类似的情况，我们从敦煌的契约中也可以得到证据，《唐天宝十三载（754）龙兴观道士杨神岳便麦契》，也使用"官有政法，人从私契。两共平章，画指为验"等语词[2]。而时间更后的敦煌契约，乡法的内容也一样存在。《戊午年（958）兵马使康员进贷绢契》就是如此书写的：

1. 戊午年六月十六日立契。兵马使康员进往于西州充使，欠少
匹帛，

2. 遂于兵马使索儿儿面上贷生绢一匹，长四十尺，幅阔一尺

3. 九寸。其绢断当利头，见还麦四硕。其绢西州到来限一月

4. 填还。若于限不还者，便于乡例生利。若身东西不平

5. 善者，一仰口承人男员进面上取生绢。恐人无信，故勒

6. 私契，用为后凭。押字为定。[3]

敦煌契约比西州的契约晚几百年，虽然没有"乡法"的用语，但是有相类的"乡例"，含义是完全一样的。有的契约不用"乡例"，而用"乡元例"，含义一致。《丙寅岁（966）平康乡百姓索清子贷绢契》就提供了这样的证据：

1. 丙寅三月十一日，平康乡百姓索清子为缘家中欠

2. 匹帛，遂于莫高乡百姓袁佑住面上贷黄思绢

3. 生绢一匹，三丈六尺六寸，幅阔二尺三分。其绢

4. 利头看乡元例生利。其绢限至来年三月于时日

5. 便须填还，于尺寸本绢。若于时日不得还本绢者，

① 《吐鲁番出土文书》（录文本）十册，文物出版社，1991，第34页；图版本四，第412页。

② 沙知：《敦煌契约文书辑校》，江苏古籍出版社，1998，第82页。

③ 沙知：《敦煌契约文书辑校》，江苏古籍出版社，1998，第219页。

6. 准乡元例生利。若清予身东西不平善者，一

7. 仰家妻代知当。两共对面平章，不许

8. 休悔。如先悔者，恐人无信，故勒。用为后凭。①

后面署名是贷绢人索清子和他的房弟索又庆及叔叔。这里的"乡元例"就是"乡例"。更有一种说法是"乡元"。如《甲子（964）汜怀通兄弟等贷绢契》：

1. 甲子年三月一日立契。当巷汜怀通兄弟等家内欠少

2. 匹帛，遂于李法律面上贷白生绢一匹，长三丈

3. 八尺，幅阔二尺半寸。其绢贷后，到秋还利麦

4. 粟四石，比至来年二月末填还本绢。如若

5. 于时不还者，于看乡元逐月生利。两共对

6. 面，贷绢为定。不许违格者。②

"乡元"，应该就是"乡元例"，有的契约作"乡原"，如 S.4504 背《乙未年（935）押衙就弘子贷绢契》③。元例，或许可以理解为"原来的惯例"。而不论是西州还是敦煌的例证，都可以说明，不论是乡法还是乡例，都与具体的行政乡无关，是一种地方习惯和传统。

从我们列举的资料中，我们可以发现，不论国家还是民间，都注意到国法与乡法的存在与区别，在一般情况下，双方都应该是认真遵守两者的界限。民间在对方违约的时刻，需要官府入场干预，而政府也把这看做是自己的责任。但是，在国法的声明中我们也看到，国家对于民间秩序与规则的尊重，从法律的立场看，他们没有预设滥用行政权力。从《唐律》的规定我们可以看到，对于国法与乡法的界限，国家法律有明确的界限划分，而这个界限应该可以看做是政治与社会的大致分水岭。国法是国家意志的充分体现，而在国法中如此分明的界定国法与乡法，证明在这个问题上国家意识是明确的。我们也可以看到，这样的界限并非只存在于行政体

---

① 沙知：《敦煌契约文书辑校》，江苏古籍出版社，1998，第 225～226 页。

② 沙知：《敦煌契约文书辑校》，江苏古籍出版社，1998，第 224 页。

③ 沙知：《敦煌契约文书辑校》，江苏古籍出版社，1998，第 197 页。

制的底层，即使在中央政府所在地，也一样存在着这样的界限。这可以引导我们注意政治与社会的界限及其存在方式问题。①

三

但是，在历史变迁的过程中，除了民间有违约现象、国法入场干预以外，国法与乡法难道只是平行关系吗？如果不是这样，民间契约如何表现呢？敦煌吐鲁番文书也给我们提供了相关证据，从一个侧面反映了国法与乡法的关系。

上文所举吐鲁番出土的唐代文书《唐乾封元年（666）郑海石举银钱契》中，有一条重要声明很值得注意，其文说："公私债负停征，此物不在停限"。即是说：如果发生宣布所有债务免除的情况，是不包括这个契约的。进一步解释就是：在本契约没有结束的前提下，如果政府宣布解除一切债务，对此契约无效。

这应该如何理解呢？民间契约在执行过程中出现纠纷，当然需要政府介入，但是如果政府的某些政策会成为民间契约继续执行的障碍，或者为民间契约的执行增添变数，有可能导致契约的一方遭受损失，所以在订立契约的时候就提出了预防性声明。这虽然不能看做是对国法的防范，但确实是对政府的防范。可惜，这样的资料在吐鲁番出土的民间契约中并不多见，也许证明这种防范的必要性不受到广泛重视。但是，既然存在，就证明有此必要。进一步说，民间的这类乡法既有需要国法和政府护持的一面，也有对政府防范的一面。

敦煌出土的民间契约，这方面的资料相对多一些。先举一件《卖舍契样文》，了解相关信息。S.5700 号文书，前文似乎有残，但是基本信息依然保持。

1. 出卖与敦□
2. 乡百姓姚文清。

---

① 罗彤华先生也讨论过"私契与国法的抗衡"问题，她写道："严格说，政府制度下所谓乡法，其实仍属国法的范畴。"《唐代民间借贷之研究》第六章"债务不履行之处分"，台北，商务印书馆，2005，第 341 页。

3. 断作舍价每

4. 足两石。都计舍

5. 物一十六硕。

6. 其物及（舍），当日

7. 交相分付，并无

8. 悬欠升合。自买

9. 已后，永世子孙，

10.　　世上男女作主

11.　　李家不得道

12.　　东说西。后若

13.　　房从兄弟及

14.　　亲姻论理来

15.　　者，为邻看上好

16.　　舍充替。中间

17.　　或有恩敕流

18.　　行，亦不在论理

19.　　之限。两共对面

20.　　平章为定。

　　这是李家的房舍卖给姚文清的一个契约。之所以认为这是一件文样，是因为 S. 5700 号文书是一件册子装订，其中还有《放家童书》两件，《养男契》一件。① 这件文样可能是由使用契约转化而来的。文样的功能是供人撰写实用文书时参考的，所以保存着更基本的信息。其中，我们这里最关注的就是"或有恩敕流行，亦不在论理之限"的声明句式。在已知的另一件《卖地契文样》中，也有"或有恩敕流行，亦不在论理之限"的字句。② 根据沙知先生的搜集整理，我们把《敦煌契约文书辑校》一书中时间明确有关田宅买卖的契约列表如下（敦煌田宅买卖一览表），考察其中对于来自国法与政府方面的防范。

　　在该表中，所有资料都在唐宋时期。就敦煌地区而言，这些资料分布在

_____

① 沙知：《敦煌契约文书辑校》，江苏古籍出版社，1998，第53~54页。

② 沙知：《敦煌契约文书辑校》，江苏古籍出版社，1998，第51页。

吐蕃控制时期（786～847）与归义军统治时期（848～1036）。除了 S. 1475 文书以外，所有契约都属于归义军时期。这虽是件吐蕃时期的契约，但因为是汉文书写，买卖双方都是同一部落的，一是安环清，一是武国子，契约中还规定使用"汉斗"，其中的"官有政法，人从私契"也是常见的契约用语，总之汉地传统是明显存在的。但是，这种声明"已后若恩敕，安清罚金五两纳入官"与后来常见的"或有恩敕流行，亦不在论理之限"的声明语言是有差别的，因为安排得更为具体。现在还不明白，这种民间契约中规定的罚金办法究竟起源何处。或许曾经有过类似的事实，民间田宅买卖不受法律支持，但政府也不认真执行法律，遇到民间的买卖，罚款了事。

归义军时期，敦煌地区重归唐朝，唐朝的法律重新在归义军控制地区恢复使用。而在民间，有关田宅买卖的契约中，防范来自官方的声明变得更加显著了。推测起来，大概与《唐律》限制土地买卖关系密切。

唐朝前期的土地制度，基本上是限制土地买卖的，与此相应，《唐律》根据土地的性质有不同的规定，如口分田不许买卖："诸卖口分田者，一亩笞十，二十亩加一等，罪止杖一百。地还本主，财没不追。"但是，有些土地是允许买卖的，称作"应合卖者"，是指："永业田家贫供葬，及口分田卖充宅及碾硙、邸店之类，狭乡乐迁就宽者，准令并许卖之。其赐田欲卖者，亦不在禁限。其五品以上若勋官，永业地亦并听卖。"[1] 不仅如此，合法买卖的土地，也要通过合法的手续："凡卖买，皆须经所部官司申牒，年终彼此除附。若无牒辄卖买，财没不追，地还本主。"[2]

敦煌田宅买卖契约一览表

名　　称	时　　间	原始编号	声明文字	《辑校》页码
上部落百姓安环清卖地契	丁未年（827?）	S. 1475 背	已后若恩敕、安清罚金五两纳入官。官有政法，人从私契	1～2
张来儿卖宅舍契	不详	S. 2092 背	（文书有残缺，无）	3
僧张月光博地契	唐大中六年（852）	P. 3394	一博已后，各自收地，入官措案为定	4～5

---

[1] 《唐律疏议》卷二六，第 242 页。

[2] 《通典》卷二，第 31 页。

续表

名　　称	时　　间	原始编号	声明文字	《辑校》页码
慈惠乡陈都知卖地契	唐乾符二年（875）	P. 2595	习字文书，残缺，无	7
平康乡百姓张义全卖舍契	唐乾宁四年（897）	S. 3877 背	或有恩救赦书行下，亦不在论理之限	8~9
赤心乡百姓曹大行回换舍地契	唐天复二年（902）	S. 3877 背	或有天恩救流行，不在论理之限	12
押衙刘石庆换舍契	唐天复六年（906）	俄. 1414	（文书有残缺，无）	14
张氏换舍契	丁　卯　年（907？）	P. 2161 背	如……充纳入官	16
洪润乡百姓安力子卖地契	天　复　九　年（909）	S. 3877 背	或有恩赐流行，亦不在论理之限	18~19
百姓杨忽律哺卖舍契	后唐清泰三年（936）	S. 1285	中间如遇恩救大赦流行，亦不许论理	22~23
洪池乡百姓安员进卖舍契	甲　辰　年（944）	北乃七六	或有恩救流行，不在论说诸限	24~25
兵马使张骨子买舍契	后周显德三年（956）	P. 3331	中间或有恩赐，亦不在论限	26~27
敦煌乡百姓吴盈顺卖地契	后周显德四年（957）	P. 3649 背	中间或有恩救流行，亦不在论理之限	30
莫高乡百姓郑丑挞卖宅舍契	宋开宝九年（976）	北生二五背	或遇恩救大赦流行，不在论治之限	32~33
赤心乡百姓吕住盈吕阿鸾兄弟卖地契	宋太平兴国七年（982）	S. 1398	恩救流行，亦不在论理	35~36
莫高乡百姓马保定卖舍契	宋太平兴国九年（984）	S. 3855 背	（文书不全，无）	39

　　如果用这些法律条文去衡量以上田宅买卖个案，恐怕多不合法。如果政府认真执行法律，或者以制救大赦等方式要求执行法律，势必对这些田宅买卖造成影响，所以民间契约才如此提前表示拒绝。另外，《唐律》在唐后期和归义军地区的权威其实是有限的，这些买卖个案的存在本身就应

该是一种证明。可是,《唐律》从来没有宣布废止,民间契约对此进行一定的防范也不能说完全没有必要。不过,恩敕或者大赦的颁发者,或许并不是中原的皇帝,而是敦煌的实际统治者。①

总之,敦煌吐鲁番出土的民间契约,给我们提供了许多民间社会的信息。国法是国家制定、颁布、执行的法律;乡法则是民间传统与习惯。在民间的社会生活中,乡法与国法同时存在,两者的交叉互动,构成了基层国家与社会关系的一般景象。但是,就社会层面来看,国法比起乡法来,在通常的情况下当然更具有权威性,而从长时段来看,国法比乡法好像更脆弱。这其中的原因应该是清晰的,国法时常会变得徒具虚文,而乡法时刻与百姓的生活紧密地联系在一起。

本文摘自《新疆师范大学学报》(哲学社会科学版)

2006 年第 1 期

---

① "在十世纪时,我们也可以认为赦免的法令是当地政府颁布的。"童丕:《敦煌的借贷:中国中古时代的物质生活与社会》,余欣等译,中华书局,2003,第 169 页。

高昌戊己校尉的设置

——高昌戊己校尉系列研究之一

王　素[*]

摘　要：高昌戊己校尉的设置，对于两汉经营西域而言，无疑是一件大事，也一直引起学者的关注，研究成果不少。文章以戊己校尉的设置为中心，对与之相关的背景、隶属及性质诸问题，进行了系统的研究，认为：戊己校尉的设置，既是西汉政府经营西域的重要动作，也是汉、匈"五争车师"的必然举措，目的是就近控制车师及丝绸北道。戊己校尉从设置之日起，虽然名义上隶属中央，但实际上却直属凉州或敦煌，性质上也属于"寄居治理"。对高昌而言，不是中央派出的"总督"，而是凉州或敦煌郡派出的"总督"。

关键词：高昌　戊己校尉的设置　背景、隶属与性质

关于戊己校尉的设置，古今讨论甚多，我也曾综合前贤成果，以"戊己校尉的性质、属官及设置时间"为题，进行过一些简单的探索。① 大家感兴趣的问题很多，这里以戊己校尉的设置为中心，主要谈三点：一是戊己校尉的背景，二是戊己校尉的隶属，三是戊己校尉的性质。

一　戊己校尉的背景

关于戊己校尉的设置，主要见于《汉书》，共有三条记载，其中，仅

---

* 王素，中国文物研究所研究员。
① 王素：《高昌史稿·统治编》，文物出版社，1998，第74~81页。

有一条明记时间，即《百官公卿表上》所说："戊己校尉，元帝初元元年置。"《通鉴》卷二八即取此说，徐松《汉书西域传补注》亦赞同此说。因此，戊己校尉于元帝初元元年（前48）始置，可以成为定论。[①] 但戊己校尉的设置，既是西汉政府经营西域的重要动作，也是汉、匈"五争车师"的必然举措，要了解戊己校尉的设置，还需要了解与设置有关的背景。而关于戊己校尉的设置，《汉书》的另两条记载，都是详细交代了背景的。

一条见于《西域上》总序。原文为：

> 汉兴至于孝武，事征四夷，广威德，而张骞始开西域之迹。其后骠骑将军击破匈奴右地，降浑邪、休屠王，遂空其地，始筑令居以西，初置酒泉郡，后稍发徙民充实之，分置武威、张掖、敦煌，列四郡，据两关焉。自贰师将军伐大宛之后，西域震惧，多遣使来贡献，汉使西域者益得职。于是自敦煌西至盐泽，往往起亭，而轮台、渠犁皆有田卒数百人，置使者校尉领护，以给使外国者。至宣帝时，遣卫司马使护鄯善以西数国。及破姑师，未尽殄，分以为车师前后王及山北六国。时汉独护南道，未能尽并北道也，然匈奴不自安矣。其后日逐王畔单于，将众来降，护鄯善以西使者郑吉迎之。既至汉，封日逐王为归德侯，吉为安远侯。是岁，神爵三（二）年也。乃因使吉并护北道，故号曰都护。都护之起，自吉置矣。僮仆都尉由此罢，匈奴益弱，不得近西域。于是徙屯田，田于北（比）胥鞬，披莎（车）车之地，屯田校尉始属都护。都护督察乌孙、康居诸外国动静，有变以闻。可安辑，安辑之；可击，击之。都护治乌垒城，去阳关二千七百三十八里，与渠犁田官相近，土地肥饶，于西域为中，故都护治焉。

---

① 按：由于《汉书》的另两条记载，一条于"至元帝时"后称"复置戊己校尉"，一条又于宣帝"元康四年"后称"其后置戊己校尉"（具体出处均见下文），曾使问题变得有点复杂，并引出元帝初元元年以前已经设置戊己校尉等歧说。笔者曾对此进行考辨，见前引《高昌史稿·统治编》，第79~81页。兹不赘述。刘光华认为："若就屯田而言，当为'复置'；若就戊己校尉之设而言，当为'置'，非'复置'也。"见《汉代西北屯田研究》，兰州大学出版社，1988，第79页注1。高荣认为：史传所记戊己校尉的"置"与"复置"，只是角度不同，元帝复置戊己校尉实际上是宣帝置屯田校尉的继续和扩大，并非戊己校尉的废而复置。见《汉代戊己校尉述论》，《西域研究》2000年第2期，第1~2页。这两种观点也十分正确。

至元帝时，复置戊己校尉，屯田车师前王庭。

根据这条记载，参照相关资料，可以知道，西汉政府经营西域，大致分为四步：第一步是武帝元狩二年（前121），击破匈奴右地，降其浑邪、休屠二王，打通河西走廊，在此先后设置酒泉、武威、张掖、敦煌四郡，徙民以实之；第二步是武帝太初元年（前104）和三年，贰师将军李广利两次远道伐大宛后，乘西域震惧之机，将亭鄣从玉门一直列到盐泽，基本控制了楼兰与丝绸南道，并在位于西域中心的轮台（在今新疆轮台县东）、渠犁（在今轮台县东南）各置田卒数百人屯田，另置使者、校尉领护；第三步是宣帝神爵二年（前60），匈奴日逐王畔单于并率众来降后，乘匈奴不得近西域之机，置西域都护，[①] 并护丝绸北道，同时徙屯田于车师附近的比胥鞬；第四步是因西域都护所治乌垒城（在今新疆轮台县东北）距车师太远，比胥鞬的屯田校尉始属西域都护，[②] 不便管理，到元帝时（前48～前33），才又置独立的戊己校尉，屯田车师前王庭。

另一条见于《西域下》车师后城长国条。该条主要依次记汉、匈于武帝至宣帝时"五争车师"的经过。第一次在天汉二年（前99），是汉以匈奴降者介和王为开陵侯，将楼兰国兵与匈奴争车师；第二次在征和三年

---

① 按：西域都护始置于何时，歧说较多，主要为神爵二年（公元前60年，见《汉书·宣帝纪》）、地节二年（公元前68年，见《汉书·百官公卿表上》）二说。前说自古就受到肯定，后说直到近年才逐渐流行。后说所以能够流行，是因为居延元康二年（前64）简明记"使都护橄书"（118·17），悬泉神爵元年（前61）简明记"使都护安远侯（郑）吉"（I 90DXTO114③：62）。虽然史书记时、述事难免不确和差异，但此"使都护"并不能等同"西域都护"。况且，前揭"使都护橄书"简，又记"元康四年（前62）二月己未朔乙亥，使护鄯善以西校尉（郑）吉"云云，又不称"使都护"。故此处仍然采用传统说法。关于讨论西域都护始置时间的论著甚多，因与本节无关，此不赘引。

② 按："比胥鞬"之"比"，前引《汉书·西域上》总序原作"北"，《通典》卷一九一西戎总序条作"比"，已知"北"为"比"之误。敦煌悬泉新出汉简亦见"比胥楗"、"比胥鞬"地名，也证明《通典》记载正确。悬泉汉简记有"比胥楗校尉"，又记有"安远侯（西域都护郑吉）遣比胥鞬"使者人马入关事，证明比胥鞬的屯田校尉最初确是隶属西域都护的。参阅张俊民《"北胥鞬"应是"比胥鞬"》，《西域研究》2001年第1期，第89～90页。又，关于"比胥鞬"的地望，岑仲勉（《汉书西域传地里校释》，中华书局，1981，第337页）、钱伯泉（《北胥鞬考》，《新疆社会科学》1985年第2期，第116～122页）以及苏北海（《别失八里名称源于北胥鞬考》，《中国历史地理论丛》1994年第4期）、周轩（《北胥鞬新考》，《中国历史地理论丛》1995年第3期）、殷晴（《西域屯垦与吐鲁番盆地的开发》，《吐鲁番学研究》2000年第2期，第90～109页）等均有考证。笔者大致赞同今吐鲁番东北鄯善县说，见前引《高昌史稿·统治编》，第82～83页。兹不赘述。

（前90），是汉遣重合侯马通将四万骑与开陵侯将楼兰、尉犁、危须六国兵分二路与匈奴争车师；第三次在本始三年（前71），是汉遣五将军（校尉常惠及祁连将军田广明、度辽将军范明友、前将军韩增、蒲类将军赵充国）分兵五路与匈奴争车师；第四次在地节三年（前67），则是汉遣侍郎郑吉、校尉司马憙将渠犁田士与匈奴争车师，此役结束，郑吉"始使吏卒三百人别田车师"；第五次在元康二年（前64），仍是汉遣侍郎郑吉、校尉司马憙将渠犁田士与匈奴争车师。关于第五次与匈奴争车师，该条是这样记载的：

> （匈奴）得降者言，单于大臣皆曰："车师地肥美，近匈奴，使汉得之，多田积谷，必害人国，不可不争也。"果遣骑来击田者，吉乃与校尉尽将渠犁田士千五百人往田，匈奴复益遣骑来，汉田卒少不能当，保车师城中。匈奴将即其城下谓吉曰："单于必争此地，不可田也。"围城数日乃解。后常数千骑往来守车师，吉上书言："车师去渠犁千余里，间以河山，北近匈奴，汉兵在渠犁者势不能相救，愿益田卒。"公卿议以为道远烦费，可且罢车师田者。诏遣长罗侯将张掖、酒泉骑出车师北千余里，扬威武车师旁。胡骑引去，吉乃得出，归渠犁，凡三校尉屯田车师。［车师］王（乌贵）之走乌孙也，乌孙留不遣，遣使上书，愿留车师王，备国有急，可从西道以击匈奴。汉许之。于是汉召故车师太子军宿在焉者，立以为王，尽徙车师国民令居渠犁，遂以车师故地与匈奴。车师王得近汉田官，与匈奴绝，亦安乐亲汉。后汉使侍郎殷广德责乌孙，求车师王乌贵，将诣阙，赐第与其妻子居。是岁，元康四年也。其后置戊己校尉屯田，居车师故地。

根据这条记载，参照相关资料，可以知道，汉、匈"五争车师"，从兵马调集看，大致分为四个阶段：第一次争车师为第一阶段，认为能够迅速解决问题，调集的仅是近邻楼兰的兵马；第二次争车师为第二阶段，意识到问题有点麻烦，调集的是中央和西域六国的兵马；第三次争车师为第三阶段，意识到问题已很棘手，调集的几乎全是中央的兵马；第四五次争车师为第四阶段，这才意识到需要打持久战，本地问题还须由本地解决，调集的都是侍郎郑吉、校尉司马憙领导的西域渠犁屯田的兵马。而从车师屯田看，大致分为四步：第一步是第四次争车师后，侍郎郑吉认为渠犁离车师太远，车师一旦出现情况，远水救不了近火，始遣渠犁吏卒 300 人别田车师；第二步是第五次争车师时，侍郎郑吉、校尉司马憙感觉别田吏卒 300 人太少，车师一旦出现情况，根本解决不了问题，遂尽将渠犁田士 1500 人往田车师；第三步是第五次争车师后，侍郎郑吉十分艰难地从车师脱困，回到渠犁，感觉若想长期控制车师，就必须在车师长期大规模屯田，遂从渠犁分出三校尉屯田车师；第四步是元康四年（前 62）后，西汉政府大概感觉三校尉屯田车师仍属西域都护，不便管理，遂置独立的戊己校尉屯田，居车师故地。其中，值得特别提出的是："三校尉屯田车师"云云，原本均在"屯田"下断句，"车师"与下面"王"字衔接。而王先谦《汉书补注》却认为："三校尉屯田"应至"车师"断句，"'王'上当更有'车师'二字"。此四次车师屯田，从时间和性质上看，唯独此三校尉屯田，与前述比胥鞬校尉屯田相当，故从其说。

综合这两条记载，可以断定：1. 戊己校尉的设置，确实既是西汉政府经营西域的重要动作，也是汉、匈"五争车师"的必然举措，目的是就近控制车师及丝绸北道；2. 戊己校尉的设置，必然不属西域都护，而具有相当的独立性，从此形成西域都护总领西域，兼护丝绸南、北二道和戊己校尉专领车师、独护丝绸北道的格局；3. 戊己校尉的设置，时间在宣帝元康四年后，具体说在元帝时（前 48～前 33），与前揭元帝初元元年（前 48）说并不矛盾，也可证明初元元年说正确。

二　戊己校尉的隶属

关于戊己校尉的隶属，《汉书》及《后汉书》并未直接涉及，仅有一些相关记载，兹将最重要的两条先迻录如下。

一条见于《汉书·元帝纪》建昭三年（前 36）秋条："使护西域骑都尉甘延寿、副校尉陈汤拊发戊己校尉屯田吏士及西域胡兵攻郅支单于。"颜师古注云："拊与矫同。矫，托也。实不奉诏，诈以上命发兵，故言矫发也。"西域都护不得擅调戊己校尉所属屯田吏士，戊己校尉显然不应隶属西域都护。

一条见于《汉书·西域下》车师后城长国王莽始建国二年（10）条："车师后王须置离……欲亡入匈奴。戊己校尉刀护闻之，召置离验问，辞服，乃械致都护但钦在所埒娄城。"但戊己校尉擒获境内重要人犯，案问完毕，还必须移送西域都护处理，戊己校尉显然又应隶属西域都护。

唯一直接、明确的记载，见于《晋书·地理上》凉州条，原文为："魏时复分（雍州）以为凉州，刺史领戊己校尉，护西域，如汉故事，至晋不改。"这里明确说戊己校尉隶属凉州刺史。虽然说的仅是魏晋制度，但称"如汉故事"，可知"汉"也是如此。只不过此处之"汉"，究竟是指东汉或是西汉，并不明确。

总之，不管是相关记载，还是直接、明确的记载，都或者相互矛盾，或者含糊笼统，究竟应该怎样解释，可谓众说纷纭，莫衷一是。大致有五说。

一为笼统直属中央说。《后汉书·西域传》总序注引《汉官仪》云："戊己中央，镇覆四方。"黄文弼先生指出："我以为《汉官仪》称戊己中央之义，颇为相近。盖戊己校尉，直属中央之官，为汉在西域之驻屯兵，不属都护。"①

二为具体直属中央北军中垒校尉说。《汉书·百官公卿表上》云："中垒校尉掌北军垒门内，外掌西域。"殷晴先生据此认为："西域屯田士卒多为免刑罪人，至于……基层军官，部分由北军派出。"② 悬泉所出西汉简牍颇多西域渠犁校尉、戊己校尉部属"给北军"及"诣北军"的记载。胡平生、张德芳二先生认为应是："中垒校尉外掌西域，其所属军吏在西域服役后，又调回北军。"③ 孟宪实先生据此更明确地认为："戊己校尉的上级隶属正是北军，具体负责的也可以说就是中垒校尉。"④

三为直属西域都护说。伊濑仙太郎先生根据前引《汉书·元帝纪》建昭三年秋条的记载，认为："戊己校尉是在都护的统治下。"⑤ 此外，马雍先生虽然没有直接涉及戊己校尉，但认为："西汉时期和东汉前期都曾设过西域都护，都护直属中央，地位与太守相等。西域的军政大事都由都护

①　黄文弼：《罗布淖尔汉简考释》，原载《罗布淖尔考古记》，中国西北科学考察团丛刊之一，1948；收入《西北史地论丛》，上海人民出版社，1981，第316页；又收入《黄文弼历史考古论集》，文物出版社，1989，第380页。

②　殷晴：《悬泉汉简和西域史事》，《西域研究》2002年第3期，第16页。

③　胡平生、张德芳：《敦煌悬泉汉简释粹》，上海古籍出版社，2001，第122~123页。

④　孟宪实：《西汉戊己校尉新论》，原载《广东社会科学》2004年第1期；改名《西汉戊己校尉》，收入《汉唐文化与高昌研究》，齐鲁书社，2004，第66页。

⑤　〔日〕伊濑仙太郎：《戊己校尉》，《中国西域经营史研究》，东京，岩南堂书店再版本，1981，第11、20页注（14）。

禀命朝廷处理。"① 高荣先生认为："西域都护秩比二千石，戊己校尉亦秩比二千石，② 两者之间是平等并列还是上下统属关系呢？对此问题，史无明载。但从二者的权限来看，戊己校尉要受西域都护节制。"③ 实际也都是主张戊己校尉直属西域都护说。

四为前期分属西域都护、后期先后直属敦煌太守及凉州刺史说。余太山先生指出："（西汉）戊己校尉受（西域）都护节制，但屯田士卒都护无权擅发。"④ 他认为，这是因为前引《汉书·元帝纪》建昭三年秋条的记载"并不表明戊己校尉直属中央"，前引《汉书·西域下》车师后城长国王莽始建国二年条的记载说明"戊己校尉要禀命于都护也未可知"。而"班勇之后，特别是桓、灵时期，戊己校尉和西域长史一样，由于不设都护，事实上均要禀命于敦煌太守。而随着州刺史权力的增长，戊己校尉和西域长史也就成了凉州刺史的部属"⑤。

---

① 马雍：《东汉〈曹全碑〉中有关西域的重要史料》，原载《文史》1981 年第 12 辑；收入《西域史地文物丛考》，文物出版社，1190，第 44 页。

② 按：高荣关于"西域都护秩比二千石，戊己校尉亦秩比二千石"的见解，前者为历来误会，后者原出黄文弼、劳幹，余太山曾作申说。关于前者，《汉书·百官公卿表上》原文为："西域都护加官，宣帝地节二年初置，以骑都尉、谏大夫使护三十六国，有副校尉，秩比二千石。"显然，此处"秩比二千石"是指副校尉。西域都护为"加官"，本身并无品秩，其品秩从本官，即从骑都尉、谏大夫。实际上，历代"加官"均无品秩，不独西域都护为然。《后汉书·明帝纪》永平十七年十一月条"初置西域都护"句李贤注云："宣帝初置，郑吉为都护，护三十六国，秩比二千石。"《太平御览》卷二五一职官部都护条引应劭《汉官仪》更称"都护秩二千石"，均为误会。关于西域都护的性质，笔者将另外撰文说明，此处不多赘述。关于后者，《汉书·百官公卿表上》原文为："戊己校尉，元帝初元元年置，有丞、司马各一人，候五人，秩比六百石。"显然，此处"秩比六百石"也是指丞、司马及候。余太山见解相同，认为戊己校尉应为比二千石。见《两汉戊己校尉考》，《两汉魏晋南北朝与西域关系史研究》，中国社会科学出版社，1995，第 262～264 页。西域都护是无品秩加官，戊己校尉是有品秩职官，二者根本不能从品秩上进行比较。

③ 高荣：《汉代戊己校尉述论》，《西域研究》2002 年第 2 期，第 5 页。

④ 余太山：《西域通史》，中州古籍出版社，1996，第 57 页。

⑤ 余太山：《两汉戊己校尉考》，《两汉魏晋南北朝与西域关系史研究》，中国社会科学出版社，1995，第 258～259 页。按：余太山"班勇之后"云云，原系马雍观点。马雍曾推测："永初元年（107 年），安帝初立，撤回都护段禧，从此不复设置此职。此后，西域事务常由太守掌管，驻在西域的戊校尉和西域长史均听从敦煌太守的指挥。换言之，西域从此在一定程度上成为敦煌太守的管辖地区。至东汉晚年，州刺史的权力日渐提高，太守形同刺史的部署。于是，掌管西域事务的权力便由敦煌太守手中转移到了凉州刺史手中。"见《东汉〈曹全碑〉中有关西域的重要史料》，《西域史地文物丛考》，文物出版社，1990，第 44 页。

　　五为一直直属敦煌太守或凉州刺史说。笔者曾根据《初学记》卷八陇右道事对条注引《十三州志》称"高昌壁，故属敦煌"，认为所谓"故"不仅指东汉，也指西汉；又根据前引《晋书·地理上》凉州条的记载，认为戊己校尉从西汉开始就一直直属敦煌太守或凉州刺史。[①] 李炳泉先生认为："作为中央派往西域的驻屯兵的军事长官，无论戊校尉、己校尉还是戊己校尉，除听命于中央，大约西汉至东汉中期要受敦煌太守节制，此后则由凉州刺史领护。"他还认为：前引《晋书·地理上》凉州条的记载，"其中的'汉'当指刺史实际已掌握领兵权且戊己校尉再度设置的桓帝以后"[②]。与我的见解大致相同，但更加明确。

　　按：中国历代置官，实际都是双重领导。《汉书·百官公卿表上》在中央城门、中垒、屯骑、步兵、越骑、长水、射声、虎贲八校尉下，接记西域都护、戊己校尉。因此，笼统说戊己校尉直属中央，从理论（普天之下，莫非王土；率土之滨，莫非王臣）上讲并无大错。但如果具体说戊己校尉直属中央北军中垒校尉，就有问题了。虽然北军中垒校尉确实"外掌西域"，但外掌西域什么，论者似乎并未深究。而据《后汉书·光武帝上》更始元年五月条"时有长人巨无霸，长一丈，大十围，以为垒尉"句注引郑玄《周礼注》云："军壁曰垒。"又引崔瑗《中垒校尉箴》云："堂堂黄帝，设为垒壁。"李贤注云："尉者主垒壁之事。"我们知道：中垒校尉的"外掌西域"，是外掌西域的壁垒。这与中垒校尉官号中的"垒"字也是相称的。因此，高昌的壁垒可以由中垒校尉遥控，戊己校尉与中垒校尉大致平级，是不可能直属中垒校尉领导的。至于戊己校尉是否直属或分属西域都护，这个问题实际没有讨论的必要。因为中国历代置官，实际又都是交叉领导。《汉书》卷七〇《郑吉传》说西域都护"并护车师以西北道"。颜师古注云："并护南北二道，故谓之都。"可见西域都护本就有权过问车师事务。同样，前引《汉书·元帝纪》建昭三年秋条颜师古注云："戊己校尉者，镇安西域。"《后汉书·明帝纪》永平十七年十一月条"初置……戊己校尉"句李贤注云："戊己……亦处西域，镇抚诸国。"可见戊己校尉本亦有权过问西域事务。由此可知，前四说均不能成立或不能完全成立。既然如此，剩下的就只有戊己校尉一直直属敦煌太守或凉州刺史说了。

关于西汉戊己校尉直属敦煌太守，悬泉汉简是有资料证明的。如：

　　五月壬辰，敦煌太守强、长史章、丞敝，下使都护西域骑都尉、将田车师戊己校尉、部都尉、小府官县，承书从事下当用者，书到，白大扁书乡、亭、市、里高显处，令亡人命者尽知之，上赦者人数，太守府别之，如诏书。（Ⅱ90DXT0115②：16）①

　　按：本件前半缺佚，故无纪年。但下为探方相同、层位稍早的宣帝五凤四年（前54）简（Ⅱ90DXT0115③：98），知本件时间应在元帝初元（前48～前44）中。② 此为最早有关戊己校尉的资料，十分重要。主要内容为：敦煌太守等官联合向西域都护、戊己校尉等机构转发朝廷大赦诏书，要求西域都护、戊己校尉等机构上报各自辖境内需要赦免的亡人命者的人数，然后由敦煌太守府分别汇总上呈朝廷。正如张德芳先生所指出："朝廷的诏书通过敦煌太守下达给'都护西域骑都尉、将田车师戊己校尉'，亦说明敦煌太守与西域的特殊关系。"③ 敦煌太守与西域关系如此特殊，说戊己校尉直属敦煌太守，恐怕并不为过。

此外，说西汉戊己校尉直属凉州刺史，也并非毫无根据。《资治通鉴》卷三一汉成帝永始二年（前15）三月条云："谷永为凉州刺史，奏事京师，讫，当之部。"胡三省注云："凉州部陇西、天水、武都、金城、安定、北地、武威、张掖、敦煌、酒泉等郡。汉制：诸州刺史常以八月巡行所部，录囚徒，考殿最，岁尽诣京师奏事。"据此可知：西汉时期，刺史八月巡部，岁尽返京奏事，已成制度，凉州刺史亦不例外。虽然当时刺史多无固定治所，凉州刺史常驻何处并不清楚，但从传世文献和出土文献记载来看，酒泉应为凉州刺史必停之地。首先，酒泉是河西最早设置的郡，位居

①　甘肃省文物考古研究所：《敦煌悬泉汉简释文选》，《文物》2000年第5期，第40页；前引胡平生、张德芳《敦煌悬泉汉简释粹》，上海古籍出版社，2001，第115页。

②　按：何双全定本件时间在元帝建昭二年，见《汉与楼兰（鄯善）、车师（姑师）交涉史新证：悬泉汉简所见西域关系史之二》，《国际简牍学会会刊》第4号，台北，兰台出版社，2002，第35页。

③　张德芳：《从悬泉汉简看两汉西域屯田及其意义》，《敦煌研究》2001年第3期，第117页。

河西四郡之首。如《汉书·西域上》总序云："初置酒泉郡，后稍发徙民充实之，分置武威、张掖、敦煌，列四郡，据两关焉。"其次，酒泉不仅是敦煌东入内地第一大站，也是西域至中原各类交通的重要中转站。如前引《汉书·西域上》载都护郭舜上言有云："酒泉小郡及南道八国，给使者往来人马驴橐驼食，皆苦之。"同书《西域下》载武帝轮台诏有云："朕发酒泉驴橐驼负食，出玉门迎军。"又记：都护郑吉"东奏事，至酒泉，有诏还田渠犁及车师，益积谷以安西国"。悬泉汉简所见甘露二年（前52）《敦煌告酒泉送康居使者文书》（Ⅱ90DXT0213③：6A）和永光五年（前39）《康居等使诉讼文案》（Ⅱ90DXT0216②：877-883），也反映敦煌郡接待西域康居使者入华，都要通报酒泉太守；康居使者入华，也都要先到酒泉，将骆驼交给官府，由酒泉太守等按肥瘦评估论价。① 直到东汉，酒泉的地位仍甚重要。《后汉书》卷四七《班超传》记超久在绝域，年老思土，上疏仍称："臣不敢望到酒泉郡，但愿生入玉门关。"凉州刺史巡部常停酒泉，西域事务均须至酒泉中转，说戊己校尉直属凉州刺史，恐怕也不为过。

三 戊己校尉的性质

关于戊己校尉的性质，史籍倒是议论较多，附会亦多，归纳起来，主要有三说。

一为寄治说。又称寄土说、无常治说。《汉书·百官公卿表上》戊己校尉条颜师古注云："甲乙、丙丁、庚辛、壬癸皆有正位，唯戊己寄治耳。今所置校尉亦无常居，故取戊己为名耳。"同书《元帝纪》建昭三年秋条颜师古注云："戊己校尉者，镇安西域，无常治处，亦犹甲乙等各有方位，戊与己、四季，寄王（土）。"颜师古同书二注，一作寄治，一作寄土和无常治，意思差别不大。其中，"戊与己、四季寄土"，最早见于《淮南子·天文训》，原文为："戊己、四季，土也。"贾思勰《齐民要术》卷二种麻子条则云："种忌四季——辰、戊、丑、未，戊、己。"王祯《农书》麻子条亦云："种忌四季——辰、未、戊、丑，戊、己。"我们知道：十天干

---

① 王素：《悬泉汉简所见康居史料考释》，《中外关系史：新史料与新问题》，科学出版社，2004，第149~161页。

中，唯戊、己属土。而十二地支中，季春三月建辰，季夏六月建未，季秋九月建戌，季冬十二月建丑，称为"四季"，亦属土。可见所谓"寄土"，实际应是"忌土"。《睡虎地秦墓竹简》"日书甲种"云："土忌日，戊己及癸酉、癸未、庚申、丁未，凡有土事弗果居。"《张家山汉墓竹简》"二年律令"中的"田律"云："毋以戊己日兴土功。"亦可为证。胡三省最早赞同寄治说。《资治通鉴》卷二八汉元帝初元元年条胡注先引颜师古寄土、居中（见下文）二说，然后云："余谓车师之地不在三十六国之中，当从师古前说（即寄土说）为是。"劳幹①、荣新江②等先生和笔者③也都赞同寄治说。

二为居中说。又可分为三说：1. 居西域之中说。《汉书·百官公卿表上》戊己校尉条颜师古又注云："一说戊己居中，镇覆四方，今所置校尉亦处西域之中，抚诸国也。"同书《元帝纪》建昭三年秋条颜师古又注云："一说戊己位在中央，今所置校尉处三十六国之中，故曰戊己也。"颜师古同书二注，虽然措辞不同，但意思都是居西域之中。《后汉书·西域传》总序李贤注引《汉官仪》云："戊己中央，镇覆四方。"同书《明帝纪》永平十七年十一月条"初置……戊己校尉"句李贤注云："戊己中央也，镇覆四方。"意思也都是居西域之中。2. 居屯田之中说。《后汉书》卷六〇《马融传》载融《广成颂》"校队案部，前后有屯，甲乙相伍，戊己为坚"句李贤注云："《周礼·司马职》曰：'前后有屯。'甲乙谓相次也。伍，伍长也。戊己居中，为中坚也。"这就是所谓居屯田之中。宋吴仁杰《两汉勘误补遗》卷九先引王彦宾之说云："戊己土也，屯田以耕土为事，故取为名。"然后称：戊己"取其居屯田之中，以便田事而已"。似乎赞同此说。3. 直属中央说。前文已经提到，仅黄文弼先生主张此说，理由是："盖戊己校尉，直属中央之官，为汉在西域之驻屯兵，不属都护，并非居西域中之谓也。"

三为厌胜说。也可分为三说：1. 开渠播种说。如《后汉书·西域传》总序李贤注引《汉官仪》云："开渠播种，以为厌胜，故称戊己

---

①　劳幹：《汉代的西域都护与戊己校尉》，原载《历史语言研究所集刊》第 28 本上，1956；收入《劳幹学术论文集甲编》，台北，艺文印书馆，1976，第 867～878 页。

②　荣新江：《戊己校尉》，《吐鲁番的历史与文化》，《吐鲁番》，三秦出版社，1987，第 29～30 页。

③　王素：《高昌史稿·统治编》，文物出版社，1998，第 77 页。

焉。"但赞同者极少。2. 匈奴方位说。按照五行之运：水生木，木生火，火生土，土生金，金生水；按照方位之属：东方属木，南方属火，西方属金，北方属水，中间属土。徐松《汉书西域传补注》较早主张这种"五行"、"方位"说，所谓："西域在西为金，匈奴在北为水，戊己生金而制水。"林剑鸣先生赞同徐松此说，理由是："汉初，自惠帝、吕后至文、景时期，君臣均欲无为，黄老之学为统治阶级的指导思想，'五行'是黄老思想的重要内容之一。"① 余太山②、高荣③等先生亦均赞同此说。

3. 匈奴习俗说。《史记》卷一一〇《匈奴列传》："单于朝出营，拜日之始生，夕拜月。……日上戊己。"《后汉书》卷八九《南匈奴传》："匈奴俗，岁有三龙祠，常以正月、五月、九月戊日祭天神。"清周寿昌《汉书注补正》赞同此说，云："元帝置戊己校尉以制匈奴而护西域。其特名曰戊己者，用匈奴所尚者以制之，亦即厌胜之义也。"侯灿先生见解相同，认为："匈奴的喜庆吉事，出行征战，是以天干中的戊己天日为依据的。戊己之名，一方面是表示了从崇尚天地日月——戊己的匈奴贵族手中夺取了车师；另一方面又表示了对匈奴战争在西域取得了巩固性胜利。"④

此外，还有一说，可以称为匈奴旧名说。仅伊瀬仙太郎主张此说，认为：关于戊和己的含义，有两条资料可以说明：一是单于朝拜日、夕拜月，日上戊己；一是匈奴俗，戊日祭天神。匈奴有左贤王、右大将军，存在以左、右区别官名之风，这已为人所周知，也许存在与此相同意味的以十天干区划疆域。如塔里木周边城郭诸国曾设置僮仆都尉管理，对匈奴是极为重要的地域，因此，作为其据点的车师后部和前部，给予他们所贵重的戊、己之名，称之为戊部、己部的可能性很大。要言之，戊己校尉的戊、己不是汉朝方面给该地域的新称呼，实际是匈奴从来的通称，不过是汉朝沿用罢了。⑤

按：关于居中说所分三说之中的居西域之中说：由于戊己校尉所驻车

---

① 林剑鸣：《西汉戊己校尉考》，《历史研究》1990 年第 2 期，第 79～81 页。
② 余太山：《两汉戊己校尉考》，《两汉魏晋南北朝与西域关系史研究》，中国社会科学出版社，1995，第 262 页。
③ 高荣：《汉代戊己校尉述论》，《西域研究》2002 年第 2 期，第 6 页。
④ 侯灿：《汉晋时期的西域戊己校尉》，原载《西北史地》1983 年第 3 期；收入《高昌楼兰研究论集》，新疆人民出版社，1990，第 160～161 页。
⑤ 〔日〕伊瀬仙太郎：《戊己校尉》，《中国西域经营史研究》，东京，岩南堂书店再版本，1981，第 13～14 页。

师，无论从何角度看，都不在西域之中，所以历代很少有人赞同此说。如宋钱文子《补汉兵志》认为："车师在西域，东邻匈奴，亦非处西域之中。"又前引《资治通鉴》卷二八汉元帝初元元年条胡三省注也认为："车师之地不在三十六国之中。"总之，此说不能成立。居屯田之中说：同样，戊己校尉所驻车师，无论从何角度看，也都不在西域屯田之中，所以除前引王彦宾、吴仁杰似乎赞同外，历代也很少有人赞同此说，也不能成立。直属中央说：前文已经提到，笼统说戊己校尉直属中央，从理论上讲并无大错，但直属中央之官多矣，为何只有此官加戊己？显然也讲不通，因而也不能成立。关于厌胜说所分三说之中的开渠播种说：由于无人赞同，可以不予讨论。匈奴方位说：由于《睡虎地秦墓竹简》"日书乙种"已云："戊己土，土胜水。"可知戊己之"土"本来就可胜匈奴之"水"，又何须生出一个"金"来，让"戊己生金而制水"？显然，此说也不能成立。匈奴习俗说：如果考虑到，天干纪日并非匈奴文化传统，所谓匈奴重戊己，大致出于汉人的比附，就不能不觉得，这种解释也似乎存在某种缺陷。关于匈奴旧名说：由于纯属推测，未见任何根据，也可以不予讨论。既然如此，剩下的也就只有寄治说了。①

　　关于戊己校尉的性质，所以众说纷纭，莫衷一是，主要是因为，都是孤立地就性质问题进行探讨，而忽视了高昌壁和戊己校尉本身的隶属。我们既然知道"高昌壁，故属敦煌"，而戊己校尉本身，也一直直属敦煌太守或凉州刺史，那么问题就不难解决。因为所谓寄治，实际就是"寄居治理"的意思。车师本是中原汉政权境外的独立小国，汉通过争夺得到车师，作为汉在西域的领地，从本土派出官员到这块领地上工作，其性质正是"寄居治理"。只不过戊己校尉不是中央派出的"总督"，而是凉州或敦煌郡派出的"总督"。②

---

① 按：宋王观国《学林》卷三戊己校尉条遍举诸家之说，最后认为："诸家训说皆非也，厌胜之说尤谬。"文长不录。
② 王素：《高昌史稿·统治编》，文物出版社，1998，第 77 页。

《吐鲁番出土砖志集注》补正

侯　灿[*]

　　摘　要：《吐鲁番出土砖志集注》出版以后，作者重又校读该书，结合评介文章提出的问题，分别对其中五条注释进行了订正、补充，同时对印制出现的字词错漏进行了补正，此文是使用《吐鲁番出土砖志集注》必要的补充材料。

　　关键词：《吐鲁番出土砖志集注》　　补正

　　笔者和吴美琳合撰的《吐鲁番出土砖志集注》（以下简称《集注》）一书，于 2003 年 4 月由四川巴蜀书社出版至今已有两年。两年中，就笔者所见，除一些消息报道外，对该书的评介文章约有 5 篇，它们是：陈国灿《〈吐鲁番出土砖志集注〉评介》（载《吐鲁番学研究》2003 年第 2 期）、孟宪实《吐鲁番出土砖志集注》（载《敦煌吐鲁番研究》第 7 卷，2004）、方也《基础深厚注释精当——读〈吐鲁番出土砖志集注〉》（载《文史杂志》2004 年第 6 期）、施新荣《集资料性与学术性大成的一部力作——读〈吐鲁番出土砖志集注〉》（载《新疆师范大学学报》2005 年第 1 期）和叶贵良《〈吐鲁番出土砖志集注〉释录指瑕》（载《吐鲁番学研究》2003 年第 2 期）。综观前 4 篇文章，对《集注》的特点、要点、基本内容和成功之处作了肯定，有的还介绍了一些此书出版的过程及背景，有的也同时指出了存在的问题和错误。后一篇虽然是专就《集注》"释录指瑕"的批评性文章，但在字里行间也有不少肯定，由于该文涉及如何治学、如何认识与评价学术成果的一些基本问题，笔者本着"言之成理，持之有故"的原

---

　　*　侯灿，新疆师范大学历史系教授。

则，在"百家争鸣"的学术平台上，已撰另文与叶君对话和交流，读者如有兴趣可参见拙著《答〈吐鲁番出土砖志集注〉释录指瑕》（拟刊《吐鲁番学研究》）一文，也可把此文作为本文姊妹篇。

笔者一贯认为：学术研究是天下之公器，学术成果是科学家辛勤劳动的结晶；学术研究的目的在于力求追寻三知：探知、实知、真知。由于研究者阅历、经历、占有资料和悟性所限，研究者所处环境、历史背景和客观因素提供的条件所限，许多问题尤其是历史研究中的问题，一般说来探知的较多，相对于探知而实知的较少。真知是研究者追求的最高境界。吐鲁番出土砖志从1910年最早一方出土算起，至1996年最晚一方出土为止，近一个世纪中前辈学者罗振玉、黄文弼、〔日〕嶋崎昌等，虽然对各自时期的出土砖志加以梳理和研究，取得了一些成绩，但因种种局限，不少问题并未弄清。笔者在继承前辈学术成果基础上，积累了更多一些出土砖志资料，作了更进一步的梳理和集中注释。乍看起来好像砖志仅仅是个认字释文的问题，但进一步琢磨，涉及学术范围宽广，不仅涉及当时的死人和生人、当时的风俗习惯、埋葬制度、职官官制、历法、语言文字、里籍地望、婚配嫁娶、历史事件、典故，而且涉及当时及历史上社会层面的种种问题。因此，穷尽我们所有的能力，也不敢企望能把这些问题研究清楚，解决得完好。我们所能做的，只是想在不误导读者的前提下，把涉及的问题尽可能地解决得好一些。基于此种考虑，在砖志出版后的两年中笔者重又校读过两遍，结合上述评介文章中提出的一些问题，感到《集注》中有的注释简单粗疏，说得不够具体，有的注释还存在错误，需要订正，也有些是在编校印制中产生的错漏需要补正。因考虑到该书出版单位已投巨资出版，在短时期内不可能修订再版，笔者权借《新疆师范大学学报》的园地，将已查出的问题连缀成文，先行予以补正。

一　需要订正的部分

目前已发现需要订正的有两例。

1. 《唐永徽四年（653）张元峻墓志》（原书序号238，第475页）释文第8行"西州白石府"，其中"西"字应释为"雍"字。正文注释4"复蒙西州白石府校尉"，应释为"复蒙雍州白石府校尉"。据唐长孺先生在《吐鲁番文书中所见的西州府兵》一文中研究认为：唐代西州设有4个军府，这4个军府是前庭府、岸头府、蒲昌府、天山府（载《敦煌吐鲁番文书初探二编》，武汉大学出版社，1990）。此白石府当非西州所设。本墓志所书"以旧邦受职，任伪校郎将军，蒙运载入圣朝，复蒙□州白石府校"。《旧唐书·高昌传》载：唐太宗贞观十四年（640）伐灭高昌王国后，"其智盛君臣及其豪右皆徙中国"，具体徙往地点史籍记载不清。今据《唐永徽四年（653）张团儿墓志》云："属大唐□□，抽擢良能，授洛州怀音府队正。"又据《唐显庆三年（658）张善和墓志》亦云："未冠之岁，从父归朝，游历二京。"所谓洛州在今河南省的洛阳市，所谓二京即指唐朝的西京长安、东京洛阳。故知张团儿、张元峻及张善和之父辈，当徙往京洛一带，因此张元峻的任职也应在京洛附近。据陈国灿先生告知：西安出土有《唐赵州长史孟贞墓志》（载《全唐文补遗》第二册，第417页），志载孟贞曾"迁雍州白□府左果毅"，此白□府很可能就是白石府。笔者查唐雍州辖境在唐京都长安附近，则本墓志所书"□州白石府"当系"雍州白石府"。校尉，是折冲府中管300人的军官，《旧唐书·职官志》：从七品下阶。下注：武德令诸府校尉正六品下阶。有关折冲府及其编制讨论，参见《唐贞观十八年（644）唐神护墓表》正文注释1。

2. 《武周圣历三年（700）张智积妻麴慈音墓志》（原书序号302，第607页）正文注释4："圣历三年岁次庚子，腊月辛巳朔，十五日乙未。"原注释有误。查《资治通鉴》卷204武后永昌元年（689）十一月条载："十一月庚辰朔，日南至。太后享万象神宫，赦天下，始用周正。改永昌元年十一月为载初元年正月，以十二月为腊月，夏正月为一月。"这就是说武周执政期间将每年的历日提前两个月起算，即将前一年的十一月算作本年的正月，十二月算作腊月，这种改制从公元690年至唐中宗神龙元年（705）复国号为唐时止，15年期间一直沿用，因此本墓志所书"圣历三年岁次庚子，腊月辛巳朔，十五日乙未"实际上是前一年，即圣历二年的十二月（腊月），而非圣历三年的腊月。再查陈垣《二十史朔闰表》，圣历二年十二月朔日正为辛巳，其十五日为乙未与之正合。

二 注释补充的部分

注释需要补充的有三例。

1. 《大凉张兴明夫人杨氏墓表》（原书序号 4，第 14 页）正文注释 2：
"新城太守"。此官职系张兴明夫人的丈夫所有。原注释云：新城，其地望
在河西酒泉一带。又云：据《资治通鉴》卷 119 载：公元 420 年北凉王且
渠蒙逊伐西凉王李歆，与李歆战于酒泉附近之蓼泉，李歆战败被杀。李歆
弟酒泉太守李翻、新城太守李予等西奔敦煌，酒泉为蒙逊所有，蒙逊以其
子牧犍为酒泉太守。由此可知此新城原为西凉属郡，后为北凉据有。那么
张兴明的新城太守怎么来到高昌了呢？原注释并未说明。笔者以为，从新
城太守地望在河西酒泉一带分析判断，张兴明历官新城不可能在高昌，只
可能是北魏灭北凉后，在公元 442 年 4 月随且渠牧犍之兄弟且渠无讳和且
渠安周拥众西奔西域，攻占高昌过程中来到高昌的，也许就是攻占高昌中
的战将之一。同年 9 月高昌攻占胜利后，即着手建立且渠氏大凉政权，次
年建元承平。张兴明夫人是随同其夫来到高昌的，因此张兴明夫人死时在
墓砖上追述其夫在河西的历官，自然是在情理之中，所以墓表中书写了
"新城太守"。

郁越祖在《高昌王国政区建置考》的注释中云：据《晋书·李歆传》，
李歆被且渠蒙逊所杀后，诸弟酒泉太守李翻、新城太守李予等"南奔敦
煌，蒙逊遂入酒泉。以后李翻等人又弃敦煌，奔于北山（原按，指天
山——笔者），李氏占伊吾，当有不少人流入高昌。高昌王国曾设酒泉城
当与酒泉移民有关，那么设新城郡似乎也同样可以得到解释"。郁文的见
解有三点值得商榷：一是时间问题，郁文所指"高昌王国"概念含糊，从
郁文上引《晋书》所论当指且渠氏建立的大凉高昌政权，但下文所论却又
是麴氏高昌政权，由且渠氏至麴氏高昌其间尚有阚氏、张氏、马氏各个高
昌政权。笔者在《麴氏高昌王国郡县城考述》一文中，根据 1972 年吐鲁
番阿斯塔那古墓区 155 号墓出土文书，最早所见麴氏王国设有"酒泉令"
（酒泉有令，当是县令），文书的时间上限是在重光二年（621），当为麴氏
王国的晚期，由且渠氏至麴氏晚期时间相差一个半世纪以上。二是麴氏王
国的酒泉县是否因河西地区酒泉的移民所置，除了一般的类比推论以外并
没有可靠的文献和文物根据，郁文将此再进一步去推演新城郡的设置更是
没有根据的。三是在麴氏王国时期郡、县、城的建制是有区别的，有了城
不一定就设县，有了县更不等于就要设郡。有关麴氏王国郡县城的讨论，
参见笔者《麴氏高昌王国郡县城考述》一文。

2. 《高昌章和七年（537）张文智及夫人马氏、巩氏墓表》（原书序号

5，第18页）。此砖志涉及较多的别构字，这些别构字与通用繁体汉字不尽相同，有的甚至差异很大，如"初除"的"初"字，"录事参军"的"录"字、"参"字，"左长史"的"左"字，"威远将军"的"将"字，"历安乐"的"历"字，"迁扬威将军"的"迁"字，"民部郎中"的"民"字和"郎"字，"章和七年"的"年"字，"丁巳岁"的"岁"字，"卒官"的"卒"字，"追赠"的"追赠"二字，"敦煌"的"敦"字，"墓表"的"墓"字，"张掖巩氏"的"巩"字和"氏"字等，笔者在释文中都以通用汉字释文直接录入，其中只在差异较大的"参"字、"左"字、"历"字、"卒"字、"年"字注释中注出了原字的写法，其余各字未予——注明。以下砖志处理，采取同样办法。笔者在"凡例"中云："砖志正文的俗体字、异体字、原文笔误及笔划增减的字，经笔者辨认能辨识者，以通用汉字录入；砖志中有的同音假借字、别体字和生僻字含武曌周朝颁行的字，仍据原文录入。"笔者这样处理释文，仅是尝试，是否得当，有待读者评判。

3. 《唐开元三年（715）张公夫人麴娘墓志铭》（原书序号311，第629页）正文注释1："昭武校尉沙洲子亭镇将。"原注释不够具体，现予补充。昭武校尉，《旧唐书·职官志》：武散官，正六品上阶。《新唐书·地理志》：沙州敦煌郡，下都督府；下有豆卢军，神龙元年（705）置。子亭镇当为豆卢军辖。唐代在边境地区或少数民族较多的地区实行州县和军镇两套管理体制，州县管民，军镇治军。据陈国灿在《唐五代瓜沙归义军军镇的演变》一文的研究意见：唐代在沙州置有豆卢军，下辖西关、龙勒、子亭三镇（载《敦煌吐鲁番文献初探二编》，武汉大学出版社，1990）。子亭镇地望，据向达在《唐代长安与西域文明》一书中，根据伯希和在敦煌拿走的2005号卷《沙州图经》记载的方位，推定在"今敦煌县南，党河出野马山口的党城"。镇将，《旧唐书·职官志》：武职事官，上镇将正六品下阶，中镇将正七品上阶，下镇将正七品下阶。《旧唐书·职官志》："凡九品以上职事皆带散位，谓之本品。职事以随才录用，或从闲入剧，或去高就卑，迁徙出入参差不定。散位则一切以门荫结品，然后劳考进叙。"又云："贞观令以职事高者为守，职事卑者为行，仍各带散位。其欠一阶依旧为兼，与当阶者皆解散位。永徽已来欠一阶者或为兼或带散官，或为守，参而用之。咸亨二年（671）始一切为守。"张某的子亭镇将不详其何等品阶。

三 错漏字词补正的部分

在这一部分中又有各种不同的情况：有的是原稿笔误致错的，如 1915 年应为 1914 年，白石府应为蒲昌府，正文注释 4、5 应为正文注释 4 等；也有的是在编审过程中形成的错误，如且渠茂虔，且渠又作沮渠；备注杨保救应为阳保救等；也有的是电脑由简体字转为繁体字时，该转而未转的，如"录事"当为"録事"，也有的是不该转而错转了的，如"韩妻葉敬"的"叶"字，"同誌"的"志"字等。当然也有校对过程中未能排除掉的一些错误。据笔者统计共有错漏 32 处。北朝至唐代是我国古代别构字出现最频繁的时期，比较细心的读者会注意到砖志中的俗体字、异体字、别体字、假借字以及生僻字等是不少的；在当前印刷发达、学术无序的情况下，巴蜀书社能把本书错漏率控制在万分之零点三以下，是高质量的出品了。现将这些错漏字词按出现页码的顺序，列表补正如下（表中"正注"是指"正文注释"，"注说"是指"注明与说明"，"征引"是指"征引文献论著题录"）：

项目与序号	页—行	误	正
综 述	7—9	1915 年	1914 年
综 述	8—13	博瞻	博赡
综 述	12—17	（"图录本"	"图录本"
凡 例	1—19	中的	中有的
序号 1 正注	4—8	（亦作且渠茂虔）	（亦作且渠茂虔，且渠又作沮渠）
序号 1 正注	4—21	为是	是
序号 3 征引	12—6	蒋文尧	蒋文光
序号 4 注说	14—18	张兴明	张兴明夫人
序号 5 释文	18—2	录事	録事
序号 7 正注	24—16	禄事参军	禄事当为録事，録事参军
序号 35 征引	88—例 2	1984	1994
序号 73 图片	159	图版与 71 号重复	漏 73 号图版
序号 126 正注	262—23	由林令	由湾林令
序号 142 注说	293—13	《专集》119	《专集》专 119

续表

项目与序号	页—行	误	正
序号 153 注说	314—19	公元 537	公元 637
序号 176 正注	359—11	十月朔日为丙戌	十一月朔日为丙辰
序号 199 注说	399—19	存新博	
序号 221 正注	442—12	白石府	蒲昌府
序号 240 正注	478—21	使节，持	使持节，
序号 241 释文	481—15	游灖魂	游魂
序号 244 释文	486—4	仪形外郎	仪形外朗
序号 262 释文	518—3	溎公讳	公讳
序号 264 正注	522—24	正文注释 4、5	正文注释 4
序号 275 释文	544—11	虽不望	虽不望迴
序号 281 释文	555—3	九十余	九十有余
序号 299 正注	598—27	联隆复郢	勳隆复郢
序号 311 释文	629—21	韩妻葉敬	韩妻叶敬
附录一	691—序号 273	备注：杨保敉	备注：阳保敉
附录一	696—说明 2	同誌	同志
后　记	729—12	百十余馀	百十馀
版权页		字数 110 千	字数 110 万

本表所列序号 73 图版，是因文字稿与图版稿分别由电脑排版，在最后组合时将序号 73 的图版重复了 71 号的图版，而漏掉了原来的 73 号图版。当笔者接到样书发现后，随即告诉了出版社，他们表示采取措施处理，可能有的作了补正。

本文摘自《新疆师范大学学报》（哲学社会科学版）

2005 年第 3 期

《隋书·西域传》的若干问题

余太山[*]

摘　要：文章就《隋书·西域传》的体例、所载西域里数和资料来源进行了讨论，认为：按照交通路线，《隋书》所列西域各国编次是混乱的，传文出诸不谙西域事情的编者之手；传中所见西域里数堪与前史印证者不多，说明其有独立的资料来源，可能只是利用了大业三年前获得的数据；在史料来源上，只是依据档案编撰，而无意复述裴矩《西域图记》，同样也没有采用韦节《西蕃记》。

关键词：《隋书·西域传》　体例　里数　《西域图记》《西蕃记》

一

传文的叙例。

《隋书·西域传》以"国"为记述单位，总共记载了二十三"国"。其中，第一国吐谷浑、第二国党项、第七国女国和第二十三国附国，习惯上不属于"西域"的范围。也就是说，《隋书·西域传》叙述的范围和《魏略·西戎传》、《晋书·西戎传》、《梁书·西北诸戎传》的叙述范围相同。区别在于后三者是将西域事情归入"西戎传"，而《隋书·西域传》和此后的《新唐书·西域传》一样，是将西戎事情归入"西域传"。

魏晋南北朝正史有时将西域和西戎分开编撰，有时又合为一传，大致取决于材料多寡，别无深意。

就西域诸国而言，国名之外，《隋书·西域传》亦重王治之地望，记

＊　余太山，中国社会科学院历史研究所研究员。

述风土、物类、民俗（尤重婚俗），与中原王朝之关系则重朝贡（所传二十国均曾朝隋）；也涉及各国与塞北游牧部族（铁勒、突厥）和诸国彼此间的关系，于诸国本身历史则甚为疏略。凡此均和前史"西域传"没有根本区别。诸国地望多以山水标识，如称石国"居于药杀水"，焉耆国"都于白山之南七十里"，于阗国"都葱岭之北二百余里"等等；凡此则与《周书·异域传下》有关西域诸国的记述极其相类。

就《隋书·西域传》而言，值得注意的是，这二十三国的排列次序。盖南北朝以前编纂的"西域传"最重交通路线，记述诸国之先后取决于各国在交通路线的位置。《隋书·西域传》似乎是一个突出的例外。

兹据传文所出四至，图示诸国关系如下：

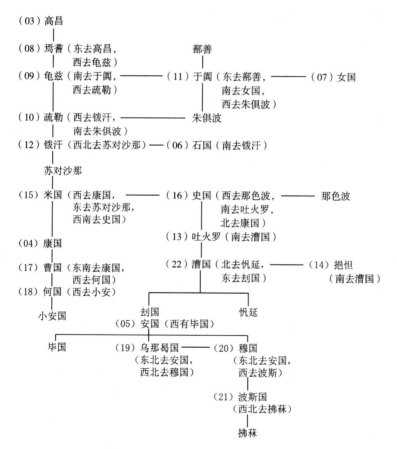

国名前的数字表示各国在传文中出现的次序。最初两国吐谷浑、党项和末一国附国，由于传文没有提供四至情况，故未列入。由此可见，如果

按照交通路线，各国编次是混乱的。既然别无其他编纂规则可循，不能不
认为传文出诸不谙西域事情的编者之手。

二

传文所载西域里数。①

（一）高昌国"去敦煌十三日行"

1. "十三日行"：自高昌赴敦煌的行程，即 1300 里（以马行一日百里
计）。按此乃经由"大海道"之行程。《西州图经残卷》："右道出柳中县界，
东南向沙州一千三百六十里，常流沙，人行迷误。有泉井，咸苦。无草。行
旅负水担粮，履践沙土，往来困弊。"②《史记正义》卷一二三引裴矩《西
域〔图〕记》亦称："〔盐泽〕在西州高县东，东南去瓜州一千三百里。"

（二）安国"国之西百余里有毕国"

1. "百余里"：自毕国去安国王治的行程。

（三）石国"南去钹汗六百里，东南去瓜州六千里"

1. "六百里"：石国王治赴钹汗国王治的行程。按：据下文可知"六
百里"应为"五百里"之讹。又，据《魏书·西域传》，者舌（石国）去
破洛那 1000 里。

2. "六千里"：自石国王治经钹汗国王治赴瓜州的行程，亦即石国王
治去钹汗国王治 500 里与钹汗国王治去瓜州 5500 里之和。

（四）焉耆"都白山之南七十里，汉时旧国也……东去高昌
九百里，西去龟兹九百里，皆沙碛。东南去瓜州二千二百里"

1. "七十里"：自焉耆国王治至白山的行程。按：此里数与《周书·

---

① 关于里数，参看余太山《两汉魏晋南北朝正史西域传研究》，中华书局，2003，第 135 ~
180 页。

② 王仲荦：《敦煌石室地志残卷考释》，上海古籍出版社，1993，第 210 页；王去非：《关于
大海道》，《向达先生纪念论文集》，新疆人民出版社，1986，第 485 ~ 493 页。

《异域传下》所载相同。

2. "九百里"：自焉耆国王治至高昌的行程。按：据《汉书·西域传》，焉耆国王治至车师前国王治交河城835里，又据《元和郡县图志·陇右道·西州》卷四十，交河城至高昌80里，知"九百里"乃经由交河城的行程，不过约数。

3. "九百里"：自焉耆国王治至龟兹国王治的行程。按：据《汉书·西域传》，自焉耆国王治员渠城经尉犁国王治赴乌垒城的行程400里，自乌垒城赴龟兹国王治延城350里。两者之和仅750里。

4. "二千二百里"：自焉耆国王治赴瓜州的行程，亦即焉耆国王治去高昌900里，与高昌去敦煌1300里之和。

（五）龟兹国"都白山之南七十里，汉时旧国也。……东去焉耆九百里，南去于阗千四百里，西去疏勒千五百里，西北去突厥牙六百余里，东南去瓜州三千一百里"

1. "七十里"：自龟兹国王治至白山的行程。按：《周书·异域传下》：龟兹国在"白山之南一百七十里"，应是本传夺"一百"二字。

2. "九百里"：即里数（四）下之3。

3. "千四百里"：自龟兹国王治至于阗国王治的行程。

4. "千五百里"：自龟兹国王治至疏勒国王治的行程。按：据《汉书·西域传》，疏勒、龟兹去乌垒分别为2210里和670里，龟兹去疏勒应为2210里和670里之差——1540里。

5. "六百余里"：自龟兹国王治至突厥国王治的行程。

6. "三千一百里"：自龟兹国王治经焉耆国王治赴瓜州的行程，亦即龟兹国王治去焉耆国王治900里，与焉耆国王治去瓜州2200里之和。

（六）疏勒国"都白山南百余里……东去龟兹千五百里，西去钹汗国千里，南去朱俱波八九百里，东北去突厥牙千余里，东南去瓜州四千六百里"

1. "百余里"：自疏勒国王治至白山的行程。

2. "千五百里"：即里数（五）下之4。

3. "千里"：自疏勒国王治至钹汗国王治的行程。

4. "八九百里"：自疏勒国王治至朱俱波国王治的行程。

5. "千余里"：自疏勒国王治至素叶城的行程。

6. "四千六百里"：自疏勒国王治经龟兹国王治赴瓜州的行程，亦即疏勒国王治去龟兹国王治1500里，与龟兹国王治去瓜州3100里之和。

（七）于阗国"都葱岭之北二百余里。……东去鄯善千五百里，南去女国三千里，西去朱俱波千里，北去龟兹千四百里，东北去瓜州二千八百里"

1. "二百余里"：自于阗国王治至葱岭的行程。按：此里数与《周书·异域传下》同。

2. "千五百里"：自于阗国工治至鄯善国王治的行程。

3. "三千里"：自于阗国王治至女国王治的行程。

4. "千里"：自于阗国王治至朱俱波国王治的行程。

5. "千四百里"：即里数（五）下之3。

6. "二千八百里"：此里数有误。

（八）钹汗国"都葱岭之西五百余里。……东去疏勒千里，西去苏对沙那国五百里，西北去石国五百里，东北去突厥牙二千余里，东去瓜州五千五百里"

1. "五百余里"：自钹汗国王治至葱岭的行程。

2. "千里"：即里数（六）下之3。

3. "五百里"：自钹汗国王治至苏对沙那国王治的行程。

4. "五百里"：自钹汗国王治至石国王治的行程。此里数与"石国条"有异，似乎应以此为准。

5. "二千余里"：表示钹汗国王治去素叶城的行程（20×100里/日）。

6. "五千五百里"：自钹汗国王治赴瓜州的行程。"五千五百里"或系"五千四百里"之讹。

（九）吐火罗国"都葱岭西五百里。……南去漕国千七百里，东去瓜州五千八百里"

1. "五百里"：自吐火罗国王治至葱岭的行程。

2. "千七百里"：自吐火罗国王治至漕国王治的行程。

3. "五千八百里"：自吐火罗国王治至瓜州的行程，经由不明。

（十） 挹怛国 "都乌浒水南二百余里。……南去漕国千五百里，东去瓜州六千五百里"

1. "二百余里"：自挹怛国王治至乌浒水的行程。
2. "千五百里"：自挹怛国王治至漕国王治的行程。
3. "六千五百里"：自挹怛国王治至瓜州的行程，经由不明。

（十一） 米国 "西北去康国百里，东去苏对沙那国五百里，西南去史国二百里，东去瓜州六千四百里"

1. "百里"：自米国王治至康国王治的行程。按：据《魏书·西域传》，悉万斤国王治悉万斤城去米国王治迷密城一日行程（100里）。
2. "五百里"：自米国王治至苏对沙那国王治的行程。
3. "二百里"：自米国王治至史那国王治的行程。
4. "六千四百里"：自米国王治经由钹汗国去瓜州的行程，亦即米国王治去苏对沙那 500 里、苏对沙那王治去钹汗国王治 500 里，和钹汗国王治去瓜州 5400 里之和。

（十二） 史国 "都独莫水南十里，旧康居之地也。……北去康国二百四十里，南去吐火罗五百里，西去那色波国二百里，东北去米国二百里，东去瓜州六千五百里"

1. "十里"：自史国王治至独莫水的行程。
2. "二百四十里"：自史国王治至康国王治的行程。
3. "五百里"：自史国王治至吐火罗国王治的行程。
4. "二百里"：自史国王治至那色波国王治的行程。
5. "二百里"：即里数（十一）下之3。
6. "六千五百里"：自史国王治经由米国赴瓜州的行程，亦即史国王治至米国 200 里，和米国王治至瓜州 6400 里之和。"六千五百里"或系"六千六百里"之讹。

（十三） 曹国 "都那密水南数里，旧是康居之地也。……东南去康国百里，西去何国百五十里，东去瓜州六千六百里"

1. "数里"：自曹国王治至那密水的行程。

2. "百里"：自曹国王治至康国王治的行程。

3. "百五十里"：自曹国王治至何国王治的行程。

4. "六千六百里"：自曹国王治经由康国、米国王治赴瓜州的行程，亦即曹国王治至康国王治100里、康国王治至米国王治100里，和米国王治至瓜州6400里之和。

（十四）何国"都那密水南数里，旧是康居之地也。……东去曹国百五十里，西去小安国三百里，东去瓜州六千七百五十里"

1. "数里"：自何国王治至那密水的行程。

2. "百五十里"：即里数（十三）下之3。

3. "三百里"：自何国王治至小安国王治的行程。

4. "六千七百五十里"：自何国王治经由曹国王治至瓜州的行程，亦何国王治至曹国王治150里和曹国王治至瓜州6600里之和。

（十五）乌那曷国"东北去安国四百里，西北去穆国二百余里，东去瓜州七千五百里"

1. "四百里"：自乌那曷国王治至安国王治的行程。

2. "二百余里"：自乌那曷国王治至穆国王治的行程。

3. "七千五百里"：经由安国王治赴瓜州的行程。由此可以推知安国王治去瓜州7100里，亦即乌那曷国王治去瓜州7500里与乌那曷国王治去安国王治400里之差。

（十六）穆国"东北去安国五百里，东去乌那曷二百余里，西去波斯国四千余里，东去瓜州七千七百里"

1. "五百里"：自穆国王治至安国王治的行程。

2. "二百余里"：即里数（十五）下之2。

3. "四千余里"：自穆国王治至波斯国王治的行程。

4. "七千七百里"：自穆国王治经由乌那曷国王治赴瓜州的行程，亦即穆国王治至乌那曷国王治200里，和乌那曷国王治去瓜州7500里之和。

（十七）波斯国"西去海数百里，东去穆国四千余里，西北去拂菻四千五百里，东去瓜州万一千七百里"

1. "数百里"：自波斯国王治去地中海东岸的行程。

2. "四千余里"：即里数（十六）下之3。

3. "四千五百里"：可能是自波斯国王治往赴拂菻国王治的行程。按：据《魏书·西域传》，自波斯国王治赴伏卢尼国（拂菻）王治3100里。本传所载也许是经由陆路的行程。

4. "万一千七百里"：自波斯国王治经由穆国赴瓜州的行程，亦即波斯国王治去穆国王治4000里，和穆国王治去瓜州7700里之和。

（十八）漕国"北去忛延七百里，东去刿国六百里，东北去瓜州六千六百里"

1. "七百里"：自漕国王治去忛延的行程。

2. "六百里"：漕国王治去刿国王治的行程。

3. "六千六百里"：自漕国王治赴瓜州的行程，经由不明。

推敲以上里数，似乎可以说明以下问题。

第一，本传不载诸国王治去隋都的里数，仅通过去瓜州里数间接表示。这是和前史"西域传"最大的区别，不能不说是编者的一个不可原谅的疏忽。

第二，本传所载里数多有重复，如里数（五）下之4与（六）下之2、（十六）下之3与（十七）下之2等，这也是前史"西域传"很少见的，似乎也能说明编者的漫不经心或资料的短缺。

第三，瓜州，北魏置，治敦煌（今敦煌西南）。据《元和郡县图志·陇右道·沙州》卷四〇，隋大业三年（607）改为敦煌郡。本传以瓜州为基准的里程记载均依据大业三年前的资料。

第四，本传所见西域里数堪与前史印证者不多，说明其有独立的资料来源。一般认为可能取材于裴矩《西域图记》，但并无确证。因此，不能不认为由于"中国大乱，朝贡遂绝"，档案被毁，"事多亡失"，以致编者在记录里数时只能利用大业三年前业已获得的数据。

三

一般认为裴矩《西域图记》是《隋书·西域传》的主要资料来源。然而只要仔细推敲，便不能不认为这不过是想当然罢了。

裴矩书明载于《隋书·经籍志二》卷三三："隋西域图三卷，裴矩撰。"《隋书》编者无疑见到此书，书序即见诸《隋书·裴矩传》卷六七。《隋书·西域传》末"炀帝规摹宏侈，掩吞秦、汉，裴矩方进《西域图记》以荡其心"云云，更进一步说明本传编者也是见过这本书的。

据研究，裴氏书完成于大业二年。① 这和传文以瓜州为记述诸国位置的基准点也是一致的。

但是，说《隋书·西域传》取材于裴矩《西域图记》至少有以下几点无法解释。

第一，裴序称："西域图记，共成三卷，合四十四国。"可是本传所传西域诸国不过二十国，即使加上西戎三国也只有二十三国。②

第二，如果说囿于体例，本传只能记述来朝诸国，则传首明载，大业中"相率而来朝者三十余国"。考虑到这三十余国来朝，均系裴矩"于武威、张掖间往来以引致"的结果，虽然这三十余国朝隋已在裴著完稿之后，但无疑包括在裴著之中。这也说明本传并未参考裴著。

第三，裴序明载当时通西域道路："发自敦煌，至于西海，凡为三道，各有襟带。北道从伊吾，经蒲类海铁勒部，突厥可汗庭，度北流河水，至拂菻国，达于西海。其中道从高昌，焉耆，龟兹，疏勒，度葱岭，又经钹汗，苏对沙那国，康国，曹国，何国，大、小安国，穆国，至波斯，达于西海。其南道从鄯善，于阗，朱俱波、喝盘陀，度葱岭，又经护密，吐火罗，挹怛，忛延，漕国，至北婆罗门，达于西海。其三道诸国，亦各自有路，南北交通。其东女国、南婆罗门国等，并随其所往，诸处得达。故知伊吾、高昌、鄯善，并西域之门户也。总凑敦煌，是其咽喉之地户。"然

---

① 关于裴著，参看〔日〕内田吟风《隋裴矩撰〈西域图记〉遗文纂考》，《藤原弘道先生古稀记念史学佛教学论集》，内外印刷株式会社，1973，第115～128页。

② 除设有专条的二十国外，传文中提及的西域国家还有小安国、那色波、毕国、朱俱波、鄯善、苏对沙那、忛延、刮国、拂菻，凡九国。

如前述，传文叙述各国次序全无章法，说明编者对于西域道路走向以及诸国在交通在线的位置不甚了了。

尽管裴著是地志，重在地理；本传则注意人事，即文治武功，但两者定有不少相通之处。正如历代正史"西域传"无不重视西域交通以及诸国在交通在线的位置，本传的编撰宗旨似亦不应例外。换言之，如果取材裴著，传文在这些方面应该有更充实、准确的表述。

另外，《隋书·西域传·高昌传》有载：

> 从武威西北，有捷路，度沙碛千余里，四面茫然，无有蹊径。欲往者，寻有人畜骸骨而去。路中或闻歌哭之声，行人寻之，多致亡失，盖魑魅魍魉也。故商客往来，多取伊吾路。

说者以为这是《隋书·西域传》取材裴著的确证。盖《史记正义》卷一二三引裴矩《西域〔图〕记》云：

> 〔盐泽〕在西州高昌县东，东南去瓜州一千三百里，并沙碛之地，水草难行，四面危，道路不可准记，行人唯以人畜骸骨及驼马粪为标验，以其地道路恶，人畜即不约行，曾有人于碛内时闻人唤声，不见形，亦有歌哭声，数失人，瞬息之间不知所在，由此数有死亡。盖魑魅魍魉也。

又，《太平寰宇记·陇右道七·西州》卷一五六：

> 柳中路：裴矩《西域〔图〕记》云：自高昌东南去瓜州一千三百里，并沙碛，乏水草，人难行，四面茫茫，道路不可准记，唯以人畜骸骨及驼马粪为标验。以知道路。若大雪即不得行。兼有魑魅。以是商贾往来多取伊吾路。

字句的相似似乎已足以说明问题。①

---

① 嶋崎昌：《〈隋书〉高昌传解说》，《隋唐时代の東トウルキスターン研究》，东京，1977，第 310～340 页。

今按：类似文字已经出现在《周书·异域传下·高昌传》中：

> 自敦煌向其国，多沙碛，道里不可准记，唯以人畜骸骨及驼马粪为验，又有魍魉怪异。故商旅来往，多取伊吾路云。

《周书》虽亦出自唐人之手，但不能排除编者利用北周档案的可能性，或者说不能排除《周书》、《隋书》和裴著有关记载具有共同数据来源的可能性；质言之，上引文字也不能作为《隋书·西域传》征引裴著的确证。

又，《史记正义》引《西域图记》云："钵汗，古渠搜也。"[1] 这虽与《隋书·西域传》的记载相符，也不能看做是《隋书·西域传》取材《西域图记》的证据，盖钵汗前身为渠搜有可能是一种当时流行的说法。

《隋书》编者在本传的跋语中斥责裴矩，但似乎很难将本传不取材裴著归结为因人废言。目前看来，合理的解释只能是《隋书·西域传》只是依据档案编撰，无意复述裴著。

当然，本传和裴著记述的对象均系西域诸国，客观记事相同或相似不可避免。特别是裴矩奉诏赴武威、张掖间招致诸国，了解到的情况必定进入政府档案，这些材料中没有佚失的部分（例如以瓜州为基准的里数记载）也可能被本传编者吸收。

四

最后，说一说本传与韦节《西蕃记》的关系。盖据传首序言：

> 炀帝时，遣侍御史韦节、司隶从事杜行满使于西蕃诸国。至罽宾，得码瑙杯；王舍城，得佛经；史国，得十舞女、师子皮、火鼠毛而还。

这位侍御史韦节著有《西蕃记》。《隋书·经籍志二》卷三三："《诸蕃国记》十七卷。"全书已佚，仅《通典·边防九·西戎五》收有若干断简残

---

[1] 见《玉海》卷一六。

句。韦节进《西蕃记》的年代最早应在大业五年。①

既然本传编者注意到了韦节西使，又没有证据表明在《隋书》编撰的时代《西蕃记》已经散佚，按理说本传也可能取材韦著。但是，从现存《西蕃记》之断简残篇与传文所载并不相符来看，只能认为本传亦未取材韦著。

第一，《通典·边防九·西戎五》引韦节《西蕃记》云："康国人并善贾，男年五岁则令学书，少解则遣学贾，以得利多为善。其人好音声。以六月一日为岁首，至此日，王及人庶并服新衣，剪发须。在国城东林下七日马射，至欲罢日，置一金钱于帖上，射中者则得一日为王。俗事天神，崇敬甚重。云神儿七月死，失骸骨，事神之人每至其月，俱着黑迭衣，徒跣抚胸号哭，涕泪交流。丈夫妇女三五百人散在草野，求天儿骸骨，七日便止。国城外别有二百余户，专知丧事，别筑一院，院内养狗。每有人死，即往取尸，置此院内，令狗食之，肉尽收骸骨，埋殡无棺椁。"这些重要信息在《隋书·西域传·康国传》中几乎没有得到反映。

第二，《通典·边防九·西戎五》原注引韦节《西蕃记》云：韦节抵达挹怛国，"亲问其国人，并自称挹阗"；这亦不见于本传关于挹怛的记载中。

本文摘自《新疆师范大学学报》（哲学社会科学版）
2004 年第 3 期

① 北村高：《〈隋书·西域传〉について——その成立と若干の问题》，《龍谷史壇》（78），1980，第 31～45 页。

唐诗"交河"语汇考论

盖金伟[*]

摘 要：诗歌创作源于生活，也是社会历史的集中反映之一。"交河"语汇在唐代"边塞诗"创作中颇具影响，其意象的变迁大体经历了突厥汗国、边塞功业、西域交河、藩镇之乱四次比较明显的变迁。这一流变历程体现出唐代诗歌创作中的现实性特征，反映了西域与唐中央政权关系的变迁。同时，也表明"边塞诗"更多的可能体现的是一种抗争精神的传承，而非时空转移的形式。

关键词：唐诗 交河 意象

唐诗是唐代文学的发展高峰，也是反映唐代历史的重要内容之一。边塞诗不仅反映着唐代诗歌创作的新气象、新成就，也反映出新时代的历史强音。西域语汇唐诗在初盛唐边塞诗中占有重要地位。尤以楼兰、交河、轮台、安西、西州、疏勒、天山、昆仑、盐泽、蒲海、乌孙、月氏、大宛等语汇为代表。^① 由此，在现存的唐代诗歌中形成了一个以西域语汇为特征的作品系列，我们或可名之为"西域语汇唐诗"。其大体可归入"边塞诗"的范畴，但也有其独特性。"交河"在唐代西域语汇诗歌创作中

---

* 盖金伟，新疆师范大学历史系教授。

① 吴蔼宸选辑《历代西域诗钞》，新疆人民出版社，1982。该诗钞是国内较早选集西域诗篇的代表作，"西域诗"概念的界定当始于此。吴先生称："凡歌咏当地风土人情，以及赠行咏物诸篇，均在采取之列。推至篇中凡有'天马'、'天山'、'塞庭'、'翰海'、'沙碛'、'玉关'、'河源'等字者，皆认为西域之诗，其涉及地名者更无待论。"陈之任等人编纂的《历代西域诗选注》一书（新疆人民出版社，1981）较吴著早出，但未有明确界定"西域诗"。

的流变是颇具代表性的一种文学现象，从中或可看出"边塞诗"的动态特征。

一

《全唐诗》收录"交河"语汇诗歌共计 40 首。"交河"语汇的意象先后约有四次比较明显的流变，而且大体与唐代政治形势、边疆与中央关系的历史变迁同步。

其一，指向突厥汗国，体现隋末唐初征战突厥的豪情壮志

公元 552 年，土门自号伊利可汗，宣告突厥汗国的建立。隋朝及唐代初期与突厥汗国的关系成为国家政治事务的核心内容。隋文帝用离间之计，促使东西突厥之间的矛盾不断激化，最终突厥汗国分为东西两部，达头可汗主西突厥，沙钵略可汗统东突厥。公元 598 年，突厥达头可汗犯塞，隋越国公杨素奉命出塞讨伐。作《出塞二首》，有"汉虏未和亲，忧国不忧身。……交河明月夜，阴山苦雾辰"的诗句。① 薛道衡、虞世基等有相和之作。薛道衡诗曰："边庭烽火警，插羽夜征兵。……当知霍骠骑，高第起西京。"② 将杨素比为霍去病。陈子良有《赞德上越国公杨素》诗曰："君侯称上宰，命世挺才英。……交河方饮马，瀚海盛扬旌。拔剑倚天外，蒙犀辉日精。"③ 陈子良在唐高祖时为东宫学士。其诗当与薛道衡等作于同时。诗作虽然继承乐府古题之传统，用霍去病伐匈奴等汉典，但诗中"交河"、"瀚海"等可能实际指代的是突厥区域。

唐太宗有《饮马长城窟行》诗曰："塞外悲风切，交河冰已结。瀚海百重波，阴山千里雪。……扬麾氛雾静，纪石功名立。荒裔一戎衣，灵台凯歌入。"就诗歌本身而言，充满着豪壮之气与刚健之风。虽在形式上有仿效隋炀帝同题诗的痕迹，④ 但显示出唐太宗对于唐代初年边塞与国运关

---

① 逯钦立辑校《先秦汉魏晋南北朝诗·隋诗》卷 4，中华书局，1983，第 2676 页。《出塞》二首，疑作于开皇十八年（598）左右。《隋书·杨素传》曰："十八年，突厥达头可汗犯塞，以素为灵州道行军总管，出塞讨之。"
② 《先秦汉魏晋南北朝诗·隋诗》卷 4，第 2680 页。
③ （清）彭定求等编《全唐诗》，中华书局，1960。本文所引唐诗除特别注明外，均出自此书。
④ 隋炀帝《饮马长城窟行》曰："肃肃秋风起，悠悠行万里。万里何所行，横漠筑长城。……释兵仍振旅，要荒事方举。饮至告言旋，功归清庙前。"

系的深刻认识。诗中"塞外"指长城以北的地区，也称塞北。"瀚海"、"阴山"是蒙古大漠地域的表征。漠北和玉门关一带正是唐代突厥的势力范围，对唐中央政权的威胁也最大。因此，此诗或写于贞观四年（630）平定东突厥汗国之前。末句体现了唐太宗对于平定突厥，彻底解决困扰唐中央政权威胁的决心和愿望。诗中"交河"是指代突厥地域。

虞世南有《从军行》诗曰："烽火发金微，连营出武威。……萧关远无极，蒲海广难依。……交河梁已毕，燕山旆欲挥。"虞世南的诗作主要是拟乐府诗，其中的 8 首边塞诗和游侠诗最具代表。① 诗作描写边塞征战的艰辛，流露出对边塞将士的关注之情。清人沈德潜评此诗"渐开唐风"②。诗中"武威"、"萧关"、"蒲海"、"交河"、"燕山"等地名均指突厥地域。又《中妇织流黄》诗曰："还恐裁缝罢，无信达交河。"此处"交河"也是指与突厥交战的前线。又《结客少年场行》，诗篇将少年侠客从军报国的雄心壮志写得生气勃勃，诗中"天山冬夏雪，交河南北流。云起龙沙暗，木落雁行秋"几句似乎勾勒的是西域的景观，"交河"语汇也似指西域交河。又《出塞》诗曰："雪暗天山道，冰塞交河源。"③ 诗作描写将士为国出征，长途跋涉，历尽艰险。"天山"、"交河"似乎是对西域的具体描述。但从虞世南所处的初唐时期，西域尚未成为唐初边塞的主要内容。后两首诗作仍然与杨素、陈子良、唐太宗作品相似，在继承乐府古题传统的同时，指向与隋唐政治稳定关系密切的突厥汗国及其与之的战争，具有一定的写实特征。另有陈昭《昭君词》曰："交河拥塞路，陇首暗沙尘。"④ 陈昭，约为太宗时期人。⑤ "交河"于此也指突厥之地。

---

① 乔象钟、陈铁民主编《唐代文学史》，人民文学出版社，1995，第 72 页。
② （清）沈德潜：《唐诗别裁集》卷 1《五言古诗·虞世南》，中华书局，1975，第 7 页。
③ 《结客少年场行》在（宋）李昉等编《文苑英华》卷 197 中作虞世基诗，题为《出塞二首》，此为其二（中华书局，1966，第 937 页），题下注曰："和杨素。"（宋）郭茂倩《乐府诗集》卷 21《横吹曲辞》（中华书局，1979，第 319 页）、《先秦汉魏晋南北朝诗·隋诗》卷 6（第 2710 页）同。据此，或本诗当为虞世基所作。
④ （唐）欧阳询《艺文类聚》卷 30《人部》十四"怨"载"陈明昭君辞"，注曰："《乐府诗集》二十九作陈昭，按晋讳'昭'作'明'，当是陈昭沿旧称作'明君辞'，后人误倒。"（上海古籍出版社，1965，第 540 页）《艺文类聚》载诗为"郊河壅塞雾"，而《全唐诗》卷 19 作"交河拥塞路"（第 214 页），其中"郊河"与"交河"不同，按诗句含义，或《艺文类聚》为确。
⑤ 《艺文类聚》收陈昭《昭君辞》，而是书作者欧阳询于贞观十五年（641）去世，故陈昭应在此前已知名。

其二，指代边塞功业，体现大唐兴盛与士子追逐功名的心态

"初唐四杰"之一的卢照邻有《王昭君》诗曰："合殿恩中绝，交河使渐稀。……愿逐三秋雁，年年一度归。"卢照邻是当时文坛革新派，尤以五律为长。① 《王昭君》（又名《昭君怨》）也是乐府旧题。傅璇琮先生认为显庆五年（660）卢照邻"西使出塞"，《昭君怨》、《关山月》等诗写于西使之时。② 《昭君怨》表达作者对于朝廷少于眷顾、才华难以施展的心情，表面似有闺怨诗特征，实际乃是大唐兴盛之际，士子追逐功名的一种期冀心态的表达。诗中"交河"乃泛指边关要塞，即建功立业之地。

骆宾王有《从军中行路难》诗曰："阴山苦雾埋高垒，交河孤月照连营。……阵云朝结晦天山，寒沙夕涨迷疏勒。"骆宾王咸亨元年（670）初，从军边塞。③ 其间创作了不少边塞军旅的作品。傅璇琮先生认为，此诗写于咸亨三年（672）骆宾王从军姚州时。④ 诗中虽有"阴山"、"交河"、"天山"、"疏勒"等较为具体的西北边疆代表景观，但表达的主要是"但使封侯龙额贵"的心态。诗中"交河"并非确指西域，而是边关要塞的泛称。刘希夷有《入塞》诗曰："霜雪交河尽，旌旗入塞飞。……课绩朝明主，临轩拜武威。"《入塞》是乐府横吹曲名，内容多写军人从边塞返归的情景。刘希夷略晚于初唐四杰中的卢、骆，善写军旅、闺情诗。诗作反映的是将士从边塞归来的情景，有功成名就的意味。诗中"交河"是边关要塞的泛称。又有《捣衣篇》一首，诗曰："缄书远寄交河曲，须及明年春草绿。"在古典诗词中，《捣衣》诗多是反映征人离妇、远别故乡的惆怅情怀。诗中"交河"是泛指遥远的边关要塞。

李元纮，开元初，擢京兆尹，玄宗时著名宰相。《相思怨》诗曰："交河一万里，仍隔数重云。"《新唐书·李元纮传》载："元纮再世宰相，有清节，其当国累年，未尝改治第宅，僮马敝弱，得封物赒给亲族。"⑤ 诗中"交河"泛指远在边关要塞的亲人。李白也有《捣衣篇》诗曰："玉手开缄长叹息，狂（一作"征"）夫犹戍交河北。万里交河水北流，愿为双燕泛中洲。……"诗作与刘希夷《捣衣篇》同，"交河"是边塞的泛称。李

---

① 乔象钟、陈铁民主编《唐代文学史》，人民文学出版社，1995，第117页。
② 傅璇琮：《唐五代文学编年史·初盛唐卷》，辽海出版社，1998，第165页。
③ 乔象钟、陈铁民主编《唐代文学史》，人民文学出版社，1995，第112页。
④ 傅璇琮：《唐五代文学编年史·初盛唐卷》，辽海出版社，1998，第217页。
⑤ 《新唐书》卷126《李元纮传》，中华书局，1975，第4418页。

昂，开元中人，存诗两首。《从军行》诗曰："麾兵静北垂，此日交河湄。"诗中"交河"也泛指边塞，体现作者对于建功边陲的期望。

其三，专指西域交河，体现盛唐之际西域境况与中原的联系加强

骆宾王有《晚度天山有怀京邑》诗曰："忽上天山路，依然想物华。云疑上苑叶，雪似御沟花。行叹戎麾远，坐怜衣带赊。交河浮绝塞，弱水浸流沙。"傅璇琮先生认为骆宾王于咸亨元年"西行出塞"，此诗写于是年。① 前四句是以京城长安的景物与天山边防之地比拟。如"天山"的寒冷、萧条与京城的"物华"，边塞的"云"与"上林苑"的繁茂树木，边塞的"雪"与"御沟"（即宫城的护城河）中飘落的"花"的对比。诗中"交河"，指水名，源于天山，流经交河城下。

李颀的《从军行》是"交河"语汇唐诗的代表作，诗曰："白日登山望烽火，黄昏饮马傍交河。"《从军行》是乐府古题。诗作对当代帝王的好大喜功，穷兵黩武，视人民生命如草芥的行径，加以讽刺，悲多于壮。诗篇先写紧张的从军生活。白天爬上山去观望四方有无烽火；黄昏又到交河边上放马饮水。"公主琵琶"是指汉朝公主远嫁乌孙国时所弹的琵琶曲调。"空见蒲桃入汉家"，"蒲桃"即葡萄。此处是讥讽好大喜功的帝王，牺牲了无数人的性命，换到的是什么呢？只有区区的蒲桃而已。诗作虽然以汉代故事为描写对象，但"交河"却是有实际所指，即西域水名。

王维的《送平澹然判官》诗曰："不识阳关路，新从定远侯。……瀚海经年到，交河出塞流。"诗中"阳关路"，是经阳关通往西域的道路。"定远侯"，汉将班超，出使西域有功，封定远侯。贞观十四年（640）"于西州置安西都护府，治交河城"②，"以其地置西州，又置安西都护府，留兵以镇之"③。所以有"瀚海经年到，交河出塞流"句。"交河"即实指西域。

杜甫也有《高都护骢马行（高仙芝开元末为安西副都护）》诗曰："安西都护胡青骢，声价欻然来向东。……腕促蹄高如踏铁，交河几蹴曾冰裂。"诗中"踏铁"是形容马蹄坚硬如铁，行于"交河"之上，曾踏裂

---

① 《唐五代文学编年史·初盛唐卷》，第 207 页。同书第 216 页认为，咸亨二年（671）秋天，骆宾王在西域军中，作边塞诗多首，如《在军中赠先还知己》、《久戍边城有怀京邑》等。冬天，骆宾王、杨炯、卢照邻、王勃在长安。

② （宋）王溥：《唐会要》卷 73《安西都护府》，上海古籍出版社，1991，第 1567 页。

③ 《旧唐书》卷 198《高昌》，中华书局，1975，第 5293 页。

冰层。"交河"指西域河流。又有《前出塞》一，诗曰："戚戚去故里，悠悠赴交河。"钱谦益论曰："《前出塞》为征秦陇之兵赴交河而作。"①《出塞》是汉乐府旧题。杜甫《前出塞》共9首，此为其一，约作于天宝十一载（752）。玄宗时，唐王朝在今青海、新疆一带与吐蕃争战，大量征发关中壮丁远戍西北，给人民带来很大痛苦。诗中"交河"乃实指西域交河。又有《送长孙九侍御赴武威判官》诗曰："骢马新凿蹄，银鞍被来好。绣衣黄白郎，骑向交河道。……"此诗约作于唐肃宗至德二年（757），杜甫已为左拾遗。诗中"交河"指西域交河。

岑参是初盛唐交河语汇诗歌创作的代表人物。因其供职于安西、北庭都护府，其所作诗篇中"交河"大多是西域交河的实际地名或河流名。如《武威送刘单判官赴安西行营便呈高开府》诗曰："曾到交河城，风土断人肠。"此诗作于天宝十载五月。②岑参于时在武威安西幕府中任职，③而是年五月，高仙芝统唐军与大食交战，大败而还。诗题中所及刘单，时为安西高仙芝幕府判官。按廖立先生注，诗中"热海"（西域湖泊）、"铁门"（自安西、北庭到热海必经之地）、"火山"（鄯善、吐鲁番间的火焰山）、"昆仑"（喀喇昆仑山）、"赤亭"（鄯善东北）等都是唐代西域地名、山水名，"交河城"即西域交河。④又《天山雪歌送萧治归京》诗曰："交河城边飞鸟绝，轮台路上马蹄滑。"傅璇琮先生认为此诗作于天宝十三载冬季。⑤此时岑参在北庭。诗中"交河"仍为实指。又《使交河郡》诗曰："暮投交河城，火山赤崔嵬。"此诗作于天宝十四载，⑥诗中"交河城"也是实指。又《火山云歌送别》诗曰："缭绕斜吞铁关树，氛氲半掩交河戍。"傅璇琮先生认为此诗作于天宝十四载。⑦岑参于时在北庭，诗中"交河"指交河城。又《酒泉太守席上醉后作》诗曰："浑炙犁牛烹野驼，交河美酒金叵罗。""金叵罗"见李白《对酒》诗："葡萄酒，金叵罗，吴姬十五细马驮。"当是一种金酒杯。"交河美酒"即指西域

①　钱谦益：《钱注杜诗》卷3，上海古籍出版社，1979，第92~93页。
②　廖立笺注《岑嘉州诗笺注》，中华书局，2004，第25页。
③　傅璇琮：《唐五代文学编年史·初盛唐卷》，辽海出版社，1998，第853页。
④　廖立笺注《岑嘉州诗笺注》，中华书局，2004，第25~31页。
⑤　傅璇琮：《唐五代文学编年史·初盛唐卷》，辽海出版社，1998，第915页。
⑥　廖立笺注《岑嘉州诗笺注》，中华书局，2004，第143页。
⑦　傅璇琮：《唐五代文学编年史·初盛唐卷》，辽海出版社，1998，第922页。

葡萄酒。又《送崔子还京》诗曰："送君九月交河北，雪里题诗泪满衣。"廖立先生认为此诗写于天宝十四载。① 岑参时在北庭。"交河"也是实指。不过吐鲁番九月不会有雪，当指"交河"北部的天山雪岭。

孟郊有《折杨柳》诗曰："谁堪别离此，征戍在交河。"《折杨柳》也是乐府旧题。此处"交河"指交河城。陶翰，约唐玄宗时人②，有《燕歌行》诗曰："雪中凌天山，冰上渡交河。"该诗写于何年，难以确定。考陶翰有《送封判官摄监察御史之碛西序》，述及封常清随高仙芝，"封弱水，擒月氏，略康居，取勃律"。因此"拜命封侯，功成事立，不同日言矣！""别路云树，苍茫欲秋。可以赠离杯，可以赠离唱，乃命座客，唯然赋诗。"③ 可见，陶翰与封常清感情甚深，《燕歌行》或作于此次离别。④ 诗中提及的"家在辽水头"、"出自为汉将"、"雪中凌天山，冰上渡交河"，当是指封常清的直接上级高仙芝。《旧唐书·高仙芝传》曰："本高丽人也。……少随父至安西，以父有功授游击将军。……开元末，为安西副都护、四镇都知兵马使。"⑤ 高仙芝出自高丽即"辽水头"，少年随父从军安西，后为"四镇都知兵马使"，即西域封疆大吏，故诗中"交河"当指西域交河。贾岛的《积雪》诗曰："昔属时霖滞，今逢腊雪多。南猜飘桂渚，北讶雨交河。……""桂渚"指栽有桂树的洲渚，形容风景幽雅之地。如鲍照《喜雨》诗曰："惊雷鸣桂渚，回涓流玉堂。"贾岛诗中的"交河"与"桂渚"对应，描写南北冬季景色，"交河"当指西域交河。

其四，意指藩镇之乱，体现唐中后期国家形势的变迁和人民疾苦

安史之乱爆发，唐朝由于忙于剿灭安史叛军，无暇顾及边防，吐蕃等政权乘机入侵，大片国土因此丧失。宝应二年（763）秋七月，"吐蕃大寇河、陇，陷我秦成、渭三州，入大震关，陷兰、廓、河、鄯、洮、岷等州，尽有陇右之地。整个西北边陲尽失"⑥。"二庭四镇，统任西夏五十七

---

① 廖立笺注《岑嘉州诗笺注》，中华书局，2004，第774页。

② 傅璇琮先生认为："安史之乱后即未见翰之行迹，其卒年或当在天宝末，其确切之生卒年则不可考知。"见《唐才子传校笺》卷2《陶翰》，中华书局，1987，第283页。

③ （清）董诰《全唐文》卷334《送封判官摄监察御史之碛西序》，中华书局，1983，第3379~3380页。

④ 傅璇琮先生认为《陶翰送封判官摄监察御史之碛西序》大约作于天宝六载（747）封常清担任判官。见《唐才子传校笺》卷2《陶翰》，第283页。

⑤ 《旧唐书》卷104《高仙芝传》，第3203页。

⑥ 《旧唐书》卷11《代宗本纪》，第273页。

蕃、十姓部落，国朝以来，相奉率职。"① 但自河、陇陷虏，伊西、北庭为蕃戎所隔，其土已失，李嗣业、孙志直、马璘辈皆不过遥领其节度使名。虽然安史之乱最终平息，但藩镇割据的局面已然形成。藩镇叛乱成为中晚唐时期中央王朝面临的最大挑战。贞元、元和年间，唐朝开始推行一系列的变革，希望摆脱困境，重振大唐盛世。中唐文学在这种背景下，兴起了著名的"古文运动"。诗歌创作也在形式和风格上迅速革新，追求写实、通俗、详尽、怪奇等倾向形成趋势。② "元和体"成为当时的主要代表。西域语汇唐诗在这一背景下，也倾向于写实的变化。

清江《早发陕州途中赠严秘书》诗曰："人家依旧垒，关路闭层城。未尽交河虏，犹屯细柳兵。"清江约生活于唐大历、元和期间。傅璇琮先生认为诗题中"严秘书"即严维，严维在建中年间入朝为秘书郎。据此诗，则建中年间清江又曾北游上都，并寄寓严维家中。"人家依旧垒，关路闭层城。"傅先生认为此句"甚可注意"，因为建中二年（781）河北三镇合纵而叛，四年（783）春正月，李希烈陷汝州，东都震骇，陕州一带也告紧急，此诗或作于此一期间。③ 因此诗中"交河"语汇代指河北三镇之叛军。白居易《缚戎人》诗曰："缚戎人，缚戎人，耳穿面破驱入秦。……忽逢江水忆交河，垂手齐声呜咽歌。……缚戎人，戎人之中我苦辛。自古此冤应未有，汉心汉语吐蕃身。"《缚戎人》叙述了边镇附近的一个居民，在代宗时被吐蕃俘获，到德宗时期怀着一颗爱国心冒死逃归，却被唐边将捉住，当做"藩虏"，被流放南方。④ 揭露了边将拥兵不战，不但不救援沦陷区的遗民，反倒把历经艰险归来的爱国者当做"藩虏"捕捉、流放，而不加甄别。诗中"交河"指代唐与吐蕃交界之藩镇边地。

皎然有《效古》诗曰："思君转战度交河，强弄胡琴不成曲。"皎然，俗姓谢，幼年出家。出家后，始终不忘吟诗。常以诗会友，与同时代的颜真卿、韦应物、卢幼平等都过从甚密，是诗僧中之佼佼者，在百花争艳的唐代诗坛，可谓一家。吴蔼宸先生《历代西域诗钞》未收此诗，而收录了皎然的《塞下曲二首》，说明此诗或不在西域诗范畴。因诗中所述乃一种

---

① 《旧唐书》卷 12《德宗本纪》下，第 329 页。
② 罗宗强：《唐诗小史》，陕西人民出版社，1987，第 179 页。
③ 《唐才子传校笺》卷 3《清江》，第 537～540 页。
④ 吴庚舜、董乃斌主编《唐代文学史》，人民文学出版社，1995，第 261 页。

闺怨情调，实际也是对于战争的无奈和哀怨。诗中"交河"也是指代藩镇之乱。雍裕之（贞元后诗人）《五杂组》诗曰："五杂组，刺绣窠。往复还，织锦梭。不得已，戍交河。"《五杂组》是古代诗歌体裁之一，以三言为特征。《艺文类聚·杂文部》二"诗"载："古《五杂组》诗曰：'五杂组，冈头草。往复还，车马道。不获已，人将老。'"① 后代又有齐王融《代五杂组》、梁范云《拟古五杂组》等作品。雍裕之此作也是拟古三言乐府。三言古体诗因受字数限制，难以表达复杂细腻的思想情感，也较少反映出时代特征，或因如此，三言体诗未能成为唐代诗歌的主要类型。比较唐代同题作品，如"五杂组，甘咸醋。往复还，乌与兔。不得已，韶光度"（颜真卿）、"五杂组，五色丝。往复还，回文诗。不得已，失喜期"（皎然）等，大多表达的是一种无可奈何的情绪，并无明确的时空概念。所以，诗中"戍交河"也是泛指边塞，考量作者所处时代，当是对因藩镇割据而起的战乱的不满和无奈。

张仲素，宪宗时为翰林学士，后终中书舍人。其诗 39 首，多为乐府歌词。语言清婉爽洁，悠远飘逸。《塞下曲》诗曰："交河北望天连海，苏武曾将汉节归。"张仲素贞元十四年登进士第。贞元十七年为徐州幕从事。元和十年，作《燕子楼》诗三首，悼念徐州故张尚书（愔）爱妓盼盼，白居易继作三首。② 他主要活动于唐宪宗元和时期。考之史文，中唐以后，为朝廷巨患者，莫大于吐蕃。双方时有战争，河西、陇右多为吐蕃占据，断不会有"交河"战事。而宪宗时期在削弱藩镇方面卓有成效，相继平定西川、夏绥两镇叛乱，从而坚定了宪宗消除藩乱、统一疆域的信念。元和元年，一些藩镇表示愿意归顺朝廷。其中有武宁军节度使张愔。贞元二十年，张仲素"从事武宁军累年"，是张愔幕府从官。元和元年张仲素当仍在武宁军供职。因此，该诗所写应是武宁军归顺朝廷事，诗当作于元和元年十一月前后。诗中"交河"代指武宁军节度使所辖地域。

赵嘏《恒敛千金笑》曰："玉颜恒自敛，羞出镜台前。早惑阳城客，今悲华锦筵。从军人更远，投喜鹊空传。夫婿交河北，迢迢路几千。"赵

---

① （唐）欧阳询《艺文类聚》卷 56《杂文部》二"诗"，上海古籍出版社，1965，第 1007 页。

② 傅璇琮：《唐五代文学编年史》，辽海出版社，1998，第 743 页。

碬，会昌三年（843）"落第在京"①。时太仆卿赵蕃出使黠戛斯，赵碬作诗 6 首送别。会昌末或大中初复往长安，入仕为渭南尉。此作为《昔昔盐二十首》之一。赵碬《昔昔盐二十首》是唯一保留完整的曲辞。诗作中可见"阳关"、"关山"、"塞上"、"征西"、"玉关"、"居延"、"海西"、"征戍"等语汇，可知多是以描写女子思念远征亲人为内容。诗中"交河"与"阳关"等语汇同是边塞的泛称，而于时当是指藩镇之乱。

于濆，在唐末诗坛较少为人所重，其创作具有现实主义特色；患当时诗人拘束声律而入轻浮，故作《古风》三十篇，以矫弊俗，自号逸诗。②《沙场夜》诗曰："士卒浣戎衣，交河水为血。"该诗描写的是"交河故城"驻军，在交河中饮战马、浣戎衣，战袍上的鲜血染红了流淌的交河水。诗中"交河"看似实指西域交河，但唐代后期对于西域已经难以顾及。该诗虽然描写的是边陲将士的艰辛、痛苦，实际反映的是中原战乱不已，士兵对自己的生死难以预料。故诗中"交河"实际是指代藩镇战乱。

张乔《赠边将》诗曰："翻师平碎叶，掠地取交河。"张乔，生卒年不详，懿宗咸通中年进士，当时与许棠、郑谷、张宾等东南才子称"咸通十哲"。傅璇琮先生认为，张乔曾游历过东北边境、西北凉州、沙州等地。但于时西域地区已被吐蕃占据，而此诗当与《再书边事》写于同一时期，指张义潮收复河湟地区之事。"交河"即指代被吐蕃占据的河湟之地。

胡曾《交河塞下曲》诗曰："交河冰薄日迟迟，汉将思家感别离。"作者生卒年不详，懿宗咸通年间（860～874）中进士，曾任汉南节度使从事。高骈镇蜀时，任其为书记。胡曾为军官多年，历览古代兴废陈迹，辄慷慨悲歌。诗中"交河"代指边塞，考之时代，当指代藩镇地区。

陈陶《水调词》诗曰："征衣一倍装绵厚，犹虑交河雪冻深。"这首诗写征戍之苦与征夫思妇的哀怨，刻画细腻，凄婉动人，与其"可怜无定河边骨，犹是春闺梦里人"同一旨归，表达了作者的反战思想。此处"交河"是指代连绵不断的藩镇战乱。

陆龟蒙《孤烛怨》诗曰："前回边使至，闻道交河战。"《新唐书·隐逸传》载陆龟蒙："不喜与流俗交，虽造门不肯见。不乘马，升舟设蓬席，赍束书、茶灶、笔床、钓具往来。时谓'江湖散人'，或号'天随子'、

---

① 傅璇琮：《唐五代文学编年史》，辽海出版社，1998，第 221 页。

② 吴庚舜、董乃斌主编《唐代文学史》，人民文学出版社，1995，第 459、460 页。

'甫里先生'。"① 可见他以散淡自处，努力放神于自然。该诗为唐代闺怨诗的代表作之一，字里行间蕴涵着深细入微的担忧和体贴，表达着对战争的无奈和反抗。与陈陶的"征衣一倍装绵厚，犹虑交河雪冻深"似为相类。诗中"交河"也是对藩镇战争的指代。

二

边塞诗是唐诗中具有重要影响的类别之一。其中运用西域地名、国名、风物等语汇的诗歌占有较大的比重。诗歌语汇的运用往往与社会历史变迁有着密切的关系。从"交河"语汇唐诗意象四次流变的历史进程中，我们或许可以形成如下的几点认识。

第一，"边塞诗"的内涵与外延是随着时代形势的变迁而变迁。如何对"边塞诗"进行界定是一个存在争议的问题。文学史界对于"边塞诗"的界定大体有广义和狭义之别。从广义上讲，"举凡从军出塞，保土卫边，民族交往，塞上风情；或抒报国壮志，或发反战呼声，或借咏史以寄意，或记现世之事件；上自军事、政治、经济、文化，下及朋友之情、夫妇之爱、生离之痛、死别之悲，只要与边塞生活相关，统统可归于边塞诗之列"②。就狭义而言，"边塞诗以地域而言，主要指沿长城一线及河西陇右的边塞之地。以作者而言，要有边塞生活的亲身体验。以边塞诗作者的作品而言，要是他们作品中的主要成就部分"③。多数学者认为广义界定比较易于接受。对于"边塞诗"产生的时空限定，有学者认为"边塞诗"只产生于唐代，甚至只是盛唐这一特定时期的产物，中晚唐不涉及，更不能上溯至汉魏，下流至宋元。地理方位也应该限制在边塞，即长城一线，向西延伸到安西四镇，时间上应指盛唐和中唐。④ 新近论者认为"边塞诗"产生的时空界限应上溯至先秦两汉；"边塞诗"早于"边塞诗人"或"边塞诗派"。⑤ 无论广义还是狭义的界定，"边塞"、"战争"可能是所谓"边塞

---

① 《新唐书》卷 196《隐逸传》，第 5613 页。
② 胡大浚：《边塞诗之涵义与唐代边塞诗的繁荣》，载《唐代边塞诗研究论文选粹》，甘肃教育出版社，1988，第 44、45 页。
③ 谭优学：《边塞诗泛论》，《唐代边塞诗研究论文选粹》，第 2 页。
④ 《关于唐代边塞诗的讨论综述》，《唐代边塞诗研究论文选粹》，第 356、357 页。
⑤ 余正松：《边塞诗研究若干问题刍议》，《文学遗产》2006 年第 4 期，第 56～64 页。

诗"的基本要素。以战争为视野，岂止先秦两汉至于宋元，整个中国古代始终都有发生于边塞地区的战争，也岂止长城一线？从"交河"语汇唐诗在初盛唐和中晚唐的意象变迁可以看出，所谓"边塞"是一个动态的概念，既有疆域控制的动态变迁，也有时势的动态变迁。诗歌创作因时而作，言表志趣，多以时势的变迁为转移。初盛唐"交河"语汇唐诗的意象从"突厥汗国"到"边塞功业"，又到"西域交河"，中晚唐转移为"藩镇之乱"就说明了这一点。"边塞诗"的界定可能更多的应该是一种"精神"或"魂"的传承，而不是以战争或边塞为基准。这种"精神"或"魂"就是抗争，有积极的抗争，或言之进取；也有消极的抗争，或名之悲怨。

第二，"边塞诗"在唐代的创作风格比较明显地体现出现实性特征。无疑，诗歌创作较之史书撰修更多地体现为一种个性化特性。但无论个性化的张扬达到何等程度，也难以完全脱离时代的烙印。汉乐府对"边塞诗"的影响也许最明显的是"感于哀乐，缘事而发"的写实精神。据《汉书·艺文志》："自孝武立乐府而采歌谣，于是有代、赵之讴，秦、楚之风，皆感于哀乐，缘事而发，亦可以观风俗，知薄厚。"① 所以萧涤非先生曾论："盖乐府本含有普遍性与积极性二要素，以入世为宗，而不以高蹈为贵。以摹写人情世故为本色，而不以咏叹自然为职志。"② 后世"边塞诗"深受汉乐府之现实主义影响，表现的是一种现实主义的"精神"。③ 唐代"边塞诗"的创作比较明显地体现出了这种现实主义特征。贞元、元和之际，唐代诗歌的革新可谓如火如荼。正如白居易所论："制从长庆辞高古，诗到元和体变新。"就诗歌创作思想的转变而言，跳出盛唐风骨远韵，追求理想化的程式，转而推崇尚实、尚俗、务尽的风格，④ 无疑是中晚唐诗歌创作的特性。从上述"交河"语汇唐诗的创作中可以发现，"交河"语汇意象的转移，正是建立在这种务实的思想倾向之上。初盛唐解除突厥

---

① 《汉书》卷30《艺文志》，中华书局，1962，第1756页。

② 萧涤非：《乐府文学史》，人民文学出版社，1984，第260页。

③ 佘正松：《中国边塞诗史论》，四川大学2005年博士论文，第30页。就边塞诗产生重大影响的奥妙问题时论道："奥妙就在于它在长期的发展过程中，积淀了深厚的民族文化精神，铸就了中华民族优秀传统的重要组成部分。"佘先生虽然是讨论边塞诗的影响，但也可说是在论边塞诗传承的是某种"精神"。

④ 罗宗强：《隋唐五代文学思想史》，上海古籍出版社，1986，第277页。

压力、经营西域边疆的时代内容，成为诗歌创作的重要源泉；初盛唐"交河"语汇唐诗则以此现实内容为基础，反映时人的现实宿求。中晚唐之际的西域，包括交河、安西甚至陇右之地多为吐蕃所控。盛唐之际"西域交河"作为大唐武功象征的意象，已经失去了存在的现实基础，转而变为指向"藩镇之乱"的意象，这成为诗歌创作以现实特性为基础的重要例证。文章为时而作，或为确论。

第三，"交河"语汇在唐诗创作中的突出地位，体现了唐代"边塞诗"创作中强调现实功业的特征。这一点，"高昌"语汇提供了反证。唐诗中仅见的"高昌"语汇作品是柳宗元（773～819）的《乐府杂曲·鼓吹铙歌·高昌》。《诗序》曰："高昌，言李靖灭高昌也。"诗曰："麹氏雄西北，别绝臣外区。既恃远且险，纵傲不我虞。烈烈王者师，熊螭以为徒。……献号天可汗，以覆我国都。兵戎不交害，各保性与躯。"[①]《柳河东集》对《序》注曰："据新旧史高昌传及李靖传，皆不见靖灭高昌事，而公题云靖灭高昌，无所考焉。"[②] 贞观四年（630），唐太宗遣李靖平定东突厥，俘虏颉利可汗，解除了北边的威胁，突厥各部尊唐太宗为"天可汗"；十四年（640），又派侯君集平定高昌麹氏，于其地置西州，并在交河城置安西都护府，为高宗时期最终平定西突厥汗国奠定了基础。李靖平定东突厥汗国，侯君集攻灭高昌王国，明见于正史，并无异议。《诗序》之误，是该诗将唐初两件重大军事行动合并叙述。诗文前12句描述麹氏高昌王国叛唐及唐平定高昌。后10句则讲李靖平定东突厥汗国。柳宗元断不会张冠李戴到如此地步，可能是《诗序》本含李靖、侯君集两事，其间有错漏，致使混乱。查柳宗元《鼓吹铙歌》十二篇，大体按照晋阳起兵到唐初统一的先后，叙述历次重大军事行动，展示唐朝国威的不断壮大。如《晋阳武》叙晋阳起兵、《兽之穷》叙李密降唐、《战武牢》叙破窦建德、《泾水黄》叙平定薛举、《奔鲸沛》叙伐辅公祐、《苞枿》叙平定江南萧铣、《河右平》叙平定河西李轨、《铁山碎》叙平定东突厥、《靖本邦》叙击刘武周、《吐谷浑》叙破吐谷浑、《高

---

① 《全唐诗》卷17《乐府杂曲·鼓吹铙歌·高昌》，第179页。另一首见卷878《童谣·高昌》："高昌兵马如霜雪，汉家兵马如日月。日月照霜雪，回首自消灭。"第9941页。此诗虽收入《全唐诗》，然"童谣"与诗毕竟有别，故不纳入唐诗范畴论之。

② （唐）柳宗元：《柳河东集》卷1《雅诗歌曲》，上海人民出版社，1974，第16页。

昌》叙灭麴氏高昌、《东蛮》叙平定东谢蛮。李靖、侯君集均是唐初名将，在上述战争中，或统率全军，或主持方面。李靖在十二篇中也多次出现。如《铁山碎》、《吐谷浑》等，在《高昌》中再次提及，或是诗文错简所致。众所周知，"高昌"一词在汉文文献中最早见于《汉书·西域传》，文曰："出高昌壁，入匈奴。"① 高昌的历史，大体可分为高昌壁、高昌郡、高昌国三个时期。② 按常理而言，汉唐之际，"高昌"语汇应该具有较高知名度和丰富的文化意象。

"交河"一名也最早见于《汉书·西域传》，文载："车师前国，王治交河城。河水分流绕城下，故号交河。"③ "交河"从未成为王国名称，其显赫或不应比"高昌"更高。何以在上述唐人诗歌创作中，"交河"语汇远比"高昌"突出？《旧唐书·太宗本纪》载：贞观十三年（639）"十二月丁丑，吏部尚书、陈国公侯君集为交河道行军大总管，帅师伐高昌"。十四年"八月⋯⋯癸巳，交河道行军大总管侯君集平高昌，以其地置西州"④。"交河道"是唐代按照行军路线或作战地点命名的一种"道"，长官为某某道行军总管，⑤ 有别于作为监察区的"十道"、"十五道"。不过，无论是因战争而设置的行军道大总管，还是因监察而派出的诸道巡察、黜陟等使，都是代表天子或国家行使征讨和监察权力的机构和官员。因此，"交河"由作战地点成为军事统帅部的名称，可视为"交河"语汇最高级别的运用。平定高昌王国而不以"高昌"命名统帅部，而用"交河"，史无明文，难以确解。不过应可推知，"交河"语汇在唐代的现实意义或许因此而超过了"高昌"。加之，此役之凯旋，使"交河"成为初唐赫赫武功的象征。"交河"语汇的凸显或由此使然。

第四，"交河"语汇唐诗四种意象的流变，也从诗歌创作的视角，提供了一幅西域与唐中央政权关系变迁的画卷。从 40 首"交河"语汇唐诗的梳理中不难发现，唐代"交河"语汇表现为指代突厥汗国、泛指边关要塞、确指西域交河、直指藩镇之乱四种基本意象，而四种意象的应用同西

---

① 《汉书》卷 96 下《西域传》下，第 3924 页。
② 冯承钧：《高昌事辑》，收入《西域南海史地考证论著汇辑》，中华书局，1963，第 48～83 页。
③ 《汉书》卷 96 下《西域传》下，第 3921 页。
④ 《旧唐书》卷 3《太宗本纪》，第 50、51、52 页。
⑤ 张国刚：《唐代官制》，三秦出版社，1987，第 129 页。

域与中原的政治、社会关系变迁基本同步。

综上所述，诗歌创作来源于现实生活，"交河"语汇成为唐代诗歌创作中颇具历史文化特征的语汇，体现了唐代以现代功业为诗歌创作主要内容的文学倾向。"交河"语汇在唐诗创作中语义的流变也反映出西域与唐中央政权关系的变迁。同时，也表明"边塞诗"的意蕴可能更多地体现于抗争精神之传承，而非时空转移之形式。

本文摘自《新疆师范大学学报》（哲学社会科学版）

2008 年第 2 期

回鹘文《大白莲社经》一叶残卷研究

耿世民[*]

摘　要：写本为残卷。根据存有叶码的残叶来判断，它似为一本多达四卷的佛经。在中国的这一叶属第三卷。根据写本的语言特点，该书成书或译成回鹘文在 10 ~ 11 世纪。但根据其字体和正字法特点，此写本则属于较后的 13 ~ 14 世纪。在某些叶的背面左方，用回鹘小字写有 abitaki 几卷几叶的字样。Abitaki 应为汉文"阿弥陀经"的回鹘文拼音。经过与汉文《阿弥陀经》对照后，证明此书与《阿弥陀经》无关。而敦煌藏有回鹘文残片，左方除用回鹘文写有小字 abitaki 外，旁边尚用红墨写有五个汉字"大白莲社经"，所以此书应为《大白莲社经》的回鹘文译本。

关键词：回鹘文　　《大白莲社经》　　阿弥陀

现在只有少数回鹘文文献存留于世，所以任何回鹘文文献（即使是残卷）的发现都对突厥语文学，特别是对维吾尔语文学的研究具有重要意义，都是十分珍贵的材料。

回鹘文《大白莲社经》残卷于 20 世纪 30 年代前后在吐鲁番地区出土后，被人分别卖给法国、土耳其等国。其中若干叶为北京收藏。存于土耳其安卡拉民族学博物馆（Etnografya Muzesi, Ankara）的 5 叶（10 面），1984 年为 A. Temir, K. Kudara, K. Roehrborn 合作研究刊布。[①] 另 5 叶

---

[*]　耿世民，中央民族大学教授。

①　题作 "Die allttuerkischen Abitaki-Fragmente des Etno grafya Muzesi, Ankara"（《安卡拉民族学博物馆藏古代突厥语〈阿弥陀经〉残卷研究》），*Turcica*（法国突厥学报），t. xvi, 1984.

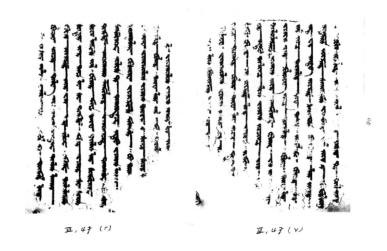

Ⅲ,43 (r) Ⅲ,43 (v)

（10 面）存于土耳其已故著名突厥学教授 R. Arat 的遗稿中，后由 O. Sertkaya，K. Roehrborn 所刊布。[①] 另有重要的一部分藏于法国国家图书馆（Bibliotheque Nationale），详情不得而知。北京收藏的这一部分来源不清楚，估计可能是 20 世纪 30 年代参加中国—瑞典西北考察团的中方成员购自吐鲁番。写本为小型梵笈（pustaka）式样，但无穿绳用的孔眼及其周围的圆圈，大小约为 27cm×21.5cm。每面写 10 行或 11 行。纸质细薄，呈黄褐色。上下天地画有红色线。文中阿弥陀佛等佛的名字通常用红笔书写。

写本为残卷。根据存有叶码（用回鹘字写在背面的左侧）的残叶来判断，它似为一本多达四卷的佛经。现在刊布的保存在北京的这一叶属第三卷。

根据写本的语言特点，我认为该书成书或译成回鹘文在 10～11 世纪。但根据其字体和正字法特点，此写本则属于较后的 13～14 世纪。因写本所用的字体为蒙古时代使用的字体，不区分字母 q 和 gh，s 和 sh。时有字母 t 和 d，s 和 z 混淆使用的情况。这些特点为元代（1271～1368）回鹘文献所特有。

在某些叶的背面左方，用回鹘小字写有 abitaki 几卷几叶的字样。Abi-

---

① 题作 "Bruchstuecke der alttuerkischen Amitabha-Literatur ausIstanbul"（《古代突厥语〈阿弥陀经〉残卷》），UAJB（乌拉尔－阿尔泰学年鉴），Bd. 4, 1984.

taki 应为汉文"阿弥陀经"的回鹘文拼音。经过与汉文《阿弥陀经》（由著名龟兹僧人鸠摩罗什于 4 世纪译成汉文）对照后，证明此书与《阿弥陀经》无关。另外，《阿弥陀经》仅有一卷，而此书则有四卷之多。所以它不是《阿弥陀经》的译本，而是内容也属于阿弥陀崇拜的另一著作。Abitaki 一名此处仅用作书名代号。

1983 年我访问敦煌时，曾在敦煌文物研究所（今敦煌研究院）看到一小片回鹘文残片，左方除用回鹘文写有小字 abitaki 外，旁边尚用红墨写有五个汉字"大白莲社经"。所以我认为此书应为《大白莲社经》的回鹘文译本。

我们知道，中国佛教的"莲宗"（即白莲社）为生活在 4 世纪的庐山慧远所创立，主张崇拜阿弥陀佛。此派因在寺院的池塘里种植莲花作为象征而得名。此派在中国佛教史上又被称作"净土宗"，因提倡念唱阿弥陀佛的名字，就可死后生在"西方净土世界"而得名。

一些学者认为，大乘佛教中的这一学派及其主要著作是在古代伊兰人宗教的影响下形成的。阿弥陀一名来自梵文 Amitābha，意为"无量光"。阿弥陀佛掌管光明的极乐天堂，信徒生前常念唱阿弥陀佛名字的人死后会生在那里。

根据佛教传统，净土宗的著作主要有三部：

一是《阿弥陀经》，一卷，内容是简单描述阿弥陀佛所在的西方极乐净土世界及其功德，并说唱念阿弥陀佛的人死后将生在那里；

二是《无量寿经》，二卷，为粟特人康僧铠于 3 世纪译成汉文，书中详细讲述了阿弥陀佛如何成道和拯救众生，并增加了 48 愿；

三是《观无量寿经》，一卷，由古代新疆和田僧人疆良耶舍于 5 世纪译为汉文，书中提出了以阿弥陀佛及其"乐土"为中心的 16 种观想（回鹘文为 alty ygrmi qolulamaq）。

如上所说，本书无疑属于佛教净土学派的著作。其主要内容是提倡一种最简单易行的成道（死后生在西方极乐世界）方法：观想阿弥陀佛并称念其名，就能生在西方净土世界（这一内容也反映在这里刊布的一叶残文中）。

总之，我们可作出如下的结论：本书为回鹘人在信仰佛教时期译自汉文净土学派一种已佚的著作，它长达四卷之多。由于是残卷，无著者或译者的名字，也不知成书的确切年代。此书的出土说明，古代新疆塔里木盆

地在盛行对弥勒未来佛的崇拜后,^① 对阿弥陀佛的崇拜也曾盛极一时。^②

下面为此书中一叶（二面）回鹘文的拉丁字母转写、汉文译文和简单的注释。

所用符号如下：

（ ）：其中的文字为作者依上下文意补加的；

……：表示所缺文字不详；

///：表示缺 3 个字母；

..：表示原文中用以表示标点符号的二短划；

拉丁字母转写

Ⅲ，47

recto

正面

133（1）… – gh ärsä r ulugh yrly（qancucy kö ng）ülgä tükällig

要以大慈大悲之心

134（2）bolghu ücün tolp nom oghushyntaqy tynlghlargha

转福分给全法界之众生。

135（3）buyan äwirmäk ärür（..）yana ymä alty ygrmi qolulamaq

再有，在《十六观经》

136（4）sudurnyng qan lu su tigmä king yö rir susynta

名叫"甘露序"广为阐明的序言中

137（5）sö zlä mish ol.. birö k kim qayu tynlyghlar suhawati

说道：如某人要想生在西方

138（6）tigmä ärtuqraq mä ngilig yirtincüdä toghgh-aly kö sä sä r（..）

极乐世界，

139（7）suxawati ulushta toghurdacy ädgü yoryqla-rgha

那他就应当努力修行可以使他生在

140（8）qatyghlanu byshrunu yorymysh krgä k.. bu qat（yghlanu）

---

① 参见收入拙著《新疆文史论集》（中央民族大学出版社，2001）、《维吾尔古代文献研究》
（中央民族大学出版社，2003）中的有关回鹘文《弥勒会见记》研究的文章。

② 我认为我以前的学生卡哈尔发表在《文物》（1987 年第 5 期）上的《回鹘文慧远传残卷》
也属于此书的一部分，但属于另一较古的写本。

西方极乐世界的善事。

141（9）（bysh）runu yoryghuluq yoryq qawyrasyncha sö zl（äsä r iki）

概括说来，这种修行有两种。

142（10）türlüg bolur.. qayular ol iki türl（üg tisär）（..）

是哪两种？

143（11）（angil）ki yoryghuluq yoryq oghuryn u-...

第一种要做的事是……

verso

反面

144（1）...-luq byshrunmaq......

修习……

145（2）...-layu yoryghuluq yoryq oghuryn...

所行之事……

146（3）üc türlüg bolty.. qayular üc tip ti（sä r ang-）

有三种。若问哪三种？

147（4）（ilki）burxanygh ö mä klig yoryq.. iki（nti yirtincü-）

第一是赞佛行。第二

148（5）tä ä dgü qylynclygh yoryq ücün yig...

为了在世上行善（事）……（第三是）

149（6）qolulamaqlygh yoryq ä rür.. angilki burxanygh（ömä klig）

观想行。第一（念）佛

150（7）yoryq yana bölünüp üc türlüg bolur.. qayular

行，又分为三种。

151（8）ol üc türlüg tip tisä r.. angilki burxanlar

哪三种？第一，

152（9）adyn adap ö mä k saqynmaq.. bu burxanlar adyn

要称名观想佛名。

153（10）adamaq ö mä k saqynmaq yügä rü til üzä kö ngül üz-

称名观想佛名（又）分为

154（11）ä bö（lünmä k）lig ä rür.. til（üzä）ä rsä r tk til üz（ä）

用舌和用心两种。所谓用舌不仅用舌……

简单注释

　　一般回鹘语词和佛教术语不加注释。阿拉伯数字表示行数。所用缩写字如下：

　　DTS：Drevnetyurkskiy Slovar'，1969（古代突厥语字典）

　　ED：G. Clauson：An Etymological Dictionary of Pre-Thirteenth-Century Turkish，1972.（13 世纪前突厥语词典）

　　SH：Soothill，Hodous：A Dictionary of Chinese Buddhist Terms，1975.（中国佛教术语字典）

　　Skr.：Sanskrit（梵文）

　　134：nom oghushy：汉文"法界" = Skr. Dharmadh ātu "dharma-realm"（SH，p. 271）。

　　135：buyan äwir-：回向，也称"转功德" = Skr. pariṇāmanā "把功德从一人转向另一人"（SH，p. 205）。

　　135：alty ygrmi qolulamaq sudur：（十六观经），为回鹘文对《观无量寿经》的译名 = Skr. Amitayurdhyāna-sūtra。

　　136：qam lu su：可能为汉文"甘露序"的译音。不知何所本。

　　137：suhawati：（西方极乐世界） = Skr. Sukhāvatī。

　　141：qawyrasyncha：根据上下文，为"概括而言"之意。似来自动词"qawyr-"（to collect，to gather）（DTS，p. 436）。

　　152：（burxan）atyn ata-（原文写作 adyn ada-）："称（佛）名"，汉文也作"念佛" = Skr. buddha-anusmṛti。

　　（注：本文是同名文章的第五部分）

本文摘自《新疆师范大学学报》（哲学社会科学版）

2007 年第 4 期

塔里木盆地"沙埋古城"的
两则史料辨析

田卫疆[*]

摘　要：文章通过对唐代玄奘《大唐西域记》和明朝时期喀什噶尔人米儿咱·马黑麻·海答儿《拉失德史》中有关塔里木盆地周边古城消亡的民间"历史记忆"材料的解读和分析，研讨了这些传闻材料的来源、内涵及其西域文化史上的意义。希冀通过对塔里木盆地周边古城消失原因的探索，给人们提供一个能够对古代新疆地区沙漠化和生态环境问题进行认识有所助益的文化视角。

关键词：文献　塔里木　古城消失

近代以来，中外考古学家在塔里木盆地沙漠深处相继发现数处古城遗址。在以往对这些沙埋古城废弃原因的研讨中，人们多从自然和社会两个方面的因素入手，所利用的可资说明的依据，就是自然科学测量的数据，前人的文字记录，以及后来考古学家的若干发掘报告，而对历史文献中的传闻材料绝少留意，或许是因此类资料多属乡俚话语、民间传说，可信程度较低的缘故。本文这里拟通过对这些历史文献中的民间"历史记忆"材料的利用和人类学分析，希冀提供一个能够对塔里木盆地沙埋古城废弃原因，以及新疆地区历史上沙漠化问题重新认识的文化视角。

* 田卫疆，新疆社会科学院历史研究所研究员。

一

我国汉文古籍里对塔克拉玛干沙漠周缘各地古城分布的记述，当以唐朝前往印度取经的佛僧玄奘的记录最为详尽。

唐朝贞观初年，唐僧玄奘西行取经东归长安后，在奉敕撰写的著作《大唐西域记》卷十二"瞿萨旦那（于阗）"境内的"媲摩城凋檀佛像"中记载了这样一个扑朔迷离的传说故事：

> 战地东行三十余里，至媲摩城，有凋檀立佛像，高二丈余，甚多灵应，时烛光明，凡有疾病，随其痛处，金薄帖像，即时痊复。虚心请愿，多亦遂求。闻之上俗曰：此像，昔佛在世矫赏弥国邬陀衍那王所作也。佛去世后，自彼凌空至此国北曷劳落迦城中。初，此城人安乐富饶，深著邪见，而不珍敬。传其自来，神而不贵。后有罗汉礼拜此像。国人惊骇。异其容服，驰以白王。王乃下令，宜以沙土坋此异人。时阿罗汉身蒙沙土，糊口绝粮。时有一人心甚不忍，昔常敬尊礼此像，及见罗汉，密以馔之，罗汉将去，谓其人曰："却后七日，当雨沙土，填满此城，略无遗类。尔宜知之，早图出计。犹其坌我，获斯殃耳。"语已便去，忽然不见。其人入城。具告亲故。或有闻者，莫不嗤笑。至第二日，大风忽发，吹去秽壤，雨杂宝满衢路。人更骂所告者。此人心知必然，窃开孔道，出城外而穴之。第七日夜，宵分之后，雨沙土满城中。其人从孔道出，东趣此国，止媲摩城。其人才至，像入龙宫。今曷劳落迦城为大堆阜，诸国君王，异方豪右，多欲发掘，取其宝物。适至其侧，猛风暴发，烟云四合，道路迷失。①

依照玄奘口述、其弟子整理的《大唐恩慈三藏法师传》中的记载，玄奘东归行程，曾途经和阗地区并逗留一段时间，一则讲经授徒，二则受命在此等候唐太宗令其东归之敕令。故使他有足够时间对该地的社会民俗情况有一个比较清晰的了解。其书中记载的"曷劳落迦城"的故事，查考其

---

① 季羡林等校注本《大唐西域记校注》，中华书局，1985，第1026~1027页。另参见慧立、彦悰著《大慈恩寺三藏法师传》对此的简略记载（中华书局，2000，第124页）。

他佛教经典文献，也都曾留有痕迹，如唐朝义净译《根本说一切有部毗奈耶》、道宣的《释迦方志》皆有类似的记载。① 其中"洄檀立佛像"的传闻早在玄奘之前成书的《洛阳伽蓝记》卷五中已有记载。② 只不过《大唐西域记》中记载得更为详细而已。

按玄奘书中所谓"曷劳落迦城"，从地理方位上分析当地处瞿萨旦那的北部，"媲摩城"之西。一般认为，此即今楼兰故城遗址，③ 有些学者认为，"曷劳落迦城"（hat-lo-lak-keai）与楼兰（Kroraimna）拟是同音异译。④

通过对玄奘书中记录的这些传闻故事的分析，不难看出，关于"曷劳落迦城"的故事，一方面著者杂糅并用了一些佛教教义方面的传说，另一方面也不排除他融会了当地流传的一些民间传说，当然作者有意进行了在他看来比较合乎逻辑的新的阐释，所以，玄奘有关当地这一带地区沙化情景的传说记录应该是其书中的最新创作内容。

在这则带有浓郁佛教教义内涵的民间传说中，玄奘无意间给今人提供了两则重要的信息：一是说明当他途经该地时，昔时繁华的"曷劳落迦城"此时为沙漠所掩埋，已成为"故城"，所以才有"诸国君王，异方豪右，多欲发掘，取其宝物"之事。这一点似乎也为近代以来诸多考古发掘

---

① 如唐朝道宣：《释迦方志》遗迹篇第四："……其像本在矫赏弥国，是邬陀衍那王所造。凌空至此国北曷劳落迦城，有异罗汉每往礼之。王初不信，以沙土坌罗汉。乃告敬信者曰：'却后七日，沙土满城。'于后二日，乃雨宝满街。至七日，夜果雨土填城，略无遗人。其先告者预作地穴，从孔而出，东趣媲摩，像亦同至。有记云：'法灭之时，像入龙宫也。其曷劳城今为大垍。王欲掘宝，必遭风变'"。一般认为，此当为玄奘书的节本，但仍有相异处。中华书局范祥雍点校本，2000，第15～16页。

② 《洛阳伽蓝记》卷五称："从末城西行二十二里，至捍么城，南十五里有一大寺，三百余众僧。有金像一躯，举高丈六，仪容超绝，相好炳然，而恒东立，不肯西顾。父老传云，此像本从南方腾空而来，于阗国王亲见礼拜，载像归，中路夜宿，忽然不见。遣人寻之，还来本处。即起塔，封四百户，供洒扫，户人有患，以金箔贴像，所患处即得除愈。"

③ "曷劳落迦城"之考证可详见季羡林等校注本《大唐西域记校注》第1029页注3。按玄奘弟子慧立、彦悰《大慈恩寺三藏法师传》卷五中记载，玄奘抵达于阗后，得到唐太宗敕令，皇帝"令敦煌官司于流沙迎接，鄯鄯（一本作鄯善）于沮沫迎接"。尔后，玄奘离开于阗后，经媲摩城、泥壤城，至"折摩驮那故国，即沮沫地"，又"东北行千余里，至纳缚波故国，即楼兰地，展转达于自境，得鞍乘已，放于阗使人及驼马还"。可知曷劳落迦城应是"纳缚波故国，即楼兰地"组成部分。慧立、彦悰：《大慈恩寺三藏法师传》，中华书局，2000，第124页。

④ 参见余太山《楼兰、鄯善、精绝等的名义——兼说玄奘自于阗东归的路线》，田卫疆、赵文泉主编《鄯善历史文化论集》，新疆人民出版社，2006，第77页。

报告，如位于塔里木盆地南缘的楼兰、小河、尼雅等故城遗址出土的资料所印证，唐朝之前这些城镇已然消失在沙漠中。二是间接婉转地记录了"曷劳落迦城"被沙尘暴淹没的整个具体过程。借口罗汉的故事，讲述了罗汉因为当地一个居民心存怜悯救他而留下遗言，预告了当地即将发生沙尘暴的消息，然而当该居民告诉市民时却遭到讥笑，尔后唯营救过罗汉的居民因听信遗言而获救，其他人则为沙尘掩埋，所谓"雨土填城，略无遗人"①。若排除掉其中的佛教传说成分，这里所反映的当是作者经行该地时征集到的民间关于沙漠古城神秘消失的一则传说。

二

在唐朝玄奘西行取经东归后 8 ~ 9 个世纪，16 世纪出生于喀什噶尔地区的具有蒙古皇室贵族血统的米儿咱·马黑麻·海答儿使用波斯文撰写了另一部著名的史书——《拉失德史》，这是作者献给当时叶尔羌汗国的蒙古拉失德汗的一部史书，众所周知，由蒙古察合台汗后裔创建的叶尔羌汗国当时控制着西域诸地局势。在这部被后来人誉作记录蒙古察合台汗后代统治西域历史的流传于世的"唯一的一部"著作里，② 著者同样记录了一则关于塔克拉玛干沙漠周缘地区发生沙尘暴情景的民间传闻，其内容与玄奘行纪相异处仅是传说带有浓厚的伊斯兰教文化色彩而已。

该书第三章"秃黑鲁帖大毛拉木儿汗信奉伊斯兰教"里如此记载道：

> 我听他说，在他祖先的历史中写着关于大毛拉叔札乌丁·马哈木的故事。叔札乌丁·马哈木是不哈剌长老哈非速丁（他是最后一位木台吉希德，在哈非速丁死后再也没有出现另一位木台吉）的兄弟。当他在世的时候，成吉思汗按照自己的习惯把不哈剌的众伊玛目集合起来，把哈非速丁长老处死，并把大毛拉叔札乌丁·马哈木流放到哈喇和林去。大毛拉阿黑麻的〈祖辈们〉也被流放到那里去了。在哈剌和

---

① 道宣：《释迦方志》，中华书局范祥雍点校本，2000，第 15 页。

② 米儿咱·马黑麻·海答儿：《拉失德史》（*A History of the Moghuls of Tarikh-i-Rashidi of Mirzs Muhammad Haidar, Dushlat*, translated by E. Denison Ross, London, 1972）英译本序言，第 7 页。

林遭天灾的时候，他们的子孙来到了罗布·怯台，它是土鲁番与于阗之间的一个重镇，他们在那里很受尊敬。关于他们这些人的详情我听说了很多，大部分都已经忘掉了。这些子孙的最后一位名叫沙黑·札马鲁丁，是一个一丝不苟的人，住在怯台。

有一次在星期五聚礼以后，札马鲁丁向群众宣讲："过去，我曾一再告诫你们，并对你们提出有益的忠告，然而你们都不听。现在，我得到了启示，真主将对这座城镇降下一场巨灾。根据真主的意旨，我本人可以逃开这里，以免遭难，这是我最后一次的讲道，我现在就向你们告别，我要提醒你们，只有在复生之日，我们才会重逢。"

说完，这位沙黑就从讲坛上走下来，穆艾净（唤拜人）跟在他身后，恳求他带着自己一路走，沙黑答应了他。当他们走了三程之后，停下来休息，穆艾净请求沙黑允许他回城去办一件事，说他毫不耽搁地就回来。在这个穆艾净路过城中的清真寺时，他自言自语地说："我再去朗读一次昏礼的唤拜词吧，这恐怕是最后一次了！"于是，他登上邦克楼朗呼昏礼的唤拜词。正在唤拜的时候，他看见有一种东西纷纷从天上落下，这种东西好象雪一样，然而是干的。他朗读完唤拜词以后，就在邦克楼上做了一会儿祷告。接着，就走了下来，却发现邦克楼的门被堵住，他已经出不来了。于是，他重又登上邦克楼观看周围的情况。他看到天上降下来的沙土，全城都已被淹没；过了一会儿，他发现地面正往高处隆起，最后只有邦克楼的一部分还露在外面。因此，他惊恐地从邦克楼上跳到沙土上，连夜回到沙黑那里，把这个经过告诉他。沙黑听了立即动身登程，他说："还是远远避开真主的惩罚才好。"于是，他们急急逃走；这座城镇直到现在依然埋在沙土之中。有时大风刮来，会使清真寺的邦克楼和穹顶露出来。时常还有这样的情况，一阵大风吹过，会使一所房舍露出来，走进去时就会看到每件东西都井井有条，只是主人已成白骨，无生命物却没受到任何损伤。总之，这位沙黑最后来到了拜古尔，这个地方在阿克苏附近。①

---

① 米儿咱·马黑麻·海答儿：《拉失德史》，E. Denison Ross 英译本第 11～13 页，中译本第一编，新疆人民出版社，1983，第 159～162 页。

　　同玄奘的个人经历不同,《拉失德史》作者米儿咱·马黑麻·海答儿虽然具有蒙古血统,但是一个在天山南部喀什噶尔绿洲成长起来的本土作家。故其书中所叙述的这段精彩故事尽管不排除具有浓厚的文学传奇色彩,但所提供的资料应被视为伊斯兰教在当时控制西域政局的蒙古人中进行传播经过的第一手材料,弥足珍贵。

　　从上述传闻中获知,成吉思汗征讨被誉作"东方郡邑伊斯兰的圆屋顶"的布哈拉城时,一段时间曾对当时该地盛行的伊斯兰教采取了不怎么敬重的政策,这也与相关文献记载相吻合,当然这主要源于当时蒙古竭力征服与其对抗的花剌子模沙·阿剌丁·摩诃末的政治需要,后者此时控制着地域辽阔的广大中亚、西亚区域,并指使下属劫杀蒙古派往该地的商队。蒙古大军攻陷布哈拉城后,据波斯史家志费尼记载:城内的居民"都被赶到木撒剌平原,成吉思汗免他们不死,但适于服役的青壮和成年人被强征入军,往攻撒麻耳干……因城镇荒芜,不花剌人象大小熊星一样四散,逃入乡村,城址则变成平坦的原野"[1]。因此,一些知名的伊斯兰教传教士被强制迁移到蒙古汗庭聚居也不是没有可能的事情。

　　但是,随着成吉思汗后代在西域各地"诸教并蓄"政策的逐渐推行,伊斯兰教信徒们的活动有所松动,于是来自布哈拉的伊斯兰教传教士方能从哈剌和林等地进入塔克拉玛干沙漠南缘各地,并进行自由传教活动。研究结果显示,还在公元11世纪前后,天山南部的喀什噶尔、和田一带区域民众已经皈依伊斯兰教了。[2]

　　案文中提及的所谓"罗布·怯台","它是土鲁番与于阗之间的一个重镇"。此即《元史》中时常提及的"罗卜·怯台",元世祖至元十九年(1282),蒙古将领别速台请求于罗卜、阇里辉设立驿站以解决交通不便问题。二十三年一月,元朝遂立"罗卜、怯台、阇缠、斡端等驿"[3]。故这里所指的罗卜、怯台俱在今若羌县境内,阇缠即且末县,斡端即于阗。[4]

　　使人们颇感吃惊的是,该传说中所叙述的这个故事几乎与唐代佛僧玄

---

① 志费尼:《世界征服者史》上册,何高济译,内蒙古人民出版社,1980,第123页。相关研究可参见巴托尔德著《蒙古入侵时期的突厥斯坦》下册,张锡彤、张广达译,上海古籍出版社,2007,第465~466页。

② 参见魏良弢《喀喇汗王朝史稿》,新疆人民出版社,1986,第77~78页。

③ 《元史》卷十四《世祖纪》。

④ 刘迎胜:《察合台汗国史研究》,上海古籍出版社,2006,第612页。

奘笔下记录的"曷劳落迦城"的情节大致一样。就发生地点而言，都在塔克拉玛干沙漠南缘地区，其中所叙述的村民们不听从毛拉的善意劝诫，进而招致了"胡大"的惩罚，一场罕见的巨型沙尘暴最终掩埋了这座城池，导致安逸的市民日常生活戛然而止。

三

以上两则不同时代形成的民间传说内容比较清晰地揭示出，玄奘、米儿咱·马黑麻·海答儿主观上皆欲借助当时塔克拉玛干沙漠周边地区时常发生的一种奇特的自然现象，即神秘的"沙尘暴"来宣示宗教和自然的关系，进而为其教义的传播提供一个更为广阔的场景。他们说法唯一的差别就是同样一件事情，由于时代背景不同，作者文化的差异，被赋予了不同的宗教文化色彩而已，前者是在佛教文化的氛围下，强调的是对佛教信仰的固守，后者则有着浓厚的伊斯兰教的内涵，反映了不听从毛拉的预示所遭受到的一种自然惩罚，强调了自然对不虔诚信教者的惩治。

为何两种传说内容相同，却以不同的宗教文化面貌呈现在后人面前，这里就涉及一个古代西域地区文化体系演变传承的复杂背景问题，亦即同样一种自然现象，由于文化背景相异，随着历史的演进，不同时代的人们会以不同的方式进行形象表述。众所周知，西域地区自古就是一个多种宗教文化兴盛传播的区域。在唐朝佛僧玄奘前往印度取经的时代，甚至之前相当长一个时期，包括今天和田地区诸地在内的塔里木盆地南缘各地民众都以信仰佛教为主，东晋时期曾至印度取经的法显后来已在其行纪中记道：鄯善国"其国王奉法，可有四千余僧，皆小乘学……"；于阗"以法乐相娱，众僧乃数万人，多大乘学"，其中一座名叫"瞿摩帝"的僧伽蓝就有"三千僧"。[1] 玄奘行纪中记载当时的龟兹国（库车）"伽蓝百余所，僧徒五千余人，习学小乘说一切有部"。跋禄迦国（阿克苏）"伽蓝十余所，僧徒千余人，习学小乘教说一切有部"[2]。考虑到这种浓重的佛教文化氛围，玄奘获悉的这则当地民间传说中夹杂诸多佛教教义内容便不足为奇了。

---

① 《法显传》，杨建新主编《古西行记》选注本，宁夏人民出版社，1987。
② 季羡林等校注本《大唐西域记校注》，中华书局，1985，第54、66页。

自公元 11 世纪前后喀喇汗朝时期伊斯兰教传入天山南部的喀什噶尔、和阗等地以后，这一带原先的宗教信仰和文化形式为之一变。同在塔里木盆地流行的内容相同的民间传闻则在形式上出现了很大的转变。《拉失德史》里讲述的这个故事就是为了印证若不听从毛拉的启示虔诚地信仰伊斯兰教必将受到沙尘暴天谴，所以某种程度上反映了当时伊斯兰教在新疆深入传播的真实过程。其中所提及的传奇人物沙黑·札马鲁丁在推动伊斯兰教在蒙元时期统治西域的蒙古贵族散播过程中具有显要作用，据文献记载，正是在沙黑·札马鲁丁及其子的着意劝导下，蒙古东察合台汗国创建者秃黑鲁帖木儿汗亲率下属 16 万蒙古人皈依了伊斯兰教，这一举动彻底改变了元朝之前新疆地区的佛教和伊斯兰教曾以库车地区相隔并行不悖的文化分布地图，自此天山北部诸多民族都从信仰佛教等其他宗教开始改信伊斯兰教。① 米儿咱·马黑麻·海答儿书中这个传闻还说明了这样一个事实，即伊斯兰教在传播的过程中，为了树立传教士的威信，使更多的人皈依其信仰，传教士们曾借助了该地人们无法解释的自然环境的变化情况，因地制宜地将这些不可预测的自然现象同是否听从教士的教义宣示巧妙地对应起来，以此提高教士们在信徒中的威望，增强伊斯兰教的神秘主义色彩，扩大其宗教影响，② 进而达到推进伊斯兰教教义影响民众的目的。

四

古老的民间传说往往是对真实历史情景的一种隐晦曲折的间接反映，上述两则不同时代形成的，却是对同一区域的内容相同的传说故事客观上则给我们提供了深入探索和准确认识西域地区古代自然环境变迁问题的珍贵资料，亦涉及人们以往对这些深处沙漠若干故城遗弃原因传统观点的另类思考。

众所周知，在今天广袤辽阔的塔克拉玛干沙漠腹中区域，近代以来中

---

① 《中国新疆地区伊斯兰教史》编写组编著《中国新疆地区伊斯兰教史》第 1 册，新疆人民出版社，2000，第 212 页。

② 根据有关研究，伊斯兰教在西域地区传播过程中，巧妙地运用了当地诸族一些生活习俗和文化现象，甚至古老的萨满教的形式，例如天山南部维吾尔族等穆斯林民众中迄今还有祭拜"麻扎"等一些独特的宗教形式。见热依拉·达吾提《维吾尔族麻扎文化研究》，新疆大学出版社，2001，第 18～19 页。

外考古学家陆续挖掘出土诸多神奇的遗址古物，尤其是众多历史古城的相继面世更引起世人广泛关注。其中最为知名的就是曾被称为中国"庞贝城"的楼兰故城。最近再度发掘清理出来的尼雅和小河遗址因为诸多新文物的出土曾先后被评为当年的中国考古"十大"重要发现。面对相继显露地面的深埋在塔克拉玛干沙漠中的诸多古代遗址，以及揭示出来的古代人类活动的诸多真实生活画面，人们无疑震惊自然环境的变化对人类生存状态的深刻影响。

楼兰故城，以及塔克拉玛干沙漠中散布的其他古城遗址给今天人们认识生态和气候变迁过程提供了一个鲜活的样本，所以这些考古新发现引发了有关这些历史古城废弃原因的新一轮的热烈讨论。从早期的瑞典地理学家斯文赫定、俄国地理学家普尔热瓦斯基，以及美国的亨廷顿，到最近国内外知名学者，都曾参与这场讨论。其中这些故城被废弃的原因一直是中外学术界激烈争论的焦点，最知名的观点主要有河流改道说，气候变干说，以及人为战争说等。截至目前依然争执不休，诸说并存。

所谓"河流改道说"，认为新疆干旱荒漠地区水系和湖泊流向不稳定，并呈现周期性的变化，例如斯文赫定就提出与楼兰城废弃关联的是邻近的罗布泊存在一个 1500 年为周期的变迁，公元 4 世纪初罗布泊从北部移至南部，20 世纪初复从南部迁回北部，国内有人也指出：楼兰城的消失是因为塔里木盆地中间从西向东流的孔雀河水改道，致使位处下游地区楼兰等城镇的水源枯竭，并最终使当地的居民不得不放弃该地迁徙他处。①

"气候变干说"则认为从第四纪以来，塔里木盆地气候已趋于干旱，这种气候的演变遂引起了地理环境的深刻变化，例如美国地理学家亨廷顿就提出，罗布泊原来是一个面积很大的内陆海，之后由于气候变干，罗布泊渐渐缩小，气候干燥，对人口的压力增加，最后造成人们的大迁徙。赞同这一观点的人还从分析湖泊周围高山的气温变化入手，气候的变化导致高山冰川消融减少，水系缩小，湖泊的给水也随之减少。②

"冰川萎缩说"则认为，楼兰等塔里木盆地诸古城的废弃直接的因素是周边的冰川萎缩，河流水量减少所造成的。英国的斯坦因等人认为：塔里木盆地诸古城主要依赖南部的昆仑山诸山脉雪融河流，从古迄今，塔里

---

① 侯灿：《论楼兰城的发展及其衰废》，《中国社会科学》1984 年第 2 期。

② 周廷儒：《论罗布泊的迁移问题》，《北京师范大学学报》1978 年第 3 期。

木盆地的气候，尤其是干燥程度无很大变化，变化的是河流进水量大为减少，昆仑山北部冰川过去容量很大，后由于气候温和，冰川缓缓融化，其量有减无增，年复一年，高山水量日趋干涸，最终导致河流的水源日趋减少。

"人类活动说"认为楼兰城的废弃，以及罗布泊地区环境的变化是人类活动所导致的。例如人们不合理的引水造成塔里木河下游水域河道的改变，还有经常性的战乱也导致干旱区水利灌溉系统疏于管理，遂引起整个环境的恶化。另外，交通路线的变动应当同楼兰故城的废弃相关，比如，西汉时期，从玉门关后通往西域的交通，所谓南北道实际上都必须经过楼兰，该地为西域交通的枢纽，承担着"负水担粮、送迎汉使"的职责，但是后来随着哈密至吐鲁番盆地通道的打开，道路沿途乏水草、多风沙的楼兰古道逐渐丧失了它的功能和优势，并开始被放弃，等等。①

以上关于楼兰等塔里木盆地诸古城的废弃原因的诸说可谓融会了自然科学和社会科学各个方面，都应有一定的合理成分。当然，若综上所述，对于楼兰等塔克拉玛干沙漠诸古城废弃原因的准确认识，或许一种从自然的和社会的变化的综合性要素的认知观点可能才是最接近客观事实的。应当说，对于楼兰等古城废弃原因的研讨，要有间接和直接两种因素的认识角度，楼兰等古城的兴衰过程，从自然环境角度来看，此期间气候与水系并无大的变化，这个间接要素实际上并不占据主要地位。但是导致这些城池废弃的直接原因可以说有多种，不应仅限于某一种因素。像楼兰城的消失主要还是缘于河流改道、战争引起居民迁徙，以及交通路线的变化等综合因素。但是具体对其他各故城而言，我们上面所言的一场突如其来的沙尘暴，未必就不是一个导致古代城镇消亡的诱导因素。在国外探险家斯坦因、斯文赫定的西域探察报告中，都有不少对于塔克拉玛干周缘各地由于沙化因素导致城镇废弃的报道，这些也包括一些近代以来被当地居民放弃的城镇。本人在和田等地调研过程中，就听到过当地民间流传着的一些关于某一城镇由于自然因素而引起民众主动放弃旧城，被迫迁徙其他地区的说法，例如策勒县境内有一个名叫"达玛沟"的地方，当地居民中就一直流传着所谓"达玛沟"三迁的传闻，大意是他们的祖先起初居住在北部沙

---

① 黄文房：《楼兰王国的兴衰及其原因的探讨》，穆舜英、张平主编《楼兰文化论集》，新疆人民出版社，1995，第62页。

漠中一个名叫"丹丹乌里克"的地方，之后由于古城为沙漠掩埋，当地民众被迫向南迁移到一个称作"乌曾塔提"的地方，[1] 后来时过境迁，该城复受到沙化影响，无法居住生活，人们再度迁到距离今天"达玛沟"约30公里的地方，当地人们称之为"老达玛沟"，再后来还是因为沙化的作用，"老达玛沟"复被沙漠覆盖，人们只有放弃该地第三次迁徙到今天名叫"达玛沟"的地方。还在20世纪80年代本人赴该地考察时，"达玛沟"部分区域已颇受沙化的严重威胁，其真实景象触目惊心。[2] 一些科研人员预测，若沙化范围继续延展，无法遏制，该地可能还得重蹈覆辙，再度放弃。可见，在新疆一些具有特定沙漠环境包围的区域，一些故城的消亡恐怕与沙尘暴的发生有必然的联系。

综上所述，玄奘和米儿咱·马黑麻·海答儿书中关于塔克拉玛干周缘古城消失的若干民间传说不只给我们提供了西域宗教文化体系兴亡更替的相关信息，丰富了对西域古代居民宗教信仰和文化变迁的内涵，这些传说还对全面、准确了解自然环境因素对该地社会和民众生活的深刻影响提供了一个新视角，特别是对认识现代日益猖獗的沙尘暴现象对人类社会的影响有所助益。当然，就注意并合理地使用古代一些民间传说资料来解释和认识历史真相而言，上面所引的这两则民间传闻资料无疑为我们提供了一个极具说服力的例证。

本文摘自《新疆师范大学学报》（哲学社会科学版）

2011 年第 1 期

---

① 这两个地方已经为文献和考古资料所证实确为唐代古城遗址，参见新疆文物考古研究所《丹丹乌里克》，文物出版社，2009。

② 参见田卫疆《和田达玛沟三迁历史调查》，《新疆社会科学研究》1987 年第 23 期。

瑰丽苍凉：
诗意人生新感怀

高适、岑参与盛唐边塞诗的
人性内涵

摘　要： 以高适、岑参为代表作家的盛唐边塞诗是产生于特定历史时期的、具有特殊意义的文化现象，是"盛唐气象"的重要表征。盛唐边塞诗这种文化现象所蕴涵的人文精神突出体现为人性的张扬。盛唐边塞诗的意义可归总为三个方面，即边塞情怀、边塞风物和边塞战事。边塞情怀的核心是功业情怀。功业情怀具有两面性。边塞风物的特点是雄、奇、壮、伟。高、岑的战争诗并非纪实，他们的战争观可概括为胜概和非战。

关键词： 高适　岑参　盛唐边塞诗　人性

经过岁月的淘洗和历史的筛选，大凡流传至今而仍能受到人们青睐、引起人们欣赏兴趣的古代文学作品，总是具有沟通古今人心的某些"永恒性"内容，此即人性。以高适、岑参为代表作家的盛唐边塞诗也不例外。

盛唐边塞诗是产生于特定历史时期的、具有特殊意义的文化现象，是"盛唐气象"的重要表征。我们之所以不讨论一般意义上的"边塞诗"，因为它只是一种由题材划分的诗歌类别，如同怀古诗、咏史诗、游仙诗、悼亡诗、艳情诗、题画诗、应制诗、科举诗等一样。从题材角度研究边塞诗，并非没有意义，但不是本文的着眼处。我们要讨论的，是盛唐边塞诗这种文化现象所蕴涵的人文精神，这种人文精神，突出体现为人性的张扬。

---

[*]　薛天纬，新疆师范大学人文学院教授、中国李白研究会会长、中国唐代文学学会理事、中华文学史料学会常务理事兼副会长。

一

唐玄宗在位的开元、天宝年间，是唐王朝的极盛之世，也是中国封建社会发展的顶峰。盛世能以其雄厚的物质财富、强大的国家实力、开明的政治氛围、进步的用人选官制度、开放的思想意识等，营造一个比较适合人性需求的、鼓励人性自由发展的社会环境。盛世是人性解放的时代，人性总能在历史所提供的条件下得到最大程度的实现。而人性的基本诉求，对于每一个社会成员来说，在衣食生存的问题解决之后，下一个目标，就是发展，就是在现实社会环境中发挥自己的才能，使人的一生有所作为，从而实现自己的人生理想，造就自己的人生价值，即"人往高处走"是也（俗语往往是人性的凝练表达）。文士是整个社会的代言人，对人性的追求、对实现人性的渴望，首先在他们身上表现出来。生活在盛唐的文士，借用曹植《与杨德祖书》的话来说，"人人自谓握灵蛇之珠，家家自谓抱荆山之玉"，无不想在社会大舞台上成就一番大事业，有一番大作为，实际上就是要跻身高位，建功立业。或问：这不就是儒家倡言的用世、入世精神吗？是的，然而儒家精神与人性并不矛盾，儒家的价值观实含有人性的合理要素。人性的发展欲望，在文士身上表现出来，就是建功立业。建功立业不成，才不得不退下来，放弃入世转而出世，做隐逸人物，这是将人性的"发展"需求打了折扣。中古诗人中的著名隐士，如陶渊明、孟浩然，都是在仕途上不得志才走向隐居，是被迫放弃了人性之发展欲求。儒家设定的文士的最高理想"达则兼济天下"，实包含了人性发展的意义，其实质，乃报效国家、奉献社会与实现自我价值的统一。

盛唐时代，边塞（主要是西北边塞）是实现人生功业理想最令人神往的地方，也是谋求人性之发展欲望得以充分实现的最具吸引力和感召力的地方。盛唐时代，形成了文人赴边的风气，即使不能赴边，也会设身处地地向往边塞、想象边塞、关注边塞，边塞诗就是在这样的情势下繁荣起来的。[①]

---

① 与人性之发展欲求相反而相成的，是人性对自由的欲求。两种欲求在盛唐诗歌中向极致发展，分别形成了边塞诗派和山水田园诗派。论者将两个诗派并列，往往着眼于诗歌题材或风格的对比。然而从表现人性的角度看，这两个诗派在盛唐同时出现，实有其更为内在的必然性。

二

高适、岑参二人赴边前的人生经历有许多共同处。

从家庭背景看，他们都出生于仕宦之家。高适曾祖佑，隋时官左散骑常侍；祖偘（同侃），高宗时名将，官至陇右道持节大总管，安东都护；父崇文，官韶州长史。岑参家世更为显赫，其"曾大父文本，大父长倩，伯父羲，皆以学术德望官至台辅"（杜确《岑嘉州诗集序》）。这样的出身，无疑会赋予他们较之一般士子更为不凡的胸襟抱负，使他们对人生有更高期许，也有更充分的自信。《旧唐书》本传谓"适喜言王霸大略，务功名，尚节义"；其《别韦参军》诗写道："二十解书剑，西游长安城。举头望君门，屈指取公卿。"岑参尝言："参，相门子。五岁读书，十岁属文，十五隐于嵩阳，二十献书阙下。尝自谓曰：云霄自致，青紫俯拾。"（《感旧赋序》）他们不仅自视甚高，而且在 20 岁之年都有直干朝廷而求仕的行为，希图一举叩开君门，获取高位。然而，都没有成功。高适感叹曰："白璧皆言赐近臣，布衣不得干明主。"（《别韦参军》）岑参则感叹："金尽裘敝，蹇而无成，岂命之过欤？"（《感旧赋序》）此中至关重要的缘由，就是干谒对于士人前途的决定性影响。高适直呼："有才不肯学干谒，何用年年空读书！"（《行路难》）干谒几乎成了求仕的同义语。岑参直到晚年仍以不堪回首的心情叹曰："因送故人行，试歌行路难；何处路最难？最难在长安！长安多权贵，珂珮声珊珊；儒生直如弦，权贵不须干！"（《送张秘书充刘相公通汴河判官便赴江外觐省》）干谒是在国家实行科举取士制度的前提下，实际存在的权力干预因素，它破坏了制度的规范性和公平性，但它往往比制度更有力。所以，出身背景和个人才情如高、岑，面对人生道路上的遭际也只能徒唤奈何。

高适是在 50 岁之年的天宝八载（749），才经寓居地父母官、睢阳太守张九皋荐举，以制举之有道科入仕，授封丘县尉。封丘为畿县，县尉官阶正九品下。这个微官使他十分不堪："乍可狂歌草泽中，宁堪作吏风尘下！只言小邑无所为，公门百事皆有期。拜迎官长心欲碎，鞭挞黎庶令人悲。"（《封丘县》）勉力维持三年后，他于天宝十一载去职，次年即进入陇右、河西节度使哥舒翰幕府，开始了军旅生涯。

岑参从 20 岁献书阙下始，经历了"出入二郡，蹉跎十秋"（《感旧赋序》）的奔波奋斗，30 岁之年的天宝三载（744）才进士及第，授官右内率府兵曹参军，官阶也是正九品下。他在《初授官题高冠草堂》诗中写道："三十始一命，宦情都欲阑。自怜无旧业，不敢耻微官。"他对这个"迟到的"微官已全无兴趣。天宝八载，"安西四镇节度使高仙芝入朝，表公为右威卫录事参军，充节度使幕掌书记，遂赴安西"（闻一多《岑嘉州系年考证》）。

高、岑二人都是在仕途艰难、人生之发展欲望无法满足的情况下，舍弃微官，做出了赴边的人生选择。

三

高适在进入哥舒幕府前，曾两次到过东北边地：第一次是开元二十年（732）前后北游燕、赵，著名的《燕歌行》即作于这次游边之后。第二次是在封丘任上时，送兵赴蓟北。此后，于天宝后期入哥舒幕，被表为左骁卫兵曹，充掌书记，在陇右、河西经历了大约两年半军旅生活。安史之乱起后，高适仍在哥舒军中，哥舒潼关兵败，高适的军事和政治才干却得到施展的机会，直至位居扬州大都督府长史、淮南节度使。此后，又做过成都尹、剑南西川节度使。回朝后，为刑部侍郎，转散骑常侍，加银青光禄大夫，封渤海县侯。《旧唐书》本传曰："有唐以来，诗人之达者，唯适而已。"纵观高适一生，入哥舒军幕正是其人生的转折点。

岑参有两次从军赴西域的经历。前述天宝八载入高仙芝幕为第一次，在安西历时一年多，天宝十载返回长安。十三载夏秋间第二次赴边，入北庭都护、伊西节度使封常清幕，为节度判官。安史之乱起后，封常清入朝，岑参曾领伊西北庭支度副使，达到了他军旅生涯的巅峰。至德二年（757）入朝，在北庭历时三年。

高、岑虽然具有各自特殊的边塞生活经历，但处于同样的时代环境下，他们的边塞诗作却显示了本质相同的意义内涵。不仅高、岑，包括李白、王维、王昌龄、王之涣、王翰、李颀、祖咏等盛唐诗人写下的边塞名篇，也都体现了共同的时代精神，具有本质相同的意义内涵。要而言之，盛唐边塞诗的意义可归总为三个方面，即边塞情怀、边塞风物和边塞战事。试分论之。

四

边塞情怀的核心是功业情怀。

立功边塞，是盛唐文士实现其人性之发展欲望的重要途径，也是人性之发展欲望最理想化、最富有浪漫色彩的表达。关于这一点，罗宗强先生有一段深刻分析："立功边塞，是盛唐知识分子向往功业的一条重要途径。边塞军旅的豪雄生活，边塞雄奇壮伟的景色，最足以引起向往不世功业的盛唐知识分子的感情共鸣，或者更贴切地说，他们由于立功边塞的强烈愿望的驱使，热烈地、自觉地去追求边塞军旅的豪雄生活：

……何幸一书生，忽蒙国士知，侧身佐戎幕，敛衽事边陲。自逐定远侯，亦着短后衣。近来能走马，不弱并州儿。（岑参《北庭西郊候封大夫受降回军献上》）这实在是盛唐知识分子热烈追求和自觉去熟习边塞戎旅生活的很好写照。不管他们是否能够在边塞中立功，是否能够得遂初愿，他们始终是那样热烈地向往着、追求着，沉醉于一半为理想所浸透、一半为现实的雄奇豪壮情调所笼罩的边塞生活中，极为自然地留下了他们那些气势豪雄情感昂扬的歌吟。"[1]

请听高、岑所代表的盛唐文士气势豪雄情感昂扬的歌吟：

单车入燕赵，独立心悠哉！宁知戎马间，忽展平生怀！（高适《酬裴员外以诗代书》）

才子方为客，将军正渴贤。遥知幕府下，书记日翩翩。（高适《别冯判官》）

倚马见雄笔，随身唯宝刀。料君终自致，勋业在临洮。（高适《送蹇秀才赴临洮》）

幕府为才子，将军作主人。近关多雨雪，出塞有风尘。长策须当用，男儿莫顾身。（高适《送董判官》）

功名只向马上取，真是英雄一丈夫！（岑参《送李副使赴碛西官军》）

少小虽非投笔吏，论功还欲请长缨。（祖咏《望蓟门》）

---

[1] 罗宗强：《隋唐五代文学思想史》，中华书局，2003，第54页。

在抒写收功疆场的豪情时，他们常常将读书人拿来做对比，有意赞美前者而鄙夷后者。这样的诗句在初唐诗人笔下就已经出现，杨炯《从军行》有句："宁为百夫长，胜作一书生。"自身本是书生，却要否定书生、超越书生，显示了自我精神的扩张。盛唐诗人更发展了这种抒情倾向：

　　十年守章句，万事空寥落。北上登蓟门，茫茫见沙漠。倚剑对风尘，慨然思卫霍。（高适《淇上酬薛三据兼寄郭少府微》）

　　丈夫三十未富贵，安能终日守笔砚！（岑参《银山碛西馆》）

　　忘身辞凤阙，报国取龙庭。岂学书生辈，窗间老一经。（王维《送赵都督赴代州得青字》）

　　羞作济南生，九十诵古文。不然拂剑起，沙漠收奇勋。老死阡陌间，何因扬清芬？（李白《赠何七判官昌浩》）

他们似乎翻然觉悟，明白了书生"守章句"、"守笔砚"的传统生活贻误前途，因而做出了另一种人生选择。这实际上是对唐王朝正在实行的科举制度很大程度上的背离和轻蔑。高适和岑参都是从科举路上走过来的，他们痛切感到这条道路很难通向预期的功业理想。盛唐诗人又往往将游侠与书生作对比，如李白在《行行且游猎篇》中，热情赞美"生年不读一字书"却武艺高强，能够"弓弯满月不虚发"、"猛气英风振沙碛"的"边城儿"，诗末叹曰："儒生不及游侠人，白首下帷复何益！"游侠在这里就是指能以武勇立功于边塞者。

功业情怀在高、岑诗中常常转化为一种崇高，甚至是无私的献身精神。高适《送兵到蓟北》诗写道："积雪与天迥，屯军连塞愁。谁知此行迈，不为觅封侯！"岑参《初过陇山途中呈宇文判官》诗写道："万里奉王事，一身无所求。也知塞垣苦，岂为妻子谋！"他们都宣称自己从军边塞并无私图，而只是为了报效朝廷。当热血在胸中澎湃的时刻，诗人的宣言应是真情流露，这种精神则不能不令人肃然起敬。

论者还将盛唐边塞诗中所反映的功业情怀上升为英雄意识，如詹福瑞先生说："边塞诗之所以大兴于盛唐，除却其他因素，就社会心理而言，恐怕就出于盛唐士人所受时代感染而形成的英雄意识。具体说，也就是他们蔑视平庸、崇拜英雄、渴望建立英雄勋业的奋发有为心态。"① 他举了高适《塞下曲》：

> 结束浮云骏，翩翩出从戎。且凭王子怒，复倚将军雄。万鼓雷殷地，千旗火生风。日轮驻霜戈，月魄悬雕弓。青海阵云匝，黑山兵气冲。战酣太白高，战罢旄头空。万里不惜死，一朝得成功。画图麒麟阁，入朝明光宫。大笑向文士，一经何足穷！古人昧此道，往往成老翁。

诗中场面全是对英雄征战的想象，"画图麒麟阁，入朝明光宫"则是英雄业绩的最高标志。高适对立功边塞的英雄每多歌颂，如：

> 惟昔李将军，按节临此都。总戎扫大漠，一战擒单于。常怀感激心，愿效纵横谟。倚剑欲谁语？关河空郁纡。（《塞上》）

这是以怀古表达对英雄的渴慕。

> 许国从来彻庙堂，连年不为在坛场。将军天上封侯印，御史台中异姓王。（《九曲词三首》之一）

这是对其幕主、河西节度使哥舒翰的歌颂。哥舒当时加摄御史大夫，封西平郡王，末句指此。

岑参的名篇《走马川行奉送出师西征》、《轮台歌奉送封大夫出师西征》，诗题即昭示了英雄赞歌性质，歌颂对象在诗中称作"汉家大将"、"上将"，即北庭都护、伊西节度使兼御史大夫封常清。诗中有威武雄壮的出征场面，如"四边伐鼓雪海涌，三军大呼阴山动"；有对胜利满怀信心的期待，如"虏骑闻之应胆慑，料知短兵不敢接，车师西门伫献捷"；有对主将盖世功勋的赞美，如"亚相勤王甘苦辛，誓将报主静边尘。古来青史谁不见？今见功名胜古人"。当这场战斗胜利后，诗人迎候凯旋的将军

---

① 詹福瑞：《李白的英雄意识》，载于茆家培等主编的《谢朓与李白研究》，人民文学出版社，1995，第 270 页。

时，赞美之词就说得更具体了："如公未四十，富贵能及时。直上排青云，傍看疾若飞。前年斩楼兰，去岁平月支。天子日殊宠，朝廷方见推。"（《北庭西郊候封大夫受降回军献上》）

英雄意识是赴边文士功业情怀的极限表达，它把人性之发展欲望推向了极其浪漫化、诗意化的境界。高、岑诗中的英雄，其实是他们自己的英雄意识的外化和对象化。这正如西谚所云："不想当将军的士兵不是好士兵。"对高、岑来说，这并不是幻想或奢望，至少高适后来果真成就了堪称英雄的业绩。

五

功业情怀具有两面性。为了功业理想而赴边，意味着告别帝京、告别家乡，意味着骨肉分离，意味着放弃虽然平庸但却充满人情味的正常生活，意味着不可避免的吃苦乃至牺牲。赴边人士事实上面临着人性的两难选择：人性的发展欲望激励、推动他们走向边塞，而人性另一方面的欲望，即正常人情如亲情、乡情、友情，如对生命的珍惜，却要受到压抑及伤害。赴边之际，他们对这一点是有考虑、有权衡的，然而他们仍然义无反顾地走向了边塞，即王维诗所谓"孰知不向边庭苦？纵死犹闻侠骨香"（《少年行》）。他们做好了自觉地承受苦难甚至牺牲的精神准备。诗人们是在两种人性欲望的猛烈撞击、搏斗中，以牺牲人性之一个方面为代价而力图换取人性之另一方面的实现，这是极为悲壮的，这种悲壮情怀赋予了诗歌更为内在、深刻的感人力量。试读盛唐时代那几首脍炙人口的七绝诗：

渭城朝雨浥轻尘，客舍青青柳色新。劝君更尽一杯酒，西出阳关无故人。（王维《送元二使安西》）

葡萄美酒夜光杯，欲饮琵琶马上催。醉卧沙场君莫笑，古来征战几人回？（王翰《凉州词》）

这两首诗的感人之处，就在于通过赴边之际的一场痛饮，披露了行人的悲壮情怀：他们明知面临着苦难和牺牲，却仍要前往；真要前往时，想到与亲友的分离，想到生命面临的威胁，又不免生出悲慨；然而这悲慨并不能使他们退缩，饮下这杯酒，他们就要上路了！此情此景，真是摧人肝肺，壮怀激烈！

> 黄河远上白云间，一片孤城万仞山。羌笛何须怨杨柳，春风不度
> 玉门关。（王之涣《凉州词》）

　　此诗抒写赴边者在荒凉边地的失落感和怨恨之情，然而，这一切应是早有预料的。那还有什么可以怨恨的呢？默默地忍受就是了。悲，在这里压倒了壮。高适有两句著名的诗："功名万里外，心事一杯中"（《送李侍御赴安西》）。此所谓"心事"，其实也就是赴边者的悲壮情怀，这种情怀一言难尽，干脆不说了，要说的话全在这杯酒中！唐诗讲求含蓄，但像这样的含蓄例子实不可多得。

　　岑参在西域军中历有年岁，他有更为丰富的生活感受和感情体验，他的诗歌通过具体真实的场景描写和心理描写，极为真切地表达了赴边文士悲而壮的情怀：

> 弯弯月出挂城头，城头月出照凉州。凉州七里十万家，胡人半解
> 弹琵琶。琵琶一声肠堪断，风萧萧兮夜漫漫。河西幕中多故人，故人
> 别来三五春。花门楼前见秋草，岂能贫贱相看老！一生大笑能几回？
> 斗酒相逢须醉倒！（《凉州馆中与诸判官夜集》）

　　这首诗有繁华，有热闹，有纵放，有豪气迸发，然而也有无法掩饰的悲慨。这悲慨不仅仅由"琵琶一声肠堪断，风萧萧兮夜漫漫"二句传达出来，而且深藏在看似最豪纵的末四句中：诗人深感岁月匆促，怀着建立功业的急切心情二度赴边，固然有一腔豪情，然而，也须下定以身家性命拼死一搏的决心，这就使他在痛饮之际且醉眼前而不计来日，"一生大笑能几回？斗酒相逢须醉倒"，痛快一回是一回，其潜台词正是与"古来征战几人回"同样的悲慨。

　　岑参边塞诗中，时时弥漫着一种孤独感。孤独是对人性最严酷的摧残，因为人是需要感情交流，需要向他人诉说的。孤独的岑参无人可以交流、诉说，他只有自言自语似的把诗吟给自己听：

> 黄沙碛里客行迷，四望云天直下低。为言地尽天还尽，行到安西

更向西！（《过碛》）

茫茫天地间，只有诗人渺小的身影在艰难跋涉。孤独景况，莫此为甚。

> 沙上见日出，沙上见日没。悔向万里来，功名是何物！（《日没贺延碛作》）

孤独达到极点，当诗人终于无法忍受时，当初在两种人性的搏斗中占上风的"功名"，此刻竟成了可以抛弃之物！

岑参在西域写了许多思念亲人、思念故乡的诗，寻常人性在这些诗篇中得到十分动人的表达。最著名的，是这首《逢入京使》：

> 故园东望路漫漫，双袖龙钟泪不干。马上相逢无纸笔，凭君传语报平安。

小诗吟成于马上，纯然纪实。诗人与入京使的不期而遇，乡思在瞬间掀起的巨大感情波澜，以及诗人仓促间用来寄托乡思的方式，都产生于真实的生活经历。"观古今胜语，多非补假，皆由直寻"（钟嵘《诗品》），岑参这首深深打动人心的思乡之作，印证了钟嵘论断的不谬。

> 走马西来欲到天，辞家见月两回圆。今夜不知何处宿？平沙万里绝人烟！（《碛中作》）

诗将孤独感与思乡之情交织在一起，倍加凄凉。

> 马汗踏成泥，朝驰几万蹄？雪中行地角，火处宿天倪。寒迥心常怯，乡遥梦亦迷。那知故园月，也到铁关西！（《宿铁关西馆》）

以"故园月"寄托乡情，虽非岑参首创，但设身处地地想想，诗人此刻在边地愈行愈远，他对陪伴自己的"故园月"的那份感情也就最真切不过了。

岑参在《发临洮将赴北庭留别》诗中写道："勤王敢道远？私向梦中归。"期待功业和思念故乡这两种不相容的人性欲求再次发生碰撞，唯一调和的办法是梦回故乡，而梦是虚幻的，这实际上是对故乡之思的强制压抑，人性又一次在碰撞中迸出悲而壮的火花。

《沧浪诗话·诗评》云："高岑之诗悲壮，读之使人感慨。"体察高岑诗的边塞情怀，教人不能不服膺严羽见解的深刻。

六

边塞风物的特点是雄奇壮伟的。前引罗宗强先生的论述曾言及"边塞雄奇壮伟的景色"能够"引起向往不世功业的盛唐知识分子的感情共鸣"，揭示了客观外界的风物景色对人的主观精神的激励作用。盖人性之常，总是乐于接触新鲜，尤其是新奇的风物光景，使耳目为之清新，精神为之开豁。高适、岑参原本胸襟不凡，他们对雄奇壮伟的边塞风物具有特殊的敏感和浓烈的欣赏兴趣，边塞风物则构成了他们诗歌中"亮丽的风景线"。

高适写边塞风光，似对"胡天"情有独钟。《自蓟北归》写道："驱马蓟门北，北风边马哀。苍茫远山口，豁达胡天开。"《武威作二首》又写道："朝登百尺烽，遥望燕支道。汉垒青冥间，胡天白如扫。"苍茫辽阔的胡天，使他眼界高远、胸臆宽舒。他对勇武雄健的边地人物也赞赏有加，其《营州歌》写道："营州少年厌原野，皮裘蒙茸猎城下。虏酒千钟不醉人，胡儿十岁能骑马。"诗中凸显了与功业情怀相通的尚武精神。

岑参更有好奇的性格。杜甫《渼陂行》尝言："岑参兄弟皆好奇。"殷璠在《河岳英灵集》小序中也说："参诗语奇体峻，意亦造奇。"两度从军西域，使他耳闻目见了许多新奇风物，亲历了许多新异的生活场景，由此他的边塞诗获得了以"奇"为特征的全新素材，增添了最富西域地域特征的、豁人耳目的新鲜内容。《白雪歌送武判官归京》的名句"忽如一夜春风来，千树万树梨花开"，能在瞬间点亮古今读者的双目，使人惊异于西域雪景的瑰丽和奇美。这两句诗事实上成了岑参的名片。《走马川行》的名句"轮台九月风夜吼，一川碎石大如斗，随风满地石乱走"，则以怪异得不可思议的场景，给人以强烈的感官刺激，进而对西域的自然环境留下带着神秘感的、难以忘怀的印象。岑参诗还以亲历者的身份多次写到火山，即西州（今吐鲁番）的火焰山。初经此地，有《经火山》诗：

火山今始见，突兀蒲昌东。赤焰烧虏云，炎氛蒸塞空。不知阴阳炭，何独燃此中？我来严冬时，山下多炎风。人马尽流汗，孰知造化功！

诗人在西域军中时虽然不止一次来到火山下，但他对当地极度炎热的气候始终怀有奇异感，在另一首诗题极为纪实和描述性的《使交河郡郡在火山脚其地苦热无雨雪献封大夫》中，他写道："奉使按胡俗，平明发轮台。暮投交河城，火山赤崔嵬。九月尚流汗，炎风吹沙埃。何事阴阳工，不遣雨雪来？"吐鲁番如今是著名的旅游胜地，人们都有机会亲身体验岑参诗中的感受。

岑参写边地风物，相当严肃地遵守了写实的原则。若写未亲历之地，他在诗中即有明示，如写热海（今伊塞克湖）："侧闻阴山胡儿语，西头热海水如煮。海上众鸟不敢飞，中有鲤鱼长且肥。岸旁青草长不歇，空中白雪遥旋灭。蒸沙烁石燃虏云，沸浪炎波煎汉月。"（《热海行送崔侍御还京》）明言是"侧闻"而非亲见，读者就不必深究何以"水如煮"却能"中有鲤鱼长且肥"了。

自然风物之外，岑参诗给人印象最深的，就是军中宴乐场景。其《白雪歌》写道："中军置酒饮归客，胡琴琵琶与羌笛。"《酒泉太守席上醉后作》写道："酒泉太守能剑舞，高堂置酒夜击鼓。胡笳一曲断人肠，座上相看泪如雨。琵琶长笛曲相和，羌儿胡雏齐唱歌。浑炙犁牛烹野驼，交河美酒金叵罗。"《玉门关盖将军歌》写道："军中无事但欢娱。暖屋绣帘红地炉，织成壁衣花氍毹。灯前侍婢泻玉壶，金铛乱点野酡酥。"出现在这些场景中的饮食、乐舞、服饰、人物等，均以新异感而炫人耳目，令人感受到西域军中生活别样的热烈和别样的豪纵，体会到一种从未有过的精神快感。

七

高、岑边塞诗中都写到了战事，然而我们不能把这些诗当作战争史来读，更不可着眼于具体战事的"正义或非正义"性质来判定诗歌的价值。

高适首屈一指的代表作《燕歌行》，正是写战争的。诗的小序甚至点明了"开元二十六年"、"御史大夫张公"、"感征戍之事"等记事要素，但诗作其实并非针对某次战争而发。所谓"感征戍之事",乃综合了诗人的边塞生活经历,凝聚了诗人对盛唐时期边塞战争总体性的感受和认识,具有高度的艺术概括力。比如诗中名句"战士军前半死生,美人帐下犹歌舞",就是军中常见现象,前引岑参诗即有军中歌舞场景。

高适诗中写到的战争,还有九曲之战。史载,天宝十二载(753)五月,陇右节度使、加摄御史大夫哥舒翰击吐蕃,拔洪济、大漠门等城,收河西九曲。高适当时在长安,闻讯作《同李员外贺哥舒大夫破九曲之作》,诗中虽然写了战争,甚至写有血腥场面,如:"奇兵邀转战,连弩绝归奔。泉喷诸戎血,风驱死虏魂。头飞攒万戟,面缚聚辕门。鬼哭黄埃暮,天愁白日昏。"但由于诗的开首就说"遥传副丞相,昨日破西蕃",可知这些描写全出于想象和传闻,而无纪实的价值。

岑参边塞诗中写到的战争有两次。一次是《走马川行》和《轮台歌》所写送封大夫出师西征以及一个月后所作《北庭西郊候封大夫受降回军献上》。由于诗中将敌方称为"匈奴""单于",所以,征伐的具体对象不明;这次出征实际上是不战而胜,"甲兵未得战,降虏来如归",所以诗中只写到出征场面和凯旋场面。另一次是征播仙,诗人于战后作《献封大夫破播仙凯歌六章》。征播仙事史籍不载,岑参之诗确有弥补史阙的价值,但诗人并未亲身参与这场战事,组诗也非战争的真实记录,而仅是以幕僚身份歌颂主将的胜利。比如,诗中说"昨夜将军连晓战,蕃军只见马空鞍","昨夜"到底是哪一夜?实不可深究,想象之词、习用之词而已。

要之,高适和岑参关于战争的诗歌,均没有写下某次战争的真实状况,也没有交代战争发生的背景,我们当然也无法根据诗作来判定战争的正义或非正义性质。这些诗篇并不具备战争史的认识价值。

那么,高、岑以战争为题材的诗歌价值何在呢?曰:与盛唐其他诗人同类题材的名篇一样,这些诗歌的价值,在于其战争观,在于这种战争观所包含的人性意义。

这些诗篇体现的战争观,可概括为两个方面:曰胜概,曰非战。

胜概,与前所说功业情怀是相通的。在个人来说是建功立业,在整个军旅来说就是夺取战争的胜利,就是压倒敌方的决心、信心和气概。换言之,前者是"个人英雄主义",后者是"集体英雄主义";战争不是个人行为,诗人欲追求前者,必得着力表现后者。胜概是军旅之魂,也是盛唐时代精神的体现,是构成"盛唐气象"的重要元素。岑参《走马川行》《轮台歌》均充盈着胜概。高适《信安王幕府诗》写大军出征："振玉登辽甸，拟金历蓟墉。度河飞羽檄，横海泛楼船。北伐声逾迈，东征务以专。讲戎喧涿野，料敌静居延。军势持三略，兵威自九天。朝瞻授钺去，时听偃戈旋"，也以胜概夺人。王昌龄《从军行七首》之四、之五："青海长云暗雪山，孤城遥望玉门关。黄沙百战穿金甲，不破楼兰终不还"、"大漠风尘日色昏，红旗半卷出辕门。前军夜战洮河北，已报生擒吐谷浑"。前诗写破敌的决心，后诗写破敌的行动，表现的都是胜概。李白《塞下曲》抒写胜概："愿将腰下剑，直为斩楼兰"、"何当破月支，然后方高枕"、"横行负勇气，一战净妖氛"。胜概使人情绪鼓舞，血流沸涌，激起人奋勇前行的热情与信心，实关合着人性之发展欲求。

如果说，胜概是站在我方立场展示的对战争的态度，那么，非战则超越了敌我意识而在一般及原始意义上切入了战争的本质。人类社会的战争，乃是社会发展之某一阶段的极端政治行为，它以消灭对方的生命为直接目的，同时自身生命也面临着严重威胁，从这个意义上说，任何战争都是违背人性之生存欲望的，是反人性的，因而非战与对和平的向往即成为人性表达之必然。高、岑边塞诗虽然较少直接表述对战争的看法，但事实上浸透着非战的思想，如高适《燕歌行》的后部："铁衣远戍辛勤久，玉箸应啼别离后。少妇城南欲断肠，征人蓟北空回首。边庭飘摇那可度，绝域苍茫何所有！杀气三时作阵云，寒声一夜传刁斗。相看白刃血纷纷，死节从来岂顾勋！君不见沙场征战苦，至今犹忆李将军。"诗中以传统的征夫思妇话语，揭露了战争对人们正常生活的破坏，体现着诗人的非战思想；结尾数句固然昭示着战士们的忠勇，却也隐含着对战争早日结束的期盼。其《九曲词》赞颂哥舒翰军功，是因为战争的胜利换来了和平："到处尽逢欢洽事，相看总是太平人"、"青海只今将饮马，黄河不用更防秋"。岑参《武威送刘单判官赴安西行营便呈高开府》诗展现的情景："曾到交河城，风土断人肠。塞驿远如点，边烽互相望。赤亭多飘风，鼓怒不可当。有时无人行，沙石乱飘扬。夜静天萧条，鬼哭夹道旁。地上多髑髅，皆是古战场。"触目惊心地暴露了战争的残酷，客观上揭示了战争制造死亡的本质。

非战思想贯穿在盛唐边塞诗的诸多名篇中。被推为唐诗七绝压卷之作的王昌龄《出塞》："秦时明月汉时关，万里长征人未还。但使龙城飞将在，不教胡马度阴山。"论者对此诗固然有多种解说，但慨叹战争之绵长无期，期盼边地平靖和战争不复发生，应是基本的诗旨。崔颢在《雁门胡人歌》中描写了一幅边塞和平的图景："高山代郡接东燕，雁门胡人家近边。解放胡鹰逐塞鸟，能将代马猎秋田。山头野火闲多烧，雨里孤峰湿作烟。闻道辽西无斗战，时时醉向酒家眠。"李颀《从军行》有名句"胡雁哀鸣夜夜飞，胡儿眼泪双双落"、"年年战骨埋荒外，空见蒲桃入汉家"。前两句将同情寄予胡方，实属难能而少见；后两句批判我方以巨大牺牲换取微不足道的胜利，识见亦不凡。李白在《战城南》中还以极其概括的语言，态度斩钉截铁地表达了他的战争观："乃知兵者是凶器，圣人不得已而用之。"这是对战争本质的深刻揭示。杜甫怀着他一贯的政治责任心，在《前出塞》中向朝廷建言："君已富土境，开边一何多"、"苟能制侵陵，岂在多杀伤！"意在批判不义战争，并把战争限制在最小程度。在《洗兵马》中，杜甫一语道出了他的战争观："安得壮士挽天河，净洗甲兵长不用！"《洗兵马》并非边塞诗，而是写平定安史之乱的战争，就唐王朝而言，这是绝对正义的战争，然而，诗人在歌颂胜利的同时，却希望这个世界永远没有战争！战争本质上与人性相悖，随着人类社会的不断发展进步，随着人性在更大程度上的普遍实现，战争这个戕残人性的怪物终将如杜甫所期待的走向最终灭绝。

本文摘自《新疆师范大学学报》（哲学社会科学版）

2008 年第 4 期

伊犁将军西域诗论

星　汉[*]

摘　要：在清代伊犁将军设立的 150 年间，历届伊犁将军 43 人，任此职者多为满族亲贵或蒙古重臣。入关后的满、蒙贵族，经过百余年的文化涵养，其中部分子弟汉文诗歌的创作水平，不亚于汉族文人。文章中所谓伊犁将军是指诗人在西域的最高官衔，其所作西域诗不一定都作在伊犁将军任上，为了论述方便，将其统称为伊犁将军诗作。现搜集到有诗存世者只有阿桂、奎林、晋昌、萨迎阿、锡纶、志锐等六人，文章将依次论述。

关键词：清代　伊犁将军　西域诗

一

入关前的清代帝王，在统一女真各部与明王朝争夺疆土的同时，就力所能及地进行文化建设，入关以后，则以更多的精力振兴文教，吸收汉民族的文化精华，为当时的满族和蒙古族贵族子弟提供了良好的学习条件。至乾隆二十七年（1762）设立伊犁将军时，已有百余年的文化涵养，有些入关后成长起来的满蒙后裔们，其汉文诗歌的创作水平，不亚于汉族文人。在清代伊犁将军设立的 150 年间，历届伊犁将军 43 人，任此职者多为满族亲贵或蒙古重臣。其中不乏能诗者。本文所谓伊犁将军是指诗人在西域的最高官衔，其所作西域诗不一定都作在伊犁将军任上。为了论述方便，笔者将其统称为伊犁将军诗作。现搜集到有诗存世者只有阿桂、奎

---

*　星汉，新疆师范大学文学院教授。

林、晋昌、萨迎阿、锡纶、志锐等六人，本文将依次论述，以期就正于方家。

清政府在乾隆二十四年（1759）统一西域后，于二十七年（1762）设立总统伊犁等处将军，简称伊犁将军。底定西域后，根据西域地域广阔、民族关系复杂，且距京师遥远等客观历史条件，确立了军府制度。对此，乾隆帝指出："伊犁一带，距内地遥远，一切事宜难以遥制。将来屯田驻兵，当令满洲将军等前往驻扎，专任其事。"① 伊犁将军设立后，其职权主要表现在军事方面。乾隆帝谓："凡乌鲁木齐、巴里坤所有满洲、索伦、察哈尔、绿旗官兵，应听将军总统调遣。至回部与伊犁相通，自叶尔羌、喀什噶尔，至哈密等处驻扎官兵，亦归将军兼管。其地方事务，仍令各驻扎大臣照旧办理，如有应调伊犁官兵之处，亦准咨商将军，就近调拨。"② 但职能随着形势的发展，得到不断完善。其执掌范围几乎涉及西域的政治、经济、军事、人事、司法、外交、文教等各个领域。

因伊犁独特的地理位置和重大的边防责任，朝廷对伊犁将军的任命非常谨慎。尤其是初期几任，或是"椒室懿亲"，或是参加清朝统一西域战争的高级将领，其地位显赫，受朝廷重视。如首任将军明瑞，是乾隆帝内侄；第二任将军阿桂是大学士阿克敦之子；再如舒赫德，曾参加平定准噶尔和大小和卓叛乱的战争，出任过参赞大臣，为南疆政局稳定作出了重大贡献。伊犁将军一职，多任命独当一面的干练之人。与内地驻防将军相比，无总督巡抚之设，所以事权专一。这要求伊犁将军不但有军事才能，还要有兼理民政的才能。伊犁将军任期不定，多者数年，少者数月。如果需要，可一人数任，也可因事更换，所以调动频繁。如伊勒图曾先后五任此职，长达 15 年之久，最后卒于任所。署理将军舒兴阿，在位仅 5 天便调任他职。道光初年，南疆张格尔叛乱，伊犁将军人选调整之际，道光帝在一个多月的时间里，曾先后命德英阿、英惠、长龄三人署理此职。这说明清廷对伊犁将军职主的选择十分重视，不使职位虚悬，造成权力的真空状态。

---

① 新疆社会科学院历史研究所编《〈清实录〉新疆资料辑录：乾隆朝卷三》，新疆大学出版社，2009，第 451 页。

② 新疆社会科学院历史研究所编《〈清实录〉新疆资料辑录：乾隆朝卷四》，新疆大学出版社，2009，第 143 页。

二

阿桂（1717～1797），字广廷，号云岩，章佳氏，满洲正白旗人。《清史稿》卷三一八和《国朝耆献类徵初编》卷二七有传。乾隆三年（1738）举人。清廷用兵准噶尔时，命赴乌里雅苏台办理台站，后授参赞大臣。二十四年五月，命往霍斯库鲁克，从定边左副将军富德追击大小和卓叛军。九月，为阿克苏办事大臣。二十五年，移驻伊犁，屯田筑城。二十八年，召还。二十九年三月，署伊犁将军，寻调四川总督。三十年正月，命赴伊犁办事。三月，赴乌什，助伊犁将军明瑞镇压乌什起义。后以塔尔巴哈台参赞衔驻雅尔城。三十二年二月，授伊犁将军。三十三年，以副将军衔偕经略傅恒征缅甸。后率军平定大小金川、镇压西北回民起义。素为高宗所倚重，累官至英武殿大学士兼军机大臣。嘉庆二年（1797），卒，谥文成。

阿桂不仅参与清朝统一西域的军事活动，而且对清廷规划、实施新疆建置产生了重要影响。但其西域诗作，仅从《晚晴簃诗汇》查到《伊犁军营》五律一首：

> 欲扫妖氛净，岩疆战未休。人犹争马革，天已厌旄头。刁斗三更月，关山万里愁。渠魁何日灭，非直为封侯。①

阿桂在乾隆二十二年（1757），"是年准部平，复命赴西路，与副将军富德追捕余贼"②。阿桂当是"追捕余贼"时在伊犁。二十三年，大小和卓叛乱后，阿桂于二十四年又随富德进剿。此诗当作于赴南疆之前。诗中"马革"为"马革裹尸"之省。"旄头"，古代皇帝仪仗中一种担任先驱的骑兵，此处代指战争。"渠魁"，当指大和卓波罗尼都和小和卓霍集占。作者希望早日平息战争的愿望是非常明确的。这种内容的诗作，在清代西域诗中屈指可数，因而也就显得可贵。"人犹争马革，天已厌旄头"一联尤为精警。作者说，即便是军士愿意英勇作战，死于战场，但是苍天已经厌弃战争。"人犹争马革"的"人"，应当包括敌我双方。作者对于战争的态

---

① 星汉：《清代西域诗辑注》，新疆人民出版社，1996，第51页。
② 赵尔巽：《清史稿》册三五，中华书局，1977，第10738页。

度就不言而喻，对大小和卓叛乱的谴责也不言而喻。尾联分量很重。作者说，在西域要"灭"的是叛乱的首恶分子"渠魁"，而不是裹挟进去的民众。又说，平定大小和卓的叛乱不仅仅是为了博取功名，还是为了国家的统一，西域的安宁。阿桂这首五律仅寥寥 40 字，以其立意高超，当在清代西域诗中占有重要的一席。

三

今见乾隆年间另一位留下诗作的伊犁将军是奎林。奎林（1738～1792），字直方，一字瑶圃，富察氏，满洲镶黄旗人。《清史稿》卷三三一和《国朝耆献类徵初编》卷二九二有传。由拜唐阿袭云骑尉。乾隆三十七年（1772）十二月授领队大臣，随副将军阿桂征金川。金川平，寻授理藩院尚书。四十五年三月，授乌鲁木齐都统。四十六年七月，迁乌里雅苏台将军。五十年三月，仍授乌鲁木齐都统。八月，授伊犁将军。五十二年十二月，参赞海禄劾其毁弃佛像、辱骂职官等，革职拿问解京。五十三年，补台湾镇总兵。五十六年，授成都将军，以参赞大臣衔入藏平定廓尔喀入侵。五十七年，卒于途次，谥武毅。有《幽栖堂吟稿》，惜未之见。

奎林西域诗作在《晚晴簃诗汇》查得两首。一首是七绝《闻蛩》：

> 殊方冷暖候难同，入夜虫吟初夏中。孤客莫悲秋意早，玉关原自阻春风。①

此诗当是乾隆四十五年作于乌鲁木齐都统任上。此诗大意是，清凉如秋的夏夜听到虫吟，于是想起了王之涣《凉州词》中的"春风不度玉门关"的诗句，认为所居之处是春风不到的地方。作者似乎有些哀怨，是家书不至，还是皇上恩泽不到，实难确指。此诗意象陈旧，格调低沉，纯系老套。

又见一首五律《自伊犁驰赴金川军营遥别素村》：

> 万里遥相别，天涯更远行。百年殊梦幻，一剑是平生。熟惯从军

---

① 星汉：《清代西域诗辑注》，新疆人民出版社，1996，第 52 页。

乐，浑忘儿女情。无劳念游子，身世久风旌。①

此诗当作于乾隆三十七年。题中"素村"不详为谁，当是作者在关内的友人。作者向友人倾诉心曲，虽无豪言壮语，但半生鞍马，不辞劳苦，勤于王事的情怀必定使友人怦然心动。诗句如话家常，不事雕琢，有军人之豪气，无文人之酸气，非"身世久风旌"者不能出此语。

乾隆五十年三月，奎林由乌里雅苏台将军回任乌鲁木齐都统。戍客蒋业晋于乾隆四十六年戍乌鲁木齐，五十年返里。在其《立崖诗钞》中存奎林七绝一首，原无题目，笔者辑注的《清代西域诗辑注》加诗题为《赠蒋业晋》：

> 万里飘零诗一编，欲凭佳句破离天。重来笑我成何事，邂逅逢君是宿缘。②

这首诗应为蒋业晋索诗而得，内容完全是应付客套。蒋业晋在自己的诗集中收录此诗，只是借重奎林乌鲁木齐都统的身份而已。

乾隆五十年八月，奎林授伊犁将军后，与戍客诗人也多有唱和，庄肇奎《胥园诗钞》就录有奎林的诗作。七律《冬夜感怀》是：

> 清灯扬影炷香微，兀坐寒宵暂息机。西极北陲劳往返，蜀山滇海梦依稀。余狂寄酒唯耽醉，惯客忘家岂忆归。燕颔虎头羞似得，不能食肉但长飞。③

此诗乾隆五十一年作于伊犁。诗中"西极"指西域，"北陲"，指乌里雅苏台。所谓"劳往返"，指调动频繁，此由作者简介中可以看出。"蜀山"句，作者于乾隆三十七年曾随副将军阿桂征四川之大小金川，故云。从目前所知资料，未见奎林足迹至滇，不详"滇海"所指。"燕颔虎头"，指班超。《东观汉纪·班超》载，相者谓班超之相为"燕颔虎头，飞而食

---

① 星汉：《清代西域诗辑注》，新疆人民出版社，1996，第52页。
② 星汉：《清代西域诗辑注》，新疆人民出版社，1996，第52页。
③ 星汉：《清代西域诗辑注》，新疆人民出版社，1996，第52页。

肉，此万里侯相也"。"燕颔虎头羞似得，不能食肉但长飞"两句出语惊人。它的具体含义是：西出玉门，为国守边，不图享受，不为封侯。这个典故在历代西域诗中出现的频率很高，但是如此使用者仅奎林一人。庄肇奎步韵和诗有两首，题作《步韵将军奎公冬夜感怀》和《将军奎公即日见示和章，因叠前韵志感呈谢》。两诗的尾联为"衰迟何以酬知己，冻鸟相依不忍归"①和"从此越吟应绝口，但随寒雀傍檐飞"②，猥琐鄙陋，令后人齿冷。

奎林任伊犁将军时，庄肇奎已经补伊犁抚民同知，其身份不再是遣员，故而相互之间的唱和也不会招致物议。在《胥园诗钞》中，有庄肇奎《奎公颁惠温都斯坦糖并系以诗，奉和二首》，其诗为："拜赐殊方味，甘香已逗牙。堆盘方砌玉，提笔更生花。""饧中真上品，松脆不胶牙。寒夜供吟案，疏棂透雪花。"③后附奎林的原作：

脆质凌霜雪，寒香沁齿牙。殷勤饷诗客，清夜嚼梅花。④

题目中"温都斯坦"，亦作"痕都斯坦"，在今克什米尔地区。"温都斯坦糖"，就是冰糖。奎林在给属下施惠的同时，还附了一首诗，结果"惹"来庄肇奎的两首诗。现在读来，从咏物的角度看，还是奎林的原作较胜。

乾隆五十一年，庄肇奎作《孟冬雪后苦寒，积阴浃月，闷极成诗》，全诗是：

边阴森森雾暗屯，举头不见青天痕。黄霾四塞宇宙阔，寒光但有照清樽。夸父穷追忽遁影，宋人负献难寻暄。冰凌挂树冻欲折，痴云低压狂沙奔。疑有恶鬼来攫客，乘风呼噪惊羁魂。寒宵院落黑如墨，姮娥亦被妖鲸吞。老夫病久如瘦鹤，短翎罢梳不可骞。卧理簿书昼秉烛，绳床煮药呼青猿。冷霙搜肌遍起粟，自辰至酉如黄昏。赖有将星

---

① 庄肇奎：《胥园诗钞》卷六，嘉庆间刻本，第12页。
② 庄肇奎：《胥园诗钞》卷六，嘉庆间刻本，第12页。
③ 庄肇奎：《胥园诗钞》卷七，嘉庆间刻本，第4页。
④ 庄肇奎：《胥园诗钞》卷七，嘉庆间刻本，第4页。

耀帷幄，毋须披腹排九阍。夜半阳生窗忽白，开帘落月如金盆。诘朝一扫浮氛尽，金乌飞挟扶桑暾。萧条未用谢宾客，今雨不来仍闭门。[①]

这一次却有奎林主动的和诗。诗载《胥园诗钞》，原无题目，笔者《清代西域诗辑注》拟题为《步韵和胥园孟冬雪后苦寒诗》，全诗是：

压檐低户寒云屯，破窗漏雪丝丝痕。岂无贫氓困肌冻，谁家赏雪开青樽。所处即殊遇亦异，始知逐境为寒暄。只宜遵时务藏闭，养恬守默息争奔。穷愁荒乐两无谓，徒见扰扰劳神魂。胥园先生吏而隐，炎凉任遇唯声吞。戏效维摩坐斗室，为矜着体天花翻。余情聊复弄笔墨，新诗悲飒如啼猿。不辞走简劳见示，吟讽洗我俗尘昏。武夫粗疏旧狂发，拍案叫绝惊天阍。速须炽炭倒瓶缶，拌将马湩倾盈盆。且应即兴尽豪饮，直须坐待升朝暾。明晨有事候群吏，还听衙鼓挝辕门。[②]

全诗用平水韵的十三元，凡14个韵字。应该说，和诗高于原作。原作无非写了两层意思，一是写"雪后苦寒"，一昼夜的自然现象，二是写作者个人的寂寞处境。而奎林由"破窗漏雪丝丝痕"，想到了"岂无贫氓困肌冻，谁家赏雪开青樽"，看到了伊犁地区"穷愁荒乐"的贫富悬殊，就凭这一点，庄肇奎望尘莫及。长篇的和诗不可能不涉及对方，所谓"吟讽洗我俗尘昏"，当是人际交往的客套之语。读诗时"拍案叫绝惊天阍"和读诗后的"速须炽炭倒瓶缶，拌将马湩倾盈盆"，都是以夸张之词表示对对方的尊重，特别表现了对汉族知识分子的礼贤下士。最后一韵"明晨有事候群吏，还听衙鼓挝辕门"，不失伊犁将军的身份而又韵味无穷。

奎林自称是发"旧狂"的"武夫粗疏"，但此人能诗善画，其高雅之处并不亚于进士出身的戍客们。庄肇奎有诗《将军奎公善画蝶，稿未就已宛然如生，赋呈一章》可证。庄肇奎《三月五日祝将军奎公寿》律诗三章，多有媚语，但"英雄本色又诗人"一句，奎林当之无愧。

---

① 庄肇奎：《胥园诗钞》卷七，嘉庆间刻本，第1页。
② 星汉：《清代西域诗辑注》，新疆人民出版社，1996，第53页。

四

晋昌（？～1828），字戬斋，后改晋斋，号红梨主人。清世祖五子恭亲王常颖六世孙。《国朝耆献类徵初编》卷三一五有传。乾隆五十三年（1788）袭镇国公。嘉庆五年（1800）出任盛京将军。八年，因失察私伐木植事被参，革职夺爵。十年，以头等侍卫衔出任乌什办事大臣。十一年，授喀什噶尔参赞大臣。十二年，授镶黄旗汉军副都统，寻授乌里雅苏台将军。十四年，调伊犁将军，赏戴双眼花翎。十六年，因于伊犁贡马中多带马匹，又沿途多索支应被劾，革职留任。十八年，终因哈萨克与鄂罗斯（俄罗斯）交易事处理失当，革伊犁将军职。同年九月，授乌鲁木齐都统。十九年，复授盛京将军。二十年，因错奏属下伙同偷斫木植者舞弊害死人命案，降三级留任。二十二年调伊犁将军。二十五年以母老被召回京。道光间，历任兵部尚书、盛京将军、绥远城将军。道光八年（1828）卒。有《戎旃遣兴草》行世，其中西域诗30余首。

所见晋昌的西域诗大都是思亲怀友、诗酒风流之作。嘉庆十年初至西域任乌什办事大臣时，作《永宁城纪事》：

> 离家已九月，半载驻边城。鉴面人将老，惊心岁又更。旗开朝谒庙，炮响夜观兵。何日阳关道，鞭丝指去程。①

此诗颈联本来还有些气势，但是夹在叹老思归的颔联和尾联中，就显不出它的作用。给读者的印象是作者对于自己的分内职责，有些不耐烦。这首诗之后的西域诗作始终不能振奋，故而佳作甚少。晋昌第一次担任西域最高军政长官伊犁将军，是接替松筠的职务，有《己巳五月，受代伊犁，即赋送湘浦大兄之喀什噶尔二首》，道是：

> 万里同舟气味亲，五年有幸见精神。唯遵政令推前辈，愧乏经纶步后尘。威德兼施传朔塞，讴歌载路听军民。从兹鱼雁频来往，莫忘天涯代作人。

---

① 晋昌：《戎旃遣兴草》卷下，嘉庆二十五年，第2页。

留君无计别君难，握手能余几日欢。十载贤劳肩任重，八荒无事梦魂安。霓裳已去人犹恋，葱岭重过雪尚寒。珍重前途休怅望，九重雨露海波宽。①

此诗嘉庆十四年作于伊犁。题中"湘浦"为松筠字。据《清仁宗实录》卷二〇"嘉庆十四年三月己卯"条可知：宁陕叛兵蒲大芳等31人遣戍塔尔巴哈台，仍图谋不轨，伊犁将军松筠未经审讯而杀之。后又将同案马友元等24人，以及南疆同时遣戍者王文龙等135人一并诛戮。株连面广，定案严酷。道光帝斥之为"草菅人命，暴力残忍，荒谬已极"②。将其降为喀什噶尔参赞大臣，由乌里雅苏台将军晋昌继任。这两首七律即是为松筠的送别诗。诗中"五年"句，句下自注："余于乙丑年奉使南路，至己巳为代伊江之任，始获晤面。""乙丑"为嘉庆十年，当时晋昌出任乌什办事大臣。"十载"句，是指松筠嘉庆五年任伊犁将军，至此恰10年。松筠降职，所犯为公罪。其于西域政绩，历来褒贬不一，但是晋昌所言"威德兼施传朔塞，讴歌载路听军民"，"十载贤劳肩任重，八荒无事梦魂安"，亦非虚誉。这两首七律写得得体。虽是在讲彼此之间的私交，但是亦含国事。作者在松筠面前颇为恭谦，"唯遵政令推前辈，愧乏经纶步后尘"，当不是泛泛的客套话。对于自己，作者说"从兹鱼雁频来往，莫忘天涯代作人"，希望书信互通款曲；对于松筠，作者说"珍重前途休怅望，九重雨露海波宽"，安慰对方，认为还有高升的机会。

在其属下离别时，晋昌也赋诗相送。例如嘉庆十六年作于伊犁的《领队大臣福乐斋迁秩还都赠别四首》即是。题中"福乐斋"即福勒洪阿，嘉庆十四年出任伊犁领队大臣。在诗中当然也提到了彼此之间的合作共事，"三载储胥同密画"，但主要是讲私谊，所谓"半生怅触感前缘"。这组七律的后两首说得更加明确：

祖饯唯余酒一尊，人生聚散总难论。也知离别无多日，不禁凄其有泪痕。燕语莺啼红杏路，鞭丝帽影绿杨村。春莎最是催征客，直送

---

① 晋昌：《戎旃遣兴草》卷下，嘉庆二十五年，第8页。
② 新疆社会科学院历史研究所编《〈清实录〉新疆资料辑录：嘉庆朝卷》，新疆大学出版社，2009，第168页。

斜阳过玉门。

　　长途迢递勉加餐，料峭东风塞外寒。沙碛霜明垂翠巘，雪山诗健倚雕鞍。归鸿音信兰言重，流水年华瓜代难。相见高堂如有问，天涯游子尚平安。①

　　作为男儿离别，应是"无为在歧路，儿女共沾巾"，晋昌况是封疆大吏，何致"不禁凄其有泪痕"？晋昌思念母亲，在"相见高堂如有问，天涯游子尚平安"的情况下，发出"流水年华瓜代难"的感叹，虽情有可原，但从诗中露出许多小家子气。《清史稿》中没有晋昌的传记，其名字也只出现过3次，可见此人为官缺少建树。即便《国朝耆献类徵初编》所载传记，亦是饾饤琐屑，乏善可陈。在第一次革去伊犁将军职衔时，嘉庆帝也认为晋昌"才识拘隘"。此于诗中亦可以得到佐证。

　　晋昌思念家乡也就是思念京城，思念其母也在思念其妻。七律《永宁城冬夜寄内》写道：

　　寒窗月印倍分明，夜柝频敲欲二更。冷暖睡残边塞梦，云山隔断故乡情。天涯有客应怜我，地僻无书可寄卿。若问褰衣别后事，又添鬓发雪千茎。②

　　这首诗是嘉庆十年作于乌什办事大臣任上。此诗感情深沉，确也具有感人的力量。这种叹老思归的情绪，固然是人之常情，但是此诗出现在有专城之寄晋昌的笔下，总显荼弱。

　　再看晋昌写给友人的诗作《春日寄答周可庭友人二首》：

　　三年别离久，万里过花朝。岁月闲中老，关山望处遥。雨馀寒食夜，人度可怜宵。剩有诗书在，相看伴寂寥。

　　别后全无恙，唯添白发飘。倘能知我健，尚可慰君悯。饭量年来壮，诗情客里消。深惭难报命，代柬亦聊聊。③

————————

①　晋昌：《戎旃遣兴草》卷下，嘉庆二十五年，第20页。
②　晋昌：《戎旃遣兴草》卷下，嘉庆二十五年，第2页。
③　晋昌：《戎旃遣兴草》卷下，嘉庆二十五年，第3页。

　　这两首五律作于嘉庆十二年。这年三月，晋昌由喀什噶尔参赞大臣授镶黄旗汉军副都统。诗中"花朝"，旧俗以农历二月十五日为"百花生日"，故称此日为"花朝节"。故而此诗仍作于喀什噶尔。题中"周可庭"不详何人，当是晋昌原来的幕僚。在这两首诗中，哪里去找晋昌这位"总理回疆事务参赞大臣"的影子！这种消沉情绪在晋昌的西域诗中始终存在。嘉庆十九年，晋昌卸伊犁将军任，赴乌鲁木齐都统任时，有《留别署中诸子》七律一首，道是：

　　　　五年诗酒倍相亲，彼此浑忘客里身。马足车尘劳远送，簿书案牍费清神。别时泪尚沾衣袖，去后情还忆故人。他日相逢知何处？天涯地角认前因。①

　　诗题中"诸子"，多指幕僚和派上用场的戍客文人。五年中堂堂伊犁将军与下属的关系只是"诗酒倍相亲"，让晋昌感动的也只是"簿书案牍费清神"。这种上下级的关系在分别时，竟然"别时泪尚沾衣袖"，真不知晋昌的泪水从何而来。这次来接替晋昌伊犁将军职务的是松筠，这种带有戏剧性的交接后，从晋昌《松浦大兄用寄诸公原韵口占见赠，词真意切，一往情深，不揣弇鄙，再叠前韵答之》诗题中，可知松筠有《留别署中诸子》步韵和作一首，惜未之见。在此诗中，晋昌还是涕泪涟涟，道是"长亭易洒临歧泪，孤馆频伤去后神"。《戎旃遣兴草》后有徐松《恭录〈西域虫鸣草〉终卷，诗以志幸》，另有继昌等7人作跋或是题诗，看来《西域虫鸣草》为其原来书名，付梓时改为《戎旃遣兴草》。晋昌将其诗作称为"西域虫鸣"，当是自谦。但就其诗作内容来看，倒也恰如其分。晋昌有些诗作徒具形式，多是无病呻吟。有些生气的诗作，算是嘉庆十一年作于乌什的《春日即事》：

　　　　杏含红萼柳含青，几处鸣鸠隔岸听。新涨满池闲泛艇，一篙撑到水心亭。②

---

① 晋昌：《戎旃遣兴草》卷下，嘉庆二十五年，第21页。
② 晋昌：《戎旃遣兴草》卷下，嘉庆二十五年，第2页。

这首七绝写的当是乌什办事大臣衙署的后园。诗中红杏藏色，柳梢含青，斑鸠鸣叫其间；作者怡红快绿，由撑船之乐，显示其对大好春光的热爱。引录此诗，这就算是笔者给晋昌一个"公道"吧！

五

萨迎阿（1779～1857），字湘林，钮祜禄氏，满洲镶黄旗人。《清史稿》卷二八二有传。嘉庆十三年（1808）举人，由兵部笔帖式擢礼部主事，洊升郎中。道光三年（1823），出为湖南永州知府。四年，调长沙。后任山东兖沂曹道、甘肃兰州道。七年，迁甘肃按察使。九年，擢河南布政使；行至平凉，又奉旨以副都统衔为哈密办事大臣，是年八月抵哈密。未及一月，复命为喀喇沙尔办事大臣。十年十一月，授盛京工部侍郎兼管奉天府尹事。十一年，留京，署镶白旗汉军副都统。本年十月授乌什办事大臣。十二年九月，调哈密办事大臣；十三年五月抵任。十五年十月，为盛京礼部侍郎兼管府尹事。二十年，召授礼部侍郎。二十三年，热河都统。二十五年十一月，授伊犁将军，次年春到任。在任五年，兴修水利，守土抗侵，为维吾尔平民平反冤狱，颇有政声。道光三十年十一月，召回，历任正白旗满洲都统，镶蓝旗、正红旗蒙古都统。咸丰六年（1856），出署西安将军。七年，卒，谥恪僖。其西域诗主要集中在《心太平室诗钞》的《再出玉门草》中，凡41首。另见《萨恪僖公诗集》手抄本，有西域诗不满10首，且与《再出玉门草》互见。

萨迎阿多次进疆为封疆大吏，故诗中多有留心地理形势，摹写城池的诗作，并且这些诗作的题目直接就是某城的名字。这在西域诗中也别具一格。究其原因是由其职分所定，因为"守边"二字是他最重要的任务。例如七律《乌什》：

城倚西山门巽开，四屯六卡两军台。布卢特马行求至，安集延人贸易来。防卒一千严守卫，饷银三万荷滋培。极边坐镇纡筹策，锁钥真须借寇才。[①]

① 萨迎阿：《心太平诗钞》，道光间刻本，第11页。

此诗道光十三年春作于乌什。题下自注："古尉头，城名孚化。"诗中"门巽开"，意即门向东南开。"四屯"，指乌什的四处屯兵汛地，即大城、骆驼巴什、小乌什、宝兴。"六卡"，六处卡伦，即巴什雅哈玛、毕底尔、沙图、雅满素、贡古鲁克、毕得里克。"两军台"，即乌什底台、阿察塔克台。"布卢特"句，句下自注："卡外布卢特凡有所求，辄以驽马来递。"布卢特，即布鲁特，清人对柯尔克孜族的称呼。"安集延人"，安集延为中亚浩罕名城，流寓新疆专事贸易之浩罕商人亦即通称为安集延人；后亦泛指乌兹别克人。"饷银"句，句下自注："防所旧设新增官兵千八百余，坐粮外仍支盐菜银。"此律的末句用"借寇"之典，暗喻自己"极边坐镇纡筹策"的能力，颇多自矜。此律诗味全无，不客气地说，这只是一份账单。

再如《土鲁番》：

广安烟户杂民回，冲要轮辕日往来。灯火摊钱开夜市，管弦呼酒上春台。当途坎水行车险，入境炎风扑面埃。南海蒲昌千里远，獭皮年贡久招徕。①

此诗道光十三年春，由乌什赴哈密任途中作。题下自注："古高昌，城名广安。""土鲁番"，今作吐鲁番。诗中"民回"，指维吾尔人。"灯火"句，句下自注："街市灯火达旦，六博成风。"六博，古代一种游戏，共十二棋，每人各六，黑白相博。此处泛指赌博。"当途"句，句下自注："近城三十里内，引水暗沟多土坎，曰坎儿水。行车最险。""入境句"，句下自注："又名火州，山赤，风来如火。""南海"句，句下自注："蒲昌海即罗布淖尔，长流千里。""獭皮"句，句下自注："近海回民渔猎为生，岁贡水獭皮九张。"此诗纯系客观描述，尚有其认识价值。首联将地理位置的重要性和民族杂居的特点首先作了交代。颔联道其繁华。颈联将吐鲁番的地多坎儿井和天气炎热的两大特点显现出来。如果说颔联写小环境，那么颈联就是写大环境，并且从天地两个方面来写，尽量使其周备。作者企图给吐鲁番一个更大空间，一直写到罗布泊。但此处是个大大的败笔，一是注释中"长流千里"，是作者的"想当然耳"。二来末句"獭皮年贡

---

① 萨迎阿：《心太平诗钞》，道光间刻本，第12页。

久招徕"已显质木无文，再加注释，更见蛇足。

《乌鲁木齐》写道：

满城清肃汉城哗，都统尊崇远建牙。文武风流成省会，商民云集俪京华。花栏粉黛开千户，水磨亭台起六家。关外封疆称第一，红山红庙锡名嘉。①

此诗道光十三年春，由乌什赴哈密任时途中作。题下自注："古车师地，城名巩宁。"诗中"满城"，即巩宁城。在汉城迪化西北八里处。今乌鲁木齐老满城即其旧地。都统、领队大臣驻之。"都统"句，句下自注："都统管辖文武，体制与督抚同。""文武"句，句下自注："道、府、州、县称满城为省中。""花栏"句，句下自注："汉城花巷，有女如云。""水磨"句，句下自注："红山下有水磨六处，树木森蔚，亭台逶迤，为宾客宴游之所。""红山"句，句下自注："关内外称乌鲁木齐曰红山、曰红庙，以山寺墙红得名。"通过这些注释，读者对这首诗的理解不会出现什么障碍，需要说明的是"花栏粉黛开千户"与注释"汉城花巷"，就是指妓院聚集的街市有很多的妓女，这在封建社会是城市繁华的象征。本诗中的"水磨亭台起六家"一句，只看表层意思是韵味全无，但从注释可知，作者的意思也是从"繁华"来着眼的。在作者的眼里，当时的乌鲁木齐之繁华可称得起是大都会。这首诗的认识价值要高于以上两首，但从艺术上来看，均非佳作。

除了以上三首写西域城市的七律，在《心太平室诗钞》中同类的作品还有《阿克苏》、《库车》、《喀喇沙尔》、《古城》、《巴里坤》、《哈密》六首，其思路、结构，如出一辙，也是几乎每句都要出注，看来只是有韵的散文。

作者从"定远行忠信，筹边足食兵"②的角度出发，还写了一些有关"食"和"兵"的诗作，《咏水磨》是这样写的：

一盘一轴一轮周，磨上回环水下流。巧夺化工真匠运，推疑使鬼

① 萨迎阿：《心太平诗钞》，道光间刻本，第12页。
② 萨迎阿：《心太平诗钞》，道光间刻本，第9页。

实人谋。珠喷急浪秋风紧，玉漱寒声夜雨幽。小榭跨溪垂柳外，开窗如坐木兰舟。①

此诗于道光十四年作于哈密。首联叙述水磨之结构，颔联赞美其技巧，颈联描写其环境，尾联抒发作者的感受。其五古《训将弁兵》这样写道：

用矛当用长，短刀明秋霜。擂炮进复进，先开连环枪。喷桶火焰腾，速战军声扬。夷众皆乌合，一败千逃亡。马队左右出，驱贼如驱羊。健儿受阴谋，月黑潜摹桩。勖战将弁兵，有勇而知方。万里守边围，同心严操防。养此浩然气，身家俱可忘。精奇不在多，足以安岩疆。天空雕鹗飞，狐兔其伥伥。②

这首诗可看作两部分。前12句可看作第一部分，主要讲"军事"，首先讲军器，有矛、刀、擂炮、连环枪、喷桶，次讲马队追击，再次讲偷袭。后10句主要讲"政治"，对将士晓以大义，他的要求大意是：有勇有谋，严格操练，舍身报国，以少胜多。这首诗很可能是一次"战前动员"讲话的记录稿，后来整理成诗章。

萨迎阿所谓"轮流水磨转，机动火枪鸣"③，主要讲器物实用。"轮流"句，作者自注"城外水磨，以供兵食"，就是这个意思，因此这类诗作缺少韵味。萨迎阿很有些"洋务派"的气息，知道与时俱进的重要性，"食"和"兵"两大方面的器具大都是当时的先进武器和先进器具。

"万里横行乘骏马，此身到处即为家"④，萨迎阿已经习惯于外出做宦的生活，多年的西域官场生涯，使他深深地喜爱这块土地。其《用〈凉州词〉原韵》写道：

桃杏花繁溪柳间，雨余如笑见青山。极边自古无人到，便说春风

① 萨迎阿：《心太平诗钞》卷二，手抄本，第3页。
② 萨迎阿：《心太平诗钞》，道光间刻本，第6页。
③ 萨迎阿：《心太平诗钞》，道光间刻本，第9页。
④ 萨迎阿：《心太平诗钞》卷二，手抄本，第2页。

不度关。①

此诗道光十三年春作于乌什。作者在讥笑王之涣"春风不度玉门关"的同时，赞美了边疆的春色，表达了对边疆的热爱之情。这首七绝算不上是佳作，在萨迎阿之前，国梁已有与其类似的七绝，但是一扫古人西出玉关之阴霾，确也可贵。在作者的眼里，春天如此，秋天一样可爱，七绝《塞上杏叶红胜于枫，秋色已满玉关外也》写道：

　　玉门关外树无枫，谁识边庭色不空。八月霜浓秋更艳，杏林万叶一齐红。②

此诗道光十五年作于哈密。以上这两首七绝与摹写城池的诗作相比，便显得轻松活泼，清新可喜。

萨迎阿于道光十三年由乌什赴哈密任，到乌鲁木齐后，又走南山北路，经巴里坤翻越阔舍图岭，作《五月二十三日度天山作》一律：

　　天山五月雪光寒，款段徐行绕曲栏。花草精神尘外长，峰峦气势画中看。松林密布千千树，石磴重周六六盘。绝顶登临皆俯视，飞泉声出白云端。③

诗题标有日期，一是说明对此诗的重视，二是突出夏季天山的景色，特别是"雪光寒"三字更是需要说明是夏季出现的景物方见奇丽。诗中"松林"句，句下自注："下望松树塘，见松不见山。"松树塘，在东天山北麓，为巴里坤通往哈密必经之路。"石磴"句，句下自注："山路回环，七十二折。"如果和萨迎阿以前诸多诗人描写天山风光的诗作相比，笔者以为萨迎阿此诗"花草精神"有余而"峰峦气势"不足。此诗颇有名气，在萨迎阿之后的西域诗文中，多处提及且有和作。如道光二十六年钟方任哈密办事大臣时编撰《哈密志》，便在《舆地志》中予以收录。

①　萨迎阿：《心太平诗钞》，道光间刻本，第8页。
②　萨迎阿：《心太平诗钞》卷二，手抄本，第8页。
③　萨迎阿：《心太平诗钞》，道光间刻本，第15页。

萨迎阿《心太平室诗钞》自序中说："虽思力不逮古人，幸尚无边塞愁苦之音。"① 许乃谷和韩赐麟在《题词》中也表达了同样的意思，前者谓："一卷新诗挽倒澜，尽涮边塞语辛酸。"② 后者谓："半壁河山容啸咏，边城风月尽涮愁。"③ 他们都看到了这一点。萨迎阿的西域诗作虽然谈不上豪壮，但是不管是什么内容的诗作，确无"边塞愁苦之音"。一是源自身份，二是源自性情。自序中还说："再出玉门，初学军旅，余事作诗。"韩赐麟在《题词》也说："客早登坛称上将，天教余事作诗人。"这里的"余事作诗"，萨迎阿是为自谦，韩赐麟是为颂扬，但是都透露出其诗不够专精的毛病。

六

锡纶（1843～1888），字子猷，博尔济吉特氏，满洲正蓝旗人。同治七年（1868）正月，为布伦托海帮办大臣，十年十月，以头等侍卫任哈密帮办大臣。十二年八月，任乌鲁木齐领队大臣。光绪三年正月，任古城领队大臣。十月，调塔尔巴哈台参赞大臣。十一年八月，署伊犁将军。筹设边防屯垦，安置难民，颇有政绩。十四年正月，因擅自挪用军饷，被议处，旋病卒。诗载其兄锡缜《退复轩诗》中。

锡纶为保恒之次子。《清穆宗实录》卷一三〇"同治四年二月己卯"条谓"予故署乌鲁木齐都统哈密办事大臣保恒祭葬恤荫如副都统例"④，可知这是保恒病亡后的最后官衔。《清代碑传全集·续碑传集》卷五二有刘达善撰《副都统衔哈密办事大臣兼署乌鲁木齐都统保公行状》，载同治三年（1864）奇台回民事变时，锡纶"以刑部主事随任古城"，随其父守城，后血战突围。其后留哈密办事大臣文麟军营。锡纶异母兄锡缜，原名锡淳，字厚安，咸丰六年（1856）进士。由户部郎中授江西督粮道，后为驻藏大臣，乞病归。工书，善诗文。

锡缜《退复轩诗》中的诗作均有编年。锡缜编年戊辰（同治七年，

① 萨迎阿：《心太平诗钞》自序，道光间刻本。
② 萨迎阿：《心太平诗钞》题词，道光间刻本。
③ 萨迎阿：《心太平诗钞》题词，道光间刻本。
④ 新疆社会科学院历史研究所编《〈清实录〉新疆资料辑录：同治朝卷》，新疆大学出版社，2009，第165页。

1868）至庚午（同治九年，1870）有《和子猷弟纶北征之作》七言古诗一首，题下自注为："时为布伦托海帮办大臣。"此诗后"附原作"：

北方有征人，故是斡难派。少小事戎行，弱冠走边塞。往事不忍说，父母已见背。身轻君恩重，敢惮长征再。

还家血战后，骨肉欣团圞。团圞日未几，离别生无端。回思恍如梦，触绪来悲酸。边月照铁衣，犹是前年寒。

行行出居庸，载经古战场。风疾雁声小，日低驼影长。战骨不能朽，往往堆如霜。抗怀将帅才，独立天苍茫。

风惊马乱嘶，雁叫河流冷。塞上秋声多，飒飒来悲哽。回风吹明月，皎皎上云岭。似慰望乡心，故照征人影。

杀气薄玄冥，凝结成雪花。天地失玄黄，皓皓无垠涯。夜酌葡萄酒，醉起闻清笳。金山不可度，西望长咨嗟。

金山不可度，回首雁南归。岂不愿归去，简书无敢违。吾生恩怨重，感恩尤入脾。行止难自由，薄言知己思。[①]

锡纶这六首五言古诗没有题目。锡缜题目中所谓"和子猷弟纶北征之作"的"北征"二字当为原题。据锡缜题下自注，可知锡纶此诗为同治七年在布伦托海帮办大臣任上作。这六首诗当是第二次进入西域后，对于近几年往事的回忆。诗中的"斡难"即斡难河，发源于蒙古小肯特山东麓，是蒙古部族的发祥地，1206年成吉思汗即位于此。锡纶家族自认为是"元裔"，蒙古博尔济吉特氏，始世垂尔扎尔于天聪八年（1634）归满洲，隶满洲正蓝旗。锡缜、锡纶兄弟对此家世颇为自豪，锡缜在其和诗也说："我家开国即封爵，绳武当如开国时。"[②] 锡纶在同治三年奇台回民事变时，当是20岁的年轻人，故第一首中说"弱冠走边塞"。写诗时父母双亡，故云"父母已见背"。在这种情况下，再次出塞，颇有些不得已，故云"身轻君恩重，敢惮长征再"。布伦托海，即今福海。同治六年，清政府设立布伦托海办事大臣公署，仍为乌梁海七旗封地。同治八年，裁撤布伦托海办事大臣，仍隶科布多参赞大臣管辖。此次出征当是前往镇压李俊等人领

---

① 锡缜：《退复轩诗》卷三，清末刻本，第13页。
② 锡缜：《退复轩诗》卷三，清末刻本，第13页。

导的布伦托海屯民起义。第二首写经同治三年的事变回家后，又不得已离家赴布伦托海办事大臣任。第二首至第五首写出居庸关一路到阿尔泰山后的所见所感。诗中"金山"即阿尔泰山。第六首诗毫不隐讳自己恋家的情感，也没有忠君爱国的豪言壮语。"岂不愿归去，简书无敢违"和"行止难自由，薄言知己思"数句，写出"北征"的无奈。作此诗时，作者年仅25岁，敢怒敢言。这种王事靡盬的抱怨，在清代西域诗中，颇不多见。总的来看，这六首诗在文辞上不加修饰，但却有较强的感人力量。

锡纶同治七年所作七言古诗《驾竿车》，也别开生面，写此交通工具者，西域诗中也仅此一首。全诗是：

> 车前横木四牡排，两者骖之两者陪。天地苍茫无一物，独有神骏呈其才。一十六蹄疾于鸟，双轮碾碎黄沙堆。周道如砥直如矢，狂云野雾皆分开。星流电掣一转瞬，前山向我如飞来。耳鸣目眩意恍惚，天风飒飒雷虺虺。风雷交作声未已，我行已过三军台。列子御风只如此，壶公缩地何奇哉！腐儒少见而多怪，唯恐颠覆车轮摧。吾闻骅骝得路不计远，岂其一蹴为驽骀。[①]

由徐珂《清稗类钞·舟车类》可知驾竿车，车前横木长丈余，以绳贯于辕，辕外二马，木端置于鞍。二人跨马疾驰，一小时可行60里。从锡纶的诗作来看，驾竿车所用马是四匹，似乎较之徐珂所言还要先进一些。这种车辆必须是在"天地苍茫无一物"、"周道如砥直如矢"的"黄沙堆"中行驶，才能展现其长处。作者首先介绍其构造，然后渲染其迅速，用"列子御风"、"壶公缩地"两个神话故事夸张这种车辆的神速。至最后两句"吾闻骅骝得路不计远，岂其一蹴为驽骀"，读者才发现作者真正歌颂的对象是驾车之马。而以良马"骅骝"自喻的心态，读者自然领会得来。这首诗是作者在布伦托海帮办大臣任上，不惮边疆遥远，勤于王事的表露。

锡纶于光绪二年（1876）作《自题马上小照》：

> 马上谁？更生子，上马行行千万里。问子何为号更生？兵火冻馁

---

① 锡缜：《退复轩诗》卷三，清末刻本，第16页。

不曾死，匍匐雪海冰山里，负骨还乡又来此。三十四岁四度来，两衔帝命攻贼垒。封豕咥人劫不止，十年积恨何时已，始来束发今落齿。未报君恩臣老矣，于嗟乎，更生子！①

锡纶自称"更生子"，自有其感慨在。这三个字的具体内容就是"兵火冻馁不曾死。匍匐雪海冰山里"。"负骨还乡"当是《副都统衔哈密办事大臣兼署乌鲁木齐都统保公行状》所言锡纶"自鄂伦布拉克军台改装徒步，牵一老驼不鸣者，蹴冰雪数尺，潜至奇台城北。往返七百余里，冻饿濒死。负其父母、妻妹及惠庆骸骨，以十二月归科布多"②事。诗中"三十四岁"句下自注："两侍宦，两奉使。"所谓"两奉使"当是同治七年为布伦托海办事大臣，十二年，任乌鲁木齐领队大臣。"两衔帝命攻贼垒"当指同治六年前往镇压李俊等人领导的布伦托海屯民起义和光绪二年进疆平定阿古柏匪帮事。从作者第一次入疆"攻贼垒"，至写此诗恰是 10 年，这 10 年中，整个西域一直处于动乱之中，所以作者说是"封豕咥人劫不止，十年积恨何时已"。"三十四岁"便说"臣老矣"，是由于"落齿"引起的感慨。锡纶这首诗是写在自己肖像上面的，面对自己未老先衰的面容，悲从中来，写些文字，并把它寄给自己的兄长，因为只有兄长理解自己。锡缜果然和诗《子猷弟寄到自题马上小照》：

十载长吟马上诗，边人谁识好须眉。相怜止有天山月，认是班生未老时。③

看来锡缜也认为锡纶"老了"，昔日的"好须眉"已经没人知道了。后两句容量很大，它不但把其弟比成班超，还从"天山月"三字中看到锡纶之所以"老"，是因为在边疆勤于王事所致。

光绪九年锡缜作《九日和子猷弟寄和去年之诗依其韵》。锡纶的原作是：

---

① 锡缜：《退复轩诗》卷四，清末刻本，第 3 页。

② 刘达善：《副都统衔哈密办事大臣兼署乌鲁木齐都统保公行状》卷五二，《清代碑传全集：续碑传集》，第 1074 页。

③ 锡缜：《退复轩诗》卷四，清末刻本，第 3 页。

客鬓欲随荒草白，菊花不共塞云黄。十年九日萦秋思，一片孤城冷夕阳。身似脊令飞寥廓，目穷鸿雁影微茫。诗情无托从何寄，只有刀头万里霜。①

此诗漫说放在清代西域诗中可称佳作，即使放在整个西域诗中来衡量也是上品，由此可以看出锡纶的汉文文学功底很深。此诗前三联对仗已非常规格，且对仗均属工稳。首联中有颜色对，"荒草白"后"客鬓"随之亦白，"塞云黄"而"菊花"不黄。该黄的不黄，不该白的却白了，想象奇特、感慨深沉。颔联中有数字对，出句写时间，显其漫长，对句写空间，见其空旷。颈联中有联绵词对，"脊令"一词用"脊令在原，兄弟急难"典，表明对兄长的思念。"鸿雁"又暗含"雪泥鸿爪"的典故，手法可谓高明。尾联"万里霜"饰以"刀头"，新颖别致，而"刀头"又含有"大刀头"一典，有思念家乡，早日归还的意思。诗风雄浑而含蓄，深得边塞诗之旨。在未得锡纶诗集时，锡纶的西域诗出现在锡缜的诗集里，后人在感叹兄弟鹡鸰情深的同时，还应当佩服锡缜保留锡纶西域诗作的慧眼。

七

志锐（1853～1912），字伯愚，又字公颖、廓轩，自号姜盦，又号穷塞主，晚号迁安，他塔拉氏，满洲镶红旗人。《清史稿》卷四七〇和《清代碑记全集·碑传集补》卷三五有传。陕甘总督裕泰孙，四川绥定府知府长敬子。光绪六年（1880）进士。选庶吉士，授编修。因敢于直言，仕途蹇滞。后历詹事、内阁学士。光绪二十年，授礼部右侍郎。光绪帝的瑾妃、珍妃为志锐之堂妹。志锐在帝后党争中属帝党，对外反对列强侵略，对内主张整饬纲纪。这固然与他和光绪帝在感情上接近不无关系，但更是由于志锐用心经世之学，思有建树。中日甲午战争爆发后，上奏慷慨陈词，光绪帝览奏动容，召见便殿，与论天下大事。志锐流涕直陈无所隐。特命赴热河练兵。此后不到一个月，慈禧太后便以"干预朝政"的罪名，将瑾、珍二妃降为贵人。志锐因坚决支持光绪帝抗战拒和，也为慈禧所忌

---

① 锡缜：《退复轩诗》卷四，清末刻本，第23页。

畏，故降为乌里雅苏台参赞大臣。五年后又降为伊犁索伦领队大臣。

志锐于光绪二十六年秋抵达伊犁，到三十二年夏交卸入关，在索伦领队大臣任上六年，主要做了三件大事：一是两次会办"司牙孜"。司牙孜为俄语"会议"之音译，全称"边境仲裁会"。是中俄双方定期晤商解决两国哈萨克边民纠纷积案的仲裁会议。光绪五年塔尔巴哈台参赞大臣锡纶创办。此会不用中俄法律，按哈萨克习惯法和伊斯兰教法规，双方派员审理。原则上三年会办一次。志锐所办第一次是光绪二十八年在伊犁霍尔果斯河以北边界中方索伦营所属克依根山沟，共办结案 1700 多件。第二次是光绪三十年在喀什噶尔的克孜玛依拉克，共办结案近 1700 件。每次都是历时一月左右，似此多而且速，尤为历次办理所无。为隐消边衅，益固邦交的善举，为此他获得中外边民的交口称赞。

二是开办养正学堂，选派留学生。志锐在会办中俄伊犁积案时，也奉命与俄官员商议选派留学生事宜。光绪二十九年，新任伊犁将军马亮奏请在伊犁开设学堂，堂名为"养正"，由志锐兼任总理学堂事务。获准后即在伊犁挑选满蒙幼童十名、青年学生两名，派佐领一人管理，由志锐带领抵俄国七河省会阿拉木图安置学习。第二年赴喀什办案取道俄境时，还专门考察了留学生情况。伊犁养正学堂于光绪三十年春开学，分为满、汉、蒙、俄四种语言班授课。到他离任时，各班学习大有进步，赴俄留学生也成效可观。

三是关注伊犁边防，尽心为国守边。伊犁孤悬西域，紧邻沙俄，地广兵单。志锐所辖索伦营负责伊犁河北岸沿边防务，关系紧要。他虽是被降职使用，又无上奏之权，但依然关注边防，披览舆图，考察山川，呼吁警惕沙俄的侵略。光绪二十九年夏，俄国与日本为争夺在我国东北的势力范围，剑拔弩张，伊犁人心惶恐。为加强边防，安定民心，他陪同马亮出惠远城，过伊犁河，抵格登山。归途翻越乌孙山，巡查锡伯营各牛录营地。以上所言三点在志锐的诗作中均有反映。

光绪三十二年春，志锐调为宁夏副都统。三十四年冬，光绪帝和慈禧太后相继病死，醇亲王载沣摄政，特旨召志锐进京。此时距光绪二十年出京已过 15 年。八个月后授杭州将军。宣统三年（1911）初，志锐调任伊犁将军。赴任途中，武昌起义爆发，他会同陕甘总督长庚、新疆巡抚袁大化等，密谋拥宣统帝西迁，以图复辟。九月二十五日接任视事。接任后立即勒令停办"讥弹时事"的《伊犁白话报》，钳制舆论。又对伊犁新军别生疑忌，全部解散后又不发给遣返费，致使新军官兵坐困伊犁，贫怨交集。志锐企图防范革命，但加速了革命的发展。十一月十九日革命党人冯特民、杨缵绪等在伊犁起义。起义成功后革命党人欲举志锐为都督，被峻拒。次日，志锐被枪杀于惠远城钟鼓楼前，任职仅 54 天。谥文贞。志锐死后，清廷以额勒浑署伊犁将军，只不过是虚应故事而已，实则志锐为清代最后一任伊犁将军。志锐有《廓轩竹枝词》行世，但其中不载西域诗作。本文所用志锐诗作资料，皆录自笔者编著的《清代西域诗辑注》。

志锐七律四首《五十初度感怀》作于光绪二十八年，前有序文，已言明本事："壬寅四月，因中俄积案二千余起，择附近边界克依根山沟，办理司牙孜。少白将军属余主其政。从事一月，依次办清。二十五日，值余五十初度，两国哈萨克均以赛马为请。汪矩亭太守有文纪其事。余作五十初度感怀四章以示同事诸君。"诗为：

自惭年已届知非，世事繁臡强任靾。拙宦遽难初服遂，频年惊见故人稀。荷戈边徼功名薄，揽辔踌躇心事违。如此头颅羞对镜，莼鲈秋兴早思归。

未乞朝廷已致身，敢将衰朽厌缁尘。耐心试草三千牍，回首看花二十春。玉敦珠盘人似旧，滕先薛后样翻新。三旬暂领牛羊牧，第一功名是睦邻。

六年北徼又西陲，惭愧官家好爵縻。小信敢期蛮貊化，杞忧思觅缓和医。庙堂济济多高拱，身世悠悠戒诡随。怕说壶浆称上寿，滔滔满目正疮痍。

艳说南山径佛场，从游千骑卷平岗。五花驰骋龙鳞簇，万口喧阗鹤算长。敢诩误恩为市惠，人教旧德矢难忘。归来息地穸庐卧，笑枕溪流梦故乡。

序文中"少白将军"，伊犁将军长庚，字少白，满洲正黄旗人。曾于光绪十六年至二十七年和三十一年至宣统元年（1909）五月两任伊犁将军。"汪矩亭"生平不详，待考。第一首大意是：年已五十，自惭无所作为；世事烦乱填胸，任职也很勉强。眼见亲朋故旧越来越少，自己却不能辞官离开官场。自任武职，在边疆建树甚少；每欲革新政治，但总是不能如愿以偿。今日满头白发，羞于对镜；真欲效法晋代张翰弃官回到故乡。

第二首诗的大意是：未向朝廷要官却当了官；既然如此岂能远离风尘，只顾衰朽。也曾关心国事，向朝廷多次上过奏章；回头一看，中进士后已经过了二十个春秋。朝堂上高官厚禄的人们没有改变；争权夺利，花样翻新，也依然如旧。办理司牙孜一个月来犹如管理牛羊的官员；使邻邦和睦，是我现在的追求。第三首的大意是：自出任乌里雅苏台参赞大臣至今已有六年；每对俸禄，令人感到羞惭。自信周边的部族有所改变；也有将大清的顽疾慢慢革除的心愿。朝廷上的官僚大都尸位素餐；我岂能不顾是非而妄随人言。现在还不是手捧酒浆祝寿的时候；回首关内，满目疮痍，布满中原。第四首的大意是：人们都说南山是操办佛事最好的地方；但今天赛马活动的骑手纷纷驰过山冈。你看毛色多样的马匹犹如龙腾；骑手们都在祝贺我福寿绵长。今日此举不是我误施恩泽，以私惠取悦牧民；只是让他们不应忘记普施恩德的大清君王。当我回到帐篷休憩，在小溪旁边又梦见故乡。

志锐是进士出身，其诗作总显得"文绉绉"的，颇多书卷气。如果不知诗人的身世，这几首诗就很难理解。其为人敢说敢为的特点在诗中也有所流露，如"玉敦珠盘人似旧，滕先薛后样翻新"，"庙堂济济多高拱，身世悠悠戒诡随"的句子，就是直斥晚清朝中衮衮诸公的无能，这在西域诗中颇为耀眼。诗中也有退隐的想法，如"如此头颅羞对镜，莼鲈秋兴早思归"，"归来息地穿庐卧，笑枕溪流梦故乡"即是。这不过是封建文人的常态，在"同事诸君"面前说说而已，读者不可当真。从志锐的家世以及所受的教育来看，他是不可能退隐的。诗中也有自己做官成就的自诩，只不过比较隐晦罢了，如"荷戈边徼功名薄"、"耐心试草三千牍"、"小信敢期蛮貊化"诸句就透露了个中消息。这四首律诗所反映的就是志锐在索伦领队大臣任上做的三件大事的第一件：会办"司牙孜"。

志锐在索伦领队大臣任上三件大事的第二件是开办养正学堂，选派留学生。这在志锐的西域诗中没有直接的反映，但是在带领留学生前往俄国路上却留下一些诗作。以下三首五律就是光绪二十九年作于赴阿拉木图途中。诗题为《赴俄经博罗胡吉尔、辉发两卡，索伦旧地也。蓝旗营城尚在，索伦未移坟墓尚累累，有感》、《在巴士奇台见中哈某探询旧人，至于落泪》和《过辉发卡外，一片戈壁，山童不毛，俄之垂涎伊犁有由然矣》。兹录如下：

　　岂事游观乐，兹行视旧边。孤城沦异域，遗冢没荒田。何用投鞭渡，谁容藉榻眠。河西三百里，不忍说当年。

　　谁说蛮夷种，人情蠢不知。解行官礼数，因见汉威仪。垂泪怀前辈，伤心话旧时。探囊聊有赠，无语到临歧。

　　旧卡东来地，平芜满目蒿。无人工制锦，他族任操刀。土薄泉无脉，山童地不毛。美鱼原有意，终赖荩臣劳。

　　第一首题中"博罗胡吉尔"，在今霍尔果斯河以西的哈萨克斯坦境内，清时为中国卡伦。"辉发"，《大清一统志》作"惠番"，博罗胡吉尔以西的卡伦。　"索伦"，索伦营。携眷驻防新疆之八旗兵，乾隆二十九年（1764）由黑龙江调驻伊犁河北岸。诗中"孤城"，指题中索伦营蓝旗营城。"异域"，指在同治三年（1864）《中俄勘分西北界约记》和光绪七年（1881）《中俄伊犁条约》中被沙俄割去的土地。"《勘分西北界约记》使俄国侵吞了博罗胡吉尔以西包括大半条伊犁河在内的四十四万多平方公里的土地，《伊犁条约》又将霍尔果斯河以西地区割让给沙俄。这样，伊犁河北索伦营所辖之博罗胡吉尔等十个卡伦，及该营右翼四旗屯田的策集、齐齐罕、萨玛尔、图尔根等村镇，伊犁河南锡伯营所辖之春济等十六个卡伦及附近屯种之处，伊犁各族人民浴血保卫过的维吾尔族农民屯田之克特缅等村庄，全部被沙俄侵略者分割出去。"① "何用"句意谓，国土已非我有。投鞭渡河已成虚语。"谁容"句意谓，沙俄侵割我土地，借以窥伺我国。"河西"，指霍尔果斯河以西。志锐此时职务为索伦领队大臣，对于沦入异域的索伦营盘，其"有感"之深，自非他人可比。

　　第二首题中"巴士奇台"，当在今哈萨克斯坦境内，确址不详。"中哈某"，中国哈萨克某人。据同治三年《中俄勘分西北界约记》，勘界后"人随地归"。此哈萨克某人，显系随地归俄者。因其原是中国臣民，故称"中哈某"。这位"中哈某探询旧人，至于落泪"，可见对中国故人感情之深，亦见对中国感情之深。此诗感情之抒发与宋代范成大的《州桥》一诗"州桥南北是天街，父老年年等驾回。忍泪失声询使者，几时真有六军来"类似。其区别在于范成大为虚拟，志锐为亲见，故志锐之作，更见沉痛。

　　第三首题目大意是说辉发卡外，土地贫瘠，不见物产，所以俄国垂涎

---

①　新疆社会科学院民族研究所编《新疆简史》第2册，新疆大学出版社，1980，第225页。

伊犁这块膏腴之地。诗中"无人"两句为流水对。用"操刀伤锦"典说明因为朝廷无心经理霍尔果斯以西土地，致使沙俄割去。尾联作者对收回伊犁的大清忠臣们给予高度评价。俄人羡鱼，空存想望，最终没有得手，是有赖于左宗棠、金顺、曾纪泽等人军事和外交的努力。收回伊犁的 20 年后，作者发此感慨，从侧面可以看出志锐守土卫边的决心。

志锐在索伦领队大臣任上三件大事的第三件是关注边防，尽心守边。这一方面的内容由《首夏巡边，马上得诗四章》可以得到证实：

　　一年一度按巡边，四月晴和首夏天。一线长河悬中外，盘肠曲径绕蜿蜒。升堂输我开门揖，卧榻容人借枕眠。且喜和戎新定策，断流无复漫投鞭。

　　伊川形势四方维，割让西南半壁亏。天险未能留砥柱，地多空见剩张箕。良田待辟何人种，大漠无垠任马窥。东望浮云蔽沧海，庙谟应解念西陲。

　　二百年来古战场，亦曾安堵课农桑。路分南北形偏聚，屯设兵回策最良。掩日旌旗收故垒，漫天勋业辟新疆。钿车宝马夸都会，却使司农费料量。

　　傍河新筑索伦营，四部中分是劲兵。养恃耕耘风尚古，教先弓矢技犹精。长烟落日孤城闭，独戍临江夜角鸣。八载巡边犹未已，亦应重感二毛生。

这四首七律是光绪二十九年志锐陪伊犁将军马亮视察边防时作。第一首主要写巡边的过程、意义和结果。首联道出一年一度的巡边是伊犁将军职责范围和这次出行的时间。颔联说明巡视的大致路线和行路之艰难。诗中"长河"指伊犁河。因其流经当时中俄两国，故云"悬中外"。同治十年（1871），俄国人以清廷不能安辑新疆为由，出兵占领伊犁，以"代管"之名行主权之实。所以颔联陡然一转，谓当年朝廷准其代管，无疑开门揖盗，以致今日卧榻之侧容得他人酣睡。尾联大意是说，这次巡边，边境安宁。现在已和俄国划界讲和，再用不着投鞭断流了。揣摩语意，个中仍有志锐的愤慨在。

第二首主要是对收回伊犁和割让土地后的感慨。首联指出伊犁形胜之重要。咸丰十年（1860）《中俄北京条约》签订，沙俄割去我国巴尔喀什湖以东，特穆尔图淖尔（今伊塞克湖）以西的大片土地。其后《中俄勘分西北界约记》和《中俄伊犁条约》又割去特穆尔图淖尔以东的大片土地。因地处伊犁西南，故云"割让西南半壁亏"。颔联是写割让土地之后的严重后果，那就是目前的伊犁形如张箕，全部暴露在俄国人的面前。颈联继写经济上的损失是"良田待辟何人种"，军事上的损失是"大漠无垠任马窥"。尾联是说，尽管海疆不靖，但是朝廷还必须顾及新疆。表现了作者怕失去新疆疆土的忧虑。

第三首主要是对伊犁历史的回忆。首联总说，谓虽然伊犁将军管辖的天山南北内外的干戈常有，但是军民们仍然安居乐业，从事农业生产。颔联主要从屯垦来讲，谓两百年来，在这天山南北两路的形胜之地，进行屯垦，使得边疆安定。清新疆屯田可分兵屯、户屯、犯屯、回屯和旗屯五种。此处但言兵、回二屯，乃迁就平仄，举其要者。颈联主要从军事来讲，以形象的语言道出伊犁将军所辖军队的勇武。尾联重在写目前伊犁首城惠远。谓其繁华，但要朝廷户部的银两支持。这首诗的尾联的用意如同第三首的尾联，但表现的是对新疆经济来源的忧虑。

志锐此时的官衔是索伦营领队大臣，对自己的才干颇为自负，有些大材小用的情绪。这里第四首就是对自己所负责的索伦营的肯定。所谓"傍河新筑索伦营"，是指索伦老营盘已划归俄国所有。其新营城在今霍城县境内拱宸城（老霍城）东八里处，至今残墙犹存。诗中"四部"指驻守伊犁九城（塔勒奇、惠远、宁远、广仁、瞻德、熙春、拱宸、绥定、惠宁）之外的厄鲁特营（驻守伊犁河上游和纳伦河一线）、察哈尔营（驻守博尔塔拉）、锡伯营（驻守伊犁河南）、索伦营（驻守霍尔果斯以西）。史称外四营或四爱曼。作者认为，伊犁边防部队当中，自己领导的索伦营是精锐部队。颔联谓索伦营的主要任务就是"耕"和"战"两个字。"耕"从历史上看"风尚古"，"战"从目前来说"技犹精"。颈联出句借用范仲淹《渔家傲》词句，配对句"独戍临江夜角鸣"，与前一句相得益彰，刻画出索伦营积极备战的情形。"八载"是指光绪二十年，志锐由礼部右侍郎降授乌里雅苏台参赞大臣，其抵任所当在二十一年春。至作诗时恰为八周年。此处尾联是对这四首诗的总结，也是对八年守边的总结。在"二毛生"的时候，仍然"巡边犹未已"，个中牢骚不言而喻。

志锐还有《抢羊》、《咏冰床》等如竹枝词之类的诗作六首。笔者在拙编《清代西域诗辑注》中加总题曰《伊犁杂咏》。纯以平常语琢成，别有深味。以其无关伊犁将军任内之大政，本文不再论述。

读过志锐的诗作，给人最深的印象莫过于其强烈的爱国热情。尽管此人恃才傲物、刚愎自用，甚至仇视革命，但其支持光绪皇帝亲政，尽心守边，关心国事，还是应该充分肯定的。为此，他的诗作在清代西域诗中也放射出异样的光彩。

在戍客诗人的诗集中我们知道，历任伊犁将军中尚有伊勒图、松筠等人能诗，遗憾的是未见其作品流传。相信将来有志研究西域诗的学者必有新的发现。伊犁将军的诗作在历代西域诗中未必都是佳作，但是由于他们特殊的身份，带动或是影响了其下属和西域戍客诗人的创作欲望，使得其下属官员有了展示文才的机会，使得戍客诗人作诗有了宽松的环境。他们都会以诗歌创作接近伊犁将军，以此获得好感。所以说，伊犁将军的诗作在客观上推动了清代西域诗的发展。

本文摘自《新疆师范大学学报》（哲学社会科学版）

2010 年第 2 期

以战求和：唐代边塞诗的主旋律

董恩林*

　　摘　要：对唐代边塞诗的研究存在着两种不同倾向：一方是极力赞美唐代边塞诗所包含的爱国主义英雄主义精神、所描述的边塞美景，一方则是无情揭示唐代边塞诗所蕴藏的反战、厌战情绪和边塞的悲凉痛苦。文章主要通过高适、岑参的边塞诗分析，认为唐代边塞诗深层的思想主题应该是民族和解，主旋律是呼吁或赞美以战求和的民族和解方式与途径。唐代边塞诗人们无论是歌颂边战还是反对边战，心目中的忧虑和诉求是：一方面要敢于用战争来制止边衅、平定侵扰，另一方面又要坚持安民怀柔的边疆民族和解政策，以战求和，因和化战。

　　关键词：唐代　边塞诗　主旋律　以战求和

　　"边塞诗"这一概念萌生于唐代边塞诗研究。早在 1924 年，徐嘉瑞《中古文学概论》第五编第二章"唐代文学之分类"，在对唐诗进行分类中首次提出了以高适、岑参、王昌龄、王翰、李颀诸人为代表的"边塞派"。20 世纪 30 年代，贺昌群进一步统计唐代边塞诗千余首，并将之分为初、盛、中、晚四个时期来研究；他定义"边塞诗"为"对异族征伐的反映"，诗文"雄伟瑰丽"。[①] 20 世纪 80 年代以来，边塞诗的范围有所扩大，上推至《诗经》中的某些篇章，下衍至清代。但自始至今，唐代边塞诗仍是其

---

　　*　董恩林，华中师范大学历史文献研究所教授。

　　① 贺昌群：《论唐代的边塞诗》，《文学》1934 年 2 卷 6 号，收入《贺昌群文集》，商务印书馆，2003，第 39～53 页。

大宗。

唐代诗坛繁荣，群星璀璨，是中国古典诗歌创作的高峰时期。在众多诗歌流派中，雄奇瑰丽的边塞诗独树一帜，耀眼夺目，涌现出了以高适、岑参、王昌龄、李颀、王之涣、王维、王翰、李益等为代表的一大批杰出的边塞诗人。其他诗人也或多或少地写过边塞诗。这些边塞诗以取材广泛、意境新奇、手法多变、格调高雅，在唐代诗坛上书写了浓墨重彩的一页，早已成为文学史上一座光辉的里程碑，对唐代边塞诗的研究也经久不衰、硕果累累。几乎每一部文学史著、每一个文学网站，都能够找到唐代边塞诗研究者的踪影。

对唐代边塞诗的研究，从 20 世纪二三十年代的筚路蓝缕，到六七十年代的万马齐喑，再到现在的百花齐放。论著数以千计，论点层出不穷。结论却始终在唐代边争正义与非正义、诗人主战与反战两大结论之间反复地肯定与否定着、徘徊着。20 世纪三四十年代，学者们对唐代边塞诗给予了热情讴歌，谓之为"征战文学"，认为唐代边塞诗是"唐民族势力向外发展的结果"，战争虽然不必赞美，但异族杀戮人民、占据土地、抢劫财货，"所以唐代对外用兵，实都是可赞美的民族自卫战争"，"文学家心灵鼓荡于这荼火般胜利空气里，则其产生大批壮快兴奋的战争歌颂"是自然的事。① 到了六七十年代，受当时所谓反帝反修政治形势的影响，更是对唐代边塞诗一边倒地赞美，乃至出现边塞诗"鼓舞我们去为当前反对帝国主义的侵略政策和战争政策，为保卫社会主义建设和世界和平而进行坚决斗争"的荒唐谀词。② 到了 80 年代后，除了对唐代边塞诗歌颂战争的主题继续给予肯定和赞美之外，越来越多的学者特别是中青年学者开始重视和肯定唐代边塞诗中的反战、厌战的悲剧精神，认为唐代"边塞诗中充满着深沉哀婉的悲剧精神，它是古代边塞诗表现征战主题所达到的思想高度的体现，大大提升了唐代边塞诗的思想价值与意义"。"诗人不仅要表达反对穷兵黩武之意，而且更重要的是要从更高的人性角度来否定作战激情，否定自取灭亡的战争行为，是深沉悲剧精神的典型体现。"③ 为了论述的方便，

① 苏雪林：《唐诗概论》，商务印书馆，1947，第 51～52 页。
② 易朝志等：《试论边塞诗与战争的评价问题》，1961 年 1 月 22 日《解放日报》。
③ 阎福玲：《论唐代边塞诗的悲剧精神》，《辽宁师范大学学报》1999 年第 4 期，第 63、65 页。

我们暂且把这两种截然相反的研究结论命名为"主战派"和"反战派"。特别有趣的是这两种论点所依恃的论据往往可以集中到同一个诗人的同一首诗中。比如：王翰的《凉州词》："葡萄美酒夜光杯，欲饮琵琶马上催。醉卧沙场君莫笑，古来征战几人回？"主战论者认为诗的三、四句倡扬的是边塞将士们置生死于度外的开朗乐观情怀、奋发昂扬精神，而反战论者则以为是"故作豪饮之词，然悲感已极"，认为其情调是低沉、悲凉、感伤、反战的。

如何来解读学术研究的这种矛盾现象？如何来诠释唐代边塞诗的思想主题、时代强音？我们还是以盛唐边塞诗的旗手人物高适、岑参二人的边塞诗为例，先作一些细致分析。

高适（702～765），渤海蓚（今河北景县）人。官至淮南、剑南西川节度使，是唐代边塞诗人中官做得最大的。他作为盛唐时期的诗人，曾三次前往边塞，对边塞士卒的生活有深刻的了解，因此写下了许多优秀的诗篇。他的边塞诗代表作有《燕歌行》《蓟门行五首》《塞上》《塞下曲》等。先看他的《燕歌行》：

> 汉家烟尘在东北，汉将辞家破残贼。男儿本自重横行，天子非常赐颜色。摐金伐鼓下榆关，旌旆逶迤碣石间。校尉羽书飞瀚海，单于猎火照狼山。山川萧条极边土，胡骑凭陵杂风雨。战士军前半死生，美人帐下犹歌舞。大漠穷秋塞草衰，孤城落日斗兵稀。身当恩遇恒轻敌，力尽关山未解围。铁衣远戍辛勤久，玉箸应啼别离后。少妇城南欲断肠，征人蓟北空回首。边庭飘飖那可度，绝域苍茫更何有？杀气三时作阵云，寒声一夜传刁斗。相看白刃血纷纷，死节从来岂顾勋。君不见沙场征战苦，至今犹忆李将军。

这首诗是高适有"感征戍之事"而写的，征戍之事指的是开元二十六年（738）大将张守珪对契丹作战失利，却假报战功。故这首诗的内容与主题都相当复杂，不可一概而论。诗人既歌颂了将士们勇敢杀敌、保家卫国的英雄事迹与精神，如"杀气三时作阵云，寒声一夜传刁斗。相看白刃血纷纷，死节从来岂顾勋"等句，又抨击了边将荒淫无度、无视士兵死活和国家安危的作为，如"战士军前半死生，美人帐下犹歌舞"，"君不见沙场征战苦，至今犹忆李将军"等句；既有对边战正义性的肯定，如"汉家烟尘在东北，汉将辞家破残贼。男儿本自重横行，天子非常赐颜色"，又有对战争残酷性的揭露和对战争的厌恶情绪的流露，如"铁衣远戍辛勤久，玉箸应啼别离后。少妇城南欲断肠，征人蓟北空回首。边庭飘摇那可度，绝域苍茫更何有？"特别是"战士军前半死生，美人帐下犹歌舞"一句，运用鲜明的对比，感情激烈地揭示了边塞征战生活的不平等，谴责了边塞将帅的骄奢淫逸的生活。而"少妇城南欲断肠，征人蓟北空回首"一联，诗人把征人与少妇的相互思念，运用类似影视蒙太奇的手法剪接在一起，在形象上给人以强烈的悲剧感受，令人对战争的厌恶感陡然而升。总之，举凡出征军容的壮烈、军情的危急、塞漠的荒寒、战争的酷烈、将帅的苦乐、战士的勇武、别离的悲怆、和平的祈愿等等，俱熔为一炉。再看他的《蓟门行五首》：

> 边城十一月，雨雪乱霏霏。元戎号令严，人马亦轻肥。羌胡无尽日，征战几人归。
>
> 幽州多骑射，结发重横行。一朝事将军，出入有声名。纷纷猎秋草，相向角弓鸣。
>
> 蓟门逢古老，独立思氛氲。一身既零丁，头鬓白纷纷。勋庸今已矣，不识霍将军。
>
> 茫茫长城外，日没更烟尘。胡骑虽凭陵，汉兵不顾身。古树满空塞，黄云愁杀人。
>
> 汉家能用武，开拓穷异域。戍卒厌糠核，降胡饱衣食。开亭试一望，吾欲涕沾臆。

在这里，高适仍然是用他的大手笔熔多种意象与情感于一炉："羌胡无尽日，征战几人归"、"胡骑虽凭陵，汉兵不顾身"，虽透露出战争伤亡的残酷，主旨却在说明边塞征战的起因在于"羌胡""凭陵"，肯定了唐军作战的正义性和唐军将士的勇敢无畏。"古树满空塞，黄云愁杀人"、"汉家能用武，开拓穷异域"，则又包含着诗人对穷兵黩武的反感、对战争结局的忧虑。特别是"蓟门逢古老"一首，极写老兵晚年的凄凉，联想到高适《登百丈峰二首》之一所云"忆昔霍将军，连年此征讨。匈奴终未灭，寒山徒草草"，其平息战争、回归和平的愿望浸透纸背，呼之欲出。而最后一首中的"戍卒厌糠核，降胡饱衣食。开亭试一望，吾欲涕沾臆"，读来令人对边塞战争中的不平等、本末倒置现象百思不然、欷歔不已。再看他的《塞下曲》：

> 结束浮云骏，翩翩出从戎。且凭天子怒，复倚将军雄。万鼓雷殷地，千旗火生风。日轮驻霜戈，月魄悬雕弓。青海阵云匝，黑山兵气冲。战酣太白高，战罢旄头空。万里不惜死，一朝得成功。画图麒麟阁，入朝明光宫。大笑向文士，一经何足穷。古人昧此道，往往成老翁。

这首诗对战争场面的炫耀性描述，对将士们英雄气概的歌颂性表现，对人们投身建功立业、保家卫国的边塞征战的肯定性向往又是何等强烈和鲜明。尤其"万里不惜死，一朝得成功。画图麒麟阁，入朝明光宫。大笑向文士，一经何足穷"之句，气魄之大、情绪之狂，前所未有。高适其他边塞诗作如《巨鹿赠李少府》《真定即事奉赠韦使君二十八韵》《蓟门不遇王之涣郭密之因以留赠》《酬李少府》《送李少府时在客舍》等，表达的也是有悲有喜、较为感伤复杂的感情。

岑参同样以边塞诗著称，其边塞诗的艺术成就与高适齐名，主题思想也与高适一样丰富多样。故后世将二人并称"高岑"，成为边塞诗史上的双璧。岑参（715~770），荆州江陵（今湖北荆沙市）人。一生两次出塞，先后追随高仙芝、封常清两位边帅。他的诗气势宏伟、想象丰富、色彩绚丽、热情澎湃。《走马川行奉送出师西征》《轮台歌奉送封大夫出师西征》和《白雪歌送武判官归京》是他的三篇代表作。我们先看他的《白雪歌送武判官归京》：

> 北风卷地白草折，胡天八月即飞雪。忽如一夜春风来，千树万树梨花开。散入珠帘湿罗幕，狐裘不暖锦衾薄。将军角弓不得控，都护铁衣冷难着。瀚海阑干百丈冰，愁云惨淡万里凝。中军置酒饮归客，胡琴琵琶与羌笛。纷纷暮雪下辕门，风掣红旗冻不翻。轮台东门送君去，去时雪满天山路。山回路转不见君，雪上空留马行处。

这首诗写于天宝十三载（754）八月后，前八句极写一个"寒"字，狐裘不暖、角弓不控、铁衣难着，寒冷之状跃然纸上，但诗人的心情并不寒，"千树万树梨花开"的浪漫联想即是其证，其状其情也是可掬可描；后十句极写一个"愁"字，"愁云惨淡"是愁，为归客饯行必然引起乡思也是愁，送客归去空留马行更令人生出望不穿的乡愁，但这乡愁却不像雪寒心暖那样可见可摸，而是深沉含蓄的。再看《轮台歌奉送封大夫出师西征》：

> 轮台城头夜吹角，轮台城北旄头落。羽书昨夜过渠黎，单于已在金山西。戍楼西望烟尘黑，汉兵屯在轮台北。上将拥旄西出征，平明吹笛大军行。四边伐鼓雪海涌，三军大呼阴山动。虏塞兵气连云屯，战场白骨缠草根。剑河风急雪片阔，沙口石冻马蹄脱。亚相勤王甘苦辛，誓将报主静边尘。古来青史谁不见，今见功名胜古人。

这是一首全面描述封常清率军出征的边塞诗，主旨自然是赞颂唐军将士英雄气概的，"上将拥旄西出征，平明吹笛大军行。四边伐鼓雪海涌，三军大呼阴山动"四句把唐军出征时的雄壮气势和盘托出，"亚相勤王甘苦辛，誓将报主静边尘。古来青史谁不见，今见功名胜古人"四句则把唐军将士建功立业以及对这种英雄主义精神的赞美尽情表达了出来。但"虏塞兵气连云屯，战场白骨缠草根"一句无论如何不能给人轻松之感和壮美享受，更不能说成是英雄之气，倒是对战争残酷与厌倦的情感隐约可见。再看其《走马川行奉送出师西征》：

> 君不见走马川，雪海边，平沙莽莽黄入天。轮台九月风夜吼，一川碎石大如斗，随风满地石乱走。匈奴草黄马正肥，金山西见烟尘飞，汉家大将西出师。将军金甲夜不脱，半夜军行戈相拨，风头如刀面如割。马毛带雪汗气蒸，五花连钱旋作冰，幕中草檄砚水凝。虏骑闻之应胆慑，料知短兵不敢接，车师西门伫献捷。

这是岑参边塞诗中最充满乐观主义、英雄主义情调的一首。边塞大漠中望而生畏的恶劣气候环境，在岑参手里变成了衬托唐军将士英雄气概的壮观景色。唐军将士勇于进攻的精神，克服困难的毅力，气冲云天的豪情，积极开朗的胸襟，在诗人笔下体现得淋漓尽致。

高岑边塞诗具有共同的悲壮格调，这是学者们公认的。宋人严羽说：

"高、岑之诗悲壮，读之使人感慨。"（《沧浪诗话·诗评》）明人胡应麟也说："高、岑悲壮为宗。"（《诗薮》内编卷二）总的说来，他们两人的边塞诗，基调是昂扬激越的，情绪是悲壮深沉的，既歌颂了边塞河山之美、将士之壮、征战之伟，也写出了战争之苦、将士之痛、各族统治者好战之恶、各族民众及诗人和平之愿。我们如果用歌颂战争、反对战争或英雄主义、爱国主义、悲观消极思想来概括高岑边塞诗的主题思想，从而加以肯定与否定，尽管都能够从高岑边塞诗中找到有力证据，但都是不太令人信服的。

那么应该如何来看待高岑边塞诗的主题思想或者说主旋律呢？笔者以为，以"喜言王霸大略"著称的高适所写的《塞上》诗可以给我们答案：

> 东出卢龙塞，浩然客思孤。亭堠列万里，汉兵犹备胡。边尘涨北溟，虏骑正南驱。转斗岂长策，和亲非远图。惟昔李将军，按节出皇都。总戎扫大漠，一战擒单于。常怀感激心，愿效纵横谟。倚剑欲谁语，关河空郁纡。

在这首诗里，高适实际上是对盛唐的边塞战争作了一个总的评估，认为当时国家在边塞的扩张征战与和亲退让两种战略导向都是不妥的，边塞战争的目的不是拓土，而是以战去战，因战求和，所以要像汉代李广那样，以战略防御为主，在做好充分的政治、军事准备的基础上，一战而胜，给予屡次进犯的外族侵扰者以致命打击，以求得边塞的长久和平与安宁。而不可穷兵黩武、轻开边衅，无节制地扩张，给边塞各族民众带来长期的战争之苦。高适显然将汉代名将李广理想化了，实际上汉代名将李广一生镇守代北，虽然与匈奴多次作战，以英勇闻名，但"总戎扫大漠，一战擒单于"的事实并不存在。但借喻的事实是次要的，重要的是高适表明了自己对边塞征战、开边战略的看法，对边塞防御战争的肯定和对扩张战争的反对。岑参《送狄员外巡按西山军》一诗也同样流露出高适这种思想：

> 兵马守西山，中国非得计。不知何代策，空使蜀人弊。八州崖谷深，千里云雪闭。泉浇阁道滑，水冻绳桥脆。战士常苦饥，糇粮不相继。胡兵犹不归，空山积年岁。儒生识损益，言事皆审谛。狄子幕夜

郎，有谋必康济。胸中悬明镜，照耀无巨细。莫辞冒险艰，可以禅节制。相思江楼夕，愁见月澄霁。

诗人用"兵马守西山，中国非得计。不知何代策，空使蜀人弊"四句，表达了对统治者推行扩张政策的不满，认为这是弊大于利的失策之举，并指出"儒生识损益，言事皆审谛"，暗示自己的见解是正确的，希望狄员外能够匡正边战的失策之处。

显然，高适、岑参两位诗人既不是一味地歌颂边塞战争，也不是一概地反对边塞战争，而是歌颂必要的制止侵扰的边塞战争，主张通过反击异族侵扰的战争来保证边塞的和平与安宁，反对过分的穷兵黩武，这就是为什么在他们的边塞诗中既有歌颂战争的慷慨之词，又有诅咒战争的悲壮之音的原因所在。

高适、岑参二人的边塞诗虽被认为具有悲壮格调，但历来是唐代边塞诗中歌颂战争、鼓励边功的典范。他们尚且如此主张以战止战、期望和平，盛唐时期的其他诗人更是莫不如此。如杜甫就是一贯反战，但他的反战同样不是单纯的反战，而是既反对边敌入侵，又反对无端开边衅。他主张如果外敌入侵，则用战争制止战争，用战争换取和平，但不能贪图杀戮，遏敌即止，以和为贵；如果没有外敌入侵，则不应该无故对外扩张。他的《前出塞九首》之六云："杀人亦有限，列国自有疆。苟能制侵陵，岂在多杀伤。"至于初唐和中唐以后的边塞诗中的悲剧色彩、反战情绪、和平愿望居于主导地位，这大约是学术界公认的，这里不再赘述。只有这样认识，我们才能够圆满解释以高适、岑参等为代表的唐代边塞诗人们在他们的诗歌中既热情赞美边塞战争的伟大和边塞将士们的英雄气概，又描述边塞战争的惨状和边塞将士民众疾苦的矛盾现象。

实际上，以战止战，因战求和，并不是唐代诗人特有的渴望，而是中华民族成长过程中逐渐形成的主流思想，可以说是中华民族政治发展史、社会发展史、军事发展史的主旋律。在中华民族历史上，早就有所谓华夷之辨。但这种华夷之辨并不是一般意义上的种族之辨，更不是西方历史上曾经发生过并还在继续的种族歧视和种族灭绝，而是文化先进与落后之辨，是社会进步与停滞之辨。《论语·子罕篇》载："子欲居九夷。或曰：'陋，如之何！'子曰：'君子居之，何陋之有？'"同样一块土地，君子居之则不陋，土人居之则陋，什么原因？文化品位雅俗之差，生活水平高低之别！这种夷夏之辨的结果是华夏族周边的其他各民族不断吸收先进的华夏族文化与文明，社会生活、生产能力不断进步，当其达到与华夏族同步水平时，便自然而然地被华夏族所认同、所感化。但同化不是灭绝，而是新生，试看今日满族、壮族等受汉文化影响较深的民族，其生活水平、文明程度绝不亚于汉族，而其生活却仍然保持其传统方式。因此，在中国历史上，华夏族的对外扩张战争，从来都不是为了灭绝异族而攫取其领土、人口、牲畜等利益，而是为了求得边疆安全、域内社会稳定。中华民族五千年来始终没有向东南海外扩张，而主要是向西方、北方发展，因为古代的大海是天然的难以逾越的屏障，东南沿海因之是安全的，西北陆地边界是异族随时可以越过的，因之是不安全的。居住在中原地区的华夏族只有向西北边不断地扩张，才能最大限度地保障域内稳定。因此，我们现在对唐代乃至整个古代边塞诗的评估，绝不能被其表面的华丽词语所左右，而应该透过其字面去绅绎其思想内涵，所谓"诗言志"，这个"志"字，正是我们今天研究古代边塞诗时需要着力与着眼的地方。

本文摘自《新疆师范大学学报》（哲学社会科学版）

2005 年第 1 期

延客与惑君

——兼谈唐诗中胡姬的形象塑造

蒙 曼[*]

摘 要：胡姬是唐诗中经常出现的一类文学形象。文章认为，唐代诗人塑造的胡姬形象大体有两类：一类是生活在市井之中的酒家胡；另一类则是宫廷或官贵人家的歌舞伎。前者在唐诗中的形象正面积极，是大唐盛世繁华的象征；后者则在安史之乱的特殊背景下背负了惑君的罪名。但是，唐人对安史之乱的看法是多方面的，这种复杂性同时也影响到了时人对胡姬的评判。

关键词：唐代 酒家胡 胡旋女 安史之乱

所谓胡姬，在本文中主要指操印欧语系东伊朗语支的粟特系统胡人女性。唐代是一个在政治、经济、文化等各方面都具有开放性的朝代，商旅辐辏，万方来朝。在各色各样的外来人口中，粟特人是一个相当活跃的群体。他们经由通商、入仕、从军等形式进入唐朝腹地，在当时的社会生活中扮演着重要角色。值得注意的是，在这一时代浪潮中，许多粟特女性也参加进来，以自身散发的异域风情吸引着时人，并且成为唐诗中一个重要的文学意象。

---

* 蒙曼，中央民族大学历史系讲师。

一 延客的酒家胡

唐诗中最重要的一类胡姬形象，便是当垆沽酒的酒家胡。[①] 酒家胡的来源，与北朝以来中原王朝和西域的政治以及商贸往来密切相关。北齐和北周都有大量的九姓胡进入中原地区，他们之中有很多人最终定居下来，娶妻生子，从而诞生了更多的土生胡人。[②] 唐代中西交通繁荣，粟特商人更是源源不断地进入中国。这些胡商奔走逐利，在商路沿途形成许多胡人聚居区。[③] 更重要的是，大体就在唐玄宗统治时期，阿拉伯人逐渐征服了远在中亚的粟特本土。这一征服引起了粟特人身份的重大变化，他们失去了可以回归的故国，更加热衷于定居唐境。在这种背景之下，尽管胡商以男性为主，但随着他们的定居和繁衍，也就出现了数量众多的胡人女性。另外，张广达先生根据吐鲁番文书中反映出来的幼儿户口大量漏报的事实推测，有些胡人幼女本身就是丝绸之路上的特殊商品，她们在长成后被贩运到长安，成为长安酒肆里侑酒的胡姬。[④]

酒家胡进入中原地区，很快就以独特的异域风情吸引了诗人的注意。在兼具"酒仙"和"诗仙"双重身份的李白的诗歌中，多次出现这种酒家胡的形象。如《白鼻䯄》：

> 银鞍白鼻䯄，绿地障泥锦。细雨春风花落时，挥鞭且就胡姬饮。[⑤]

---

① "酒家胡"在唐代是否特指当垆卖酒的粟特女子，在学术界存在一定争议。芮传明认为，男性胡人与唐代酒业关系密切，"酒家胡"也应包括侍酒的胡人男性，并不特指女子。（《唐代"酒家胡"述考》，《上海社会科学院学术季刊》1993 年第 2 期，159～165 页。）而曾玲玲则认为，尽管胡人男性大量参与酒业，但在唐人心目中，酒家胡专指侑酒的胡人女子。（《唐代"酒家胡"的身份和技艺》，林中泽主编《华夏文明与西方世界》，香港博士苑出版社，2003，第 39～48 页。）本文同意曾玲玲的意见，认为酒家胡特指在酒店侑酒的胡人女性。

② 陈寅恪：《隋唐制度渊源略论稿·唐代政治史述论稿》，生活·读书·新知三联书店，2001，第 128～136 页；毕波：《论北周时期的胡人与胡化》，《文史》2005 年第 4 辑，第 149～171 页。

③ 荣新江：《北朝隋唐粟特人之迁徙及其聚落》，《国学研究》第 6 卷，北京大学出版社，1999，第 27～85 页。

④ 张广达：《唐代长安的波斯人和粟特人：他们各方面的活动》，《唐代史研究》2003 年第 6 号，第 3～16 页。

⑤ 《全唐诗》，中华书局，1960，第 200 页。

在这首诗中，卖酒胡姬和名马白鼻騧以及豪华的马饰如银鞍、障泥锦共同出场，在细雨、春风、落花之中共同敷衍出一派欢乐而且奢华的场景。与之相似的是《少年行》二：

> 五陵年少金市东，银鞍白马度春风。落花踏尽游何处，笑入胡姬酒肆中。①

诗中点出了银鞍白马的主人——五陵年少（长安市井子弟）以及嬉游地点——繁华的金市（长安西市），这些都是盛世场景的最有力标注，和白居易笔下具有胡姬嫌疑的琵琶女少年时"五陵年少争缠头，一曲红绡不知数"（《琵琶行》）所渲染的热闹繁华有异曲同工之妙。

胡姬之受到欢迎，得益于她们的相貌优势。对此，李白的另外两首诗有所描述。如《前有一尊酒行》二：

> 琴奏龙门之绿桐，玉壶美酒清若空。催弦拂柱与君饮，看朱成碧颜始红。胡姬貌如花，当垆笑春风。②

胡姬以美貌著称，而"貌如花"的具体指标之一，就是《送裴十八图南归嵩山》一诗中所提到的"素手"，即区别于中原女子的白皮肤。诗云：

> 何处可为别，长安青绮门。胡姬招素手，延客醉金樽。③

上述四首诗已经向我们交代了胡姬的基本面貌：她们是中亚胡人，歌舞和商业是她们的民族性格，美酒是她们的地方特产，而皮肤白皙则是种族优势。她们正是依靠这些优势，在位于繁华之地的酒店招徕客人。除此之外，这些诗歌还表现了一种综合的意象：美貌而富于异域风情的胡姬和春光、美酒、名马、少年等景象结合在一起，共同构造出唐朝的富贵、传奇与风情。这是大唐盛世的主体色彩，也是学术界所指认的所谓唐朝胡化

---

① 《全唐诗》，中华书局，1960，第323页。
② 《全唐诗》，中华书局，1960，第321页。
③ 《全唐诗》，中华书局，1960，第1797页。

的突出表现。①

　　在这样的语境中，即使并非欢乐场景，胡姬的出场也能冲淡原有的哀愁。如岑参的《青门歌送东台张判官》：

　　　　青门金锁平旦开，城头日出使车回。青门柳枝正堪折，路傍一日几人别。东出青门路不穷，驿楼官树灞陵东。花扑征衣看似绣，云随去马色疑骢。胡姬酒垆日未午，丝绳玉缸酒如乳。②

以及同作者的《送宇文南金放后归太原寓居因呈太原郝主簿》：

　　　　归去不得意，北京关路赊。却投晋山老，愁见汾阳花。翻作灞陵客，怜君丞相家。夜眠旅舍雨，晓辞春城鸦。送君系马青门口，胡姬垆头劝君酒。为问太原贤主人，春来更有新诗否。③

　　两首诗都以送别为主题，第二首且杂有选官不得的失意，但是，送别的场景被置于春天，柳垂青条，花扑征衣。主人和客人都能够从融融的春光与活泼美貌的酒家胡姬那里感受到人生的美好，从而冲淡了离别之情和仕途失意的惆怅。

　　上述诗歌创作的具体背景各不相同，但是，从中我们仍然可以看出一些共同的东西，并借此体会唐人对于酒家胡姬的整体文化想象与形象塑造。

　　第一，胡姬和酒家紧密相连，上述胡姬都生活在酒店这一特定的空间。西域盛产葡萄酒，而葡萄酒晚至隋末唐初才开始在中原流布，在当时被普遍认为是一种精纯稀有、能够引起人们迷人想象的饮料。④葡萄酒传入长安后，备受青睐。白居易《琵琶行》中的琵琶女少年时所居的蛤蟆陵就出产西域名酒郎官清、阿婆清，这类名酒无疑与当地的众多胡人酒肆

　　① 吕一飞：《胡族习俗与隋唐风韵：魏晋北朝北方少数民族社会风俗及其对隋唐的影响》，书目文献出版社，1994，第 155～196 页。

　　② 《全唐诗》，中华书局，1960，第 2052 页。

　　③ 《全唐诗》，中华书局，1960，第 2061 页。

　　④ 〔美〕谢弗：《唐代的外来文明》，吴玉贵译，中国社会科学出版社，1995，第 309～314 页。

相关。① 据日本学者石田斡之助先生考证，长安西市及城东至曲江一带，皆有胡姬侍酒的酒肆。② 从这种意义上讲，胡姬与胡酒正是一对完美的组合。

第二，诗中胡姬生存的大环境都是城市及其周边的交通要道。这当然与她们的身份——酒家胡有关。如前述李白与岑参诗中提到的青门（青绮门）即长安城东三门通化门、春明门和延兴门的通称，是东出长安城的必经之路。③ 这些地方人口稠密、经济发达，人们的观念也相对开放，对外来文化充满了好奇。而胡姬恰恰就是当时最为流行的外来文化——胡风的载体，这种载体在唐人心目中显得那样甜美曼妙，充满异域风情。

第三，胡姬出场的时间多是春天。美景、盛宴、佳人、少年一起，构成诗人心目中的一幅组合图像，反映出诗人面对这一类主题时的一种心理认定，换言之，胡姬是欢乐生活的象征。

第四，胡姬在卖酒之外，还以歌舞招徕客人。西域胡人天性擅长歌舞，他们带入唐朝的健舞（如胡旋、胡腾、柘枝）以及软舞（如凉州、绿腰）都风行一时。④

综上所述，在酒店中延客侑酒的胡姬反映出人们对于异域文化的一种正面认定。这种异域文化在种族上讲是属于粟特系统的；在情趣方面是属于城市，属于少年，属于相对富裕阶层的。胡姬、胡酒、胡歌与胡舞一起，成为唐人文化意象中歌舞升平、万方来朝的点缀物，是盛世繁华的锦上之花。

二　惑君的胡旋女

粟特歌舞伎进入唐代宫廷，主要有赖于朝贡制度。唐朝作为宗主国，

---

① （唐）李肇：《唐国史补》，上海古籍出版社，1979，第60页。有关琵琶女的族属分析参见陈寅恪《元白诗笺证稿》上海古籍出版社，1978，第57页。

② 〔日〕石田斡之助：《唐代长安的胡姬》，《史学杂志》1929年第12期。向达先生继续论证了这一问题，参见向达《唐代长安与西域文明》，河北教育出版社，2001，第50页。

③ 曹尔琴：《唐长安的青门》，中国唐史研究会编《唐史研究会论文集》，陕西人民出版社，1983，第370~385页。

④ 王克芬：《中国舞蹈发展史》，上海人民出版社，1989，第170~236页。

不断接受来自周边小国的宝物，其中就包括粟特各国的胡旋女。有关典籍中明确记载的进献有如下几次："开元初，（康国）贡锁子铠，水精杯、玛瑙瓶、鸵鸟卵及越诺、侏儒、胡旋女子。"① 开元七年（719）五月，"俱密国遣使献胡旋女子及方物"。开元十五年"五月，康国献胡旋女子及豹。史国献胡旋女子及蒲萄酒。七月，史国王阿忽必多遣使献胡旋女子及豹"。开元十七年"正月，米使献胡旋女子三人及豹、狮子各一"②。

粟特各国进献胡旋女以玄宗朝为盛，但是，胡旋女进入诗人的视野却是在安史之乱以后。其中，最具代表性的莫过于中唐诗人白居易的《胡旋女》：

> 胡旋女，胡旋女。心应弦，手应鼓。弦鼓一声双袖举，回雪飘飖转蓬舞。左旋右转不知疲，千匝万周无已时。人间物类无可比，奔车轮缓旋风迟。曲终再拜谢天子，天子为之微启齿。胡旋女，出康居，徒劳东来万里余。中原自有胡旋者，斗妙争能尔不如。天宝季年时欲变，臣妾人人学圜转。中有太真外禄山，二人最道能胡旋。梨花园中册作妃，金鸡障下养为儿。禄山胡旋迷君眼，兵过黄河疑未反。贵妃胡旋惑君心，死弃马嵬念更深。从兹地轴天维转，五十年来制不禁。胡旋女，莫空舞，数唱此歌悟明主。③

诗中极力描摹胡旋舞旋转变幻的舞姿，并且指出，杨贵妃与安禄山都曾凭借这种舞蹈迷惑玄宗，而安史之乱正是君主被迷惑所致。同样，天宝年间宫廷中胡旋舞的流行也正是社会即将发生变乱的征兆。与之立意相似的是同时代诗人元稹的同名诗作《胡旋女》：

> 天宝欲末胡欲乱，胡人献女能胡旋。旋得明王不觉迷，妖胡奄到长生殿。……翠华南幸万里桥，玄宗始悟坤维转。寄言旋目与旋心，

① 《新唐书》卷二二一《西域传》下，中华书局，1975，第 6244 页。
② 《册府元龟》卷九七一《外臣部·朝贡》四，中华书局，1960，第 11406～11408 页。
③ 《全唐诗》，中华书局，1960，第 4692～4693 页。

有国有家当共谴。①

毋庸置疑，安史之乱给唐廷上下带来了巨大震撼。虽然安史之乱的性质主要是统治集团争权夺利的斗争，但是，叛乱的领导者安禄山和史思明毕竟是粟特人。因此，在安史之乱后，唐朝在一定范围内出现了对胡人的攻击和对"胡化"的排斥。② 在这种情绪引导下，社会上流行的胡舞、胡服、胡食都成为安史之乱的谶示。以白居易和元稹为主力的新乐府诗歌创作正体现了唐朝知识群体对于外来文化的排斥与重振儒学传统的热忱。

值得注意的是，诗人把胡旋女当做祸乱的载体批判，是因为胡旋女兼具女性与胡人双重身份。在坚持儒家正统主义的诗人看来，杨贵妃与胡人安禄山对于唐玄宗的迷惑，正是安史之乱的祸源。二人一中一外，媚惑玄宗，从广义上讲，意味着女色和胡化从双重角度侵蚀着大唐帝国的政治肌体。

众所周知，西域乐舞的东传并不始于唐代。事实上，北齐已经有过一次胡化的高潮，而北齐胡化的最重要表现，莫过于胡人歌舞伎乐在宫廷的大行其道。《北史·恩幸传》云："其何朱若、史丑多之徒十数人，咸以能舞工歌及善音乐者，亦至仪同开府。"北齐以昏乱亡国，盛极一时的胡乐也因此被视为"亡国之音"。③ 唐去北齐不远，经历了安史之乱的中唐士人，会自然地联想起惨痛的历史教训，进而引发对于宫廷之内胡乐胡舞的批判。但是，唐代的胡旋女毕竟不同于北齐的胡小儿。她们并未在唐朝的宫廷里取得很高的地位，与安史叛军也没有实质性的关联。因此，她们在宫廷受到欢迎，只能表明中原文化受到挑战与冲击的现实，从而暗示了汉衰胡盛的灾难性后果，但不能说她们本身导致了安史之乱。

女色也是如此。杨贵妃长久以来被视为安史之乱的祸阶，在唐人看来，她的美色诱惑导致了励精图治的唐玄宗变成醉心声色的荒怠之君。但是，从史书对于马嵬之变的描述中我们可以看出，时人并不否认杨贵妃本

---

① 《全唐诗》，中华书局，1960，第 4618 ~ 4619 页。
② 荣新江：《安史乱后粟特胡人的动向》，纪宗安、汤开建主编《暨南史学》第 2 辑，暨南大学出版社，2004，第 102 ~ 123 页。
③ 《北史》卷五二《齐宗室诸王传》下，中华书局，1983，第 1878 页。

人的无辜。[①]

就元白二诗而言，胡旋女作为双重的诱惑者——女色与胡风的综合象征固然是诗人批判的对象，但诗人对于受到迷惑的君主批判更为严厉。事实上，元白二诗都以警示君主为最终目的。白诗末句所云"胡旋女，莫空舞，数唱此歌悟明主"，与元诗末句"寄言旋目与旋心，有国有家当共谴"，都把君主作为寄望的主体，胡旋女甚至成为诗人心目中劝说君主的人选。

更能说明问题的是，一旦脱离了宫廷这一有可能诱惑君主的特殊环境，胡姬与胡舞便不再是诗人批判的对象。以元稹的《西凉伎》为例：

> 吾闻昔日西凉州，人烟扑地桑柘稠。蒲萄酒熟恣行乐，红艳青旗朱粉楼。楼下当垆称卓女，楼头伴客名莫愁。乡人不识离别苦，更卒多为沉滞游。哥舒开府设高宴，八珍九酝当前头。前头百戏竞撩乱，丸剑跳踯霜雪浮。狮子摇光毛彩竖，胡姬醉舞筋骨柔。[②]

在这首诗里，胡姬与胡舞恰恰是天宝繁华的象征。

三 安史之乱后胡姬的走向

荣新江先生在《安史乱后粟特胡人的动向》一文中指出：因发动安史之乱的安禄山、史思明出身粟特，因此在安史之乱被平定后，唐朝统辖地区有一种排斥胡化的思潮，从而对这里的粟特人心理和生存产生一定的影响，除了用改变姓氏、郡望等方法来主动使自己"变"胡为汉外，同时也

---

① 《资治通鉴》对马嵬之变的记载如下：丙申，至马嵬驿，将士饥疲，皆愤怒。……会吐蕃使者二十余人遮国忠马，诉以无食，国忠未及对，军士呼曰："国忠与胡虏谋反！"或射之，中鞍。国忠走至西门内，军士追杀之，屠割肢体，以枪揭其首于驿门外，并杀其子户部侍郎暄及韩国、秦国夫人。……上杖屦出驿门，慰劳军士，令收队，军士不应。上使高力士问之，玄礼对曰："国忠谋反，贵妃不宜供奉，愿陛下割恩正法。"上曰："朕当自处之。"入门，倚杖倾首而立。久之，京兆司录韦谔前言："今众怒难犯，安危在晷刻，愿陛下速决！"因叩头流血。上曰："贵妃常居深宫，安知国忠反谋！"高力士曰："贵妃诚无罪，然将士已杀国忠，而贵妃在陛下左右，岂敢自安！愿陛下审思之，将士安，则陛下安矣。"见《资治通鉴》卷二一九"唐肃宗至德元载六月"条，中华书局，1956，第6973～6974页。

② 《全唐诗》，中华书局，1960，第4616页。

有大量的粟特人迁徙到河北地区，在安史部将建立的藩镇里求得生存和发展。这一结论对于我们从多角度全方位地探讨安史之乱对于胡人以及唐朝社会的影响都具有启发意义。事实上，在安史叛乱中，受到冲击最大并且最难恢复的是原有的统治秩序。安史之乱后，与国家权力大幅度下降并行的是地方与集团势力的上升。前者表现为藩镇割据与新的经济、文化核心区的形成，后者则表现为宦官专权、武人骄横与牛李党争。中央权威的下降给统治者造成了深深的打击，所以他们才会做出诸如改掉地名、坊名和门名中的"安"字这样的幼稚之举。这种排胡情绪同样存在于以尊王攘夷为己任的士大夫中间，前述元白二诗便是例证。但是，尽管许多地区遭受战火涂炭，安史之乱并未造成社会的整体衰颓。安史之乱后，两京地区很快恢复了原有的繁华，江南地区更是获得了大幅度的发展。在这种情况下，唐朝并未出现对于胡人整体性的排斥行为，与之相反，胡人的影响还在不断深入之中。

就我们所探讨的胡姬而言，安史之乱后，酒家胡的数量与活动范围都有增无减，其象征意义一仍其旧。与此同时，专职歌舞伎大量进入民间，成为达官贵人显示豪奢的标志。在脱离宫廷之后，她们也不再背负惑君的道德谴责。

先看酒家胡。芮传明先生在《唐代"酒家胡"述考》一文中通过对胡姬诗的数字统计指出：唐代中原地区的酒家胡鲜见于唐初，多见于盛唐时期，更盛于中唐后期和晚唐初期，逐步衰落于晚唐后期。而酒家胡的身影，继长安、洛阳之后，也出现在黄州（今湖北武汉东北）和襄阳（今湖北襄樊）等地。[①] 这些生活在唐中后期的酒家胡仍然是那么风情万种。如主要生活在从宪宗到文宗朝的诗人章孝标所作的《少年行》：

平明小猎出中军，异国名香满袖熏。画槛倒悬鹦鹉觜，花衫对舞凤凰文。手抬白马嘶春雪，臂竦青鞲入暮云。落日胡姬楼上饮，风吹萧管满楼闻。[②]

---

① 芮传明：《唐代"酒家胡"述考》，《上海社会科学院学术季刊》1993 年第 2 期，第 164～165 页。

② 《全唐诗》，中华书局，1960，第 5756 页。

以及同时代的施肩吾所作《戏郑申府》：

> 年少郑郎那解愁，春来闲卧酒家楼。胡姬若拟邀他宿，挂却金鞭系紫骝。①

这两首诗中展开的画卷与我们此前分析过的李白诗歌大体相同，而铺陈更加繁复。出现了名香、画植、花衫等设色浓丽的布景。在这些富丽、喧嚣的布景衬托之下，胡姬和富贵公子以及军中少年的出场就显得更加和谐，也更加具有典型性。这正是唐朝人赋予酒家胡姬的传统形象——异国情调以及由异国情调来衬托的豪放、奢华与狂欢。

再看歌舞伎。唐代舞蹈异彩纷呈。段安节在《乐舞杂录·舞工》中介绍了健舞、软舞、字舞、花舞、马舞等若干门类。在健舞中，又以胡旋、胡腾、柘枝三种最为兴盛，而这三种舞蹈，都源自西域。其中，胡腾舞的舞蹈者主要是男性，而胡旋舞和柘枝舞则主要由女性表演。唐中后期，柘枝舞非常流行。② 如白居易《柘枝妓》：

> 平铺一合锦筵开，连击三声画鼓催。红蜡烛移桃叶起，紫罗衫动柘枝来。带垂钿胯花腰重，帽转金铃雪面回。看即曲终留不住，云飘雨送向阳台。③

这个柘枝妓在缀有金铃的帽子下露出雪白的脸颊，无疑符合胡姬的服饰与种族特征。与对宫廷胡旋女态度不同的是，面对这个出现在官贵人家宴席上的柘枝妓，白居易并未表现出厌恶或批判，相反，他非常欣赏柘枝妓的舞姿和风情，为她的离去而留恋不已。

至此，我们可以得出如下结论：

---

① 《全唐诗》，中华书局，1960，第5608页。

② 仅就唐诗而言，张祜有《观杭州柘枝》《周员外席上观柘枝》《观杨瑗柘枝》《寿州裴中丞出柘枝》《李家柘枝》《感王将军柘枝妓殁》，分见《全唐诗》第5827、5844页；白居易有《柘枝妓》《柘枝词》，见《全唐诗》第5006、5053页；刘禹锡有《观舞柘枝》二首、《和乐天柘枝》，分见《全唐诗》第3972、4067页；薛能有《柘枝词》三首，见《全唐诗》第6476页。

③ 《全唐诗》，中华书局，1960，第5006页。

首先，胡人对于唐朝的影响贯彻于王朝的始终。他们所带来的文化从物质和精神两个层面都丰富了唐人的生活，受到唐人的认可和喜爱。但是，由于安史之乱的影响，胡人与胡化也被赋予了一定的负面意义。表现在本文所探讨的胡姬问题上，就是迷恋与批判并存。

其次，唐人对于胡姬态度的二重性体现出不同身份与思想的人对于安史之乱认识的复杂性。就统治者而言，由于权威的削弱，他们深恨安史叛军，甚至在一定意义上迁怒于所有粟特胡人。但是，这种情绪并未让他们从此肃清胡人，胡旋舞在宫廷之中依然盛行。就以白居易、元稹为代表的正统士大夫而言，胡姬以及她们的舞蹈具有迷惑君主的可能，而胡舞在宫廷的盛行本身就是胡汉势力对比发生变化的征兆。基于尊王攘夷的大义以及捍卫儒家正统的热忱，他们对于宫廷中的胡人舞伎持批判态度，但其批判的意义更多地在于警示君主。就一般诗人乃至市井百姓而言，安史之乱给他们造成的心理冲击远不像后世想象的那么巨大，他们继续欣赏着两类胡姬，尽情享受着来自异域的美艳与奢华。

本文摘自《新疆师范大学学报》（哲学社会科学版）

2006 年第 1 期

论葛逻禄诗人廼贤的丝绸之路诗歌

宋晓云[*]

摘　要：廼贤是蒙元时期丝绸之路汉语文学领域一位重要的色目诗人，他的丝路诗歌作品以表现丝路北方区域的历史名物、社会生活为主，感情沉郁苍凉，形式、风格多样，语言清丽浅显，体现出蒙元丝绸之路汉语文学后期的特质。

关键词：廼贤　丝绸之路　诗歌

我国历史上的蒙元王朝时期，是丝绸之路交通发展史上的一个黄金时代，丝路各主要干道第一次被完全掌控在一个国家和一个民族政权的手中。此时期的丝绸之路，不但起点由原先的历史名城长安先后变为漠北的和林、蒙古草原上的上都开平府和内地的大都，即它所覆盖的范围不仅是传统的西北方向的区域，而且还明确地涵盖了东北方向的地区。可以说，丝绸的华光异彩安然地笼罩着当时的整个北方。① 这种空间地理上的大变化，使蒙元时代的文学领域诞生了一批与丝绸之路紧密联结在一起的诗人——以汉语为创作语言的西域少数民族后裔诗人群体的崛起即为其成果之一，他们与丝绸之路之间存在着天然的亲缘关系，多数人成为当时丝绸之路诗歌创作队伍中的重要成员；同时也产生了更多的反映丝绸之路沿线自然风光、社会生活的诗歌作品，这些丝路诗歌作品，不再仅以描绘西域风光民情为主，而是以当时丝绸华彩所笼盖下的广阔北方为表现对象，大都、上都及其沿线的风土名物、习俗民情，都成为此时期诗歌创作所关注

　＊　宋晓云，新疆师范大学中文系副教授。
　①　李幹：《元代社会经济史稿》，湖北人民出版社，1985，第325页。

的主要内容。

　　蒙元时期的诗坛，吟咏丝绸之路、描画丝绸之路蔚然成风，诗人们将丝路沿线自然、社会的各个方面尽情地呈现于诗歌作品中，借丝路来"言志"、"抒情"。色目诗人廼贤便是其中的代表之一，他不仅是蒙元时期汉语诗歌创作领域，更是那一时期丝路汉语诗歌创作领域的重要诗人，他的丝路诗歌创作带有鲜明的时代印记。

一

　　廼贤（1309～1368），先祖为西域葛逻禄人，字易之，号河朔外史、紫云山人。汉姓马，因以字行，又被称为马易之。由于葛逻禄译音有时作合鲁，所以又被称为合鲁易之，或者在字前被冠以族名，称为葛逻禄易之。葛逻禄原游牧在今阿尔泰山一带，后归顺蒙古，跟随蒙古人四处征战，拓疆开土。廼贤的家族随蒙古人东迁后，最初定居河南南阳，后廼贤随父迁居庆元路鄞县（今浙江宁波）。在庆元，廼贤曾拜乡贤郑觉民为师，与其子郑真关系一直很好。在蒙元王朝统治时期，源出于西域葛逻禄的诗人廼贤，是属于社会地位较高的色目人。

　　廼贤的一生，多是在行旅之中度过的，并且他所生活的时代，是蒙元王朝已经由文治武功皆昂扬有为的前期渐渐转入风雨飘摇的后期。廼贤曾在京师大都游历，后为了参加至正元年（1341）的乡试，他才返回鄞县。但应试不第之后，诗人又于至正五年再次北上大都，次年到达，寓居于金台坊。此次离乡出游，他在创作诗歌的同时，还根据自己"历齐鲁陈蔡晋魏燕赵之墟，吊古山川城郭丘陵宫室、王霸人物衣冠文献陈迹故事，暨近代金宋战争疆场更变者"的经历，[①] 写成了地理笔记《河朔访古记》。至正九年，廼贤与友人赶往上都参加观礼活动，在上都停留了一段时间，亲身感受了蒙元第二都城的风光习俗。至正二十二年，正在鄞县的他被朝廷征召为翰林编修。第二年，他在地方官刘仁本的帮助下，随身携带着老师郑觉民为自己所作的《送廼贤易之赴任编修序》，经由海路又一次进入皇城大都。至正二十五年，趁着代祀南镇、南岳、南海的间隙，他回过一次鄞

---

　　① 《河朔访古记·提要》，《文渊阁四库全书》本，第 593 册，上海古籍出版社，1987，第 17 页。

县。当朱元璋的军队进逼大都时，廼贤出参桑哥实里军，后因病卒于军中。

从南阳到鄞县、从鄞县到大都、从大都到上都，再从大都到鄞县、从鄞县到大都，他的生命之舟不停地起航，不停地寻找归宿。然而，这个归宿，没落的蒙元王朝不能给他，他所旅居的各地同样也不能给他，这，似乎注定了廼贤最终以一个漂泊者的身份落幕，也注定了他的诗歌要流露出浓浓的漂泊感。寓居京城的经历、上都观礼的活动、探访河朔一带的阅历，使一心投入诗歌创作的诗人廼贤，在以诗传情达意、发抒胸臆时，对蒙元时丝绸之路沿线的相关生活内容多有涉及，这些作品大多保存在其诗集《金台集》中，而蒙元时的丝绸之路文学也因为廼贤的不倦创作而多了一份光彩。

二

至正九年，去上京观礼，是廼贤生活中的一件大事情。诗人用《上京纪行》为总题，对此行予以记述。他的诗集《金台集》卷二开篇即是此系列纪行诗。它主要记述诗人由大都到上都，再返回大都沿途的所见所感所思。此次出塞，对于这位生长于江南的诗人来说，无疑是到了另一个新的天地，他的眼界大开。他对沿途所见的历史、文化古迹多有歌颂，作品有《刘蕡祠》、《龙虎台》、《居庸关》、《榆林》、《枪杆岭》等，他在描绘这些或者是自然留存，或者是人工遗迹的事物时，总有一种苍凉的情感贯穿其中。首篇《发大都》体现了此系列纪行诗的总的格调：

> 南阳有布衣，杖策游帝乡。忧时气激烈，抚事歌慷慨。天高多霜露，岁晏单衣裳。执手谢亲友，驱马出塞疆。云低长城下，木落古道旁。凭高眺飞鸿，离群尽南翔。顾我远游子，沉思郁中肠。更涉桑干河，照影空彷徨。①

"布衣"、"忧时"、"抚事"，面对长空霜露、千里归鸿，诗人驱马奔向"云低"、"木落"的塞外，内心的孤独彷徨之感不是一语所能道尽。从

---

① 廼贤：《发大都》，《金台集》卷二。后文所引廼贤诗歌作品，皆出自《金台集》，只在文中以夹注形式标明。

诗中可以看出，葛逻禄诗人廼贤出塞时的情感，与蒙元时期的其他丝路作家，如王朝初期的耶律楚材、丘处机，中期的马祖常等人相比，已经起了微妙的变化：此诗中既没有耶律楚材的同类作品里那种"品尝春色批金橘，受用秋香割木瓜"的回到乡园样的怡然心绪，① 也缺少了马祖常丝路诗作中那般"苜蓿春原塞马肥，庆原三月柳依依。行人来上临川阁，读尽碑词野鸟飞"的无忧无伤情怀，② 而是由一种主人的怡然自得心态变成了作客边塞的忧愁情绪。这是因为蒙元王朝的国势已经发生巨大的变化，诗人的心绪因系于"时序"也随之有了改变。

至正六年，诗人再次寓居大都时，天灾人祸的告急声便频频由全国各地传来，《元史·顺帝本纪》对此多有记载。

> 六年，春二月庚戌朔，日有食之。辛未，兴国雨雹，大者如马首。是月，山东地震，七日乃止。
>
> 三月辛未，盗扼李开务之闸河，劫商旅船。
>
> 夏四月壬子，辽阳为捕海东青烦扰，吾者野人及水达达皆叛。
>
> 八月……邵武地震，有声如鼓，至夜复鸣。
>
> 冬十月，思、靖徭寇犯武冈。
>
> 七年，春正月甲辰朔，日有食之。大寒而风，朝官仆者数人。
>
> 二月甲戌朔，兴圣宫作佛事，赐钞二千锭。己卯，山东地震，坏城郭，棣州有声如雷。河南、山东盗蔓延济宁、滕、邳、徐州等处。庚辰，以中书参知政事锁南班为中书右丞，道童为中书参知政事。丙戌，以宦者伯帖木儿为司徒。是月，徭贼吴天保寇沅州。以阿吉剌为知枢密院事，整治军务。
>
> 夏四月……河东大旱，民多饥死，遣使赈之。
>
> 是月，徭贼吴天保复寇沅州，陷溆浦、辰溪县，所在焚掠无遗。徙马札儿台于甘肃，以别儿怯不花之谮也。九月癸卯，八怜内哈剌那海、秃鲁和伯贼起，断岭北驿道。甲辰，辽阳霜早伤禾。
>
> 八年，三月丁酉……辽东锁火奴反，诈称大金子孙……壬寅，土

---

① 耶律楚材：《赠蒲察元帅七首》其七，《元诗选》初集上，中华书局，1987，第355页。
② 马祖常：《庆阳》，李叔毅、傅瑛点校《石田先生文集》，中州古籍出版社，1991，第83页。

番盗起……福建盗起壬戌……京畿民饥。……是月，徭贼吴天保复寇沅州。

夏四月辛未，河间等路以连年河决，水旱相仍，户口消耗。

五月丁酉朔，大霖雨，京城崩。庚子，广西山崩，水涌，漓江溢，平地水深二丈余，屋宇、人畜漂没。壬子，宝庆大水。丁巳，四川旱，饥，禁酒。……

因为灾相时现，因此，廼贤从大都迈步的那一刻起，就没有雀跃之感。他一路上吟咏的事物，也多给人一种清冷、孤寂的感觉。他咏刘蕡祠堂曰："鞠躬荒祠下，低回想遗直"，"悲歌风萧萧，感慨情恻恻"（《刘蕡祠》，《金台集》卷二）。正如他自己在此诗的序中说："唐刘蕡，幽州昌平人，谪死柳州。历辽、金，无能发其潜德。至本朝天历间，昌平驿官宫祺始奏建刘谏议书院。"可诗人来时，祠堂又已经荒芜，本是忧思重重的诗人更加情思凄恻。

这种冷寂的情绪，即使是在登临描绘"大驾巡幸往返皆驻跸太上"的龙虎台时，也未能消退："绝壑阆云气，长林悲北风"，"衣裘倏凉冷，积雾浮空濛。"（《龙虎台》，《金台集》卷二）湿漉漉的云气，呜呜咽咽的北风，快速冷却下去的衣裘，都使诗人的游览活动变得行色匆匆："前山风雨来，驱马复匆匆"（《龙虎台》，《金台集》卷二），根本不像是一次有计划的文人的出游。不但如此，诗人一路观赏一路愁，他在《李陵台》诗中感叹一代名将的遭遇时，所用的文辞充满寒意："落日边塞黑，苍茫路多歧"，"褰裳揽八极，茫茫白云飞"（《李陵台》，《金台集》卷二）。在《榆林》一诗里，诗人要表现的是平旷安适的田园景象，却忍不住流露出"夜凉衾裯薄，悒悒愁前途"（《榆林》，《金台集》卷二）的心理。

三

《上京纪行》从诗题上看，共有 21 首，但在以明确的诗题标出的作品中，有些又是一题多韵的组诗，如《塞上曲》、《锡纳鄂尔多观诈马宴奉次贡泰甫授经先生韵》，各有 5 首。如将属于一题多韵的诗作视为独立的篇目，则《上京纪行》有诗 31 首。在这 31 首作品中，格调昂扬轻快的大概只有《塞上曲》与《锡纳鄂尔多观诈马宴奉次贡泰甫授经先生韵》两组诗了。前者所描绘的是开阔的原野风光，原野上偶尔出现的人们，无论是采花而簪的青春少女，还是敲冰饮骆驼的年迈老妪，或者是驱马长奔的猎手，他们的大方、豪放和自在的举止，都令诗人感到心气安宁，忧郁的情怀为之豁然开朗。《塞上曲》3 首说：

秋高沙碛地椒稀，貂帽狐裘晚出围。射得白狼悬马上，吹笳夜半月中归。

杂沓毡车百辆多，五更冲雪过滦河。当辕老妪行程惯，倚岸敲冰饮骣驼。

双鬟小女玉娟娟，自卷毡帘出帐前。忽见一枝长十八，折来簪在帽檐边。（《塞上曲》，《金台集》卷二）

这是廼贤丝路作品中，格调明快清丽、生活气息浓郁的篇什。对于上京城内皇宫贵族宴饮的生活场面，廼贤在《锡纳鄂尔多观诈马宴奉次贡泰甫授经先生韵》组诗中有所反映，写人数的众多："龙岗开宴百官齐"，"千骑扬镳过柳堤"（《锡纳鄂尔多观诈马宴奉次贡泰甫授经先生韵》其一，《金台集》卷二）；服饰的华美："珊瑚小带佩豪曹，压辔铃铛雉尾高"（《锡纳鄂尔多观诈马宴奉次贡泰甫授经先生韵》其二，《金台集》卷二）；写宫殿的华丽："绣绮新裁云气帐，玉钩齐上水晶帘"（《锡纳鄂尔多观诈马宴奉次贡泰甫授经先生韵》其三，《金台集》卷二）。然而，诗人真正的情感还是寄托在那些容易被别人忽视的皇城内外一些荒芜衰落的事物上，它们犹如诗人的心绪一样。

留居大都期间，廼贤曾写下了《京城燕》：

三月京城寒悄悄，檐子初来怯清晓。河堤柳弱冰未消，墙角杏花红萼小。主家帘幕重重吹，衔芹却旁檐间飞。托巢未稳井桐坠，翩翩又向天南归。君不见，旧时王谢多楼阁，青琐无尘卷珠箔。海棠花外春雨晴，芙蓉叶上秋霜薄。（《京城燕》，《金台集》卷一）

诗人以燕子喻自己：燕子由别处来到京城，寻找落足之所，而主人家层层悬垂的帘幕却遮断了它的去路，它只能带着美好的理想屈居别人的屋檐之下。诗里所描绘的燕子的形象，其实正是诗人自己的写照。诗人有着与燕子相似的遭遇，他一次次地从鄞县来到皇都寻求人生机遇，却一次次失望而归。诗中充溢着浓郁的自伤之情，哪里能分得清燕子是诗人，还是诗人是燕子？《南城咏古》16首，是诗人在与危素、朱梦炎等人游赏皇城大都南郊的历史遗迹时的题咏之作。其中《黄金台》曰：

> 落日燕城下，高台草数秋。千金何足惜，一士固难求。沧海水青眼，空山尽白头。还怜易水上，今古只东流。（《黄金台》，《金台集》卷二）

《寿安殿》曰：

> 梦断朝元阁，来寻卖酒楼。野花迷辇路，落叶满宫沟。风雨清城暮，河山紫塞愁。老人头百雪，扶杖话幽州。（《寿安殿》，《金台集》卷二）

黄金台原为战国时燕昭王以黄金求贤的地方，而寿安殿本是金王朝的宫殿，如今黄金台长满秋草，寿安殿成了酒楼，一切的英雄人物，一切的辉煌业绩都成了过眼云烟，诗人自己却至今未能充分施展才华。诗人是在咏史，可他的内心却是在伤己。

四

遒贤的丝路作品，与在他之前的蒙元主要作家的创作相比，感伤的色彩非常鲜明，诗中的抒情主人公一直是诗人自己，"意有郁结，不得通其道"的诗人完全是以诗来发抒心中的块垒。他一生在江南与大都之间起航停靠，而蒙元王朝的都城大都是他反复寻求人生发展机遇的地方。可是直到他过了知天命之年后，才被朝廷征召录用。他内心的伤痛与酸楚，无法向外人倾吐，只得寄情于翰墨。越是随着岁月的流逝，遒贤作品中的感伤色彩越强烈，即使是曾经令无数墨客骚人雄心顿起、壮志频生的丝绸之路，在他的笔下，也染上了浓厚的孤寂色彩。遒贤只是视自己为漫长丝绸之路上匆匆而过的旅客，他没有耶律楚材等人那种怡然自得的主人心态，因为在实际生活里，他没有获得他们行走丝路时的那份待遇，未来的岁月里，他也没有信心获得这种待遇。所以，在迺贤的丝路作品里，也就没有了主人式的自在与安闲，充满其中的是作客者前途未卜的寒苦与寂寞。尽管迺贤的友人多认为他并不热心于科举，事实上迺贤始终没有放弃对于科举的情感，通过他一次次鼓励那些落第的友人："故庐铁砚应无恙，载笔重来勇策功"（《送蒋伯威下第南归象山》，《金台集》卷一），"琼林花发重来日，五色春云照锦衣"（《送马德良下第》，《金台集》卷二），就不难看出这一点。他的科考不第，他的不被重用，多少还是在其心理上留下了阴影。所以，同样一条丝绸之路，在迺贤的诗里，色彩变了，情感也变了，少了前代的昂扬壮阔，多了寂寞的悲苦。

但色彩格调的变化，并不预示着诗人会就此忘了丝绸之路。他忘不了丝绸之路，正如无法改变自己血脉中流淌的血液一样。他尽管想念江南，但他祖先的根终究埋在丝路上遥远的西域，更何况蒙元时特殊的社会氛围，已经使丝绸之路影响了众多文人的创作活动。迺贤的诗歌创作，无法逃脱丝绸之路的辐射，丝绸之路上的一些事物在他的诗中反复出现："翠袖乘鸾下明月，玉盘留客进胡麻"（《桃花山水图为桃源屠启明题》，《金台集》卷一）；"盘堆苜蓿青毡冷，衣染檀花束带长"（《送葛子熙之湖广校官》，《金台集》卷一）；"马乳新挏玉满瓶，沙羊黄鼠割来腥"（《塞上曲》，《金台集》卷二）；"春瓮蒲萄熟，朝盘苜蓿新"（《送太师掾陈德润归吴省亲》，《金台集》卷一）……胡麻、苜蓿、蒲萄、马乳、沙羊等在蒙元丝路作家作品中反复出现的事物，同样成为迺贤作品中不断出现的意象。在描写这些意象时，他往往以美好的事物与它们相衬托，翠袖明月，青毡檀花，马乳玉瓶，春瓮朝盘，它们都能使诗人产生美好的想象，联想到许多美妙的生活。

对于蒙元时丝路上的重要城市大都、上都、和林，迺贤也像其他的丝路作家一样，在自己的作品中留下了它们的印记。京城大都在他的诗中是常见的入题对象，上都是他特意去拜访过的城市，而对于那座处于漠北的重要城市和林，诗人则是以激昂的语调，送别奔向它的友人：

御河冰消春欲暮，官船系着河边树。河边日日送行人，挝鼓开帆尽南去。潘郎作掾独未还，腰弓欲度居庸关。马上长歌一回首，关南树色青云间。七月金山已飞雪，牛羊散漫行人绝。夜深陡觉毡帐寒，酒醒只闻笳鼓咽。丈夫莫恨不封侯，食肉须当万里游。腰间拂拭黄金

印，他日相逢尚黑头。(《送太尉掾潘奉先之和林》，《金台集》卷一)

此诗气魄壮大，空间辽远，意境开阔。诗人以班超千里封侯、苏秦腰悬金印的典故，鼓励友人应该志在千里，立功封侯而还。这首诗作，与诗人其他的丝路作品相比，显然不同，读了令人感奋昂扬。

由于廼贤本身的创作才华以及他对诗歌创作的真诚投入，他在当时即已获得一些著名文人的高度称许。贡师泰赞他："博学善歌诗，其词清润纤华，每出一篇则士大夫辄传诵之。大抵五言类谢朓、柳恽、江淹，七言类张籍、王建、刘禹锡，而乐府尤清丽可喜，有谢康乐、鲍明远之遗风。"① 他的丝路诗作品从体裁方面来看，五言、七言皆备；从题材来说，以咏丝路历史名物较多；从抒情方式来看，以诗人隐于诗后的他式抒情为多；从风格来看，沉恻苍凉与婉郁清丽并存；从语言来说，则多为流丽清浅之语。廼贤的丝绸之路诗歌作品，最明显之处之一即是其接轨蒙元丝路后期汉语文学——作品中所表现的空间呈现"北上"的特质——大力表现丝绸之路北方区域生活内容。

廼贤的诗歌在当时与韩子玉的书法、王子充的古文一起，被誉为"江南三绝"。细究起来，丝路诗并不全是廼贤作品中最好的部分，但我们能够通过他的这部分作品，考察蒙元后期丝绸之路文学创作的发展状况，了解不同阶段创作者的心态的变化，无疑可以更好地把握丝路文学在蒙元这一特定历史阶段的发展。

本文摘自《新疆师范大学学报》(哲学社会科学版)

2008 年第 2 期

---

① 贡师泰：《果啰罗易之序》，《金台集》卷一，《文渊阁四库全书》本，第 1215 册，上海古籍出版社，第 261 页。

清代西域风情诗三论

吴华峰　　周燕玲[*]

摘　要：清代是西域诗创作的高峰期，作者众多，诗作繁富。清代西域诗中反映西域风情的作品相对来说具有较高的欣赏与研究价值。文章从清代西域风情诗中所展现的社会民俗风情、艺术特色和创作心态三方面对西域风情诗作加以探讨，对清人笔下的西域生活进行了较为深入的分析。

关键词：清代　西域　风情诗

乾隆以降，清代文人出关者前后相继，西域诗创作也随之迎来巅峰时期。[①] 据吴蔼宸《历代西域诗钞》、星汉《清代西域诗辑注》两个选本的统计，[②] 有清一代亲临西域的诗人至少就有 77 人，留下诗作数千首。清代西域诗佳构甚多，而反映西域风情的诗篇无疑是其中最具特色的一部分。综其要者而言，清代西域风情诗在以下诸端体现出其诗歌史上的独特面貌。

一　民族风情的独特画面

对迥异于中原内地的伊斯兰教和内陆环境下的西域民族风物给予热切

---

* 吴华峰，新疆师范大学人文学院助教；周燕玲，哈尔滨师范大学博士。

① 本文所论述的西域诗，俱为用汉文创作的作品，不包括西域少数民族用本民族语言创作的作品。

② 吴蔼宸选辑《历代西域诗钞》，新疆人民出版社，1982；星汉编著《清代西域诗辑注》，新疆人民出版社，1996。本文除另外注明者，所引诗篇均从二书。

的关注，是西域风情诗的最大特色。清代西域少数民族多信仰伊斯兰教，宗教的差异首先给诗人们留下了深刻的印象：

> 不从土偶折腰肢，长跽空中纳祜兹。何独叩头麻乍尔，长竿高挂马牛鬏。（林则徐《回疆竹枝词》之十一）

诗中的"土偶"指泥胎塑像，伊斯兰教信仰真主"安拉"，礼拜寺中不设塑像。"纳祜兹"即"纳马兹"，又写作"乃玛孜"，为礼拜祷告的意思，清七十一《西域闻见录》载："回地各城均于城东架木为高台，每于申末酉初，于其上鼓吹送日而入，毛喇、阿浑人等，西拜向礼拜讽经，谓之'纳马兹'。"[1] 清代自乾隆以来把新疆天山南路维吾尔族聚居地称为"回疆"，义同"回地"，故诗文中也常称维吾尔人为"回人"。"毛喇"、"阿浑"，指回人中通晓《古兰经》等经典者，他们作为宗教方面的长老，要为众诵经并带领教民向教主派噶木巴尔（穆罕默德）做礼拜。《西域图志》中云："派噶木巴尔来世，先立祠堂，奉香火，名曰'玛咱尔'。每年两次，众人赴玛咱尔礼拜诵经，张灯于树，通宵不寐。"[2] "玛咱尔"即"麻乍尔"，意为"圣徒墓"，今泛指一切坟茔陵墓。在麻乍尔周围，往往还插着挂有马、牛尾的灵幡。这种"叩头麻乍尔"的祭祀风俗，至今尚有保留。林则徐此诗详细描述了信仰伊斯兰教的维吾尔人做礼拜、祭祀的宗教活动，对于那些不能亲自到西域的人来说，读过此诗之后，无疑也会对西域的宗教信仰情况有一个感性的认识。

除宗教信仰外，少数民族的外貌也常引起诗人的注意，萧雄《西疆杂述诗·衣服》中描写到西域少数民族的穿着打扮：

> 章身多爱锦衣鲜，窄袖长裙领自圆。袍裤暑天齐尚白，腰间尤系一条棉。

据诗中描述他们爱穿窄袖圆领、色泽光鲜的锦衣，到了夏天多穿白色

---

[1] （清）七十一《西域闻见录》卷七《回疆风土记》，《中国西北文献丛书》第 117 册，兰州古籍书店，1990，第 247 页。

[2] 钟兴麒、王豪、韩慧：《西域图志校注》卷三九，新疆人民出版社，2002，第 514 页。

衣物。西域少数民族尚白的原因很多：一般认为西域多戈壁沙漠，暑天酷热，夏天穿白色衣物可有效反射热量。或说由于伊斯兰教徒每天都要做礼拜，做礼拜时要保持衣服的洁净，白色最容易看出污秽，以便清洗。而最可靠的说法认为这是遗传了古代祆教和摩尼教的因素，在这些宗教中，白色意味着太阳的光明和一种神性的美。

西域地区的饮食习惯也常常成为入诗的题材：

> 桑椹才肥杏又黄，甜瓜沙枣亦糇粮。村村绝少炊烟起，冷饼盈怀唤作馕。（林则徐《回疆竹枝词》之十九）

诗歌的前两句写维吾尔族喜欢以水果代食物，后两句则形象地描写他们对馕的喜爱。维吾尔族非常崇尚馕，民间忌切馕、单手掰馕和拍打馕，作为他们日常生活中不可缺少的食物品种，馕吃法多样，方便可口，祁韵士更描述了维吾尔族瓜馕杂吃的情景："大食遗民歌鼓腹，瓜馕杂饱倚斜晖。"并自注："回人呼面饼为馕，二物每相和食之。"（《西陲竹枝词·英吉沙尔》）

风情诗中对有关婚嫁情况描述颇详：

> 宗亲多半结丝萝，数尺红丝发后拖。新帕盖头扶马上，巴郎今夕捉央哥。（林则徐《回疆竹枝词》之二十）

此诗写婚礼时迎亲的情景，首句中作者用菟丝女萝来比喻婚姻的美满和持久，至于说"宗亲"之间结婚，也有其历史渊源：由于封建等级制度的影响，维吾尔族历来就有限制不同门第婚姻的规定，所以不同地位的人之间通婚比较罕见。为了巩固自己的家族，甚至有些人尽量在本家族中选择婚姻配偶，但维吾尔族禁止同与自己有直系亲属关系的人通婚，且在家族内部择偶时，禁止与三代之内的人通婚。诗歌次句描述新娘子的特殊装扮，七十一《西域闻见录》记载："凡回女皆垂发辫数十，嫁后一月则疏发后垂，以红丝为络，宽六七寸，长三四尺，其双岐拖地处，仍络红丝数寸成穗，富者上缀细珠宝石珊瑚。"[①] 我们从这里可以得知，以红丝为络垂

---

① （清）七十一《西域闻见录》卷七《回疆风土记》，《中国西北文献丛书》第117册，兰州古籍书店，1990，第249页。

于脑后，是已经出嫁女子的装扮，林则徐诗中这样描述，无非是强调新娘
打扮得美丽。末二句，以巴郎（小伙子）代指新郎，以央哥代指新娘，①
作者诗下自注："女未适人名克丝，子妇名央哥。"以秧歌代指新娘不仅押
韵，且与巴郎对称，惟妙惟肖地体现出维吾尔语称谓的声情。这两句写新
郎将新娘迎娶回家，以及晚间新郎与新娘欢快相聚，新鲜别致，涉笔
成趣。

　　如果说婚姻代表了希望，那么丧葬的习俗就代表了一种对死者的尊敬
和对死亡本身的恐惧。萧雄的《西疆杂述诗·丧葬》一诗中有对丧葬风俗
的描写：

　　　　殓殡唯凭布卷牢，剧怜骸骨等轻抛。升天入地分悲喜，侧望空令
冷四郊。

　　信仰伊斯兰教的民族葬礼一般都实行土葬，丧葬不用棺材，人死后用
水净身，用白布缠裹全身，阿訇为之念经指路，放在清真寺中专门制作的
平木板灵架上抬到墓穴，安葬时头北脚南、面向西方放置，以示归向安
拉，最后以石块或土块封穴。清代同期的许多著作中也有类似的记载，七
十一《西域见闻录》卷七记载："（人死）数人在屋上同声喊叫念经，其
家皆白布为冠，谓之挂孝。死之日或次日，即升郊外瘗之，无棺椁衣衾，
唯白布缠尸而已，所属亲戚往吊念经，各以所有尽力资助。……子为父
母，妻为夫及兄弟亲戚皆挂孝四十日而除。"② 据诗后注语记载，清代维吾
尔人在入葬前还要举行一些宗教仪式，如要在墓穴边上挖井投尸，观其向
背，以预测其来世的命运，在今天，这种葬礼以及哀悼方式已不多见，由
于时代的发展，这些复杂的程序慢慢简化了。

　　总之，西域地区在文化上呈现独特面貌，使置身西域的清代文士感到
新鲜，成为酿造诗情的土壤和他们的吟咏对象。诗人们多以自己的行踪为
线索，将一幅西域民俗风情的完整画卷生动地展现在读者面前，而对这些
民俗特征所体现的尊重与欣赏的态度，也保证了风情诗描写的真实性。

---

① 周轩：《林则徐〈回疆竹枝词三十首〉新解》，《西域研究》2004 年第 2 期，第 92 页。
② （清）七十一《西域闻见录》卷七《回疆风土记》，《中国西北文献丛书》第 117 册，兰
　　州古籍书店，1990，第 250 页。

二　详尽纪实的艺术特征

清代诗人躬践斯土，西域生活在他们笔下几乎做到无一事一物不可入诗，前代诗人心中那种春风不度的瀚海穷边，被清人描写得淋漓尽致，饶有诗意。西域风情诗的创作建立在对西域生活深入了解的基础上，饱含诗人们对西域生活的独特感受和认识，纪昀《乌鲁木齐杂诗》自序中说："余谪乌鲁木齐凡二载，鞅掌诗书，未遑吟咏……乃追述风土，兼叙旧游。"王曾翼也在《回疆杂咏》前言中坦言："乙巳冬月，随节侯赴喀什噶尔小住两旬，经过各回城，或停骖数日，或信宿而行，所见所闻，拉杂成咏，共得断句三十章，仿古竹枝之遗意，窃谓回疆风土十有七八矣。"可谓代表了这些诗人创作的共同心声。

诚然，除了诗作以外，诗人们还以其他的方式记载了在西域的见闻。如祁韵士在作诗的同时，还完成了《万里行程记》、《西陲要略》、《西域释地》等著作。洪亮吉在流放赴戍伊犁途中写下《伊犁日记》、《天山客话》。但是与这些著作相比，诗歌以其独有的生动性和形象性、源于现实而又高于现实的丰富性，达到任何文体都无法替代的高度。清代西域风情诗内容繁富，从宗教、历法、建筑、服饰、娱乐、饮食到婚嫁、丧葬，几乎涵盖了当时所有社会民风。总体上考察这些诗作的艺术特点，强烈的纪实性是其最显著的特色。

清代入西域的文人文化修养程度较高，其中不乏饱学之士，他们的诗歌往往具有较高的艺术价值，再加上清代诗人学者风气很盛，重义理考据，这些在无形中也对诗人们的创作重写实有很大的影响。诚如祁韵士《西陲竹枝词小引》所言："塞庐读书之暇，涉笔成韵语。……词之工拙不计，唯纪实云。"诗人在作品中描述的西域风情，都以客观的笔调处置，很少夹杂过多的个人感情，状物叙事绝少使事用典。以描写西域建筑的诗作为例，林则徐《回疆竹枝词》之十三、十四中有对建筑样式的描写：

厦屋虽成片瓦无，两头榱角总平铺。天窗开处名通溜，穴洞偏工作壁橱。

亦有高楼百尺夸，四周多被白杨遮。圆形爱学穹庐样，石粉围成满壁花。

诗歌中所描写的维吾尔族建筑样式，具有典型性和代表性。由于宗教信仰以及地域环境诸方面的影响，西域地区的建筑形式与内地不同。在伊斯兰教传入后的几百年中，维吾尔族在其先前历史底蕴的基础上，充分结合了阿拉伯以及中亚伊斯兰建筑风格，逐渐形成一种独特的建筑文化。前一首诗歌描述普通居民住房，以生土建筑为主，用黄土夯制土坯，盖成平顶房。房顶上一般都有晒台和通风的天窗，谓之"通溜克"，一般的家庭中，很少置家具，多穴墙为厨，谓之"务油克"。后一首诗是写被白杨树环绕的高楼，清七十一《西域闻见录》卷七曰："回屋以土为墙，量高三四丈，以白杨胡桐之木横布其上，施苇敷泥，遂成屋宇。或为楼，厚七八尺有奇。"① 后一首末两句是对房屋构造的具体描述，从外部看去，屋顶建成毡帐的样子，而屋内的墙壁上往往雕泥为花草字画，饰以灰粉。

西域少数民族能歌善舞的特点在西域风情诗中亦多有展现。同样，诗人也以纪实的笔法进行描述：

> 羌女妖娆细马驮，鼙婆逻逤曼声歌。一年一度芦笙会，别唱三春摩鸟歌。（曹麟开《塞上竹枝词》）

"鼙婆逻逤"意为琵琶，此处代指西域的各种乐器。"摩鸟"，作者诗下自注曰："回人谓匏笙为摩鸟，每三月中，妇女吹匏笙唱季春歌。"在西域地区，任何时候都少不了音乐。祁韵士《西陲竹枝词·回乐》一诗写到维吾尔族的舞姿：

> 琴筋迭和鼓冬冬，索享迎神祭赛恭。更有韦囊长袖女，解将浑脱逞姿容。

"韦囊"又作"围浪"、"偎囊"，一般指群众歌舞，全诗再现了祭祀迎神仪式的场景，伴随着鼓声与舞曲，美丽的维吾尔女子翩翩起舞。

诗人们通过平实自然的文字去描述所要表现的对象，而且多数诗作下

---

① （清）七十一《西域闻见录》卷七《回疆风土记》，《中国西北文献丛书》第 117 册，兰州古籍书店，1990，第 254 页。

夹有大量自注，这些注语有的甚至长达百言，特别典型的就是萧雄的《西疆杂述诗》，注语与诗作珠联璧合，交相辉映，共同保存下来大量第一手的西域民俗资料。

从诗歌创作的时间来看，清代中后期诗作中展现出来的西域风情更加详尽具体，这一时期涌现了专门描述西域风情的竹枝词，西域竹枝词构成了西域风情诗的主体。竹枝词是起源于巴蜀地区的民歌，本身脱胎于民间生活，明清时代是文人创作竹枝词的高峰时期，泛咏各地风土人情成为竹枝词创作的主要内容。在清代西域诗中，这种连章组诗的结构也被凸显出来，广为文人们所采用，保证了详尽记载风情的纪实特征。清代西域竹枝词比较有名的有纪昀《乌鲁木齐杂诗》160 首、祁韵士《西陲竹枝词》100 首、林则徐《回疆竹枝词》30 首、萧雄的《西疆杂述诗》150 首等等。以竹枝词这种文体如此大规模地描述西域风情，在中国诗歌史上是第一次，堪称清代西域诗的首创。

三 天下一统的创作心态

考察众多西域诗作，可以说这些新鲜的诗句背后都具有一个共同的创作心理基础，那就是大一统的思想作为一种核心内涵支撑着这些作品。自清朝建立伊始，为了加强对西域的治理，曾多次进行反对分裂的战争，从清初与准噶尔部的战争，到平定大小和卓的叛乱，再到 19 世纪末抗击阿古柏入侵，清代西域形成了自元以降又一次的大一统局面。这种局面的形成和巩固加强了清人自上而下的民族自豪感，为诗人的创作提供了新的契机。如祁韵士《西陲竹枝词小引》云："况龙沙万里，久入版图，游斯土者，见夫城郭人民之富庶，则思德化覃敷，怙冒罔极。见夫陵谷薮泽之广大，则思山经水注挂漏殊多。见夫物产品汇之繁滋，则思雪海昆墟，瑰奇不少。每有所触，情至而景即在，是岂必模山范水。"这种情绪理所当然地在诗歌中表现出来，其《西陲竹枝词·阿克苏》诗中写道：

> 边城岁岁乐丰年，秋日黄云被野田。土著头人衣帽整，紫貂腰胯鹿皮鞾。

诗歌展现出天下一统后边疆生活的富庶与安定。而这一点，在更早的纪昀的《乌鲁木齐杂诗》自序里表述得也颇为明确："此实一统之极盛。……今亲履边塞，纂缀见闻，将欲俾寰海内外咸知圣天子威德郅隆，开辟绝徼，龙沙葱雪，古来声教不及者，今已为耕凿弦诵之乡，歌舞游冶之地。"其《乌鲁木齐杂诗·风俗》之三十三中翔实记载了西域统一之后，随着经济建设的开展，随之而来的文化建设情况：

> 芹香新染子衿青，处处多开问字亭。玉帐人闲金柝静，衔官部曲亦横经。

说明清代乾隆时期，至少在乌鲁木齐，兴办教育已经非常繁盛了。

清代在西域地区发展经济的主要措施为屯田。较之前朝，屯田规模之大无与伦比，于是在清代西域风情诗中，也相应出现了一类反映西域农耕风情的作品，成书的《回庄子》一诗具有代表性：

> 乱山去无际，沙砾为川平。渺然见村落，孤迥殊可怜。屯众三五家，茅栋八九橼。门前有老树，屋傍有流泉。泉流不出村，渟泓作方园。平畴望可尽，禾黍亦陌阡。天生一掬水，灌此百亩田。如从称量出，不过亦不愆。芳草绿满地，野花红欲燃。不意桃源境，落此戈壁天。驱车去未远，回首意再牵。依然入大漠，百里无人烟。

此诗描写一处绿洲上的维吾尔族聚居小村，诗人把这里的环境描写得如桃源仙境一般。诗中最有特色的句子就是"门前有老树，屋傍有流泉，泉流不出村，渟泓作方园"。裴景福《河海昆仑录》中记载："缠民好洁，勤洗濯，喜种树，凡村庄无树者皆汉民也。"[①] 维吾尔人喜欢布置优美的居住环境，多累石为墙，并喜欢在屋边种树，古木阴森，清流环绕，颇有内地小桥曲水之趣，谓之"亮噶尔"。另外"天生一掬水，灌此百亩田"一句也颇独特，西域地区降雨量很少，农田的灌溉除了泉水，主要靠天山上的积雪融解而来的雪水，维吾尔族发明开凿了坎儿井来引导雪水，灌溉农田。成书笔下的田园生活相当的惬意，这些反映西域农耕的诗句，也是西域风情中的亮点。成书作为清朝的官员，也是用一种乐观的态度去打量周

---

① （清）裴景福：《河海昆仑录》卷六，甘肃人民出版社，2002，第263页。

围的一切，将它与中原内地的农耕社会等量齐观。从主观上讲，每个统治者都希望自己的人民安居乐业，不论这里的居民生活是否真的如此美满，至少从创作的心理上来说，成书的描述是完全合理的。这种自豪之情正和祁韵士、纪昀的诗歌如出一辙。

正是在这种大一统的背景之下，清代出关的文人们才有更多的机会去了解西域，才能够使自己的足迹遍布全疆。不论他们的身份与地位如何，是官吏还是贬员，在进行创作的时候，他们都是带着一种"普天之下，莫非王土"的自豪心理去观察西域生活的，尽管这里的一切对他们来说暂时还陌生，但有一点很清楚，他们脚下是大清的国土，身边都是大清的子民，他们有责任也有义务去了解、描述这片土地，并把它介绍给更多的人。这也即是前引纪昀《乌鲁木齐杂诗》自序所谓："得诗一百六十首……用以昭示无极，实所至愿。"

当然，在他们的诗中，也会流露出感时伤怀，也会有思乡之叹，但大部分诗篇，还是保持着一种昂扬的情绪。出于这种心理，诗人们迫不及待地想要去了解这里的一切，如萧雄就曾"驰骤于（天山南北）两万里之内"①。国梁也说"三年弹指还京围，风物编成待品题"（《奉调乌鲁木齐》）。诗人们对西域这片土地的认识相当积极主动，希望把自己所见所闻的一切都纳入笔端。

出于这种积极的态度，诗人们大都能以整体宏观的眼光去把握西域的风情，从中我们也可以轻易看出不同地区民俗风情的差异。比如福庆在《异域竹枝词》中分别写到库尔勒、布古尔（轮台县）、库车、阿克苏地区维吾尔人的生活，库尔勒靠近博湖，所处水源丰富，所以这里居民的生活是："菰芦深处多鱼燕，结网人来踏水行。"而阿克苏地区的维吾尔人以手工业出名：

> 巧思刻玉自玲珑，鹿革裁鞲秀更工。衢术云连千肆尽，郊园春到百花风。

作者自己或许没有意识到，这些诗作已经体现出了一些民俗比较的

---

① （清）萧雄：《听园西疆杂述诗》，《丛书集成初编》第 3131 册，中华书局，1985，第 1 页。

意味。

无可否认，诗人以自己的眼光观察异域风情，有时不免也带上自己的一些偏见，甚至是错误的认识，如景廉《玛扎尔》：

> 乱石成堆马鬣悬，征人稽首意尤虔。效颦我亦衣冠拜，好把高风学米颠。

"玛扎尔"即上文所述之"麻乍尔"，本意是伊斯兰教掌教者之墓，也用来指维吾尔人的坟墓，这里据作者描述来看，错把蒙古人的敖包当成玛扎尔。

但总体说来，这些西域诗歌对民俗风情的记载还是翔实可靠的。我们在清代以前诗人的西域诗作品中，虽然也可以看到种种有关西域风情的作品，但由于他们中的很多人都没到过西域，所以笔下的西域风情的真实性都要大打折扣。而清代诗人以其亲身经历描述所见所闻，诗句中少了想落天外的想当然之笔，却由于天下一统观念的支撑，字里行间充满了对边陲风物的欣赏与喜悦之情，因此诗中对西域少数民族民俗风情的描写，详尽真实，细微备至，不仅令人身临其境，甚至可补史料之阙。通过对这些作品的研读，我们可以对清代西域生活有一个更加全面的认识，这些正是中国传统诗教所谓"诗可以观"的实际体现。

本文摘自《新疆师范大学学报》（哲学社会科学版）

2008 年第 2 期

异彩纷呈：
感知艺术新韵律

西域石窟壁画中的图案艺术

周菁葆[*]

摘　要： 西域石窟壁画中有许多装饰性的图案，其中花草纹饰中的忍冬纹、卷草纹、莲花纹、宝相花等非常有特色。最典型的是菱形格图案画装饰。在西域石窟壁画中，图案分布非常广泛，不论是支提窟，还是毗诃罗窟内；无论是窟内前后室、中心柱和佛龛，还是穹庐顶、拱券顶、平棋顶、套斗顶都有图案，可以辨识的图案纹样有30余种。藻井图案，则大都层层加饰，色泽各异，在佛窟殿堂中独立存在，其造型千姿百态，是佛教圣殿中的一朵艺术奇葩。

关键词： 西域　石窟　壁画　装饰性　菱格图案

西域石窟壁画中有许多装饰性的图案，其中之一是花树图案。"花树"造型相当别致，有的树冠大，有的树梢似花，有的呈圆球状。有山、有树、有花，在像与非像的和谐中升华，体现出一种稚拙的情趣。既有白描手法，又有"单线平涂"与"线面结合"的装饰变形，两种手法的交替使用，创造出了繁花似锦的旖旎秀色，既浪漫又充满了想象力，给人已进入仙境般的氛围，从而美化了"佛国世界"。它是现实生活的浓缩，又超脱了现实，升华成"花树"艺术形式，把人类对于植物生命的爱，创造得如此美丽，又富有文化意蕴，把自然与艺术结合得如此贴切，它那线描的勾勒、叶筋的脉络都有其独到之处（见图1）。

"花树"的花冠，有复瓣有单瓣。单瓣花大而显露，敞心露蕊；复瓣花，似树似花，层层叠错，花蕊半露半掩，倾心可人。"花树"的组合，

＊　周菁葆，海口经济学院人文与经济研究院副院长暨艺术研究所所长，教授。

图1 克孜尔17窟中的花树图案

以高度的概括来表现，充分发挥花与树的自然特征，上升到畅神达意的境界。花型、树型美观大方，互为映衬，给人以明丽的美感。这种"花树"形式独步世界，在佛窟里映衬着佛门的宁静、淡泊与闲适，为佛教宣传增添了极大的魅力，好像打开了幻想中佛国世界的生命之门。创造了佛窟中仅有的奇迹，成为古代美术样式中少见的艺术珍品。

花树优美的造型离不开线条，线条是画家智慧的语言，既是体现其风格的主要手段，也是画家主观意识的传递者。不论粗细曲直，或浓淡相宜，或刚柔相济，基本上表现了画家要表达的主要内容。它既能朴实单纯，又可以古朴稚拙，任画家熟练掌握，但绝不是任意和随便，它具有一定的规律性（见图2）。

画家创作花树的情绪也是很饱满的，这从画面那些花草树木，特别是有序的花冠的造型和枝叶线条的精细勾勒上得到验证。而达到这样的艺术境界，必然是画家多年生活积累和观察的结果。花树与花冠的融合，还显示出了画面的内在和谐美。画面的生命，在于艺术的律动，正是画面上无数花树、花冠的位置、大小、布局和枝叶的凹凸、明暗和线条的变化，体现了西域壁画花树图案画面的艺术动感，因而洋溢着令人赏心悦目的艺术魅力。

图 2　克孜尔 17 窟本身故事中的花树图案

通过各种花树造型，特别在用色上，深色调与浅色调搭配合理，蕴涵着大自然本质的力量，使画面生发出光彩夺目的灿烂场面。那种看似简单的用色，看似普通的造型，产生了令人意想不到的壮美效果。这是从大自然中那朴素、实在、率真的存在中提炼而升华的艺术效果。

变化，是花树图案纹饰的生命。变化是无穷无尽的，如抓住其特征，以点线面的有机组合，曲线、直线的流畅灵动，使画面呈现精巧灵活、鲜明悦目和生动完美的效果。在佛教世界里，树是很有讲究，十分受重视的。由于释迦牟尼苦修成佛及涅槃等过程都与山下林木结下不解之缘，如释迦牟尼当太子时曾在阎浮树下静坐思索人生真谛，佛成道时曾在菩提树下说法，因而菩提树成为最大的圣树，又称"觉树"、"道树"。因"菩提"一词是梵文 Budhi 的音译，意即"觉"、"智"、"道"，这种树实即荜苯罗树，系常绿乔木，茎干黄白叶卵形（见图3）。

图3　克孜尔17窟中本身故事中的花树图案

当佛降生及涅槃时都在娑罗树旁，此树又名摩诃婆罗树，是一种高大乔木，叶尖而长卵形。而在菩萨出行时，又有发出香气的棱迦贝树，又称香果树。因而阎浮树、菩提树、娑罗树、棱迦贝树被称为四大圣树，其他还有圣干树、羌喃树等，这些都是产生于印度的热带植物，西域地区并不生长。西域画工只闻其名，难知其真实形状，因而西域壁画中的树木花卉只可能根据西域地区的山林原野间存在的实物图绘。

西域壁画是以各种不同山形组成的菱形格成为最突出的独创艺术特色，而山与树是分不开的。基本上说有山必有树，尽管在西域一些前山的丘陵中没有树，但一到中、高山区总是树、花、草并茂，并伴之以流水或水池。如克孜尔石窟 77 窟的左右甬道中有一棵长在水池中的树，从树的主干分出的支干上，但见结着六个葵花似的鲜花，未见树上有绿叶。还有一棵树画成尖塔状。在龟兹石窟中常是"先画一层山，夹画一层树，然后又画一层山。如此反复，使山上有树，树后有山"①。

这样不仅打破了单调的重复，造成了一种意境深远的效果，而且在艺术表现上并不喧宾夺主，始终是佛的配角，做到"藏中露"，即处处隐藏，却又是处处显露，给人以一种回味无穷的美的享受。为了适应千变万化的山形，也就产生了各种不同形式的树形。如有的画成掌形树，树形像一只手掌，树丛中画出各种鲜花，如库木吐拉石窟 43 窟窟顶、克孜尔石窟 224 窟窟顶都有；有的画成箭形树，好像一支直指天空的利箭，如克孜尔尕哈石窟 23 窟窟顶；有的画成一只手指样的指树形，如克孜尔石窟 171 窟窟顶的指形树；有的画成一大团状的团形树，树丛中画出各色鲜艳的花朵，如克孜尔石窟 171 号窟窟顶，克孜尔尕哈 23 窟后室后壁的团形树；有的在树主干上画一个一个球形物，中间又画出花叶，如克孜尔石窟 224 窟窟顶菱形格的每个菱形山峰中都画一棵这样的球形树；有的树形画成一棵刚出土的芽形，如库木吐拉石窟 58 窟窟顶菱形格内画着这样的芽形树，在树丛间画出飞禽走兽；有的则画出了树的主干、支干，并在支干上画出许多树叶，已经接近现代绘画中的树形，在托乎拉克埃肯石窟 3 窟窟顶上就有这种高高的刷脉楼叶形树。

总之，西域石窟壁画中树的绘画特点是"伸臂布指"。往往亦树亦花，画的虽是树，却又像一朵艳丽的花，所以有些人称之为"花树"。这些树木在壁画中起到了极为重要的装饰作用。具体地说，可归纳为三种："一是作为一座山头的装饰；二是作为一铺壁画的装饰；三是有作壁画边角的填空与补气。"②

---

① 王子云：《新疆拜城克孜尔石窟》，《文物参考资料》1955 年第 2 期。

② 王子云：《新疆拜城克孜尔石窟》，《文物参考资料》1955 年第 2 期。

因而画工画树，都像成衣师"量体裁衣"一样，其形式色彩都要与所画山相配。据初步统计，单克孜尔石窟壁画中树木的不同形式就有30多种，"可以归纳为，有的似柏，有的似柳，有的似银杏，有的似丁香，有的似枣，也有似紫藤。至于似花的树，那些花形，有如菊，有如月季，有如芍药，有如荷花，也有如绣球……还有不少无法叫出名堂"①。

美化环境一般都以各色各样的花卉来点缀，因而龟兹石窟壁画中图绘花卉也同时成为龟兹画工提高壁画审美意境的重要创作。在壁画中各种各样的花卉难尽其状，其中最多的莫过于莲花。莲花又称荷花，佛经称其为"法华"，属睡莲科，为多年生草本，夏月抽茎开花，以并蒂者为贵，花美且大，香气袭人，雌蕊一枚，结为莲蓬，因莲花出污泥而不染，洁身自处，为历代文人所歌颂。宋朝周敦颐《爱莲说》赞称："予独爱莲之出淤泥而不染，濯清涟而不妖，中通外直，不蔓不枝，香远益清，亭亭净植，可远观而不可亵玩焉。"杨万里在《晓出净慈寺送林子方》中更赞美说："毕竟西湖六月中，风光不与四时同。接天莲叶无穷碧，映日荷花别样红。"正因为荷花在人们心目中有如此崇高的地位，所以佛徒常以莲花为喻，用以象征纯洁高雅。特别重要的还在于虔诚的佛徒心中，视佛即莲，莲即佛（见图4）。

因为从佛降生之日起就与莲密不可分。当乔达摩太子从右胁降生，行走七步，就步步生莲。《观佛三昧海经》卷9《观像品第九》中说："见十方界满中行像，虚空及地，见一一像从座而起，一一像起时，五百亿宝花，一一花中，有无数光，一一光中，无数化佛……诸像脐中，久生莲花，见莲花中涌现出无数百千化佛，一一化佛，照行者身。"所以龟兹壁画中常把佛成道后转法轮时所坐的座位称为"莲花座"。其姿势称为"莲花坐势"。菩萨造型也是头戴镂金莲花的宝冠，右手持莲花，双目下垂凝视着手中的莲花，也有的菩萨头戴花冠，身披璎珞，足踏莲花，意态安详娴雅。在龟兹石窟中绘着大量莲花图案，映衬着佛国的宁静、闲适、美丽，为佛教宣传增加了极大魅力。②

就克孜尔壁画的造型而言，它没有机械地"描摹"自然，那样只会导致我们从物质意义上去看事物。例如，他们在画树画山时，不是在画某一

---

① 王伯敏：《克孜尔石窟的壁画山水》，《新疆艺术》1985年第3期。

② 苏北海：《丝绸之路龟兹研究》，新疆人民出版社，2009。

图4　库木吐拉43窟中的莲花图案

棵树、某一座山，而是寻求一类树、一类山的精神特点的再现，是一种"集中表达的概念"，可谓"妙画十万山，巧绘十万树"。也就是石涛画论中的"收尽奇峰打草稿"。他们不追求单个对象的具体特征，不再以某个物体的形式为起点去获得美的形象，普遍性的类别之美在他们那里变得更有意识性，因为个性的美已经失去了其支配性的影响，他们是在创造一种由类别生成的和谐。

　　各种花草纹饰。在龟兹石窟早期开凿的壁面上，就出现了忍冬纹。它简朴、华而不俗、色泽淡雅。实际上，我国人民对于忍冬草并不陌生，它就是药用植物金银花，为蔓生小灌木，不择地点，生长于窄小的缝隙处。寒冬腊月亦不枯萎，故得名忍冬。忍冬的花、枝、茎均可入药，在我国早有栽培（见图5）。①

图 5　克孜尔石窟中的忍冬纹

忍冬纹的出现，为我国花卉图案注入了新的品种，它与佛教文化同时传入西域，并在我国民间广泛种植。因此，忍冬纹很快就进入了早期开凿的克孜尔千佛洞壁画中。忍冬纹经常穿插于各种壁画的图案中，如同它四季不枯一样，在图案纹饰的艺苑里发展了数百年，又以它缠绕的茎叶，逐渐演变为卷草纹（见图6）。

图 6　克孜尔石窟中的卷云纹、卷草纹、柱头纹

卷草纹，又称唐草，在龟兹石窟壁画中独领风骚，在早期的石窟壁画中就能找到其身影。唐草茂盛、精美，常与莲花瓣相伴，像行云流水般地连绵数丈衬托着莲花座。其线纹流畅自如、缠缠绕绕，波状结构起伏相连、连绵不绝，又与莲花纹、忍冬纹交织在一起，融会一气，使其富有新意。龟兹画工将流行于中亚、南亚一带的忍冬纹、卷草纹广泛地应用于壁画创作中，为我所用。随着佛教文化的不断传入，花草纹饰越发显示出它旺盛的生命力，它与佛教文化同时流入敦煌莫高窟及内地的各大佛窟。

---

① 李肖冰：《中国新疆古代佛教图案纹饰艺术》，新疆人民出版社，2004。

　　莲花纹，在我国并不陌生。春秋时期的青铜器上就有莲花纹，古陶器上也有莲花纹。如前所述，在唐代吐鲁番沟西墓还出土了以联珠纹组成的莲花瓣纹。新疆各佛窟随着印度佛教的传播，无论是龟兹石窟，还是高昌石窟，那壁画、平綦、莲花座、观音菩萨手持的莲花枝上，莲花纹几乎随处可见。这主要是由于印度佛教视莲花为最圣洁、最美丽的花，并作为宗教信仰的一种象征。传说中释迦牟尼诞生后，即行七步，步步生莲。这些佛教的妙语，符合中国封建社会的观念，因此，佛教在中国得以迅速发展。佛教意蕴中的莲花，富有充沛的生命韵律，它出污泥而不染，被赋予一种人格的精神境界，具有东方传统文化高洁人格化身的精神内涵。

　　宝相花，是龟兹石窟与高昌石窟中最引人注目的花卉图案。它璀璨夺目、光彩照人，是佛教一种珍贵的象征性花卉图案，由忍冬纹、卷草纹、莲花纹发展演变而来。当时正值隋唐的经济、文化发达之际，装饰风气日盛，宝相花应运而生。宝相花是石窟壁画中的佼佼者。它的中心往往是变体莲花，四周分层布满花瓣，花朵融于其中，分蒂、瓣、蕊，花瓣有离瓣、合瓣之分。离瓣伴有石榴、葡萄、牡丹或其茎叶；合瓣有如意云头纹（中国传统纹饰）或大团大圆的一朵花纹或两方连续成四朵不等的花卉纹饰，层层疏密有致，四周配有卷草纹，色泽浓艳富丽厅，密而不杂乱，疏而不空泛。这种蕴涵古今中外的艺术表现形式，越来越受到人们的重视（见图7）。

　　变化、变形是花卉装饰图案的主要手段之一。在龟兹石窟中忍冬纹就是突破自然形态，根据外形的需要在花瓣结构中进行加减，再加以编排或加绘一种或几种线纹，来使画面活跃的一种纹饰。这种画法变呆板为生动，于和谐中见变化，或相似、相近，既强化了画面的美感，又展现了内在的美。龟兹石窟壁画中的花卉、草、叶、茎的纹样，是没有重样的，有时是花中有花，叶中有叶，有时又花叶相配，相得益彰，既加强了装饰效果，又丰富了图案韵味。龟兹石窟壁画花卉图案的变化与石窟周围山水、树木的变化有着密切的关系（见图8）。

　　在色彩运用上，龟兹石窟也特色独具。大多数是以赭红色勾出底线，再经过淡红、乳白、灰、浅灰、绿、浅绿、绛、浅绛、青、淡青、红、浅红、黄、橙黄、棕、浅棕……冷暖等色进行晕染。冷暖对比与补色对比是色彩运用中最为强烈的对比，既在和谐中求得了色泽的鲜明，又在协调中显现出变化。花卉图案在这方面最有代表性。在暖黄色调中又有了浅绛、

图 7　柏孜克里克 15 窟中的宝相花图案

浅绿，再加以凹凸晕染，使花卉在色泽上达到和谐的统一，使画面浸入怡静、明亮的氛围中。观者好像闻到了各色花卉的芬芳。

龟兹壁画中的花卉图案的装饰性很强，如花中有叶，叶中有茎和枝的缠绕，作为一种艺术手法，使花卉艺术升华了，层次变得多样了。龟兹石窟壁画为了渲染画面气氛，常常以花花草草来点缀。为了避免花卉形状上的单调，往往依附于不同的时空形象来丰富、充实花卉图案上的装饰内容。像前述的宝相花图案，其中心主体为变体牡丹花，明丽浓艳，花美且大，四周是忍冬纹，常常伴以三个或四个叶瓣，组成以波状为骨架的茎蔓，相辅相成，自然得体。再加上中心花纹色泽艳丽，给人以富丽堂皇之感。它勾线清纯，境界深远，内涵充实。①

龟兹壁画中最典型的是菱形格图案画装饰（见图 9）。在龟兹 236 个石

---

① 李肖冰：《中国新疆古代佛教图案纹饰艺术》，新疆人民出版社，2004。

图 8　克孜尔 171 窟主室窟顶的图案

图 9　克孜尔 17 窟中的菱形格图案

窟中有 60 余个石窟都有这种菱形格图案画。尤以典型的龟兹式中心柱窟中所绘最多，几乎每窟必有众多菱形格画，当然在其他形制的石窟内也有大量的菱形格画。根据现存菱形格画的形式，大致可分为以下几类。

第一类是乳突菱形格式。这种形式占有石窟壁画总数一半以上，中晚期窟中都有，主要绘于中心柱窟和方形窟主室纵券顶、正壁佛龛上方和甬道内。其布局方式是在主室纵券顶中脊天象图两边券腹部分左右交叉平行直线，将壁内划分成许多尺余见方的菱形网格，少则几十，多者近百，然后在各菱形格内图绘一幅幅佛传、因缘、本生故事画。这种菱形格是在每侧勾成 8～12 道大小均匀和鳞甲状曲线，形状大同小异，因顶点形似小圆形乳突，而曲线又较密，起伏不大，粗看每侧曲线几近直线。如克孜尔石窟 171 窟主室券顶侧壁的菱形格形式即是。

与此相似的还有一种平顶乳突菱形格式，基本形体也是由数个平顶乳突形排列，交错叠压所构成的菱形格。这种形式分布的石窟不多，在克孜尔石窟的 69、175、212 等石窟内可见。

第二类是菱形格外形轮廓线的变化。如在克孜尔石窟 171 窟券顶的菱形格画，每侧勾成 3～4 道外形轮廓线，由于正中曲线高耸，其余曲线起伏变化动荡，打破了拘谨的图案化均衡模式局限，经过四方连续式排列组合后，使画面变得大为活跃，又并未破坏整个图案化装饰的整体效果。

还有一种大致相仿的菱形格画，只是在菱形格的大小比例上进行了变化。如克孜尔石窟 196 窟券顶的壁画，以大小不等的菱形格相间组合排列，使整个画面给人以有节奏的韵律感，使菱形格内描绘的因缘、本生故事画等动静之间与整个外形结构活泼变化的生动对比，收到了菱形格画富有节奏的装饰效果。

第三类是菱形格式的发展及其变形。菱形外部四边造型均为直线，属规整的菱形格，每个菱形格内部又划分若干个小菱形格，以示规范化了诸山群峰。此种图案主要装饰在甬道、后室顶部，也有绘在正壁龛内或作为正壁壁画背景，例如绘在克孜尔石窟 171 窟甬道内的规整菱形格画（见图 10）。

还有一种是在这种规整菱形格式的基础上进一步概括，即在等边菱形格中有一小菱形格，又在小菱形格中晕染出乳突状，整体图形为菱形网格状。这种图形主要分布于龛内，在克孜尔石窟 17、27、80、176、178、183、193、222、224、227 等窟可找到。

第四类是乳突式、乳突菱形格式和平顶乳突式交相配合。在克孜尔石

图 10　克孜尔 17 窟中的菱形格图案

窟 69、85、114、118 窟主室券顶两侧顶端有乳突形和乳突菱形格式相配合在一起的图形。佛陀或菩萨一个人可跨两三个菱形格；在图上面则有一排连绵不绝的乳突形山，代表峻岭连绵的群山（见图 11）。

图 11　克孜尔 207 窟中的菱形格图案

另在克孜尔石窟 207 窟主室西壁的说法图中则有乳突形和平顶乳突形

交相配合的层峦叠嶂。尖顶乳突形可以说代表了少年、壮年期的群山；平顶乳突形代表了老年期的群山。这样既显示了历史时期山峦的变化情况，又增添了自然界美的诱惑力，也为整个建筑形式增添了无尽的魅力。

第五类是群山耸立的乳突形大、小菱形格画。如在克孜尔石窟38窟甬道券顶侧壁由数个向上凸起的乳突形，按一定规则上下左右排列九个，再套入一个大的菱形格内，这实际是由山形发展写实而成。因为在造山期，海拔不断升高，从前山、中山到后山的山形、山势也不断升高，在小山、中山背后必然有一座高山，所以一个一个大菱形格内的小山正是描绘了这种地壳变动形成的自然山势。

第六类是涂实的菱形图案。以四条相等的几何形直线组合成菱形格，菱形格内则用均匀的色彩涂抹。这种菱形图案大都作为附加的装饰，规模很小，在克孜尔石窟190窟的壁画与券顶连接处就有这种作为陪衬的菱形格式的装饰图案，对全室壁画起到了锦上添花作用，在喧腾热闹的暖色气氛中，显得淡雅、素静、稳健。

以上把龟兹佛教壁画中的菱形格画形式作了概括介绍，其中最主要的、最多的还是第一种形式，其余都不过是在此基础上的变形和发展而已。以克孜尔石窟壁画为例，尚残存壁画的70多个石窟，除47、48、67、76、81、189等几个石窟外，其余石窟几乎都画满了菱形格画。这些菱形图案对以支提窟为建筑形式的纵券顶的配合十分和谐壮观，整幅图案恍如一块巨大灿烂的织锦。常以石青、白粉、石绿等冷色为主调，又配以赭等暖色对比，五彩错杂，简洁明快，既庄重肃穆，又变幻陆离，排列有序，繁而不乱。每个菱形顶端正好指向券顶的纵轴线，从而形成一道道各有变化的半圆形向心弧圈，与券顶的弧面正相吻合，使整个窟顶显得十分瑰丽、奇诡、神秘，大大加强了建筑体内部的节奏感。①

谭树桐先生将龟兹菱格画准确地概括为五大特点。②

第一个特点是扩大绘画艺术表现空间的层次和深度。它不同于一般独幅画边框的直线剪裁，也不像一般图案只在边界画出菱形格平面而内施彩绘，而是采用群山林立的自然景观，取左右两座峰峦的间隙，又以一座后面的峰峦为背景，构成一个菱形格有广度和深度的空间环境。一个菱形格

---

① 苏北海：《丝绸之路龟兹研究》，新疆人民出版社，2009。
② 谭树桐：《龟兹菱格画与汉博山炉》，《新疆艺术》1987年第4期。

内所画的可视形象虽少，而寄意于山间象外者实多。多格四方连续不断，产生众多的意在象外，使观者应接不暇（见图12）。

图12　库木吐拉新2窟穹顶图案

　　第二个特点是变穹顶为苍穹。从左右两侧底层开始，纵横多层叠鳞式排列形成的重峦叠嶂，延绵向上伸展到纵券顶脊部蓝色天空，象征着高旷的苍穹。这是绘画构成和龟兹式洞窟建筑形式的完美结合。

　　第三个特点是装饰性和写实性相互映发。菱形格构图和菱形格内的景物，从图案化的山水树木到写实性的人物、动物，分层次相应结合，显出画面主次分明。以程式化的装饰性衬托个性化的写实性，本来是造型艺术常用的法则之一，但在龟兹菱形格画上所体现的这一法则，达到了独特的艺术效果。

　　第四个特点是色彩绚丽，诸色交鸣而基调统一，对比强烈而和谐。

　　第五个特点是故事情节凝练。每个菱形格选择一个佛教故事的精粹场面以概括整体。

　　综观龟兹每个石窟中的菱形格画少则数十，多则近百。每幅菱形格画都画遍了层层叠叠的山，大约有16座山峰，每个洞窟以60幅菱形格画计算，就得画千座左右山头。这种采用群山林立的自然景观，并取左右两座峰峦的间隙，又以一座后面的峰峦为背景，构成一个菱形格的有广度和深度的空间环境，气势十分磅礴，并在石窟有限的空间中，从石窟两壁低层开始纵横多层叠鳞式排列形成的重峦叠嶂，延绵向上伸展到纵券顶脊部的天象图，象征着高旷的苍穹，把有限的石窟建筑开拓成一个大千世界。

同时各石窟中菱形格画山峦的形成多种多样，有尖顶的、平顶的、乳突式圆头的、花瓣状的、城堞状的，甚至有的在一个石窟中把各种形式都用上了，可见山的排列，巧密层叠，既有规则，又富变化。龟兹画工们为了使层峦叠嶂的山峰更加美丽，还用花树点缀山，即画一层山，夹画一层树，然后又画一层山。如此反复，使山上有树，树后有山，打破了单调的重叠。同时在山树之间还点缀着许多白色多瓣花卉，甚至在不宽泛的河流和池塘上也漂浮着几朵白色小花。这些图案化了的花卉树木，散布在宁静的斜方形山峰中，给画面增添了生动的气韵。

龟兹石窟的菱形格画，一般每格宽约 43 厘米，高约 46 厘米，如每个石窟平均以 60 幅菱形格画计，其中除少数绘佛像外，主要是绘本生、因缘故事，可以想见在这样多的菱形格画内，能画多少本生、因缘故事呀！所以龟兹石窟的本生故事画是国内各地石窟壁画中最多的一处。

由于受菱形方格所占空间的限制，在菱形格中的本生、因缘故事画也就有着独特的艺术处理手法，就是说必须抓住每个本生故事中的重点，以最凝练的图画表达曲折复杂的情节，这就要求画师有十分高超的艺术才能。如在克孜尔石窟 114 窟的菱形格中一幅萨埵那太子本生故事画，龟兹画家主要抓住了故事中两个重要情节"跳崖"与"饲虎"，舍去了其他许多情节的描绘，突出了主题——自我牺牲，普度众生，这就更强化了小乘教的教义。而在敦煌莫高窟 254 窟中也有一幅萨埵那太子本生故事画，却是以一个单独的画面将多情的故事组合在一个统一空间里，这样"因"为"饲虎"、"果"为"灵魂升天"的报应思想完全在画面上表现出来了。由此可见，在龟兹石窟壁画中的本生故事画全都被限制在菱形格的小天地里，不能像敦煌壁画那样随着情节的增多，而将画面拉长。所以龟兹艺术家较之敦煌石窟画师必须更加注重情节的凝练和形象的塑造。

总之，在龟兹石窟壁画中，图案分布非常广泛，不论是支提窟，还是毗诃罗窟内；无论是窟内前后室、中心柱和佛龛，还是穹庐顶、拱券顶、平棋顶、套斗顶都有图案，现在可辨识的图案纹样有 30 余种。大概情况如下。

　　四方连续菱形格图案，这是龟兹石窟壁画中分布最广的一种图案；二方连续菱形格图案，克孜尔石窟8、14、77、196窟内均有；日雁对称式图案，克孜尔石窟38窟主室拱券顶中央（见图13）；月雁对称式图案，克孜尔石窟38窟主室拱券顶中央；金翅鸟图案，克孜尔石窟8、38窟主室券顶中央（见图14）；忍冬纹又称金银花，常有三个叶瓣和一个叶瓣相列于两旁，多组成波曲状骨架的茎蔓，所以称为"忍冬纹"，克孜尔石窟17窟主室券顶下部；风神图案，克孜尔石窟38窟主室拱券顶中央；天雨花图案，常见于龟兹石窟的中心柱形支提窟的本生、因缘故事和佛像、菩萨像背景上；猛兽图案，克孜尔石窟新1窟后室前壁菩萨图上方有狮头图案（见图15）；共鸣鸟纹，克孜尔石窟167窟套斗顶藻井第二斗四角内（见图16）；二方连续花瓣纹，克孜尔石窟8、14、17、47、77、80、98、175窟的主室左右壁、拱券顶、门上端、佛说法图上下端、甬道内壁缘、后室、后壁、屋檐形下端等处均有；四方连续菱形格嵌花纹，克孜尔石窟32窟主室拱券顶下部，67窟右壁缘上及窟顶缘上和后壁上端；鳞状纹，克孜尔石窟132、229窟内有；二方连续水波纹，克孜尔石窟14、110窟主室左右壁壁画分格边上和外廓边。

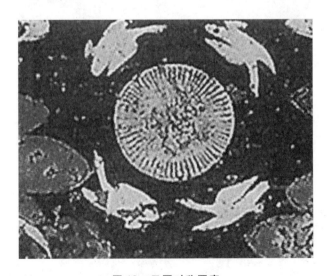

图13　日雁对称图案

　　二方连续折线自身复合式嵌花纹，克孜尔石窟17窟主室右侧下端、顶左侧，110窟主室左右两壁上端，123窟主室右壁唐式流云纹紧下端均有；

图 14　克孜尔 171 窟中的金翅鸟图案

图 15　克孜尔 198 窟中的龙兽图案

图 16　库木吐拉 23 窟中的共鸣鸟图案

二方连续双折线式纹，克孜尔石窟 38 窟主室左右壁下端；二方连续缠盆花纹，克孜尔窟 67 窟窟顶缘饰，163 窟主室右壁缘上均有；二方连续波式莲花纹，因其枝茎呈波状连续纹样，又称缠枝纹，克孜尔石窟 77 窟右侧甬道中部，207 个窟主室左右壁上端均有；缠枝券草纹，因图案组成波曲状的花草纹样而得名，克孜尔石窟 67 窟后壁壁画四边；二方连续波形边缀带纹，克孜尔石窟 207 窟主室右壁；二方连续波线内卷纹，克孜尔石窟 227 窟主室后壁正龛上端；二方连续带结套花纹，克孜尔石窟 47 窟后室后壁涅槃台；联珠鸾鸟纹样，已被勒克柯窃往德国；四方连续散点式团花纹，呈四周放射状或旋转式纹样，克孜尔石窟 167 窟套斗顶藻井第一、第二斗角上；流云纹，因起伏卷曲，如行云状而得名，克孜尔石窟 92、116、123 窟主室左右两壁缘上；四方连续散点式钱形纹，克孜尔石窟 167 窟套斗顶几个斗内；衔环鸽子纹，克孜尔石窟 123 窟右侧甬道外壁佛项光、身光的光轮上；缠枝牡丹、莲花纹，克孜尔石窟 118 窟后壁娱乐太子图边框；横枋纹，克孜尔石窟 161 窟穹庐顶四壁上层石枋上。

以上所述龟兹石窟壁画装饰图案，可归结为四大类。

第一类是四方连续图案。是指一个纹样单位能重复地向四周延伸和连续扩展的图案，如菱形、方形、梯形等。

第二类是二方连续图案。是指一个纹样单位能分别向左右上下连续成一条带子一般的图案。这种形式可以自由配置花色，具有节奏和韵律感，可用波线式、折线式、散点式等灵活配置作用。

第三类是对称图案。如日雁对称、月雁对称等，其中可分左右均齐对称式、四面均齐对称式、正反均齐对称式等，其中正反均齐对称古代又称"旋子式"、"推磨式"，因纹样单位纹围绕一个中心旋转，产生动感，富有韵律和变化。

第四类是适合图案。如风神与金翅鸟图、日神和月神图等。①

不过这些图案纹样的产生和发展，并不是一下子就形成的，而是由模仿到创造，由简单到复杂。在早期的龟兹石窟内图案纹饰较为简单粗糙，并少变化。到第二期时信教群众日多，开凿石窟也日多，对壁画提出了较高要求，于是敷色、纹饰比较讲究，图案、造型表现较灵活、生动，图案技艺日渐精湛。第三期进入了龟兹风格的成熟期。所绘图案纹样色彩鲜艳，变化多端，配置自由，线条流畅，纹样细腻，富于创造性。可以克孜尔石窟的 8、27、32、80、92、110、163、171、179、193、196、205、206、207、224 窟等为代表。到了第四期的盛唐时期，图案纹饰更灵活多变。如克孜尔石窟 67 窟的图案纹饰从四壁到窟顶，占了不少面积，其中二方连续缠枝卷草纹样，缠枝盆花纹样，四方连续菱形格嵌花纹样，综合了东西方风格的特点，形制精当，技艺极高，是尤为难得的精品。而第 118 窟后壁上的缠枝牡丹、莲花纹样，是结合了内地缠枝盆花和西域流行的莲花带结等纹样，为龟兹画师所独创。

库木吐拉石窟由于受汉文化影响较深，人物形态更生动活泼，用线既刚劲如屈铁盘丝，并且粗细均匀，自然圆润，无论在窟顶、边纹或佛座下都应用朵云纹，与宝相花纹成为这一时期的代表纹饰。这些图案不仅在形制上配置灵活，在绘制上也运用了龟兹典型的凹凸法。到了第四期晚期约五代、宋时的一些石窟中的图案就比较粗糙简单，显出衰落之迹；在有些

---

① 刘金明：《克孜尔石窟壁画中的图案艺术》，《新疆艺术》1986 年第 4 期。

石窟内出现的佛像，图案纹饰更为简单化，甚至趋于消失。

龟兹画师们在图案装饰艺术中，运用了写实、变形、概括、夸张等手法，使图案的装饰性与写实传神的生动性有机地结合，体现了图案的整体美、韵律美、对比美、对称美、重复美、平衡美，收到了为壁画装饰的良好效果，提高了壁画的审美情趣和价值，创造出龟兹图案装饰艺术的独特风格。

此外，在西域高昌壁画里也保存着丰富多彩的图案纹样。现存的许多精美图案纹饰，其中以"藻井图案"为例，十分诱人、醒目。藻井在佛教石窟中占有一定的位置。所谓藻井，即"交木为井，饰以藻文"也，是佛教在石窟建筑中的常用装饰。藻井往往在特定的环境中形成某种氛围，从而产生特有的艺术效果（见图17）。

图 17　柏孜克里克 18 窟中的藻井图案

藻井装饰一般位于建筑顶部中央最高处，四方层叠，交木而组成天井，再精心装饰描绘，华丽绚烂，十分夺目。藻井图案，多以大莲花、大团花或各种花卉草木为主线；再生发成多层边饰，花簇中心有的以莲子为轴心，取意多子多孙，吉祥如意；有的以花团为中心呈放射状发散开去，具有鲜明的形式美。排列有序的叶片和浓密的花簇，都给人一种装饰美的节奏感。

藻井图案，大都层层加饰，色泽各异，且有深浅变化、相互生发、错落有致、疏密适宜、华丽艳美、生气勃勃，有的则以深色的俯视背光突出画面，使多层平视的花朵似在骄阳映照之下，从而突出图案美的变化，达到了形神兼备的效果。藻井图案在佛窟殿堂中独立存在，其造型千姿百态，是佛教圣殿中的一朵艺术奇葩。它的装饰风格蕴涵东、西方古代艺术的表现形式，越来越受到艺术家们的青睐。

高昌柏孜克里克石窟65窟的"飞鸟纹"，以素洁、淡雅的色泽，流畅简洁的风格透过完美的线纹活生生地凸显出来，画面显得极具生命力。飞鸟在天空中自由翱翔，那美丽的羽翅，灵透的尖嘴，在壁画上活灵活现，十分耐看，既有恬静的静态美，又有飞翔的动态美，线与色的交映充分展现出线纹艺术神奇的力量。

高昌吐峪沟千佛洞的复瓣莲花纹，很有特色。作者抓住莲花纹的特征，经过精心加工，使其更臻完美。莲花色泽淡雅，花蕊粉晕，花蒂如帽，花瓣微微外翻，有的地方几瓣同时外翻，状似蝴蝶。画面很美，非常感染人。

宝相花的造型与色泽，是十分美丽的，它融合了牡丹、月季诸花的特色。它的花瓣先小后大，渐渐向外扩展，色调变化也越变越美，较有层次感。花朵盛开时，浓艳欲滴，令人陶醉，并有动势的变化，它的花蕊特别吸引人，多用藤黄色点染，逐渐灿然凸显，造型国色天香、雍容华贵，并减少中间色域，使花的形象更清晰，对比更显著，视觉感更强烈。宝相花在美好艳丽的气氛中，更显其独特的审美价值。

高昌雅尔湖石窟第7窟的变体莲花，以崭新的创意，赋予了莲花纹以新的意趣。那卷曲的莲瓣纹，抽象而有生命力，色泽也不浓艳，以莲瓣盘缠相交，线纹的流畅，使莲瓣具有立体感。经过变形的莲瓣纹，形象更动人，视觉感更强，其中蕴涵了极为深刻的意趣（见图18）。

高昌石窟群的花卉图案纹饰，以及佛与菩萨等画面，受到中国传统的阴刻与阳刻线条画法的影响，始终没有完全脱离东方艺术传统线条造型的印痕。而那些色彩各异、线条流畅的火焰纹、云纹、气象纹和鸟等动物纹，使观赏者感觉到一种充满着运动的力量和令人振奋的美，这些雍容、华贵、富丽的纹饰形象，通过惟妙惟肖的具象描绘，从而使各种图案纹饰具有丰沛的生命力。虽然是为佛教宣传，却融入了画家的情感与理想，因而表现出隽永的意味和无穷的艺术魅力。

花卉图案纹饰的微妙变化，以及花、枝、叶的配合，使其花卉在熠熠的色泽中透视出造型艺术的神韵，那不同线纹的云纹、菱叶纹、绳纹都不

图 18　吐峪沟 41 窟中覆斗顶图案

同程度地表现着强烈的线纹效果，使这些图案纹饰神采飞扬、生机勃勃，在宗教氛围之中展现出圣洁之美。宝相花、水波和云气等，都被图案化成了独具本民族特色的纹样，富于装饰性。至于说钱纹、连珠纹等更是广泛使用，甚至如柏孜克里克第 39 窟，连故事画"文殊"、"普贤变"也被描绘在由云纹构成的饼图案内，真是别具匠心。①

　　纵观高昌石窟壁画中的图案与龟兹壁画有的相同，但也有一些区别：如壁画中三角纹、菱形纹等几何图案和卷草纹的基本形式与龟兹同类形式相同，其中也有一些变体形式具有当地的特点。高昌吐峪沟 12、38 窟，奇康湖 4 窟顶部绘图案，是敦煌北凉、北魏时期石窟顶部图案的主要形式，但龟兹只有托乎拉克艾肯 11 窟有一例。高昌石窟中平顶图案的整体结构和敦煌石窟相同，但其中局部图案多是龟兹的样式，敦煌平顶图案中绘有飞天和火焰纹，和高昌石窟也不同，这体现出了两方面因素混合。高昌早期石窟图案风格中具有龟兹和甘肃石窟壁画两方面的因素，龟兹壁画表现形式的比例多一些，在融合中也形成了一些地域特点。

本文摘自《新疆师范大学学报》（哲学社会科学版）

2010 年第 4 期

---

　　①　贾应逸：《高昌石窟壁画精粹》，《新疆艺术学院学报》2002 年第 1 期。

论新疆传统地毯的传承保护与创新

董馥伊*

摘　要：文章全面论述了新疆传统地毯传承、保护与创新问题，重点阐述了新疆传统地毯在历史发展中所蕴涵的文化价值、经济价值以及得以传承保护的重要性与必要性，并提出了新疆传统地毯文化产业发展、创新的对策。

关键词：新疆地毯　文化传承　保护　创新

新疆被誉为我国"地毯的故乡"。新疆传统地毯在国外泛称"东方艺术毯"或"东方高级手工地毯"。它是新疆独特的人文资源中重要的传统工艺品，也是我国优秀文化遗产的重要组成部分。

一　新疆传统地毯发展的历史轨迹

在历史的长河中，新疆传统地毯经历了漫长的发展历程，其来源脉络可归纳如下。

（一）汉文古籍文献中的记载

战国时期《逸周书》、《禹贡》，汉代《汉书》、《三辅黄图》，三国时期《异物志》，唐代《一切经音义》、《大唐西域记》，宋代《广韵》、《元史》，明代《正韵》等书对两千多年前新疆传统地毯发展的历史沿革作了记载。据东汉时期文献记载，居住在西域的人们织出了与地毯组织相类似

---

*　董馥伊，新疆师范大学美术学院艺术设计系讲师。

的毛织毯，他们把这种织物称为罽，褐、氍毹（音 qú shū）、毛席、毛褥等，它可能就是聚居在西部地区的羌、氏、小月氏以及塔里木盆地各民族称谓地毯的词语或方音。到了元代、清代，地毯业进入全盛时期，新疆传统地毯已开始向欧洲出口。

（二） 文物考古发现

在新疆罗布泊地区的古楼兰遗址中出土的几件载绒地毯残片（被斯坦因掠走，现藏英国伦敦维多利亚和阿拉伯特博物馆），这批新疆地毯残片，是目前世界上最古老、真正的载绒地毯实物。在罗布泊地区，沿孔雀河南岸三角洲一带的墓葬中，发现了彩色载绒毯。1959 年，新疆考古工作者在民丰县北的古尼雅遗址西北约 3 公里的地方，发现了东汉夫妻合葬棺一具。① 其中有手工羊毛打结地毯的残片，新疆东汉地毯，是目前我国发现较早的手工打结地毯的实物标本。在巴楚县脱库孜沙来遗址又出土了北朝时期几何形图案载绒地毯。②

（三） 民间传说

在遥远的古代，新疆南部昆仑山下，流传着织毯始祖那克西万·巴吾敦等人不畏强暴勇于斗争的传说故事，③ 其中叙述的那克西万如何创造地毯并反复实验织毯工艺的过程，在一定程度上也反映了新疆地毯产生和发展的过程。

自古以来，新疆和田地区就是新疆地毯的编织中心。和田地区的洛浦县尤以地毯的质地之佳、图案色彩之美而著称，洛浦县的塔玛沟历来就是传统地毯生产的中心，其生产的地毯是和田地毯的佼佼者。除此之外，喀什、库车、楼兰、疏勒、莎车等地都是新疆织毯业的主要产地，和田、喀什、库车以及乌鲁木齐等地生产的地毯通称为和田地毯。

新疆传统地毯（是指新疆载绒地毯）的起源，虽没有直接的文字记载可以考证，但从汉文古籍文献的间接记载和考古发现的文物、流行的口头民间传说中可以分析研究，世界各国专家关于地毯起源的推断一致认为：

---

① 王根仓：《中国手工地毯》，中国对外经济贸易出版社，1996。
② 贾应逸、张亨德：《新疆地毯史略》，轻工业出版社，1984。
③ 贾应逸、张亨德：《新疆地毯史略》，轻工业出版社，1984。

地毯起源于原始社会游牧民的部落；随着毛织物的出现，早在原始社会母系氏族公社时期，新疆传统地毯的萌芽开始出现。① 关于载绒地毯的发现，阿尔泰山北麓的巴泽雷克出土的地毯实物，算是最早的载绒地毯实物（见图1）。

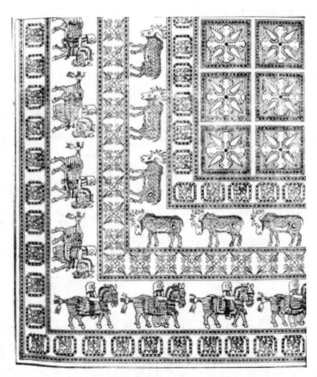

图1　巴泽雷克出土的载绒地毯纹样②

（四）新疆传统地毯在我国地毯源流中的重要影响

我国传统手工地毯起源于新疆并以新疆为中心向内地流传。早在先秦时期，新疆传统地毯及技艺开始东传，被中原人民视为最高级的铺垫毛席。在盛唐时期就已向西南传到西藏、四川；向东南传到甘肃、青海、宁夏、陕西、内蒙古、山西等。我国国内地毯根据风格特征划分为新疆地

① 贾应逸、张亨德：《新疆地毯史略》，轻工业出版社，1984。
② 贾应逸、张亨德：《新疆地毯史略》，轻工业出版社，1984。

毯、北京地毯、蒙古地毯以及西藏地毯等四大主要流派，形成了宗教、民间、宫廷地毯的不同艺术特色。① 新疆传统地毯在我国地毯源流中的地位是显而易见的，主要表现在：其一，由它而流传到国内许多地方；其二，受它的影响而逐渐形成了几大流派；其三，由它开创了宗教与民间不同的艺术风格。

综上所述，大量史实表明：新疆是我国地毯的发祥地。历史悠久的新疆传统地毯在千年发展中，已具有完整的工艺流程，精湛的技艺，独到的地方民族特色。地毯把民族艺术中的绘画、雕刻、编织、刺绣、印染等各种艺术中的优秀技艺融为一体，形成一种综合性的艺术，也是我国宝贵的文化遗产。

二 新疆传统地毯的文化艺术价值与经济价值

民族民间文化保护是一项长期的工作任务，目前在我国刚刚起步。理论研究和学科建设都比较薄弱，探讨新疆传统地毯作为民族民间文化所蕴涵的人文价值、经济价值及发展创新等问题，正是民族民间文化传承保护与发展创新的迫切需要，也是开拓新疆民族民间工艺理论研究领域、促进新疆民族文化建设和地区经济发展的迫切需要。

（一）新疆传统地毯的地域文化景观

以自然环境、社会环境、人文环境的视角，分析新疆传统地毯工艺的流传，梳理其生存发展的土壤和环境，可以使我们更清晰地认识到新疆传统地毯的文化价值。作为新疆传统地毯的主要发源地与产地的和田地区，位于新疆最南部的昆仑山麓，昆仑山在华夏文化中一直被视为炎黄子孙之祖脉所系。由于千百年来人迹罕至，昆仑山传之于世的，是神话传说，是至高之境、神居之所，它被视为先祖皇帝居住的"圣山"。在文人墨客那里，昆仑山是一座想象之山。巍巍昆仑，滔滔和田河，遍野绿树与山花；千里牧场牛羊、骏马成群，这里的羊毛是编织地毯的最理想原料。远古时期，生活在这里的原始游牧部落，他们使用众多的兽皮、羊毛和羊毛纺织

---

① 王根仓：《中国手工地毯》，中国对外经济贸易出版社，1996。

品，这些织品就成为新疆地毯的最早雏形。到了农耕时代，生活在这里的少数民族先民们辛勤耕耘，结出了丰硕果实；万顷绿洲，谷物果蔬飘香，各族农民不仅具有自然人的品格，也有了文化人的气质。绿洲农业文化是从原始采集文化演变而来，农业生产使人类的生存方式发生了根本的转变，它使千万年人的动态生活变为静态生活，定居不游动，于是便使人们去创造新的生存方式。著名学者孟驰北指出："评价农业文化不能因为它失去了动势就贬低它，这种静态对人类历史的发展起着重要的作用"，"中国的农业文化是世界上最优秀的。欧洲大陆，许多国家都有过农业社会，但并未建树起像中国这样精美的农业文化"。① 绿洲农业文化的核心是静态文化，只有静态才能加深对社会和自然的认识；只有静态才能有助于积累生存经验，使文化塑造功能不至于发生断裂；只有静态才能在技艺的传承经验上，结成特殊的师徒关系。

静态文化为新疆传统地毯及其工艺的产生、发展提供了重要的条件。静态文化的创造力孕育出不少艺术佳品，和田地毯、和田玉石使地毯文化与美玉文化交相辉映，闪烁出动人的艺术之光。人们在观赏地毯时最喜欢的是它的装饰形式丰富多样、寓意深刻、色泽浓艳，而人们对美玉和地毯所揭示出的和谐美和意境美更是情有独钟。

新疆绿洲文化的静态文化效应，在农耕时代是发展的主流，由于牧业草原文化的存在，有时也有活性（动态文化）的影响。

显然，某地域的艺术生成与发展则同此自然的、人文的因素密切相关，地域文化之养成必然促使民族民间工艺（新疆传统地毯）在流传中演变，在演变中流传，逐步臻于完善。

（二）新疆传统地毯的审美文化

新疆传统地毯的审美文化主要体现在审美情趣的惯性作用上，每个民族的审美情趣都是经过长期历史积淀、嬗变而成的；作为一个民族整体，因相同的地理环境，相同的社会经济状况，相同的文化传统，相同的历史渊源，相同的风俗习惯，在个体的差异中又表现出共同的情趣。这种共同情趣的存在，是形成一个民族文化特色的基础。从审美的角度来分析，没有历史的积淀，各民族就不会形成今天这种审美意识，也不可能有今天这

---

① 孟驰北：《草原文化与人类历史》，国际文化出版公司，1999。

样的审美能力。正由于审美文化的内涵不是一种纯粹的静态，是在发展变化状态中逐步形成的，民族艺术的生生不息，传承发展，必然是基于本民族的土壤和根系的基础上，吸收其他民族文化艺术精华发展而来。各民族群众对新疆传统地毯的审美趋向主要体现在追求地毯装饰的和谐、统一、均衡、宁静。地毯图案的几何纹、植物纹等在布局、节奏和色调等艺术元素的组合关系上，彰显出高度和谐统一的韵律美。对地毯装饰呈现花枝满眼的浓密布局比较偏爱，其原因是对荒芜地貌的心理补偿和宗教影响；对地毯装饰中的线条运用尤为喜欢，其原因是弯曲柔韧的线条贯穿于整个画面，体现出的这种丰富性和运动性给人以愉悦，同时线条主要负载着宗教含义，体现出附庸于宗教情绪的美学观念。新疆传统地毯纹样每个图案都寓有一定的含义，多为表达当地人们对吉祥的美好期盼，这些图案受到各族人民的喜爱，并世代相传下来。如石榴花式地毯纹样（见图2），开勒昆式地毯纹样等（见图3）。

图2　石榴花式地毯纹样①

图3　开勒昆式地毯纹样②

①　中国美术家协会新疆分会：《维吾尔民间图案集》，新疆美术摄影出版社，1992。
②　中国美术家协会新疆分会：《维吾尔民间图案集》，新疆美术摄影出版社，1992。

（三） 新疆传统地毯的多元文化内涵

新疆传统地毯的艺术风格及其工艺蕴涵着多元文化的特征，印度位于古代西域（这里指今新疆）之南；希伯来、巴比伦、埃及、希腊、阿拉伯位于其西；中原位于其东；阿尔泰语系绿色草原雄踞其北；丝绸之路的开通，不仅扩大了民间交流，更重要的是加强了东西方文化和思想的交流。新疆传统地毯无论从图案类型和织造工艺上看都具有波斯风格。如尼雅遗址出土的东汉时期最古老的载绒地毯残块证实，新疆织毯工艺已经达到了很高水平，其结扣为"土耳其式"。从古楼兰、民丰、巴楚等地遗址中出土的几件载绒地毯中，可以看到一个特点：类似新疆古代传统地毯的图案纹样在汉唐壁画佛龛及藻井布局中屡见不鲜。如新疆传统地毯的莲花纹样来自印度佛教画；夏米努斯卡、伊朗努斯卡和拜垫毯的有些图案纹样，原来都流行于伊朗、阿拉伯一带，随着伊斯兰教的传入，它也被新疆人民所学习；这些图案也融有东亚图案大小相形、虚实相生的风格，并经过创新而发展起来，形成了自己独特的样式。① 新疆作为四大文明交汇地，历史和地理的客观原因，使新疆传统地毯具有东西方"水乳交融"的文化特征，融合波斯风、印度风、中原风和新疆本地风等多种风格的新疆地毯文化，令世人瞩目。

（四） 新疆传统地毯的经济价值

新疆传统地毯受到国内和国外人民的喜爱，是人们生活中不可或缺的必需品，也是欣赏品。新疆传统地毯的出口加强了对外商业贸易，是我国与世界经济文化交流的珍贵物品，其长期形成的传统工艺的鲜明风格，具有很大的经济价值，在经济社会发展中发挥着重要作用。随着古丝绸之路的畅通和国际贸易的兴盛，促使新疆地毯进入国际市场，成为我国对外贸易的重要商品。盛唐时，丝绸、地毯等不少物品通过国际贸易曾使新疆的许多地区，如焉耆、于田、龟兹、楼兰等地的经济得到了进一步的发展，并成为国际贸易的集散地。元代时，撒马尔罕（现乌兹别克斯坦共和国境内）是新疆传统地毯在中亚的集散地。明清时，新疆丝绸之路沿线的不少城市商业经济十分繁荣，新疆传统地毯很多被运往

① 李安宁：《新疆民族民间美术》，新疆人民出版社，2006。

中亚、西亚并远销欧洲。在近代的对俄贸易中，新疆地毯以其质地结实、永不褪色、价格便宜而负盛名。国际市场的需要，促使新疆传统地毯业愈来愈兴旺。新中国成立后，新疆传统地毯业得到快速发展，成立了和田地毯厂。1956 年后，新疆传统地毯进入了大规模的生产加工阶段，恢复了外销出口，经前苏联远销东、西欧和北欧等诸国。20 世纪 80 年代初开始，新疆传统地毯源源不断地远销国际市场，与九个国家和地区签订出口新疆地毯合同，新疆传统地毯已成为新疆地区出口物资中的重要商品。

三　新疆传统地毯文化保护的重要性与必要性

（一）新疆传统地毯工艺濒临衰落的现状及原因分析

在国内外久负盛名的新疆传统地毯，其发展现状令人担忧，原生态的民间工艺（新疆传统地毯）被边缘化、异化。目前，新疆传统地毯的制作工艺与现代市场供求正处于急剧缩小的态势，通过和田地区洛浦县玉龙喀什镇的塔玛沟买勒村（地毯村）织毯老工匠阿不拉·居来提，我们得知：现在巴扎（市场）上看到的地毯大都抛弃了传统的工艺，掌握传统织毯工艺的传人和地毯图案设计师愈来愈少。随着市场经济的深入发展，新疆传统地毯的市场占有份额在减少，其经济价值被弱化，加之新材料、新工艺的挑战，使新疆传统地毯的发展举步维艰。新疆传统地毯生存与发展遇到的困境说明，民族民间文化发生了深刻变化。我们正处于改革开放的大变革时代，经济全球化、技术标准化对民族民间文化的影响力之大是前所未有的。

新疆传统地毯及其工艺衰落的原因主要有：一是现代工业化进程中，科学技术的一体化与物质生产、消费领域的标准化，对文化艺术领域的影响已经显现，不同地域、不同民族、不同风格的艺术超出地域限制遍及世界，为更多的人所感受、体验，已成为当今的现实。全球化所带来的新的文化挑战，导致了当代受众逐渐产生审美取向的时尚化和趋同化，这就必然冲淡了群体对包括新疆传统地毯在内的民族民间工艺个性化美学特征的认同。二是随着全球化、传媒大众化的到来，民族民间文化曾有的相对封闭、互相隔离的状态逐步被打破，文化形态的多元化与文明形态的多样化已成为人类文明全面发展的大趋势，实现文化艺术风采共呈、多元并存，正是当代人群所期盼、所追求的。正由于此，文化市场几乎被占领，受众几乎被占有，因而民族民间工艺（传统地毯）受到极大冲击。三是民族民间文化一经形成，便以极大的潜在惯性对人们的文化审美心理起着共塑作用，具有相对的稳定性与自足性，这种相对的自足和自重，存在于各民族的文化心理结构中。民族民间文化（传统地毯）作为典型的地域文化形式，它是本民族人们精神世界与生存状态的生动写照，往往根系极深，世代相传。由于民族民间文化自身形态的特殊性，自然会在传播与交流方面出现障碍。四是在民族民间工艺的传承保护和发展上，创新不够。

如上所述，面对新疆传统地毯工艺濒临衰落的状况，研究其传承保护与发展问题显得非常重要，具有很强的现实意义。应正确认识传承保护与发展创新的关系：文化保护是前提，传承是基础，发展是目的；传承是民族民间文化艺术得以存在、延续与发展的必要机制；在保护中传承，在传承中发展创新。

（二）新疆传统地毯作为民族民间文化传承保护与发展的重要性

1. 民族民间文化是国家文化历史传统和民族特征的重要体现

深入分析民族民间文化及其文化信息和意义底蕴，以不断强化对本民族文化的认同，铸造新时代的民族精神，实施民族民间文化保护，是国家在现代化进程中弘扬民族精神，进行可持续发展的必然文化诉求。

2. 丰富的民族民间文化是构建国家软实力的重要载体

民族民间文化是国家软实力的重要载体。只有加强文化保护，加快对丰富的民族民间文化资源的开发，才能使国家软实力储备成为现实。

3. 民族民间文化是新时期文化建设的基础

保护与发展民族民间文化的过程就是深入宣传和发扬民族民间文化的过程，也是增强人民群众文化底蕴，提高道德修养的过程，有利于构建现代社会发展的价值基础。

4. 民族民间文化是其他造型艺术的基石

民族民间文化以其生活的原发性、艺术的纯真性、审美的广泛性成为其他造型艺术的基石，被称为母体艺术。它是劳动人民的审美意识的体现，而无须借助其他材料，完全是自然的再造与心性的显现，更多地保持了艺术的本源，更富生命活力。从文化生态的角度来看，民间文化艺术与专业创作共同构成了视觉艺术的整体架构，民间文化艺术从未脱离"主流"艺术；传承好保护好民族民间文化，有利于我们找到民族艺术发展的主流以及主流与支流的关系，真正把握民族文化的历史根基和现实土壤，进一步丰富、发展民族民间优秀文化。

5. 当前加快民族民间文化传承保护具有紧迫性

在社会现代化进程加速前进的过程中，发展中国家的社会转型使民族民间文化受到猛烈冲击，甚至有的正面临消亡。随着经济全球化的加快，经济增长成为衡量一切的标准，文化地位急剧退缩，文化生态发生巨大变化。民族民间传统文化的唯一性、不可替代性的特点，一旦消失，就无法再复原。因此，加强民族民间文化传承保护刻不容缓。

（三）新疆传统地毯作为民族民间文化传承保护与发展的必要性

1. 民族民间文化具有唯一性、不可替代性的特征

民族民间传统文化是人类活动的客观记载，在长期的历史文化积淀中，形成了不可替代、不可再生的特殊资源。民族民间文化还具有脆弱性，特别是在现代工业化社会，极容易被破坏，一旦被破坏，很难恢复。所以，民族民间文化必须得到有效保护。

2. 民族民间文化所含的内在价值具有公共属性

民族民间文化从本质上讲是属于国家、属于全民族的。即使某些民族民间文化的物质表现形式在产权上归私人或部门所有，其所含的内在价值也是不可能被占为己有的，民族民间文化是一种公共文化资源。

3. 民族民间文化具有很高的社会收益性

民族民间文化在时间上是跨越式的，其收益惠及子孙后代。因此，保护民族民间文化的社会收益是非常高的。

（四）新疆民族民间文化（传统地毯）传承保护应采取的措施

新疆民族民间文化（传统地毯）究竟传承保护什么？怎样传承保护？这是当务之急。2003 年起，国内启动了为期 10 年的中国民间文化遗产抢救工程，新疆作为民族民间文化的大省（区），"申遗"工作正在积极实施。尽管我国非物质文化遗产保护体系初步形成，非遗保护已经取得了初步的成绩，新疆非遗保护工作也初见成效，但这是一项长期的、艰巨的任务，目前全国的非物质文化遗产保护仍处于起步阶段。

国务院发布的《传统工艺美术保护条例》第二条对传统工艺美术作了明确规定："本条例所称传统工艺美术，是指百年以上，历史悠久，技艺精湛，世代相传，有完整的工艺流程，采用天然原材料制作，具有鲜明民族风格和地方特色，在国内外享有声誉的手工艺品种和技艺"，新疆传统地毯及其工艺完全符合国家对传统工艺的保护范围。对民族民间文化（传统地毯）的传承保护应采取积极措施，逐步实施。

1. 在普查全国非物质遗产的基础上，新疆应不断推进对新疆民族民间文化资源的分布、种类和特征进行深入普查，以尽早建立自治区、地（州）、县（市）各级民族民间文化保护名录，制定民族民间文化保护名录的标准体系，以解决传承保护什么的问题。

2. 推进新疆民族民间文化保护工作的队伍建设。新疆民族民间资源丰富，分布广、地区间跨度大、任务重，没有一支专业队伍很难做好这项工作，应积极组织一批熟悉民族民间文化保护业务的人员，作为专职队伍，以利于保护工作的顺利进行；更要充实一批大专院校、科研院所、社会团体等方面的专家，作为兼职队伍。应采用课堂教授、函授、远程教育等多种形式进行人员培训，逐步使民族民间文化人才教育培训工作专业化、规范化。

3. 加大对民族民间文化保护工作的理论研究和宣传力度。民族民间文化保护是一项长期任务，应组织专门课题的理论研究，加强经验总结，积极探索民族民间文化保护的工作规律，努力提高民族民间文化保护工作的文化和科学含量。大力加强民族民间文化保护的宣传工作，增强全社会对民族民间文化的保护意识。积极宣传介绍新疆优秀民族民间文化，通过举办民族民间文化保护成果展览、民族民间文化艺术展演、民间工艺品博览会等各种活动，发挥媒体的宣传优势，加大传播力度，培养全社会成员保护民族民间文化的观念和意识，宣传、弘扬优秀民族民间文化。

4. 创造条件，积极推动新疆民族民间文化保护立法工作。民族民间文化保护工作要得到长期有效的开展，必须有法律作为保障。应争取在自治区地方法规中列入新疆民族民间文化保护的立法议题，结合新疆民族民间文化保护的工作实际，明确规定民族民间文化保护工作的目标、任务和各项保障措施，规范本地区民族民间文化的保护工作。

5. 领导重视文化保护工作是关键。一是应加强新疆各级政府主管部门对民族民间文化传承保护工作的领导，贯彻"政府主导、社会参与，长远规划、分步实施，明确职责、形成合力"的原则，推进民族民间文化保护工程的实施。二是加大对民族民间文化保护工作的经费投入，民族民间文化保护必须有可靠的资金支持做保障。

四　新疆传统地毯的产业化发展

新疆传统地毯要摆脱目前生存发展的困境，要走文化产业化之路，要从民间工艺文化资源优势向文化产业优势转变，坚持文化资源与文化产业对接。这是因为：其一，现在从大背景到小环境都在发生着很大变化，民族民间文化（传统地毯）很难再以传统的"自然状态"生存发展，人们对文化的需求呈现新的发展趋势：实现自身全面发展的意识更加自觉、更加关注文化生活的丰富，文化需求不断增长，文化与市场的结合更加紧密，多样化、多层次文化需求的实现更加依赖于文化市场。其二，发展文化产业与文化事业都是国家文化事业的重要组成部分，文化产业是社会生产力发展的必然产物，是适应经济全球化，参与国际竞争，促进文化交流，文化协调发展，增强民族文化的凝聚力、创造力、竞争力的迫切需要。其三，通过民族民间工艺产业化的发展，使传统地毯形成新的规模，拓展新的传播领域。在民族地域营造出适于民族文化艺术生存发展的、具有新的意义的地毯工艺，以吸引世人的广泛关注；充分利用现代媒介的强势，成体系、成规模地将其传播到世界各地。其四，民族民间文化艺术从其生成及原生态看，原本就与本民族政治、经济、文化密切相关的，这种自然而然的结合，对于文化艺术的交流与提升、对于商贸体系的形成等，都产生过积极作用。这说明，民族民间文化与产业结合是有其基础的。其五，在当代意义上的文化产业，属于创意产业，它高度依赖文化的创新意识，因此，民族民间文化艺术为文化产业所关注与开掘，有益于其不断产生新意，但又始终保持并突出着民族文化精神的鲜活性。

（一）文化产业发展现状与特点

新疆独特多样的地形地貌，丰富多彩的自然、人文资源及文物、旅游资源，为文化产业发展提供了较好的市场平台，特别是新疆多姿多彩、独特的民族民间文化、民族风情，这种极具排他性的文化资源成为新疆发展文化产业的基础。但是，新疆城市化程度较低、经济基础薄弱、交通信息等基础条件较差、市场发育程度低、建设资金匮乏、农牧业人口比重大、低收入人群多、整体文化消费水平较低，这些因素都极大地制约着文化产业的发展。当然，新疆文化产业虽然起步晚，但经过近年来的发展也取得了一些进步，从总体上看，新疆文化市场资源丰富，文化产业的发展还远远跟不上需要，文化产业的滞后，必然会制约新疆文化事业的发展和社会进步。新疆文化产业（传统地毯产业）普遍存在着"小、散、弱、差"的现象，还处于起步和探索阶段，各地文化产业的发展也极不平衡。

针对上述问题，我们应该用创新思维发展文化产业。第一，在区分文化事业与文化产业的基础上，加强两者互动。文化体制改革的主要收获，是传统的文化建设形成了公益性文化事业与经营性文化产业两大分支，并且由此明确了政府在推进两者发展上的不同职能和不同方式。第二，应在加快"走出去"步伐的同时，注重开发本地市场，也就是"向外"也"向内"。第三，应扩大文化产业的企业规模，组建大集团。新疆具有实力的文化产业大企业尚未形成，有大有小，是文化产业发展的常态。第四，积极开拓文化消费市场，一是本土文化消费群体，一是外来旅游者消费群体。新疆传统地毯的产业化发展与全区文化产业发展的现状一样，发展显得缓慢，文化产业的企业布局较为分散，文化市场很幼弱。

（二）新疆传统地毯文化产业发展对策

1. 优化环境是新疆地毯文化产业发展的前提

文化生态环境，是指文化艺术诸多形式之间、与文化及其发展密切相关的多种因素或层面之间协调共处、和谐统一的一种客观生存现实，既包括自然因素，也包括社会因素。创建良好的文化生态环境是源于满足"社会团结、文化绵续和社区生存"[①] 的需要。如喀什地区在文化事业建设中，

---

① 王博、王明芳：《扎滚鲁克墓地出土缬罽研究》，《新疆师范大学学报》2009 年第 3 期。

创建以政府为主导、与文化产业结合的良好文化生态环境的一些做法，值得借鉴。他们以政府的主导作用为核心，不断发展良好文化生态环境得以形成的经济基础和物质前提，着力打造以各族群众为主体的文化设施建设及文化服务体系，不断拓展以文化产业作为潜在生长点。他们认识到，本地区文化产业发展水平还很低（除文化旅游有一定规模外），发展文化产业是构建文化生态环境建设的新领域。他们制定了发展文化产业规划，做好基础的准备工作，对文化资源全面调研普查，包括传统地毯工艺，并纳入正规化管理范围。命名了"民间艺术之乡"、"民间艺术大师"，加大了土陶、民族乐器制作工艺的申遗工作等。

2. 资源整合是新疆传统地毯文化产业的重要特征

新疆传统地毯的主要产地分布在和田、喀什、库车、莎车等地，地毯文化资源相对零散、分散，种类繁多。因此，整合性的文化产业就成为传统地毯产业发展的重点。应在资源整合中，制定合作规划，打破地区和县乡界限，实现社会效益与经济效益的"双赢"，如新疆地毯总厂与和田地区地毯厂已签订合作协议，在和田地区洛浦县举办"首届新疆手工羊毛地毯博览会"，成立了和田地毯博物馆及新疆和田地毯研发中心，深入地毯生产企业开展产业调研，对该地区地毯乡、地毯村的传统地毯文化资源进行整合做了大量工作，已初见成效。在资源整合中，应重视发展旅游产业。

3. 打造传统地毯品牌，提高市场竞争力

新疆传统地毯一直是新疆民间工艺的著名品牌，誉满世界。改革开放后由于大量内地机织、化纤地毯进入新疆市场，传统手工地毯被冷落、专业力量薄弱、传统地毯的优质原料（和田半粗异质羊毛）严重缺乏、假冒"新疆传统地毯"产品充斥市场等原因，使新疆传统地毯声誉受到严重损害。为此，我们在打造品牌方面也做了一些工作，如邀请国家地毯专家举办地毯产业发展论坛和地毯评奖活动，进一步提升新疆地毯品牌的知名度。在地毯产业发展中，应不断探索创新，做大做强新疆传统地毯品牌，使其重放光彩。

4. 运用高新技术，吸收新材料新工艺，培植新兴地毯产业

推进高新技术成果与地毯产业的结合，提高地毯产品生产和文化服务手段的科技含量。地毯文化产业运用高新技术，会提升地毯工艺整体技术水平、竞争实力。现代科技可以使地毯文化的影响发挥到前所未有的程度，可以使地毯文化的审美效果得到充分表达与强化。地毯文化工艺的技术化，是地毯文化产业发展的重要内容之一。

5. 加大新疆传统地毯产业化人才培养

人才战略是加快地毯产业化发展的重要措施。近年来，新疆传统地毯各类人才流失严重，一些图案设计师、专业织毯技工和管理人员等人才断档，短时期难以培养，造成现有地毯生产企业图案设计能力和手工织毯力量十分薄弱，整体水平下降。为此，加大人才培养势在必行。应培养和引进文化产业管理人才、文化经纪人才、科技创新人才以及传统地毯传承人才等地毯产业急需的各类人才。

6. 加大政府对传统地毯产业的投入和扶持力度

政府各级领导重视地毯文化产业的发展，是做好工作的基本保证。特别是加大资金投入是至关重要的。要发挥政府和社会资本两个积极性，拓宽地毯文化产业融资渠道，形成多渠道投入机制。探索建立地毯产业发展的有效投资体制。在财力支持上，既要发挥国家的积极性，又要发挥地方和社会的积极性，才能形成合力，加大扶持力度。

7. 切实加强知识产权保护工作

传统地毯文化产业要增强知识产权保护意识和法规观念，积极制定地毯产业参与市场竞争的知识产权战略，要实行研究、创作、开发、生产、销售全过程的知识产权保护。支持地毯文化创新，鼓励专业工作者创造和拥有更多的知识产权。如有些地方的企业，在创新产品的宣传中，侵害了传承人原创的知识产权，造成了负面影响，挫伤了传承人创新的积极性。要特别重视民族民间文化传承人知识产权保护，这是做好传统地毯产业发展的重要一环。

参考文献

[1] 马林诺夫斯基：《文化论》，费孝通译，中国民间文艺出版社，1987。

[2] 常任侠：《丝绸之路与西域文化艺术》，上海文艺出版社，1981。

[3] 牛汝极：《充分挖掘丝路文化资源加快发展新疆文化产业》，《新疆社会科学》2009年第1期。

[4] 张亨德、韩莲芬：《新疆民间美术丛书系列：民间毡毯》，新疆美术摄影出版

社，2006。

［5］ 胡惠林、陈昕：《中国文化产业评论》第9卷、第10卷，上海人民出版社，2009。

［6］ 宋生贵：《当代民族艺术之路——传承与超越》，人民出版社，2007。

［7］ 王嵘：《西域艺术史》，云南人民出版社，2006。

［8］ 新疆社会科学院考古研究所：《新疆考古三十年》，新疆人民出版社，1983。

本文摘自《新疆师范大学学报》（哲学社会科学版）

2010年第2期

扎滚鲁克墓地出土缋罽研究

王 博 王明芳*

摘 要：文章根据扎滚鲁克墓地出土的毛纺织品，结合汉文文献进行研究，认为古文献中的"缋罽"应是表面绘画的精细毛纺织品。扎滚鲁克墓地出土有 11 件缋罽，其中 5 件绘动物纹，5 件绘几何纹，还有 1 件绘画毡帽。年代在公元前 8 世纪至前 3 世纪末间（相当于中原的春秋晚期至西汉早期），是目前新疆考古发现所知年代最早的缋罽和缋毡毛制品，在纺织考古学研究中值得重视。

关键词：扎滚鲁克 缋罽 毛纺织

"缋"，有时与"画"连在一起，称"画缋"。在《中国纺织科学技术史》（古代部分）中对此有一个详细的解释："……一种画的方法，即在织物或服装上用调匀的颜料或染料液杂涂各色，形成图案花纹，古籍上称之为'画缋'。据《周礼》记载，当时设有画绘的工师，并记载帝王穿着绘画的衣服。《考工记》：'画缋之事，杂五色………后素功'。"[①] 缋，同绘。《说文·系部》："缋，织余也，绘会五彩绣也。"看来"缋"字，也有绣的意思，解释上有些差异，不过仍然保存着在织物上绘画的基本意思，所以，在本文中主要强调"缋"字绘画的一面。"画缋"应该指的是绘画的丝绸，本文将其用到毛织品上，称作"毛缋"。其实，在古文献中也能找

---

* 王博，新疆博物馆研究员；王明芳，新疆博物馆馆员。

① 陈维稷主编《中国纺织科学技术史》（古代部分），科学出版社，1984，第 86 页。武敏：《织绣》，刘良佑主编的《中华古文物鉴藏系列》（台北，幼狮文化事业公司），第 41 页也提到了"画缋"。

到缋与毛织物连称的词语，如《汉书·东方朔传》中提到，汉武帝时期，中原地区商业赢利造成社会上许多人弃农经商，武帝曾找东方朔研究对策，东方朔列举当时汉武帝奢侈腐化的生活情况时指出，宫中"土木衣绮绣，狗马被缋罽"①。其中"缋"是绘画的意思，"罽"，学者们一般认为是精细的毛纺织品。"缋罽"②两字连用，可以认为是绘画的精细毛纺织品，或许我们在扎滚鲁克墓地发现的绘画毛织物就是这里所指的"缋罽"。因此，本文就将绘画毛织物称作"缋罽"。

关于扎滚鲁克缋罽的资料，有一部分以前已发表，主要是 1985 年的发掘资料。③ 下面将 1985 年④、1989 年、1996 年⑤和 1998 年四次发现的考古资料综合起来研究，主要分析的是 11 件"缋罽"，其中 5 件绘动物纹，5 件绘几何纹，还有 1 件绘画毡帽。

一　动物纹缋罽

1985 年，在扎滚鲁克考古发掘中，出土了 3 件动物纹缋罽，1998 年，又出土了 2 件动物纹缋罽，合计是 5 件。这 5 件缋罽，其中的 3 件动物纹样清晰，如绘画的虎、骆驼、野猪、鱼等纹，形体特征也比较明显。另外 2 件动物纹不太典型，一件似虫，一件似龙，暂作动物纹来介绍。

（一）白地骆驼、野猪纹缋罽残片（85QZM4：23）

残。3 片：a. 残长 37.5 厘米，保存两面幅边，幅宽 44 厘米（图 1）。

---

① （汉）班固撰《汉书·东方朔传》，中华书局，2858 页。
② 贾应逸、张享德编著《新疆地毯史略》，轻工业出版社，1984，第 15 页。武敏：《新疆近年出土毛织品研究》，《西域研究》1994 年第 1 期，第 7 页。
③ 新疆博物馆文物队：《且末县扎滚鲁克五座墓葬发掘简报》，《新疆文物》1998 年第 3 期，第 15 页。阿丽娅·托拉哈孜：《且末扎滚鲁克出土的毛织物手绘纹样浅析》，原载《新疆文物》1998 年第 2 期，后收录伊斯拉菲尔主编的《新疆维吾尔自治区博物馆论文集》，新疆大学出版社，2005，第 376 ～ 382 页。
④ 何德修执笔《且末扎洪（滚）鲁克古墓葬清理简报》，《楼兰文化研究论集》，新疆人民出版社，1995，第 175 ～ 191 页。"扎滚鲁克"为一村名，又称作"扎洪鲁克"，皆为音译。《且末县地名图志》标准地名写作"扎滚鲁克"，维吾尔语意谓生长"扎滚"油料作物的地方。扎滚鲁克村境内现今发现 5 处古墓葬群，此为最早报道和发掘的一处，故称作"一号墓地"。
⑤ 新疆博物馆考古部、巴音郭楞蒙古自治州文物管理所、且末县文物管理所：《扎滚鲁克一号墓地发掘报告》，《考古学报》2003 年第 1 期。

b. 残长 18.5 厘米，保存一面幅边，残幅宽 38 厘米。c. 没有保存幅边，残长 17 厘米，残宽 5.5 厘米。将这 3 片进行了拼对，残长 56 厘米，宽 44 厘米。

图1　白地骆驼、野猪纹缂罽残片（85QZM4：23）

羊毛很细，手感柔软。缂罽为 2/2 斜纹组织，经密 10 根/厘米，纬密 52 根/厘米。经、纬纱皆 Z 拈①。经纱粗而疏，纬纱细而密。幅边的经线，是两根纱的 S 拈合线。在最大一片毛布上保存有经头，是 4 根纱的 S 拈合线，呈线绳状边的效果。

正面绘画，图案清晰。反面的色彩系渗染效果，模糊，看不清图案的纹样。仔细观察经、纬纱，感觉原应是白色，因其表面有些污染而略显土黄色。

绘画主要用红色，少量黄色，用线条勾勒。动物有骆驼和野猪两种，以横排布列，残留有四排。野猪和骆驼相间分布，给人行走的感觉，排与排之间的动物方向相反，上一排如向左，下一排则向右。野猪作直立状，

---

① 纺织纤维经加拈的单根称纱，两根以上的纱拈合而成线。不过毛织物中有不少的纱是两根的并股，对此在文中也称线，而不称纱。

嘴向下、尖或弧圆，眼睛圆，尾下垂，额部伸出一条短线，像角。

野猪的肩部和腿上饰有红色线条，臀部绘红色螺旋纹。同时在野猪的身体、前后腿上也能看到用黄色画的线条，后蹄尖部位，饰有黄彩。

骆驼为双峰驼，也作立状，三角形头，也是尖嘴，短尾。骆驼的前胸和臀部绘螺旋纹和平行弧线纹，双峰上饰线条，在前、后峰和腿、臀部也能看到黄色的线条。

绘画的骆驼和野猪大小相近，都为侧面像，表现了前、后的各一条腿，反映出扎滚鲁克居民早期动物绘画的艺术风格。

（二）黄地鱼纹缬罽裙残片（85QZM4：23－1）

残，服饰形制不清。保存了大、小不等的8片，最大的是上、下缝合在一起的两片毛布，横向缝合（即沿幅边方向缝合），展开呈长方形：残长115厘米、残宽56厘米。其中上一片较大，保存了两面幅边，幅宽42厘米（图2）。从缝缀的情况、纹样的排列上看，可能是横向围绕在腰间的一种筒裙。

图2 黄地鱼纹缬罽裙残片（85QZM4：23－1）

缬罽组织为平纹，经密12根/厘米，纬密11根/厘米。经、纬纱都是Z拈，羊毛较细。

在两片缬罽相接处，饰有较粗的酱紫色牙线①。在上片缬罽的外幅边，

---

① 牙线，是装饰线，一般露于服饰的表面，起到装饰效果。

饰细的酱紫色牙线，细牙线是 2 根纱的 Z 拈合股线，粗的是 4 根 Z 拈合股线。缝缀线是 Z 拈纱的两根并股线。

缂罽的地色呈土黄色，色泽比较深重，应该是染色。绘的是鱼纹，大体可以看出来是横向一字排列，保存完整两面幅边的一幅毛布上绘有四行，行与行之间的鱼身及头都呈相反方向，也就是说中间的两排，鱼腹相对，鱼头相反。上、下两边排列的鱼，则表现出鱼背相对，鱼头相反的形式。

绘画的鱼纹，略有变形，鱼头大，似张嘴状，给人以强烈的动感。鱼身及尾呈弯曲状，鱼腹部向下突出，并有连续弧线的鱼鳞纹。鱼背部也是用连续的弧线表现出鱼鳞或鱼翅。这些鱼纹有大有小。用色方面，鱼身轮廓由红线勾勒，轮廓内有的没有填色，有的填酱紫色。这两种颜色的鱼纹，相间排列。最大的鱼长 14 厘米、宽 8 厘米；小的长 11 厘米、宽 6 厘米。在 1996 年发掘的扎滚鲁克二号墓地的 2 号墓中出土了鱼骨饰珠，想来古代扎滚鲁克附近应该有鱼，居民不仅捕鱼，而且将其形象应用到服饰的装饰上。

（三）黄地虎、野猪纹缂罽袜残片（85QZM4：56）

残存 4 片：a. 长 35 厘米，宽 11.5 厘米；b. 长 13.5 厘米，宽 28.5 厘米；c. 长 39 厘米，宽 17.5 厘米；d. 长 18 厘米，宽 18.5 厘米。经过拼对大体呈长方形，残长 75 厘米，可以复原出两面的幅边，幅宽约 40 厘米。在缂罽一侧幅边的局部，织出阶梯状的效果，保留了三级阶梯，有可能是袜的专用毛布（图 3）。

袜的形制已不清楚，分面和衬里。衬里是白色毡，表面是黄地虎、野猪纹缂罽。保护处理时剥取了毛毡。缂罽的经、纬纱皆 Z 拈，为 2/2 斜纹组织。经密 10 根/厘米，纬密 72 根/厘米。经线紧、粗，纬线松、细。缂罽保存了经过处理的一面经头①，为 8 根经线分两股以 Z 拈、顺纬向合拈收边，经线拈绳边的效果。毛很细，有点像羊绒。

---

① 一般毛织物可以分出纬边和经头或经尾，纬边就是幅边，经头（尾）是相对纬边或幅边而言。本文中只称经头，不称经尾，因为一般情况下两头的组织结构相同，很难分辨。经头边多是毛边，也有不少织物的经头作过处理，作穗状或窄的绞编带状、拈线绳状等。

毛布显黄色，应是染色。在缬罽正面以红色粗线条绘画动物纹样，保存了八排，七排是虎纹，残留了一只野猪纹。动物均呈行走状，排与排之间作反向行走：如一排向左行走，下一排就向右行走，一正一反排列很整齐。虎纹与白地骆驼、野猪纹缬罽残片（85QZM4：23）上的野猪纹有些相似，一排3只：尖状头、椭圆形眼；两条腿，腿较短，腿的肩、臀部饰螺旋纹；细长尾。绘画用色以红彩为主，在虎的嘴、眼睛和腿爪部位，饰姜黄色彩。绘画线条较均匀。织物面上有的地方有红色小点，可能是用笔过程中滴上去的，或能作为缬罽的根据之一。

图3　黄地虎、野猪纹缬罽袜残片（85QZM4：56）

野猪纹，处于缬罽的左上角，残。野猪特征比较明显，嘴较方。

这件缬罽上，有缝缀的针眼，也残留有线头，线是红色，为2根纱S拈合线。

（四）白地龙纹缬罽长袍残片（98QZIM113：26–1A）

残。三幅缬罽，以幅边方向纵向缝合，其中有两幅保存两面幅边，一幅没有保存幅边。右侧一幅边上有牙线，可能是前右襟部分，中间一幅是后背的右侧部分，左侧的一幅应该是后背的左侧部分。在后背中间有牙线，以掩饰后背的中缝（图4）。所有牙线均饰于前襟和中缝。

衣服残长76厘米，残宽108厘米。幅宽42.5厘米。缬罽为平纹组织，羊毛中等粗，经、纬线皆Z拈，经密20根/厘米，纬密10根/厘米。所饰牙线为原棕色，里夹杂少量的其他颜色的羊毛。前襟的牙线是两根线的并股，后背中缝牙线是单根。每根牙线都是4股纱，先由2根纱S拈合成线，而后再将这2根线Z拈成细绳。

缬罽为白色地，用红彩绘似龙的纹样。图案残缺严重，花纹主体是：用线条勾画的一正一反两个像牛股骨头的纹样，其头部有须，身体上有点

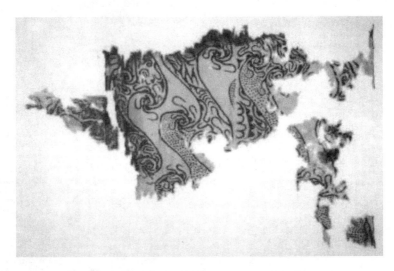

图4　白地龙纹缂罽长袍残片（98QZIM113：26–1A）

纹和短弧线纹等，连续斜向排列。看似有些像龙纹，但纹样的大小有些差别。

（五）白地虫纹缂罽残上衣（98QZIM103：1–1B）

残上衣，仅存右半部分的局部，右袖较完整。残长54厘米。肩袖残长82厘米；肩头至领口长30厘米，袖长52厘米。肩部袖宽18厘米，袖口宽11厘米（图5）。

衣身和袖各为一幅毛布，衣身的前襟和袖都保存两面幅边，幅宽43厘米。衣身和袖都是前后对折，缝制而成。衣服的前襟和袖口装饰枣红色的牙线，前襟中缝的下部缝合，看似套头上衣。不过，如果是套头服，那么它下部就没有必要装饰牙线。看来，最初可能是开襟上衣，人死后穿着时，将前襟缝合，所以给人以套头上衣的感觉。上衣没有剪裁迹象，袖的两头窄中间宽，衣身的肩部窄下摆宽，都是局部向内折或卷缝缝合的效果。显现出扎滚鲁克早期制作服饰的特点。

缂罽为白色地，局部有污染。平纹组织，羊毛中等粗，经、纬纱皆Z捻，经密14根/厘米，纬密10根/厘米。幅边经线是两根并股纱。红彩绘画，纹样似虫纹。虫纹由线条勾勒，呈曲折状，两头尖，中间粗，

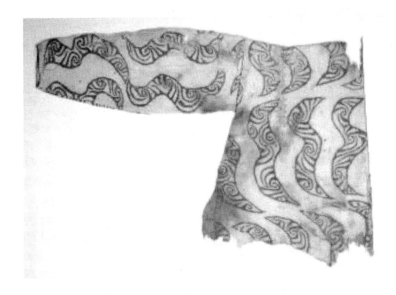

图5　白地虫纹缬罽残上衣（98QZIM103：1－1B）

有点蠕动感。虫体上有三个螺旋纹，由弧状平行线相连。衣身前襟上可以看出三排虫纹，袖上也是三排，横向排列。衣身后背残缺严重，可以看出原有一骆驼纹和一羊纹，形象不是很典型，但骆驼的单峰还是比较明显。"虫"的大小、形状上都有些变化，一般长在23～24厘米之间，宽在3.5～6厘米之间，线条的粗细不匀。同时，在缬罽的面上有颜料的滴珠①。

上衣衣身的前襟有用平针补绣的曲折花纹。衣服前襟、袖口的枣红色牙线，是2根并股线。线由4股纱Z捻合成线。缝线棕色，是2根纱S捻合线。

二　几何纹缬罽

在扎滚鲁克1985年、1989年和1996年的三次发掘中共出土几何纹缬罽5件。纹样主要是螺旋纹、螺旋三角和网纹。

---

① 绘画时滴落在织物上的颜色，呈点状，故称滴珠。

（一）黄地螺旋纹缂罽单（85QZM4：80）

由一幅完整的毛布制成，是作为铺或盖的用品，因比较薄，称单①。局部残，保存两面幅边，长180厘米，幅宽60厘米（图6）。

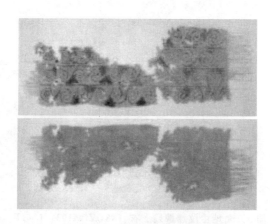

图6　黄地螺旋纹缂罽单（85QZM4：80）

缂罽单的两侧经头边上都有穗饰，是6根纱Z拈合线绳，穗长16.5厘米。缂罽单为2/2斜纹组织，是正侧斜纹（经纬线都显斜纹，经线右斜，纬线左斜）。经、纬纱都是Z拈向，经线拈得较紧，纬线拈得略松。经密12根/厘米，纬密12根/厘米。两侧经头，有宽0.7厘米的平纹组织，即出现了从斜纹向平纹过渡的组织，在斜纹组织进入平纹组织时，经纱由两根纱并股进入平纹组织。这在扎滚鲁克毛单中，是比较常见的一种组织变化现象。

羊毛比较细，缂罽单的黄色地比较明显，应该是染色效果。绘画主要用红色，其次是酱紫色。花纹主要是螺旋纹，有小三角纹补空。花纹呈纵向排列，用三条红色直线分隔为四行，行间宽、窄略有些变化，为15.5厘米、16厘米不等。螺旋纹用红色绘画，顺行连续分布为11个螺旋连续的纹样形式。三角纹用酱紫色绘画，处于螺旋纹间的过渡位置，作以补空。不过，三角纹是间隔分布，有的地方密，有的地方疏，看不出有什么规律。绘画用色不匀，局部发现有红色的、紫红色的滴珠。

---

① 作为铺或盖的毛织物，有厚、薄的区别，厚的称毯，薄的称单，也有学者称披，推想认为功能有所不同。

（二）黄地螺旋纹缬罽单（85QZM4：69）

缬罽单残缺严重，较大的有 6 片，保存了一面幅边和一侧经过处理的经头。

这件缬罽单拼对复原起来比较困难，参考了黄地螺旋纹缬罽单（85QZM4：80）的情况，根据纹样的走向变化进行了拼对，残长 80 厘米，残幅宽 54 厘米（图 7）。穗长 16 厘米。幅边的经头线是 3 根纱 S 拈合线绳，较粗。

图 7　黄地螺旋纹缬罽单残片（85QZM4：69）

羊毛中等粗，经、纬纱都是 Z 拈向，经线紧、细，纬线粗、松，为 2/2 斜纹组织：经密 14 根/厘米，纬密 14 根/厘米，也是正侧斜纹，这种斜纹经、纬斜向相同，也称作是席纹，也可以称作 45 度斜纹。

保存经过处理的经头一侧，有宽 0.7 厘米的平纹组织。从斜纹向平纹过渡的时候，即纬组织进入平纹组织时，经纱成两根纱的拼股线。穗的粗细有些变化，由 8、6、14 根不同数的纱，经过重复的拈，最后拈成 1 根 Z 向的线绳穗。

缬罽单面上显比较深的黄色，应该是染色。绘画用彩主要是红色，也使用了少量的黑灰色。

花纹主要是螺旋纹，有小三角纹补空。花纹呈纵向排列，从复原的情况看，也是用三条红色直线分隔为四行。螺旋纹用红色绘画，顺行连续分布，成为连续的螺旋纹形式。三角纹用黑灰色绘画，因褪色而显灰黑色，处于螺旋纹间的过渡位置，作以补空，因织物残缺严重而规律不清。

绫罽用色不匀，线条粗细略有变化，织物表面有红色的滴珠。背面色淡，是从正面渗过去的，应是绘画织物。

（三）黄地螺旋三角纹绫罽单（85QZM4：79）

这件绫罽单比较完整，由一幅毛布制成，保存完整的两面幅边，长61厘米，宽（幅）56～59.5厘米，幅边不整齐（图8）。

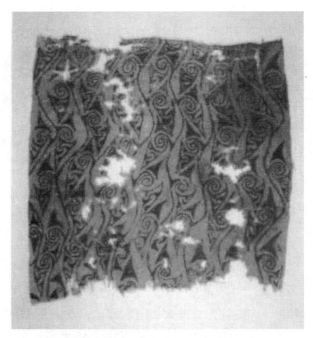

图8 黄地螺旋三角纹绫罽单（85QZM4：79）

上、下的经头：一侧是残边；一侧残留有卷边缝缀的部分。

羊毛比较细，经、纬纱都是Z拈，组织为2/2斜纹，属纬斜纹，经疏纬密，经密12根/厘米，纬密80根/厘米。

绫罽表面显黄色，色比较深，应该是染色织物。绘画用色主要是红色，局部使用了红紫色彩。花纹颜色不太均匀，织物面上有红色的滴珠，应该是绘画所致。

图案呈纵向排列，主要是螺旋三角纹，由曲波线条作隔线框，有九排，除靠左边的一排曲波纹线条显三角弧线纹外，其余的都是曲波式的线条纹。

螺旋三角纹，将一个螺旋纹和两个三角纹组合在一起，成一曲波式宽带。

这件缂罽的纹样烦琐，多用红彩，紫红彩用得比较少。在构图上，感觉用色没有规律，紫红彩绘大、小三角纹，用红彩绘螺旋纹，也绘大、小三角纹等。有的三角纹带有小钩，纹样大小也有一些变化。

（四）黄地网格纹缂罽裤残片（96QZIM68：2A）

这是从男性 A 个体腿部剥离下来的一件缂罽，所以应该是毛布裤。现仅剩一条裤腿，裆缺失，属两幅缂罽上、下相重叠缝缀的裤腿，裤腿的外侧、腿口都装饰有牙线。裤腿外侧装饰的牙线，残，在上半段是纱线，下半段是两根纱的拼股线。裤腿口的牙线，是两根纱的拼股线。牙线为蓝色，是 4 根纱 Z 拈合线。裤腿呈直筒形，裤腰和裤腿口易于分辨，裤腰残缺严重。裤长 141.5 厘米，裤腿口宽 41 厘米（展开宽 82 厘米）（图 9）。直筒裤在扎滚鲁克墓地延续的时间比较长，从春秋开始一直可以延续到两汉时期。

这件织物纹样是绘画还是印花，观察起来比较困难。最初怀疑是用特殊的线绳网格压印的花纹，后经反复观察，认为应该是绘画的网格纹。虽然织物面上没有滴珠，但格的形状缺少规律，格与格之间的连接也没有明显的接结痕迹。同时，线条比较直、硬，粗细有变化，可能是用直硬的东西绘画的，如木棍笔。绘画用笔的过程中，停留时间短线条则细，停留时间稍长则线条略粗，且线条旁边会出现渗染的效果。

羊毛中等粗，经、纬纱都是 Z 拈，拈的比较紧。缂罽为平纹组织，经密 20 根/厘米，纬密 14 根/厘米。幅边的经线是两根纱的并股线。

缂罽面显黄色，色比较深，应该是染色。经纱只黄色一种，纬纱有两色：一为

图 9　黄地网格纹缂罽裤残片
（96QZIM68：2A）

黄色，一为蓝色。黄色纬纱用得多，蓝色纬纱用得很少，而且是由 3 根纱、以 3/1 织成的很窄的蓝色条纹，条纹的宽窄有些变化，多为 3.1 厘米、3.3 厘米、4.5 厘米。裤腰部的缂罽经头部分，有 0.7 厘米宽的蓝条纹。

缂罽正面网纹清晰，反面有的地方清楚，有的地方模糊，是渗染效果。网格纹的大、小有差别，不很整齐，形状也有些变化，有的呈菱形格，有的呈椭圆形。网格的大小也有些变化，最大的 4~6 厘米，最小的 2~4 厘米。

裤腿上残留一些缝缀的线头，有三色：茄紫色（3 根纱 S 拈线）、红色（2 根纱 S 拈线）和鹿皮棕色（2 根纱 S 拈线）。

（五）黄地螺旋纹缂罽残片（89QZM2：13）①

1989 年出土，位于 89QZM2 号墓婴儿的身下。残长 38 厘米，宽 12 厘米。平纹组织，线较粗（可能是中等粗），经密 10 根/厘米，纬密 9 根/厘米。在黄地上绘画螺旋纹，螺旋纹大小不一，相互斜对，用水波纹连接，空间填以不规则的矩纹。笔触稚拙，线条滞涩，技法原始。

三　缂毡帽

图 10　缂毡帽

（96QZIM94：6A）

在 1996 年扎滚鲁克的发掘中，发现 96QZIM94 号墓的男性 A 个体头上戴着一顶毡帽（96QZIM94：6A），毡帽系两块剪好的毡料纵向缝合而成，帽顶横向起脊，留有较长的帽耳部分。毛毡显土白色，外面用红彩绘画螺旋纹（图 10）。所以，称它作缂毡帽。出土时，毡帽里衬垫有羊毛。

四　扎滚鲁克古墓出土缂罽墓葬的年代

扎滚鲁克 11 件毛制品（缂罽和缂毡），出土于 5 座墓葬（85QZM4、96QZIM68、96QZIM94、98QZIM103 和 98QZIM113），在扎滚鲁克墓葬分期中，这 5 座墓葬都归入第二期文化，即公元前 8~前 3 世纪间。如果将第二期文化作进一步的分析，还可以分早、晚两段，出土缂罽和缂毡的墓葬

---

① 这件织物现在可能藏于巴音郭楞蒙古自治州博物馆，没能作仔细的观察。

都可以归入早段。目前的研究认为，早段的上限因 85QZM4 取样作了 C_{14} 年代为公元前 740 ± 120 年，相当于中原地区的春秋时期。而下限难以确定，初步推测到公元前 3 世纪末，即相当于中原的战国晚期至西汉早期。

如是，就目前新疆考古发现所知，扎滚鲁克缬罽和缬毡的年代最早，在新疆纺织考古学研究中值得重视。

五 几点认识

以上分析的 11 件毛制品（10 件"缬罽"，1 件缬毡帽），上面都绘有纹样。通过上述各例的具体分析研究，有如下的一些认识。

第一，通过以上 10 件缬罽羊毛粗细特点的分析，这些缬罽使用的羊毛，在扎滚鲁克毛纺织品的羊毛中是最细的（个别的选用了中等粗的羊毛），不过，还没有达到"开士米"的程度，即山羊绒毛①。可以认为选用的是当时最好的羊毛，多为细毛，拈纱粗细均匀，达到了熟练的程度。

第二，"罽"，学者们都认为是精细的毛纺织品。

目前，称作罽的毛纺织品比较多，如缂毛织物，上面有多彩的缂织图案，有的色彩显晕染效果，非常漂亮。又如双面织物，也是一种精细的毛织物，工艺上也比较复杂，图案精美。有的学者将栽绒毯也称作罽，用各种色线以栽绒的方法显现出各种纹样，工艺很有特点。这里面被认为是罽的毛纺织品，其中缂毛、栽绒毯，大多数都是用中等粗或粗的羊毛拈纱纺织。双面织物，则多用较细的羊毛。②

《汉书·东方朔传》中将"缬罽"相连，或许可以理解为是绘画的毛纺织品，同时绘画的毛织物选用的应该是当时被认为是最好的羊毛。所以，可以称扎滚鲁克绘画毛织物作：缬罽。它属于精细纺织品罽的范围。同时，在文中将绘画纹样的毛毡，称作了缬毡。在这里，有意识地讨论这些问题，除了想给不同的毛织物以科学的命名外，同时也是为了毛纺织品在考古上分类的方便。

---

① "开士米"，是山羊绒毛的英文名称"Cashmere"的音译。明代宋应星《天工开物》记载："一种羖䍽羊（番语）唐末始自西域传来，外毛不甚蓑长，内毳细软，取织绒褐，秦人名曰山羊，以别于绵羊。此种羊先自西域传入临洮，今兰州独盛。故褐之细者，皆出兰州，一曰兰绒。"范家甫编《纺织衣料知识》，辽宁人民出版社，1981，第 27～28 页。
② 本文作者一般将双面毛织物称作罽。

第三，缂罽的应用，有毛单和服饰，服饰中有毛布袜、毛布裙和毛布裤，看来使用比较广泛。织物组织主要是 1/1 的平纹和 2/2 的斜纹组织，个别的织物是 3/1 斜纹和平纹相结合的组织，有的织物也出现了斜纹向平纹的过渡组织。总之，组织结构比较简单。

第四，缂罽的纹样主要是动物纹和几何纹样。动物纹样中，绘画的动物主要是虎、野猪、骆驼、虫、龙等。其中的虎、野猪、骆驼，这些在清代以前是塔里木盆地南、北缘猎人常见的动物，也是他们狩猎的对象。同时，野猪和骆驼纹在扎滚鲁克木器上也能看到，雕刻的造型风格与缂罽上的非常相似。几何纹的螺旋纹在长方形木盒上也有雕刻，螺旋三角纹则在毛绣上有所发现，应该说，在当时扎滚鲁克居民生活用品中是比较流行的图案。

第五，通过上面年代的分析，说明扎滚鲁克缂罽出现的时间在公元前 8 世纪，这在现今发现的新疆古代毛纺织品资料中年代最早，也就是说古代扎滚鲁克居民创造了新疆年代最早的缂罽。扎滚鲁克墓地在且末县托格拉克勒克乡扎滚鲁克村境内。班固撰《汉书·西域传》提到的且末国，就在今且末县阿尔金山山前的车尔臣河一带，是丝绸之路新疆境内南道上的一个城邦小国，"户二百三十，口千六百一十，胜兵三百二十人"。通过扎滚鲁克纺织品的分析，我们逐渐发现古且末国的毛纺织业非常发达，有着许多的发明创造，缂罽只是其中的一种。可以想象，经过一段时间研究将有可能发现更加精彩的毛纺织品，揭开古代且末国及新疆毛纺织业发展的脉络。

本文摘自《新疆师范大学学报》（哲学社会科学版）

2009 年第 3 期

论新疆传统织毯图案的
艺术特征与价值

摘　要：文章主要阐述了新疆传统织毯图案的艺术特征与价值。一是探究民族地域文化对传统织毯图案装饰艺术的发展所产生的影响；二是分析新疆传统织毯图案的装饰艺术特色。

关键词：新疆传统织毯　图案　艺术特征

新疆地处我国的西北边陲，地域广袤、物产丰富。新疆各族人民世代生息繁衍在这里，创造了悠久而灿烂的多元文化。

新疆传统织毯是在特殊历史条件和自然、地域环境条件下产生，折射出少数民族地区人民群众生活习俗、社会风貌、审美追求、文化价值取向等多方面的综合物质载体，其独特的工艺与图案装饰形式与多种表现手法都彰显出民族文化的艺术魅力。

一　民族地域文化与传统织毯图案

（一）新疆传统织毯图案的地域文化内涵

民间工艺（传统手工织毯）的艺术形式，往往与地域文化的影响分不开。新疆传统织毯的图案装饰艺术，鲜明地体现出地域文化的风格。

历史悠久的新疆传统织毯在千年发展中，成为具有完整的工艺流程、

---

* 董馥伊，新疆师范大学美术学院艺术设计系讲师。

精湛的技艺、独具地方民族特色的艺术品。它把民族艺术中的绘画、雕刻、编织、刺绣、印染等各种艺术中的优秀技艺融为一体，形成了一种综合性艺术。新疆织毯传统图案形成的历史渊源久远，从考古发现得知，早在公元前三四千年的新石器时代，就出现了传统织毯最早的图案纹饰。人们在使用与观赏织毯时，不但喜欢它的装饰形式丰富多样，寓意深刻，色泽浓艳，而且对其所揭示出的和谐美和意境美更是情有独钟。人们早期在面对自然和生存挑战时，主要用织毯作为生活用品，其体现出很强的实用性。在没有发明床、凳子等家具的情况下，他们只有席织毯而坐、席织毯而眠。有的论者分析其原因时提出：由于使用者的眼睛与毯面距离较近，因此在图案纹样上，不喜欢过多的波浪形曲线、起伏的装饰风格和过于空旷的纹样，要求毯面给人视觉感受平整规范。

随着从游牧草原文化向农耕绿洲文化的转型，人们的生活条件、生活方式有了很大改善，不仅具有一定的物质条件，而且在精神文化生活方面有了新的诉求。在传统织毯作为生活实用性物件的基础上，人们开始有了观赏性的审美要求。因此，传统织毯的图案也发生了变化，出现了三角纹、菱形格纹、波浪纹和涡旋纹等。这些纹样几千年来一直在新疆的壁画、织毯、刺绣等艺术品中广泛使用；新疆传统织毯图案还以动物形象作为装饰纹样，几乎出现在所有工艺品中。这些纹饰既具有农耕定居部族的文化特点，也具有游牧民族的文化特点。显然，某一地域艺术的生成与发展同此自然的、人文的因素密切相关，地域文化必然促使新疆传统织毯的图案艺术在流传中演变，在演变中流传，逐步臻于完善。

（二）新疆传统织毯图案的审美文化内涵

新疆传统织毯图案所深含的审美文化主要体现在审美情趣的惯性作用上。每个民族的审美情趣，都是经过长期历史积淀、嬗变而成的；作为一个民族整体，因相同的地理环境，相同的社会经济状况，相同的文化传统，相同的历史渊源，相同的风俗习惯，在个体的差异中又表现出共同的情趣。这种共同情趣的存在，是形成一个民族文化特色的基础。从审美的角度来分析，没有历史的积淀，各民族就不会形成今天这种审美意识，也不可能有今天这样的审美能力。各民族群众对新疆传统织毯图案的审美趋向主要体现在追求织毯图案装饰的和谐、统一、均衡、宁静。织毯图案的几何纹、植物纹等在布局、节奏和色调等艺术元素的组合关系上，彰显出高度和谐统一的韵律美。

对织毯图案装饰呈现出花枝满眼的浓密布局比较偏爱，其原因是对荒芜地貌的心理补偿和宗教影响；对织毯装饰中的线条运用尤为喜欢，其原因是弯曲柔韧的线条贯穿于整个画面，体现出的丰富性和运动性给人以愉悦，同时线条主要负载着宗教含义，体现出附庸于宗教情绪的美学观念。

（三）新疆传统织毯图案的多元文化内涵

新疆传统织毯图案的艺术风格蕴涵着多元文化的特征，印度位于古代西域（这里指今新疆）之南；希伯来、巴比伦、埃及、希腊、阿拉伯位于其西；中原位于其东；阿尔泰语系绿色草原雄踞其北。丝绸之路的开通，不仅扩大了民间交流，更重要的则是加强了东西方文化和思想的交流。新疆传统织毯图案从图案类型上看具有波斯风格。如从古楼兰、民丰、巴楚等地遗址中出土的几件载绒织毯中可以看到一个特点：类似新疆古代传统织毯的图案纹样在汉唐壁画佛龛及藻井布局中屡见不鲜。如新疆传统织毯图案的莲花纹样来自印度佛教画；夏米努斯卡、伊朗努斯卡和拜垫毯的有些图案纹样，原来都流行于伊朗、阿拉伯一带，随着伊斯兰教的传入，它也被新疆人民所学习；这些图案也融有东亚图案大小相形、虚实相生的风格；颇富中原文化情趣的新疆传统织毯图案如博古毯、风景毯、兽毯、百鸟朝凤毯等，这些图案吸取了中原文化的精华，并经过创新而发展起来，形成了自己独特的样式。

新疆作为四大文明交汇地，历史和地理的客观原因，使新疆传统织毯图案具有东西方"水乳交融"的文化特征，融合波斯风、印度风、中原风和新疆本地风等多种风格的新疆织毯文化，令世人瞩目。

二 传统织毯图案的装饰艺术特色

（一）新疆传统织毯的图案纹样

新疆传统织毯被誉为"东方高级手工毯"。在我国生产的古典地毯图案样式有北京式、美术式、东方式三大地毯图案，这三种地毯图案个性突出、风格鲜明，形成鼎立之势。其中东方式地毯生产国家主要有中国、伊朗、土耳其、巴基斯坦、阿富汗等国，尤以伊朗最具代表性。它传入我国的时间最早，东方式地毯在新疆的西北地区生产。其图案具有很鲜明的波斯传统图案风格，东方式地毯以几何图形、抽象组合式纹样为主题图案，几何图案的形式丰富而多样，有方形、圆形、椭圆形、星形、多边形、螺旋形、半圆形、线形等等。东方式地毯在图案整体风格上呈现色彩鲜明的个性，整体风格明亮、浓烈、华丽；纹样细密、繁杂、节奏感强烈；图案结构线均齐而规整。

载绒毯是新疆毛织毯中最重要、最有特色的一种。它的织法是先将经纬线交织成平纹的基础组织，然后再用绒纬在经线上拴结小型羊毛扣，这就是载绒毯的主要特点。由于羊毛结扣增加了毯面的厚度，因而此毯经久耐用，一条载绒毯往往可以用百年以上，代代相传。这种载绒毯是历代聚居在新疆地区各族人民的日常生活必需品，他们常把它铺在地上、挂在墙上、垫在床上等，这样既有御寒保暖的实用价值，又起到了装饰美化的作用。但人们还是最喜欢用载绒毯来铺地，因而载绒毯又被称为"地毯"。畅销国内外的"新疆地毯"多数就指这种载绒毯。

鉴于新疆织毯图案艺术在地域文化、审美文化、多元文化的发展中所体现出的互融、互补、互通的兼容并蓄与不断创新精神，新疆织毯向人们呈现一个丰富多彩、包含象征意蕴和独具艺术感染力的视觉世界。从图案纹样的内容、来源、用途以及民间寓意，可将其图案分为开勒昆、卡其曼、阿娜尔古丽、艾地亚勒等多种形式。

1. 开勒昆式织毯图案

图案中铺满毯面的四瓣花、八瓣花以及巴旦木花，犹如大小浪花一样，这种"浪花四溅"图案是在连续的几个大小不同的等边菱形格中布局或穿插各种花朵，并用规律的卷曲纹样饰于菱形的边缘，多以二方和四方连续的连缀纹样反复展开。开勒昆，维吾尔语意为开阔广大，这种织毯纹样几乎适用于一切场合（图1，图2）。

2. 卡其曼式地毯图案

图案中央由一个或三个圆形适合纹样组成主体纹样，在空隙穿插各种大小相异的花朵枝叶，四角饰以几何形角隅纹样，与边框纹样相呼应，图案清晰活泼。卡其曼，维吾尔语意为散花（图3，图4）。

图 1　开勒昆式
（选自《维吾尔民间图案集》）

图 2　开勒昆式
（董馥伊摄于和田）

图 3　卡其曼式
（选自《维吾尔民间图案集》）

图 4　卡其曼式
（董馥伊摄于和田）

3. 阿娜尔古丽式地毯图案

图案把经过变化的石榴花、枝叶、果实等，以二方连续形式向中央延伸，直到中心过半时又折回作对称状布局。这种图案常以十字为界或中心对称布局，象征着旺盛的生命力。阿娜尔古丽维吾尔语意为石榴花，有"石榴花开红似火"的说法。维吾尔人民视石榴花的火红色含有兴旺、生机等之意，它所呈现的浓厚装饰风格，广受当地人们的喜爱（图5，图6）。

图5　阿娜尔古丽式
（选自《维吾尔民间图案集》）

图6　阿娜尔古丽式
（董馥伊摄于和田）

4. 艾地亚勒式织毯图案

国外叫"法式"，起源于法国，大约于20世纪20年代传到中国，图案中以玫瑰、牡丹、梅花等各种花卉、枝叶组成的自由边缘纹样和中心适合纹样为主体，其最大特点在于分层表现的方法，使纹样显得抽象、立体而生动。艾地亚勒，维吾尔语意为美术花（图7）。

5. 博古式织毯图案

博古式织毯图案是吸收了中原文化而形成的仿古图案。瓶、琴、书、画等这些软花图案，在织毯上巧妙地被改造成了几何形的变体纹样。边框

图7　艾地亚勒式（选自《维吾尔民间图案集》）

多以万字纹、回纹、云纹等做装饰，构图雄伟。图案多以"吉祥"寓意，常被作为陈列装饰的挂毯（图8）。

图8　博古式（选自《维吾尔民间图案集》）

6. 拜垫毯

拜垫毯图案趋于程式化的纹样，通常有四个以上的龛形结构在毯内布局纹样。在龛形空间内，向上的位置装饰有一组单独纹样，多以长寿树、石榴和巴旦木、盆、壶等为主，龛形两侧常用石墩、圆柱作装饰（图9，图10）。

图9　拜垫毯（董馥伊摄于和田）

图10　拜垫毯（董馥伊摄于和田）

除此之外，其他传统织毯图案纹样都各有其特色，笔者拟另文发表。

新疆传统织毯的图案纹样主要特点在于：各种格律图案的组合，由大小花边构成的多层边框纹样、角隅纹样和中心主体适合纹样构成。所有图案纹样左右相称，前后相随、曲直相结、宾主呼应、大小相成。其纹样构成的最基本骨架，使所有纹样严格地局限在井字格、米字格、田字格的格式内，即纹样纵横呈 90°走向，斜线呈 45°走向。这种图案纹样特点，唯在新疆传统织毯中表现得最为突出。

（二）新疆传统织毯的色彩运用

一个民族色彩观念的形成，总是受这个民族所处的地域地理环境、历史、民俗习惯和传统文化观念等方面的影响，这些因素左右着他们对色彩的观察和认识，从而影响着人们的色彩审美和应用方式。从新疆传统织毯图案漫长发展的历史轨迹中，人们逐渐形成了传统织毯图案的色彩观念。维吾尔族人自 9 世纪以来，定居于塔克拉玛干沙漠周围。这种地域环境必然促使他们在日用装饰物（传统织毯）上追求纯度较高的色彩，强化对比效果，以满足视觉的审美需要。维吾尔人性格豪爽开朗。他们评价一件工艺品（织毯图案）的优劣，最根本的一点就是看其是否达到"笑合"（维吾尔语意为活泼、开朗）的效果。热烈、明快的色彩在视觉上能给他们一种愉悦感。如阿娜尔古丽式织毯图案纹样，是维吾尔人民最喜欢使用的纹饰。这种图案色彩常用深蓝、群青、蓝作底色，而花蕾、果实则为大红和深红，枝、叶为绿色。整体色彩犹如生机盎然的艳红花实镶嵌在蔚蓝的空间之中一样，唤起了人们对美好生活的无限向往。

维吾尔人的色彩观念成因有多种因素，其中最重要的是宗教的影响。古代西域的维吾尔人，曾信仰过萨满教、拜火教、摩尼教、佛教以及后来的伊斯兰教。宗教文化，必然影响到古维吾尔人民的造型艺术。和田人多以黑、白作图案装饰，白色在维吾尔族心目中占有重要地位。它的由来与维吾尔族太阳崇拜有着密切的关系，"白色"象征着纯洁、吉祥、善良和幸福。南疆多数地区的人们常喜欢鲜艳而强烈的对比色，特别是莎车生产的织毯，常用大红当底色，红色在维吾尔人的生活中也有特殊的象征意义，它一般象征着青春、魅力、诚实、爱情、乐观。地毯的四周常用艳丽的金黄、宝蓝等色彩作花或点缀图案装饰，显得浓艳而耀目。从整体上看，维吾尔人特别喜欢蓝、绿、黑等色彩。他们认为，黑是"神圣"或"福运"、"强大"的象征。

在维吾尔语里，"天"、"上天"与"蓝"是一个词，说明他们尚蓝之习是多么深远。他们还提倡黑白相对立的观念。如夏木奴斯卡的织毯图案纹样，多用群青、普蓝、深蓝的色彩作底色，图案色泽庄重肃穆，常被当做圣毯和拜垫毯使用；博古式的织毯图案纹样，多在蓝底上织飞禽、兽鸟等图案，色泽以冷色调为主，富贵而典雅。此外，还有不少织毯图案采用在对比当中求统一的方法，多用"以暗托明"的对比法，求得浓艳深浅分明的效果。如开勒昆式织毯图案纹样，各种高纯度的艳丽色彩花朵与多层菱形格纹相结合，形成了"浪花四溅"的图案纹饰；艾地亚勒式织毯图案的色彩多采用套色配色的方法等，新疆传统织毯的图案色彩多达 20 余种。

综上所述，从色彩心理学的角度来分析，我们可以认识到：每一种颜色都能与某种具体物体、某种场面或某种情绪等形成异质同构的关系。维吾尔人喜欢某几种颜色，正是由于心理感应与联想所致。如蓝色的神圣、绿色的清新、红色的热烈与流动等等，说明作为一种单色，在人类文明的演变过程中，由于它们在生活中的不同应用，而被人为地赋予某种特定的意义。当人们对个体色的存在和其所蕴涵的象征内容有了理解和把握时，就自然形成了多色的构成。

色彩运用在织毯图案中占重要地位，人们评价织毯的艺术和技术质量时，首先看色彩，其次才是纹样和技术品质。新疆传统织毯图案的色彩既有单色作为基本装饰色调，又有多色构成的相互映衬，是一种层次分明而又协调统一的图形艺术。

参考文献

[1] 贾应逸、张亨德：《新疆地毯史略》，轻工业出版社，1984。

[2] 〔美〕鲁道夫·阿恩海姆：《视觉思维——审美直觉心理学》，腾守尧译，四川人民出版社，1998。

[3] 贾应逸：《高昌石窟壁画精粹》，《新疆艺术学院学报》2002 年第 1 期。

[4] 李肖冰：《中国新疆古代佛教图案纹样艺术》，新疆人民出版社，2004。

[5] 李安宁：《新疆民族民间美术》，新疆人民出版社，2006。

[6] 张亨德、韩莲芬：《新疆民间美术丛书系列：民间毡毯》，新疆美术摄影出版社，2006。

[7] 贾应逸、李文瑛、张亨德：《新疆地毯》，苏州大学出版社，2009。

[8] 中国出口商品交易会会刊编辑部编印《中国新疆地毯新图案》，中国出口商品交易会会刊编辑部，2008。

[9] 莫合德尔·亚森:《新疆伊斯兰教建筑装饰》,北京工艺美术出版社,2008。

[10] 董馥伊:《论新疆传统地毯的保护传承与创新》,《新疆师范大学学报》2010 年第 2 期。

本文摘自《新疆师范大学学报》(哲学社会科学版)

2011 年第 2 期

汗都春与曲子剧比较研究

肖学俊　韩芸霞[*]

摘　要：锡伯族汗都春脱胎于新疆曲子剧，但随后又走上了一条民族化的发展道路。多年来由于缺乏对汗都春这一特殊的民族戏曲形式的研究与认知，而导致了对其历史渊源、剧种归属等方面认识上的模糊。基于对汗都春的深入调查，通过对汗都春与曲子剧从剧种的相同渊源及后来的分野，以及二者戏俗和艺术特征方面的比较，探索同一种艺术形式在不同的民族及文化背景下的发展和变异，进而对汗都春的剧种归属、文化价值等问题提出自己的观点。

关键词：汗都春　曲子剧

新疆锡伯族汗都春与新疆汉、回民族的曲子剧同根同源、一脉相承。但是，在长期的传承过程中，二者的发展轨迹是不同的。因此，对它们进行比较，可以让我们感受到同一种艺术形式在不同的民族及文化背景之下的发展和变异，同时也可对汗都春这一独特的民族戏曲的文化与艺术价值有更加明晰的认识。

一　剧种的同源与分野

锡伯族"汗都春"，又名"秧歌儿"、"小曲子"、"秧歌剧"、"迷胡

---

*　肖学俊，中央音乐学院教授，博士，现为援疆干部任新疆艺术学院副院长；韩芸霞，新疆艺术学院讲师，博士。

调"，是部分锡伯族于乾隆二十九年（1764）西迁伊犁之后，在与历史上移居惠远、伊宁等地的陕西、甘肃等地的汉族、回族长期频繁交往的过程中，向他们学习了源自西北地区的俗曲、小调、曲艺、戏曲之基础上，融入了本民族的传统文化而形成的具有独特风格与特征的戏曲艺术形式。

"新疆曲子剧"是指流布于新疆的乌鲁木齐、哈密、巴里坤、奇台、昌吉、呼图壁、玛纳斯、焉耆、库尔勒、伊犁、塔城等地的汉族、回族间的一种戏曲形式，是国家认定的新疆唯一用汉语演唱的地方剧种。早期在民间及文人中都以"小曲子"相称，1959 年，为区别于相邻省区的诸种小曲子，遂正式定名为"新疆曲子剧"，但民间仍称之为"新疆曲子戏"、"曲子戏"或"小曲子"。①

（一）共同的源头——西北地区的剧（曲）种

1. 曲子剧的形成

早在汉代以前，就有内地的汉民来到新疆。西汉设置西域都护府后，大批官吏、士卒、商人等不断迁来此地。唐朝时期也有不少汉人通过从军、屯垦、经商等多种渠道进入这里。尤其是清乾隆二十四年重新统治新疆后，从西北等地迁居新疆的汉、回民众就更多了。同时，清政府加强了与陕、甘等内地的商贸往来。这些，都直接带来了汉、回文化对新疆的深刻影响。其中就包括了陕、甘、宁、青等移民传入新疆的各种说唱、戏曲、民歌、小调等。

由于缺少史料记载，西北地区的民俗音乐在新疆传播可考的年代并不远，纪昀大学士于清乾隆三十六年在其《乌鲁木齐杂诗》中对当时的汉族民俗艺术多有记载，其中有"摇曳兰桡唱采莲"的描述，有人认为诗中所云"采莲"即是指曲子戏曲牌［采花］和［莲湘］。由于无从查对乐谱，所以此说只能被视为一种推测。

清光绪二年（1876），为了平定阿古柏叛乱和收复失地伊犁，陕甘总督左宗棠率兵西征，大批陕、甘、青、宁籍官兵进入新疆，商贩和民间艺人也随之而来，使得如陕西曲子、青海平弦、兰州鼓子等西北地区的多种

---

① 本文根据行文背景的不同而选择使用"新疆曲子剧"、"新疆曲子戏"、"曲子剧"、"曲子戏"或"小曲子"等称呼。

说唱形式传入新疆，在与新疆方言和民间小调逐渐交流、融合的过程中，逐渐形成了新疆小曲子的雏形。朱哲也讲道，跟随左宗棠西征的官兵中不乏曲乐爱好者，他们以及西北各地来的民间艺人大多分布在东疆的哈密、巴里坤、木垒、古城子（今奇台）、北庭（今吉木萨尔）、滋泥泉子（今阜康）、古牧地（今米泉）和迪化（今乌鲁木齐）以西，北疆的昌吉，呼图壁、玛纳斯、沙湾、伊宁、霍城、惠远、察布查尔和南疆的焉耆、和田、喀什等地。每到冬闲时节或喜庆节日，他们便聚集在军营、庭院或街头吹拉弹唱。长此以往，人们加进了当地的民间故事、方言俚语和音乐舞蹈，融会贯通，于是"一种符合回、汉、锡伯族群众欣赏习惯的新型艺术'新疆曲子'便这样诞生了"。若按《中国戏曲志·新疆卷》的定义，曲子剧"是由陕西曲子、青海平弦、兰州鼓子、西北民歌等流入新疆后，融合了新疆各民族的音乐艺术，而逐步形成和完善的一个具有独特风格的地方戏曲剧种"。

清道光年间（1821～1850）被贬谪新疆的黄浚（号台州壶道人）在其所著的《红山碎叶》中叙述乌鲁木齐的戏曲表演时提到了［刮地风］、［五更］和［大红袍］3个曲牌名，为现在曲子戏所用之曲牌（名）。

现在可知的早期新疆曲子的演唱者有冯寡妇和夏三通。冯寡妇（一说疯寡妇）约生于清咸丰九年（1859），在光绪年间（1875～1908）很出名。夏三通（生卒年不详，活跃于19世纪末至20世纪初）是早年敦煌一个曲子戏班子的开山始祖，是一位拉骆驼的人，故艺名"驼客"。他脱离曲子戏班，独闯新疆，一路唱到曾是丝绸之路大商埠的古城子后定居下来，他的演唱影响了周边地区。民国元年前后，夏三通创办的敦煌戏班后辈艺人丁昌、东牛娃、西牛娃、怀柱子等人辗转来到迪化演唱并传授曲子。

这一时期的小曲子艺人所唱的多为单曲体结构、配以多段唱词的传统曲子，民间习称"平调曲子"，如《小姑贤》、《瞎子观灯》、《小放牛》等。宣统二年（1910），木垒县盲人张生才（1893～1974，外号八斤子、瞎子八斤）从敦煌学艺归来，开始在奇台、木垒等地自弹自唱小曲子，他于民国四年（1915）根据发生在奇台三屯的真实故事编唱的《下三屯》是新疆曲子的第一个创作曲目，曾在北疆地区广泛流传。该曲目"标志着新疆曲子基本上已成为一个独具特色的地方曲种"。

清宣统三年，甘肃兰州的一个曲子戏班辗转到了哈密，他们的演唱受到当地群众欢迎，并深得当时的哈密县知事的赏识，知事为戏班的两位名角亲自取了艺名，即"兰州枣"（陈作玉）、"哈密瓜"（马子俊）。该戏班后经吐鲁番、迪化而到昌吉落脚。老艺人徐建新（1895～1984）原是敦煌曲子戏班丁昌的徒弟，民国四年和弟弟徐建善一起为躲兵灾跑到哈密，两人在哈密县城和敦煌来的几个同好组织了一个曲子戏班子进行半职业演出活动，表演形式为坐场（坐唱），他们的演出场场满座，很受群众欢迎。民国十二年，徐建新、徐建善等离开哈密后，又由顾占元组织成立了自乐班，同时增加了走场（走唱）的演出形式。徐建新等艺人来到奇台县，创办了职业演出班社"北天山曲子剧社"，除演出外，还广招门徒，他们演出和传授的曲目有《花亭相会》、《下四川》、《杀狗劝妻》、《张琏卖布》、《李彦贵卖水》等。表演形式分坐场和走场两种。民国二十二年，为躲避战乱，他们又来到了古牧地（今米泉）演出，极受当地驻军和民众的欢迎，遂有宋姓军官、向姓街长、李姓和曹姓两位士绅集资为戏班修了一个小剧院，以固定薪水聘请戏班演出。

至 20 世纪 20 年代许，新疆曲子处于平调向越调，亦即"坐唱"向"走唱"的过渡时期。它的声腔使用仍以平调为主，兼有越调。表演形式也以"坐唱"（坐场）为多，但也出现了一些戏剧化的做法，比如对表演做了生、旦、净、末、丑的角色分工，演员也开始注意到手、眼、身、法、步的表现，乐队更加丰富。这些变化从艺术形式上看，处于曲艺向戏曲过渡的阶段。

民国十一年，由王魁（王皮匠）领头在绥定（今霍城县）成立了小曲子自乐班，由当地陕西会馆资助。班中主要成员大多来自本地小商贩和手工业者，有名的如春娃子、张宝庆。他们主要演唱新疆曲子的传统曲目，同时兼唱秦腔折子戏，表演以走唱为主。该班还在当地收徒教习新疆曲子，培养出了如张玉林、马子庆、刘子和等名角。民国三十三年"三区革命"爆发引起局势动荡，导致戏班解散。

民国十四年六月，甘肃兰州的刘子富（艺名"双喜子"）、张虎成（艺名"成娃子"）、赵裁缝等9位兰州鼓子艺人来到镇西（今巴里坤县），专门演唱兰州鼓子营生，但由于缺乏人气而改唱新疆曲子。他们的演出以走唱形式为主，而且声腔体系也改平调而以越调（曲牌联缀体，民间称为"越调曲子"）为主。这一时期新疆曲子的越调剧目数量已超过单曲体结构的平调曲目。也就是从这时开始，新疆曲子以演唱越调为主。由于是以"走唱"（走场）形式表演，舞台剧特征更加明显，突出行当、角色的分工，采用装扮、道具与布景，追求戏剧性的表现。它的剧目大多来源于眉户剧，多至百出，曲牌丰富，乐器齐备。同时，还注意在音乐上融入地方和民族因素，唱词也加入了新疆地区的方言俚语，使之更适合于本土群众的欣赏趣味。经过了这些发展变化，才使得它逐渐成为一个具有地方特色的戏曲剧种"曲子戏"。

到了 20 世纪 30 年代。曲子戏在迪化有了一个较为稳定的表演场所"元新戏园"，在这里，新疆曲子常和秦腔等同台或轮番演出，俗称"风搅雪"，影响渐大，深得百姓喜爱和追随。不少秦腔艺人甚至为了增加经济收入争相兼唱甚至改唱曲子。一时间，曲子戏名声大振，各种职业班社、"自乐班"、"地摊子"，遍及城乡，风靡一时。

20 世纪 30 年代至 40 年代，新疆曲子在东疆、北疆广大地区的演唱活动十分活跃，艺人们将许多其他剧种的剧目改编为新疆曲子，使演出剧目更加丰富，曾经多达 200 多出。同时还涌现出了一大批有影响的曲子艺人。如乌鲁木齐的孙家义、谢伯钧（回族），昌吉的张澍、寇金元，巴里坤的李汉祥、吴成新，木垒的崔尚之、范继禄，哈密的马寿山（回族）、姚登云，奇台的邱逢岚、易德寿，米泉的吴寿山、韩生元（回族），吉木萨尔的刘文和、刘金玉，阜康的白云海、梁树模，呼图壁的张安泰、岳生金，玛纳斯的张敬鳌、傅进喜，沙湾的窦富贵，伊犁的三娃子、白生华（回族），焉耆的安景新等。这一时期新疆有不少影响较大的曲子戏班，有的在新中国成立后一段时期内还有活动，其中有些业余班社一直延续到现在，如呼图壁县大东沟张家班，木垒县的英格堡自乐班、东城自乐班和三畦元宵会。

2. 汗都春的产生

从有限的文献资料来看，西北地区的小曲子传入伊犁的时间要晚于传至东疆和首府迪化的时间。以地理及交通情况而言，来自于西北诸省区的小曲子携带者的军士、农户、贩夫、遣户等都是从哈密进入新疆，再经昌吉到乌鲁木齐，之后再辗转到伊犁、库尔勒等南北疆地区的。

乾隆二十九年（1764），受朝廷之命，1000 名锡伯族官兵携其家眷共 4000 余人从沈阳的"锡伯家庙"阔别故土，踏上了远戍新疆的征程，经过 15 个月的生死迁徙后到达伊犁，开始了戍边屯垦的历史大业。定居后的锡伯族群对周边的汉民族及其传统文化报以接受和吸收的态度。因为锡伯族早在东北时就开始接受汉文化的影响了。康熙三十八年

（1699）迁居盛京（沈阳）后，锡伯族开始学习和使用汉语，吸收汉族文化，所以，他们接受了伊犁地区先他们而来的汉、回民族的小曲子，应该是自然而然之举。

自乾隆二十七年清政府在惠远设伊犁将军府统管全疆事务以后，惠远自然成了全疆政治、经济的中心。而锡伯族西迁伊犁后主要聚居在伊犁河南岸，与惠远城隔河相望，来往便利。据新疆小曲子著名老艺人侯毓敏（艺名要命娃，1924～）回忆，同治、光绪之交（约1874～1876），冯寡妇率女弟子大凤、二凤、三凤曾到伊犁将军府唱过小曲子。其中的二凤名叫谭秀英，是一位常年在外地以卖艺为生的锡伯族女艺人，侯毓敏于民国后期跟随其学艺。说明那个时候在伊犁观演小曲子已经是一种很受欢迎的民俗活动了。

那么，锡伯族是从什么时候开始接受和学习周边汉、回艺人的小曲子艺术的？由于缺少记载，我们只能从一些有限的材料中获得点滴信息。

根据现在所掌握的材料可知，锡伯文（满文）① 历史文献中最早提到汗都春的是作于同治十二年五月（1873年6月）的《署锡伯营领队大臣喀尔莽阿祭图公文及颂辞》②，文中这样说道："同治十二年五月八日，适逢安班公（指锡伯营总管图伯特——笔者注）诞辰，为娱悦恩公英灵，特献演汗都春，隆重祭祀。"这是迄今为止唯一一份能够说明新疆锡伯族汗都春早期历史的珍贵文献，但也足以确认锡伯族民间有了汗都春表演形式的时间不会晚于19世纪70年代，也就是锡伯族西迁伊犁100年左右。

20世纪后有关锡伯人表演汗都春的历史，根据以往学者的调查，以及笔者通过多次田野工作所获得的、可信度较高的口碑材料，其脉络清晰可见。

爱新舍里镇依拉齐牛录③（俗称三乡）是距惠远城较近的锡伯村落，它最早接触到小曲子而且形成了锡伯人早期平调表演的中心。据锡伯学者赵春生早年调查，依拉齐牛录的老人们还记得大约出生于19世纪50年代的伊塔尔珲老人，他曾到惠远城拜师，学习平调。光绪八年（1882）清政

---

① 锡伯文是满文的延续。
② 该文献原件现藏于新疆维吾尔自治区少数民族古籍办。赵春生汉文翻译。
③ "牛录"是清代八旗制下的行政单位，相当于现在的乡、镇。

府驱走沙俄收复伊犁后，他回到家乡组织了业余平调表演队，培养了一批年轻人。老艺人嘎尔图（1925～）告诉我们，他的家族早年在牛录里表演小曲子最有名，他小时候常听到二爷爷西特合尔用汉语唱平调小曲子，父亲弹三弦伴奏，那已是 20 世纪 30 年代的事情。到了 20 世纪 40 年代左右，锡伯汗都春的中心集中到了依拉齐牛录的富裕人家克西春那里。据其养女、汗都春传人桂枝儿（1929～）回忆，养父克西春从小受家庭影响，酷爱平调，成年后热衷于组织平调表演，操办着牛录里的业余平调剧组，并将家人都发动起来学演平调。每逢春节、西迁节、中秋节，养父都在自家院里搭台唱戏，热闹非凡。依拉齐牛录那时期涌现出一批有影响的平调表演者，如西特合尔、秦奇善、提亚哈、嘎尔图、桂枝儿等。除了依拉齐牛录外，早期擅长汗都春平调表演的还有乌珠牛录的全唐、兴里山、丰昌，堆齐牛录的郑琴太（艺名"要命花"）、郑平才（艺名"海棠花"），孙扎齐牛录的嘎尔塔、郑喜，宁古齐牛录的福寿、富连、郑录，纳达齐牛录的寿谦、久彦，以及扎库齐牛录的郑保、萨景阿，等等。

也许有人会问，同一剧种，为何汉、回民族称作"小曲子"，而到了锡伯族人那里却成了"汗都春"了呢？

　（"汗都春"，音"handucun"）一词在满文中早已出现。《御制增订清文鉴》中这样解释道："是南方之人插秧时唱的歌，谓之'秧歌'。各地的人仿照它的歌唱之，也有配以锣鼓演唱的。"这是一个组合而来的新词语：过去东北地区的满族在汉族影响下开始种植旱稻后，由于满语中没有"旱稻"这一词语，于是采用音译的方式以满语拼音（"handu"）来表示。而在接受了东北汉族秧歌之后，同样由于满语中没有"秧歌"这一词语，遂又采用意译的方式，将满语的"handu"（以"旱稻"之意代表"秧歌"的"秧"）和"cun"（满文意为"歌"、"歌曲"）组合起来而成为"handucun"，用来指称东北的汉族秧歌。

部分锡伯族西迁新疆后沿用了"handucun"一词。但是，现凡接触过锡伯族汗都春的人很难将之与东北或内地传统的汉地秧歌联系起来，这是何故？经过调查我们了解到，早在东北时期，锡伯人就受到了当地汉族秧歌的影响并将其作为自己的一种娱乐方式，每逢春节，各个锡伯村屯都要扭秧歌。1764 年西迁伊犁的锡伯人也将东北秧歌带了过来，后来锡伯人称这种秧歌为"老家秧歌儿"。表演汉地秧歌的传统一直延续到"文革"

开始。

那么，为何在锡伯人从惠远学来小曲子，并在锡伯各牛录流传开来之后，大多数锡伯百姓并不称之为小曲子而称其为"秧歌儿"？察布查尔镇老艺人关常林（1937~）说，因为当年的锡伯百姓习惯了"老家秧歌儿"的表演形式，当他们看到从惠远传来的小曲子（平调）的表演也是有男有女若干人边扭边歌，看起来很像"老家秧歌儿"，所以自然而然地就将小曲子称作"秧歌儿"了。笔者认为这个解释应该是符合当时情形的。另外，著名老艺人铁山也说："过去锡伯族有这样的观念，凡是在舞台上演的都是秧歌。""老家秧歌儿"与作为戏曲的"秧歌儿"同时并存了相当长的一段时光，直到20世纪60年代后，"老家秧歌儿"才逐渐被人们淡忘。"文革"开始后，扭秧歌的传统习俗基本消失。

由于"汗都春"一词多在文人当中使用，锡伯族百姓间直到现在仍然习惯用"秧歌儿"之称，以致到了2006年，锡伯族的戏曲艺术申报第一批新疆维吾尔自治区级非物质文化遗产代表作，当决定申报项目的名称时，专家们对采用"秧歌"还是"汗都春"产生了争论，最后还是决定以"汗都春"为名申报，以体现出本民族特色，同时避免与内地"秧歌"相混淆。从此，在各种有关文件、活动、文稿及宣传中，"汗都春"这一称谓得到逐渐推广。

平调表演（汉语）作为锡伯族汗都春早期形式深得锡伯族百姓喜爱，一直到20世纪30年代越调传入察布查尔后，才慢慢衰微下来。

根据调查，表明锡伯族受到越调广泛影响的时间应是从20世纪30年代初开始的。越调全面进入锡伯社会后，逐渐取代了原来平调的地位而成为汗都春艺术的主流，而平调则慢慢淡出了锡伯族人的生活，眼下仅有少数老艺人会唱平调了。这一转型与曲子剧的历史是相同的，只不过从时间上讲前者略晚于后者。

（二）汗都春的分野——语言转换

锡伯族早年学、演平调都是用汉语，全面承袭着汉、回平调的原样，这个传统（包括后来传入的越调）一直保持到了20世纪40年代初。

锡伯族汗都春艺术在20世纪中期出现了一个大的文化转型，即由原来以汉语演唱变成采用母语——锡伯语来演唱，从此进入了对汉族戏曲艺术的民族化过程而使得汗都春最终成为独具民族与文化品格的锡伯族传统艺术形式。

根据调查及现有资料表明，锡伯族出现用锡伯语表演汗都春的情况始于20世纪40年代初，那时候是通过移植（将汉语翻译为锡伯语，音调、曲牌保留原样）已有的汉语剧目来实现的。现已知的最早的翻译剧目是民国三十二年寿谦翻译、改编的《秦香莲》、《梁山伯与祝英台》和殷德阿翻译、寿谦改编的《十五贯》等三部汗都春剧目。真正大规模地将过去表演的汗都春汉语剧目（曲目）翻译、改编为锡伯语，从而实现汗都春表演语言的全面转化则与"三区革命"有密切关系。

1944年秋，新疆伊犁、塔城、阿山（今阿勒泰）三区爆发了反抗军阀盛世才和国民党统治的武装斗争，史称"三区革命"。由于革命斗争的背景较为复杂，初期被一些民族分裂分子所利用，这股势力借革命名义把广大汉族民众与国民党反动势力混为一谈，残害无辜汉族百姓，一度将斗争引向民族间的仇杀。这种情形导致了当时的三区内对汉族文化的排斥。桂枝儿老人跟笔者说，她当时在学校里上四年级，三区革命一爆发就不许少数民族讲汉话了，汉语秧歌也不让唱了，所以就将汉语的秧歌翻译成锡伯语来演唱。

应该说，以语言转换为标志的汗都春的锡伯族化，其深层动力是来自锡伯族人的文化自觉，"三区革命"不过是作为一个历史事件起到了加速汗都春本土化进程的作用。从20世纪40年代中期开始，很多锡伯族文人如管兴才、郭基南、苏正平和汗都春艺人如寿谦、红帕、昆帕等投入到了翻译汉语秧歌这项活动中。至新中国成立前，基本上完成了对传习着的传统汉语"秧歌儿"的锡伯族语翻译过程。现在仍然能够表演的还有《小放牛》、《张琏卖布》、《李彦贵卖水》、《花亭相会》、《小姑贤》、《钉缸》、《梅绛褒》、《宋江杀楼》、《下四川》等剧目。

更为重要的是，锡伯族人并不满足于译演汉、回小曲子（汗都春），为了使汗都春能够反映时代风貌、社会生活，表现新思想、新题材，锡伯族人开始以锡伯语来创作新的汗都春剧目。最早创作，同时也是影响最大并至今仍在表演的新剧目是1947年秋天完成的《吾欣保》（锡伯语"农家户"的意思），该剧诞生于汗都春之家——克西春老人的宅院，首演后引起极大反响。之后，创演汗都春新剧目长时期成了锡伯族社会文化生活的热点，每年的西迁节、春节以及县里和各乡举行的文艺会演中都会涌现出一批新创剧目。锡伯人创作的汗都春剧目题材广泛，大到国家大事，小至家长里短都有涉及。从格调上讲，都是积极、健康的。由于创作者都是生活在锡伯族社会中的文人、艺人和汗都春爱好者，所以编创的剧目非常贴近锡伯族人的思想和生活，演锡伯族人，说锡伯族事，具有浓郁的乡土气息和时代特征，同时能够较好地实现寓教于乐的戏剧意图和追求。按老艺人们的估算，半个多世纪以来演出过的新创剧目达数百出之多。我们在调查过程中初步收集到的剧本就有70余部。

综上所述，在1944年新疆爆发"三区革命"之前，汗都春与曲子戏的形成与发展轨迹是一致的。换句话说，二者之前是属于同一个剧种。而"三区革命"发生后，锡伯族彻底改变了汗都春的表演语言，以锡伯语全面替代了汉语。也就是从这一时期开始，二者产生了根本性的分野，由于使用语言的转换这一基本因素，使得汗都春逐渐脱离了原来的发展轨道，而演变为一个具有独立意义的锡伯族戏曲艺术品种。

二　社会属性与戏俗的比较

（一）社会属性

汗都春与曲子戏在"三区革命"之后的发展，在社会属性上走了不同的道路。由于语言的限定、本民族相对集中聚居的状况以及较为封闭和稳定的农村经济社会形态等因素，使得汗都春一直是作为一种自娱自乐的民间小戏自然传承于锡伯百姓当中，没有走向职业化的发展道路。而曲子戏的情况则不同，它广泛流传于新疆大部分汉、回族聚居区，遍及城镇与乡村。尤其在如迪化、昌吉、米泉、哈密等一些较为繁华的城镇，达官显贵和平民百姓，文人雅士与流民乞丐等三教九流无所不有，社会成分比较复杂。在这里，商业的发展、城市生活的多元化、人们精神生活的需要，尤其是大量来自于陕、甘、宁、青等西北移民的故土情结等因素，致使曲子戏的传唱者们往往根据主、客观因素而选择不同的发展模式。曲子戏在新疆的发展有几种不同的情况：一是职业性的班社组织，从业者或定点于戏楼茶馆，或游走于酒肆青楼、街巷驿站、帐房堂会之间，靠卖艺挣钱来养家糊口。二是半职业的班社组织，他们大多有自己的一份职业或生计，平时分散忙活，需要时聚集演唱并收取酬金。三是业余性质的自乐班，是一种曲子爱好者的松散组织，表演曲子戏以自娱娱人为目的，遇到有人邀请演唱时，也就是一杯香茶、一桌酒席而已，不收取戏金。当然，有的热心人也会为自乐班捐资添置一些乐器、戏装之类，班社也能笑纳。

1959 年，昌吉回族自治州成立了专业性、国营体制的新疆曲子剧团，致力于整理演出传统剧目和移植演出其他剧种剧目，还招收培养新人。1962 年剧团撤并为昌吉州文工团"新疆曲子剧队"。1966 年曲子剧队解散。1980 年自治区文化厅又批准成立了"昌吉回族自治州呼图壁新疆曲子剧团"，2002 年剧团划归昌吉州并更名为"昌吉回族自治州新疆曲子剧团"。同时，新中国成立后在民间也延续或成立了一些较有影响的曲子剧社团。2006 年"新疆曲子"被列入第一批国家级非物质文化遗产名录。

（二）传播方式

汗都春的传播方式有几种。一是拜汉、回族艺人为师，这种方式从最初到惠远城学习小曲子演唱开始，到 20 世纪 30 年代后期三乡的克西春老人专门从惠远城聘请小曲子名角"东北红"来家中传艺，以及"三娃子"、"大头"到六乡带徒结束，这是汗都春早期传播的主要形式。二是自然传承，是指由锡伯本民族老艺人或技艺高超者向喜爱汗都春的本族人教授演唱技艺，这虽是一种师徒传承的方式，但又并非严格意义的戏班师徒关系，来去自由、聚散无常。还有相当一部分人是由于爱好，在长期的耳濡目染中不知不觉地加入了汗都春表演队伍中，并无明确的师承关系。

新疆曲子剧过去的传播方式主要是两种：一是区间性传播，过去很多的名伶红人常常辗转于不同的地方，在公开表演的同时还收徒传艺，一般都有着严格的师徒关系。二是垂直传播，是指本地人之间的师徒相传，有家族传播和非家族传播两类。家族传播就是家族内部的世代相传，像大东沟张家班即是家族传播的典型代表。

新中国成立后，在新成立的公有制专业曲子剧团中形成了新的传播模式，即"以团带班"的培养机制，由剧团根据发展需要和编制情况，招收有天赋的青少年由剧团演员或聘请老艺人传授技艺，学成后大多能够留下从事专业表演。

（三）　班社与戏酬

汗都春没有形成"班社"模式，往往是政府倡导，自发组织，无固定排演、演出场所，地点以某一家庭（后来有俱乐部，老年协会等公共场所）为中心，平时练习，遇有节日活动则集中演练，各个牛录的"秧歌队"属于民间性、业余性、松散型组织，成员一般都来自本牛录，目的是为本牛录百姓精神文化生活服务，同时自娱自乐。秧歌队活动范围仅限于牛录、县城及其他县市的锡伯族聚居区。汗都春的演出活动没有经济行为，如是各级政府组织的活动，县里或乡、村给予一定支持，如添置服装，给参加人员记以公分、误工费等，活动期间管吃喝。平时的表演纯属自娱娱人行为，从不收取酬金。只是桂枝儿老人跟笔者讲过这么一件事：那是20世纪40年代，正值克西春家秧歌儿表演最为红火的时候，乡政府请克西春家的秧歌队在乡俱乐部里卖票唱戏，一、三、四乡的很多人都前来观看。他们连唱了6天，收入不少，但克西春一文不留，全捐给乡政府为俱乐部制作凳子，因为当时俱乐部里没有板凳，全是站着看戏。桂枝儿记得的卖票演出就那一次。

如前所述，新疆曲子戏自剧种（曲种）开始形成的时候，班社模式也就随之兴起，并有着职业、半职业和业余三种性质的班社。由于内地尤其是西北地区汉、回移民的不断增多，听曲子戏一时间成了民众主要的娱乐活动，无论天山南北还是城镇乡村，都有艺人活动。据《中国戏曲志·新疆卷》记载，抗日战争爆发后，仅迪化城内较有名气的小曲子艺人就不下百余人。较大的乐友会也有八九个，往返于各个乐友会的"串唱"艺人不下五六十位。百姓间有句顺口溜这样说道："庄稼人吃饭拉条子捞面，要想看个戏小曲子乱弹。"当时迪化城内的街头巷尾，"晨雾暮炊处，无不闻曲声"。

曲子戏职业和半职业班社的表演活动按戏取酬，依名头及贡献大小、出力多少进行分配。而业余性质的自乐班则与锡伯族的秧歌队一样，不谈钱事，高兴即唱。新中国成立后的曲子剧专业剧团基本上实行的是国家工资制。

（四）　习俗与禁忌

汗都春在长期的流传过程中没有形成特定的习俗和禁忌，这主要是由于表演者都是本民族的农民，受众也都是邻里乡亲，社会身份简单，观、演双方具有平等的社会地位，演出活动也不带有经济色彩，故无太多的讲究。但在旧时也有一些讲究，据桂枝儿讲，小时候凡正月间乡里也有些人家请她们去唱秧歌儿，到家后老人们往往要首先安排在家中所供喜利玛玛、菩萨等牌位前唱〔一朵红〕（歌颂佛祖、神仙的内容），在关公牌位前唱〔赤壁〕，以娱乐神仙或祖先，之后才正式表演。另外，铁山还对笔者说过，"文革"期间盛行"早请示，晚汇报"，那时候每当秧歌剧演出前，他都要领着演员们在毛主席像前宣誓，保证为人民服务、演好戏、思想集中不出错，等等。这当然是受政治气候的影响。

而曲子戏的情况则不同，由于受内地演艺传统和戏俗的影响，加之社会成分的复杂以及商业性演出等原因，使得曲子戏在发展过程中继承或形成了一些习俗和禁忌。譬如："请庄爷"，是指很多曲子戏班在节庆、庙会期间的演出活动中，要先请庄爷①。"跑房子"，是说过去曲子戏艺人到天山北麓一带的帐房里为往来客商、驼户演唱。"跑地弯子"，又称摆场子，指曲子艺人到外地演唱，每到一处，一般都是唱《访朋》开场，以示初来乍到，请多方关照。假如开场就唱武打争斗内容的曲目，则会被视为失礼而往往会遭到当地艺人的刁难，甚至招来"武曲子对武曲子"的对台戏。"家庆喜事坐场"，是指曲子艺人为主家的贺寿、婚嫁、孩子满月、新房竣工等喜事演唱。演唱因恩主家喜事内容的不同而选择相应的演唱曲目。"丧事坐场"，是指艺人被请到逝者的专设灵堂或死者家中坐场表演。一般情况下艺人仅仅演奏器乐牌子，不能演唱。"唱到底"，是说演员在为主家演唱曲子时，若中途忘记唱词，伴奏不能停下，唱者无论如何也要接着往下唱，直到曲目结束，以示"鸿运亨通、连续不断"。等等。新疆曲子在演唱上也有一些禁忌。如在喜庆场合不能唱《闻太师显魂》、《秦雪梅吊孝》、《霸王别姬》、《林英哭五更》等"苦曲子"；乐班初到某地演唱时，忌讳唱《失徐州》、《燕青打擂》、《三闯碧游宫》、《黄河阵》、《水淹七军》、《秦琼观阵》等"武曲子"，以免有恃强好胜、争夺地盘之嫌。

上面所列诸种习惯、规矩与禁忌在新中国成立之后，大多不复存在。

---

① 对于庄爷是什么人有三种说法：一说是战国时期的庄子，因为他是曲艺艺术的鼻祖；一说是东周庄王姬佗，因为庄王曾提倡艺人大唱孝歌；还有一说是八仙之一的张果老，因为张果老操渔鼓而唱道情，是说唱艺人的祖师爷，取"张"与"庄"之谐音，谓之庄爷。

三　艺术特征比较

（一）表演、声腔与念白

从表演形式来看，汗都春与曲子戏都同样经历了由"坐唱"发展而为"走唱"① 的过程，只是曲子戏后来更向着舞台剧方向发展，追求表演的戏剧化。再有，汗都春直到现在都以文戏为主，曲子剧过去也同样是以文戏为主，武戏也更多是体现在内容方面，到了当代才在专业剧团进行了神形兼备的武打戏的尝试。

就声腔体系而言，曲子剧的音乐在早年间有"平、越、赋、鼓"四大腔系之说，主要是针对腔系渊源而言的。"平"指青海平弦、"越"指陕西曲子、"赋"指西宁赋子、"鼓"指兰州鼓子。在长期的发展、演变过程中，"赋子调"逐渐融入平调，而"鼓子调"大部分也归入"越调"当中。眼下主要是"平、越、鼓"三大声腔以及部分民歌、小调类曲目。而汗都春除了平调和越调之外，在文献及当代艺人的记忆中没有关于"赋子"和"鼓子"的说法。② 从声腔的演变来看，汗都春与曲子剧都是先平调后越调的，但在这个环节上，曲子戏的声腔转变要早于汗都春。

从语言运用上来看，汗都春的念白和唱腔都是采用锡伯语言，除了早年间表演古装剧时念白（锡伯语）模仿曲子戏的"韵白"外，后来创编的现代锡伯语剧目均采用"散白"形式。新疆曲子剧在形成和发展过程中，逐渐使用新疆汉语发音和新疆汉语的方言俚语。新疆汉语是以陕、甘汉语为基础，再与其他一些地区汉语相互融合，又受新疆少数民族语言影响而逐渐形成的。从渊源上看，北疆地区的汉语与兰银官话的甘肃

---

① "坐唱"俗称"坐场"，以三弦为主要伴奏乐器，多是一人弹唱或二人对唱，也有数人轮唱、帮唱的形式，少道白、无表演、无装扮，大多采用代言体，不强调行当、角色，属于曲艺表演形式。"走唱"形式俗称"走场子"，是由"坐唱"发展出来的表演形式。有演员表演场地和专门的乐队伴奏，演员作简单的装扮，持手帕、扇子等简单道具，有角色分工，多表演"两小戏"（一生一旦）和"三小戏"（一生、一旦、一丑），表演身段简单，载歌载舞。

② 根据与曲子戏的对照，可知汗都春曲牌中也有来源于"鼓子"的，如被视为平调的［射倒海］和越调的［滑调］、［金钱掉儿］。

话联系较深，而南疆汉语则与中原官话的陕西关中话关联较多。经过长期实践和探索，现在新疆曲子剧的语言是以昌吉回族自治州吉木萨尔县方言的语音为标准音，加以提炼、加工，成为一种戏剧化的舞台语言。

（二）行当

汗都春到现在已经基本没有了"行当"的概念，尽管锡伯族人在创作新剧目的时候，也遵循着传统的戏曲模式在角色安排上注意男女的搭配和年龄的区分，只是在艺人们的意识中并不是按照"行当"来安排的。在笔者接触的艺人当中，有几位80岁左右的，如安德荣、桂枝儿、久彦等还会提到"旦"、"生"、"丑脚"等字眼，说明早期的锡伯汗都春还是有行当观念的。

曲子剧对于"行当"则一直有着较为明确的概念和追求。早期以"三小戏"（小生、小旦、小丑）模式为主，通过20世纪30年代与秦腔同台演出和在其他剧种影响下，表演艺术有了很大发展，增加了老生、老旦、净等角色类型。同时也突破了只重唱的传统，开始重视念与做，要求演员通过手、眼、身、法、步等舞台表演说明环境、解释剧情，但其表演程式和动作不像秦腔等剧种那样严格、规范，而更为自然，贴近生活。新中国成立后的专业曲子剧团进一步丰富了脚色行当和表演程式。

（三）曲牌与音调

1. 曲牌类别与数量

汗都春和曲子戏在发展过程中都在曲牌的类别与数量上有着各自的积累，有同有异。从目前收集到的传统曲牌数量和类型上看，平调方面，汗都春曲牌有55首，曲子戏曲牌有52首，它们之间相同（音调同源）曲牌27首。汗都春自有曲牌28首（除去同曲异名曲牌，实有22首），曲子戏自有曲牌25首。越调方面，汗都春曲牌有33首，曲子戏曲牌有78首，它们当中相同曲牌28首。汗都春自有曲牌5首，曲子戏自有曲牌50首。另外，曲子戏里还有7首"鼓子"曲牌和15首民歌类曲目（曲调）是汗都春里没有的。再有，汗都春没有打击乐牌子，而曲子戏的打击乐专用牌子（锣鼓经）有55个。

从一般规律来讲，传统戏曲在传承、发展的过程中总是会放弃或遗忘一些曾经使用过的曲牌和曲目，只不过较之曲子戏而言，汗都春更是如此，据汗都春的一些老艺人讲，还有不少早年间的曲牌，后来慢慢地忘记、失传了。之所以这样，是因为从自新疆"三区革命"开始，汗都春表演语言改汉语为锡伯语之后，汗都春和其他源自西北地区的曲种或剧种的交流就基本停止了，除了少量补充进去的本土民族音调外，继续吸收其他曲种或剧种曲牌以丰富自己的可能性变小。而曲子戏则长时间地受到陕西曲子、秦腔等源自西北地区的曲种、剧种的影响，吸收外来曲牌为我所用的渠道很多，以至于二者在主体声腔越调的曲牌数量上产生了较大差距，近年来还在一些创作剧目中新编了一些曲调。尽管如此，汗都春还是保留下来了22首在曲子戏里没有（或失传）的早期平调曲牌。至于打击乐曲牌，汗都春始终没有，那是曲子戏在秦腔等剧种影响下从20世纪30年代以后开始使用的。

2. 曲牌的使用特征

在平调的曲牌使用上，汗都春和曲子戏具有相同的传统，即大部分曲目都是用一个曲牌演唱多段唱词，一宫到底。只有少数曲目采用两个或两个以上曲牌，但同样是一宫到底。如汗都春的《花亭相会》、《小放牛》、《碾米》、《编席》、《钉缸》等，曲子剧的《下三屯》、《十岁郎》、《磨豆腐》、《小放牛》、《下四川》、《三子争父》、《庵堂认母》等。

在越调的曲牌使用上，汗都春和曲子戏在基本框架上均沿袭着传统的规范模式，即一个剧目（曲目）一般都以［开场越调］（［越头］）开始，之后加入若干其他曲牌作为"过曲"，最后以［收场越调］（［越尾］）结束。也有一些例外，如汗都春《小姑贤》一剧，即是以［东调］开头，以［收场越调］结束；曲子剧的《喜事风波》是用［软西京］开场，［一枝花］结尾。曲子剧还有一种曲牌使用的传统模式，就是如果采用［背工］开始，必然以［背尾］结束，再如果以［背工］接［越头］开始，则必须以［背工］接［越尾］结束。这一规范在汗都春中已不存在，且［背宫］这个曲牌也不常用了。另外，汗都春和曲子戏在越调剧目（曲目）中都打破了平调一宫到底的传统。

在传统习惯中，汗都春和曲子戏都是平调曲牌和越调曲牌泾渭分明、互不混用。但发展到后来，两者都分别打破了这一规矩。为了使音乐更加丰富，更好地表现剧情，而将平调曲牌和越调曲牌共用于新创剧目中，多数情况下是越调曲牌为主，辅之以平调曲牌。

3. 音调

作为同源剧种（曲种），汗都春与曲子戏在各自长期的传承过程中，在音调的风格上产生了比较明显的差别，总体上讲，汗都春的曲调显得比较平直、质朴，而曲子戏的曲调则更为繁复、花俏。具体是谁发生了变化目前很难下结论。现以 3 首相同曲牌①作比较如下。

（1）汗都春平调曲牌［下四川］与曲子戏平调曲牌［下四川］比较

曲子戏的音调多处采用下滑音使得旋律相对于汉都春来讲更为俏皮、风趣。

---

① 用来作比较的汗都春曲牌［下四川］、［划船调］和［落江月］均由笔者采录、记谱，曲子戏曲牌［下四川］、［推船调］、［落江雁］曲谱引自戴明忠、张世勇主编《新疆曲子辑注》，2006，第 233、338、290 页。

（2）汗都春平调曲牌［划船调］与曲子戏平调曲牌［推船调］比较

汉都春旋律的线条相对柔和、平稳，而曲子戏的旋律在第 3、第 6 和第 7 小节出现了八度大跳，令音调富有动感。

（3）汗都春越调曲牌［落江月］与曲子戏越调曲牌［落江雁］比较

曲子戏的旋律相对于汉都春拉得更长，尤其是曲子戏第 3 小节的 3 个倚音的应用以及第 12、第 13 小节的上波音，使音调相对汉都春而言，显得戏剧性更强。

（四）乐器使用

汗都春的乐器使用，过去以三弦为主奏，另有四胡、扬琴，再配以丁山（碰铃）、夹板两种击节性乐器。该传统到了 20 世纪 50 年代开始出现了变化，常常加入一些如二胡、小提琴、曼陀林、板胡、菲特克呐、绰伦等其他乐器。汗都春剧目基本上都是文戏，所以从未使用过配合武戏的打击乐器。

传统曲子戏在坐唱与走唱时期使用的有三弦、四胡、板胡几种丝弦乐器，还有瓦子（同汗都春的夹板）、飞子（又叫甩子，即碰铃）两种击节性乐器。20 世纪 30 年代发展为舞台剧后，乐队中增加了扬琴、竹笛等文场乐器。与秦腔同台表演后，受秦腔的影响而加入了板鼓、大锣、小锣、堂鼓、大镲、檀板等武场乐器。1959 年昌吉州新疆曲子剧团成立后，进一步丰富了乐器的种类。文场乐队增加了如唢呐、海笛、琵琶、二胡、中胡、高胡、低胡、大提琴、长笛、单簧管等乐器，武场乐队增加了如战鼓、铙钹、吊镲、铰子、水镲、碰铃、梆子、木鱼等打击乐器，形成了较完善的文武场面。文场乐器中以三弦、四胡和板胡为主，俗称"大三件"；武场乐器中以板鼓（兼檀板，在乐队中起领奏和指挥作用）、小锣和小镲为主，俗称"小三件"。演出时乐队的排列文场在前，武场置后。1980 年呼图壁新疆曲子剧团成立后，改用京剧打击乐器配置，并在借鉴京剧、秦腔、豫剧和民间秧歌锣鼓点的基础上，逐步形成了一套富于新疆曲子音乐风格的锣鼓曲牌。

（五） 舞台表演与装扮

汗都春在早期发展阶段，由于其表演曲目（剧目）基本都是从汉、回小曲子那里学来，所以演员表演的身段动作部分沿袭着小曲子的程式。改用锡伯语演唱以后，尤其是在新编创的剧目中，其舞台表演更趋于生活化。演员的着装上，早年间中老年男女艺人喜着长袍或外加坎肩、腰带，有的男性长者还有穿"奇木齐"（似长袍，深蓝缎料）的，年轻女性则常着旗袍登场。表演古装戏还穿戴专门的戏装，"文革"中都毁了，之后也未予添置。到现在表演汗都春一般都是生活装束，只要符合人物特征就行。演员的化妆也很简单。表演时可持简单的道具，不设布景，灯光只为照明，不作戏剧性设计。

曲子戏早年间多演出折子戏和小戏，以唱为主，演员的身段动作较少。自从20世纪30年代开始与秦腔同台演出后，其舞台表演受到秦腔很大影响，开始讲究手、眼、身、法、步的套路，但未形成严格的程式，生活化痕迹依然保留，以凸显曲子戏轻快活泼的表演风格。曲子戏在草台、庙台表演时期，一般着以淡妆，不打底彩，多是由演员自己画眉、抹腮、涂口红和点眉心。后来在秦腔等剧种的影响下，也开始追求人物化妆和造型，昌吉回族自治州曲子剧团还设了专职化妆师。从总的化妆风格来看，其生、旦的面部化妆用色较其他剧种略淡，花脸脸谱也较为简化。曲子剧服装在借鉴其他剧种的基础上力求形成自身的特色，古装戏借用秦腔软行头，如软衣裤裙、斗篷、小腰包，小百褶裙、小披肩及轻便彩衣、彩裤，以轻快风格为主。现代戏采用生活装。曲子剧团表演时有灯光、布景、道具的设计。

四　几点结论

通过以上对汗都春和曲子剧围绕历史、戏俗和艺术特征等方面的比较，不难得出如下结论。

（一） 汗都春与曲子剧的关系

过去对于汗都春与曲子剧的关系存在一定的模糊性，或将汗都春视作曲子剧,或将其列为独立剧种。通过以上比较,汗都春与新疆曲子剧的关系应该得到明确:二者同根同源,在1944年新疆"三区革命"爆发以前,汗都春的语言(汉语演唱)、剧目等都与曲子剧相同。但"三区革命"以后,汗都春的语言由汉语变成了锡伯语,而且多年来用母语创作了数百部反映本民族生活、思想与情感的新剧目,而这些剧目对于其他民族的人来说是完全不可解读的。它已经拥有了自身独有的文化内涵和表现形式。据此,应将现在的锡伯族汗都春视作"新疆曲子剧"这个地方剧种的一个相对独立的分支。

(二) 汗都春与曲子剧的两极发展

就在新疆"三区革命"爆发,锡伯族汗都春开始"脱离"新疆曲子剧,走上了自身的发展道路以后,二者在戏俗和艺术上更是体现出两极发展的特征。上文对它们所做的比较表明,汗都春一直朝着民族性、业余性方向发展。主要体现在:曲牌运用程式逐渐简化,曲牌数量无太多补充与更新;唱腔风格更加朴素、直白,故凡能演唱一般歌曲者均能不经过专门训练即可表演;"行当"概念逐渐淡化,以致未形成系统化的表演程式;打击乐器没有得到发展,无法提供丰富的音响背景以更好地配合表演,乐器种类越来越少,使用上也逐渐随意化;长期以民间性表演为主,故无化妆、服装、灯光、道具的追求;服务对象单一、范围较窄,受众仅限于本民族范围。所以,汗都春的发展模式一直保持在"以歌舞演故事"的民间小戏阶段。

而(汉、回民族的)新疆曲子剧则体现为不断地向专业性、戏剧性方面发展和追求:"行当"逐渐丰富;表演程式不断完善;曲牌不断补充,行腔运调追求更强的戏剧表现力;伴奏乐器更加丰富,尤其是强化了打击乐的使用;化妆、服装、灯光、道具等方面也向着舞台化发展;不断拓展戏路,进行了大戏和武打戏的探索。从这些方面看,新疆曲子剧已处于由民间小戏向成熟的戏剧形式转变的阶段。

(三) 汗都春的意义

锡伯族汗都春作为一种特色鲜明的少数民族戏曲艺术形式,有着特殊的文化意义。首先,它源于西北地区的汉、回民族传统音乐,但又将其转化为具有本民族文化特征的艺术形式,为我国少数民族戏曲艺术园地增添了一枝绮丽的花朵。像这样由全盘吸收继而进行全面转型的文化现象在我国少数民族戏曲艺术中实为罕见，充分体现出文化的传播与交融对于民族文化发展的积极意义。其次，100多年以来，汗都春深深植根于伊犁河南岸，成为锡伯族人民文化生活中的重要组成部分，它伴随着锡伯族人保卫新疆、建设新疆的千秋大业。同时也承载了锡伯族人的精神追求，抒发了锡伯族人的喜怒哀乐，展现了锡伯族人的乡风民俗，满足了锡伯人的审美旨趣。长期以来得到锡伯族民众的喜好和欢迎。最后，汗都春中保留了一些曲子剧中没有（或失传）的平调曲目，这不仅体现出汗都春的艺术价值，同时也为近代我国俗曲、小调的传承提供了土壤。

参考文献

[1] 马大正等：《新疆史鉴》，新疆人民出版社，2006。

[2] 苗普生、田卫疆：《新疆史纲》，新疆人民出版社，2004。

[3] 白友寒：《锡伯族源流史纲》，辽宁民族出版社，1988。

[4] 肖夫等：《锡伯族简史》，民族出版社，1986。

[5] 贺灵、佟克力：《锡伯族史》，新疆人民出版社，1993。

[6] 傅谨：《草根的力量——台州戏班的田野调查与研究》，广西人民出版社，2001。

[7] 林耀华：《民族学通论》，中央民族大学出版社，1997。

[8] 马戎：《民族社会学——社会学中的族群关系研究》，北京大学出版社，2004。

[9] 夏建中：《文化人类学理论学派——文化研究的历史》，中国人民大学出版社，1997。

[10] 朱哲：《眉户西行与新疆曲子》，《当代戏剧》2000年第6期。

[11] 《中国戏曲志》（新疆卷），中国ISBN中心，1995。

[12] （清）黄浚：《红山碎叶》，同治甲子。

[13] 李富：《新疆子戏考》，《新疆艺术》2000年第6期。

[14] 罗绍文：《新疆曲子戏考》，《新疆艺术》1987年第1期。

[15] 《中国戏曲音乐》（新疆），中国ISBN中心，1996。

[16] 《中国戏曲音乐集成》（新疆卷），中国ISBN中心，2003。

[17] 《御制增订清文鉴》，奇车山译，1781。

[18] 《中国曲艺志》（新疆卷），中国ISBN中心，2009。

［19］国家民族事务委员会全国少数民族存籍整理研究室：《中国少数民族古籍总目提要》（锡伯族卷），中国大百科全书出版社，2007。

本文摘自《新疆师范大学学报》（哲学社会科学版）

2010 年第 3 期

中国新疆塔塔尔族民歌之存现
及其原因探析

崔　斌　王建朝[*]

摘　要： 塔塔尔族民歌是塔塔尔民族文化的重要组成部分，是塔塔尔族音乐舞蹈流传和发展的基础。然而，由于诸多原因的影响，如今塔塔尔族民歌的生存环境每况愈下，日渐凋零，从而使得塔塔尔族民歌的传承亦处于日渐式微的境遇之下，实乃令人担忧。文章通过对塔塔尔族民歌生存的地理环境（自然生态环境）与语言环境的分析和研究，试图揭示塔塔尔族民歌日趋衰落的成因，以期为塔塔尔族民歌的传承和保护工作提供一个研究的平台。

关键词： 塔塔尔族民歌　地理环境　语言环境　保护传承

伴随着塔塔尔族走过了漫漫的历史长河，塔塔尔族民歌以其特有的艺术形式，折射出塔塔尔族群的思想感情和审美心路历程。就民族文化之发生学而言，由于塔塔尔族民歌与突厥、蒙古、俄罗斯、维吾尔、哈萨克等民族之间有着一定的历史渊源关系，其研究尤其显得复杂而深远，具有极高的人类学、民族学乃至历史学、社会学、艺术学等价值。

塔塔尔族是我国的跨界民族之一，主要分布在我国的新疆维吾尔自治区，且大多散居。据全国第五次人口普查资料显示，塔塔尔族人口为4921人。分布在城市的塔塔尔人主要居住在新疆的乌鲁木齐、伊宁、塔城和阿尔泰市；分布在农牧区的塔塔尔人则主要散居于奇台县、吉木萨尔县、伊

---

* 崔斌，新疆师范大学音乐学院副教授，硕士生导师；王建朝，文学硕士，新疆师范大学音乐学院青年教师。

宁县、巩留县、昭苏县、额敏县、托里县、布尔津县、哈巴河县、青河县等山区和山前缓坡的平原地区。在国外，塔塔尔族主要分布在欧洲东部伏尔加河流域和卡玛河渡口一带以及澳大利亚、土耳其、保加利亚和中亚的哈萨克斯坦、吉尔吉斯斯坦、乌兹别克斯坦、塔吉克斯坦、蒙古等国家。

据史料记载，"塔塔尔"一名最初见于《阙特勤碑》的突厥碑文中，唐代文献称之为"达旦"。之后文献里出现的"达达"、"鞑靼"等，皆为塔塔尔的不同音译。唐代时，"鞑靼"为我国北方游牧的突厥汗国统治下的一个部落。突厥汗国衰亡之后，鞑靼逐渐强大。唐代以后，鞑靼成为中国北方部落的统称。蒙古兴起后，鞑靼成为蒙古汗国统治下的一个部落，称为塔塔尔部落。蒙古人建立的地跨欧亚两洲的金帐汗国衰亡后，于15世纪在伏尔加河一带建立了喀山汗国，至16世纪时归并俄罗斯，塔塔尔人作为一个民族在这一时期已经形成。塔塔尔族主要是由古代保加尔人、钦察人和突厥化了的蒙古人长期融合发展而成的。我国的塔塔尔族大多是19世纪20~30年代及以后陆续从现在俄罗斯境内的喀山、斜米列奇、翟桑等地迁徙而来，其中有商人、农牧民、手工业者、教育工作者及宗教职业者等，信奉伊斯兰教。[①]"塔塔尔"一名为"Tatar"的汉语译音，是本民族的自称。

据研究，塔塔尔族民歌是广泛流传于塔塔尔人日常劳动、爱情表达、生活习俗、岁时节日、人生礼仪等场合的由塔塔尔族民众集体口头即兴编创的民间歌曲。就其分类而言，根据《中国民间歌曲集成·新疆卷》记载，塔塔尔族民歌按照题材内容主要分为劳动歌曲、爱情歌曲、颂赞歌、习俗歌曲等几种类型，其中之习俗歌曲又依据表演场合的不同而分为摇篮歌曲、婚礼歌曲、祭祀歌曲三种子类型。本文即以田野调查为本，结合文献记载，对塔塔尔族民间的存现状况乃至日趋消亡的原因进行学理上的分析，以此为塔塔尔族民歌的传承和保护工作提供一个研究的平台。

一　塔塔尔族民歌之存现

我们通过田野调查发现，如今流传于不同塔塔尔族聚居区的塔塔尔族民歌呈现不同的发展面貌。如塔城地区的塔塔尔族民歌主要是以家族"口

---

① 《中国大百科全书》（民族卷），中国大百科全书出版社，1989，第417~418页。

传心授"的方式流传，该地区的塔塔尔族在语言上呈分化状态，一部分人群有较好的塔塔尔语言基础，同时又具备了汉、维吾尔、哈萨克等不同民族的语言能力，另一部分人群本民族语言已经弱化，在这里承载塔塔尔族民歌的主要载体为日常生活、婚礼、撒班节等。以维系塔塔尔民族文化精神的撒班节为例，如今在撒班节中表演的塔塔尔族歌舞中，维吾尔、哈萨克等民族的元素随处可见，甚至很多塔塔尔族民歌即用哈萨克等民族语言演唱。因此，流传于不同聚居区的塔塔尔族民歌无论在曲调还是在唱词等方面均呈现一定程度的变异。笔者在奇台调查时，据当地民间艺人介绍，如今在民间婚礼中演唱的塔塔尔族民歌仅仅有《美丽的情侣》、《婚礼之歌》、《艾比拜》等几首较具代表性，而且大多是用哈萨克语演唱。大大少于往昔塔塔尔族人传统婚礼中塔塔尔族民歌演唱连缀不断的规模和数量。伊犁地区也是塔塔尔族聚居的重要地区，且部分人尤其是一些老人还能够用塔塔尔语进行日常交流，如今能够操塔塔尔语进行交流的青少年已经很少，他们大多只会说汉语、维吾尔语和哈萨克语。与塔城地区的塔塔尔族人相比，该地区流传的用塔塔尔语演唱的塔塔尔族民歌也相对较为完好，但相对往昔而言，其民歌的数量也大大减少，且有些民歌的曲调也由于受周边各民族音乐的影响而发生变异，其宗教习俗中祭祀歌曲也正处于濒临灭绝的边缘。

我们知道，新疆奇台县大泉乡为全国唯一的塔塔尔民族乡，该乡的黑沟村主要是由塔塔尔族和哈萨克族所组成。我们通过调查发现，该地的塔塔尔族人基本上不会讲塔塔尔语，主要以哈萨克语进行日常生活的交流，其生活习俗也与哈萨克族有着诸多的相似点，民歌也主要以哈萨克语演唱。因此，该地塔塔尔族民歌的流传状况尤其令笔者所注目。在与奇台县文体局负责人的交流中获悉，由政府出面，策划近期在塔塔尔民族乡举办一场完整的民族婚礼仪式，其过程完全用塔塔尔族传统方式进行，仪式运用全套的婚礼习俗民歌并用塔塔尔语演唱，现正在多方寻找各种相关文献和具备语言及演唱婚俗民歌的专家和艺人并对相关人员进行培训，以期以此为契机，唤起塔塔尔民族乡对传统文化的追求。笔者曾多次对该地塔塔尔族民歌的生存情况进行田野调查，并从诸多的调查案例中窥见塔塔尔族民歌的传承正处于不容乐观的境地。现试举几例如下。

田野调查案例一：依木拉提，男，80岁，奇台县大泉乡农民。

据依木拉提老人介绍，他的父亲是塔塔尔族，母亲是哈萨克族，这样的家庭结构在当地已是普遍现象。依木拉提老人曾告诉笔者："我小的时候也听父亲说塔塔尔语，但随着哈萨克语的普遍使用，塔塔尔语也就不说了，我们现在日常生活中都用哈萨克语交流。"尽管依木拉提老人即兴演唱时边唱边跳，但多数歌曲已不能用塔塔尔语演唱，而是被哈萨克语所代替了。我们在调查中采录到他所演唱《吉儿》、《巴拉米斯肯》和《家乡》等民间歌曲。前两首用塔塔尔语演唱，后一首则用哈萨克语演唱。

田野调查案例二：卡美娜，女，奇台县大泉乡政府打字员。

卡美娜从小就喜欢唱歌和跳舞。据其介绍，她所演唱的很多民歌都是从亲戚那里习得的。譬如，她演唱的塔塔尔族情歌《琪士玛达》就是跟阿勒泰过来的一位亲戚学的。她说，现在的年轻人都喜欢演唱流行歌曲，都不唱塔塔尔族民歌了，很多塔塔尔族民歌已经消亡了。

田野调查案例三：沙明，男，34 岁，奇台县大泉乡的副乡长。

据沙明介绍，其担任奇台县大泉乡副乡长一职已三年有余。当笔者问到有关塔塔尔族音乐的相关问题时，他亦显示出无可奈何。他认为塔塔尔族民歌之所以不能很好地传承下去，主要是由塔塔尔语的退化造成的。他告诉笔者："两年前，我们专门从伊犁请来塔塔尔族老师教授我们塔塔尔族语，可是根本就没人学。"当我们问及原因时，他说："现在塔塔尔乡的哈萨克人比塔塔尔人多得多，所以和哈族人接触得比较多，塔塔尔语根本就用不上。"由此可见，塔塔尔族语言的退化和传统生活方式的改变息息相关，正是此原因造成了塔塔尔族民歌的生存状况正处于被边缘化的境地。很多歌曲仅仅是存在些许的印象而用塔塔尔语进行完整的演唱几乎已经不太可能了。很多塔塔尔人表示，塔塔尔族民歌在他们这代人身上已经流失了很多，普遍感慨：是民族语言文字的退化造成了塔塔尔族民歌正处于青黄不接的局面。

二 塔塔尔族民歌之生存现状的原因分析

面对塔塔尔族民歌的濒危状况，笔者试图通过对塔塔尔民族散居的地理环境（即自然生态环境）与语言缺失成因的调查和分析，找到塔塔尔民歌日趋衰落的成因，以期为塔塔尔民歌的保护和传承工作提供一个研究的平台和突破口。

（一）散居的地理环境阻隔了民歌的生存空间

众所周知，特定的地理自然环境是人类生存、繁衍并进行生产和生活的先决条件，在此基础上逐渐形成了不同民族、不同地区的传统文化。诚如我国著名音乐学家张振涛先生在《冀中乡村礼俗中的鼓吹乐社音乐会》中所言：“越是深入地了解一个地区的文化现象，解析这一特定环境下生成的艺术组织，就越能深切体会到自然环境对文化的深刻影响。”[1] 张先生这一观点意在彰显自然生态环境对该环境中文化的形成和发展所起到的举足轻重的作用，因为自然生态环境是传统文化赖以生存和发展的天然舞台。民歌作为传统文化的一部分，其产生和发展自然离不开人类生存和生活的自然生态环境，并在不同的生存空间中孕育出了丰富多彩的民歌文化资源，塔塔尔族亦概莫能外。

新疆塔塔尔人因生态环境和人为因素的双重影响，而星罗棋布地散居于不同的地理生存空间，与各地的土著居民杂居相处，并形成了不尽一致的生产、生活方式，进而形成了不尽一致的文化类型。据调查显示，目前的塔塔尔人相对集中的地区主要是阿勒泰地区1300余人，昌吉州900余人，乌鲁木齐800余人，伊犁地区800余人，塔城地区500余人。其中昌吉州奇台县500余人，吉木萨尔县200余人；阿勒泰市区400余人，布尔津县400余人，青河县200余人；伊犁地区伊宁县近300人，昭苏县200余人，巩留县100余人；塔城市200余人；乌鲁木齐市的塔塔尔人口分散在天山区、沙依巴克区、新市区和乌鲁木齐县等。[2]

以上数据均显而易见地表明，不足5000人的塔塔尔民族生存的地理环境竟然被割裂在广袤新疆北部的不同地区，如此分散的居住环境，严重地影响了族群之间的往来与交流，故此，塔塔尔族民歌因地理因素带来的危机隐患就显得尤为突出。我们知道，塔塔尔族民歌来自于民间，来自于特定的自然生态环境，它们带着伏尔加河流域沉淀的泥土的芬芳，辗转千里飘到了新疆并扎根于此。它在流传和发展的过程中像一条海纳百川的河流一般汲取了各方精华文化的滋养，而充满着浓郁、鲜明的地方特色和多彩

---

① 张振涛：《冀中乡村礼俗中的鼓吹乐社音乐会》，山东文艺出版社，2002，第37页。
② 周建华：《中国塔塔尔族人口规模的变迁和人口分布现状》，《辽宁大学学报》2003年第2期。

的生活气息，无不彰显出其浓烈的民族特征。然而，随着城镇化发展步伐的逐步加快，加之生态环境变迁、人口迁移等原因使然，原生态的民歌环境不可避免地遭到了严重的破坏。

以"撒班节"为例：撒班节是塔塔尔族最重要的传统节日，因撒班节在每年春耕后的间歇期间举行，也称"犁头节"或"犁铧节"，包含着欢庆丰收的意义。一般在每年 5~7 月间举行，没有固定的日期。据知情人介绍，撒班节曾因历史等原因而中断了几十年，直至 20 世纪 80 年代才又得以恢复，越来越受到塔塔尔民族的重视，成为弘扬塔塔尔民族传统文化的重要节日。撒班节是以展示塔塔尔民族的服饰、饮食、音乐、舞蹈、赛马和摔跤等传统项目为主要内容的重大节日。每逢此节，男女老少共同演唱塔塔尔族民歌而成为凝聚民族情感、展演其传统文化的重要标志。2007 年6 月 23~24 日，我们在昌吉州奇台县大泉塔塔尔民族乡参加了由 400 余人参与举办的撒班节。其中，来自伊犁、塔城、阿勒泰和乌鲁木齐等地州的130 余名代表参加了文艺会演乃至赛马、摔跤、跳麻袋比赛等诸多民族传统娱乐活动。2007 年 7 月 14~15 日，在塔城市三道河坝举办的撒班节上，由来自乌鲁木齐、伊犁、阿勒泰、昌吉等地区的共计 300 多人的参加者，其中来自城镇的塔塔尔族人即占到了总参加者的 60% 以上。这些塔塔尔族人千里迢迢赶到这里参加他们共同的传统节日——撒班节，最近者一二百公里，最远者甚至达到七八百公里至 1000 余公里不等，即便是在公路交通相对发达的今天，诸多的不便因素亦是不言而喻的。众所周知，与其他民族的民歌一样，塔塔尔族民歌也是塔塔尔族人民集体智慧的结晶，始终与他们的生存环境保持着千丝万缕的联系。然而，散居的地理环境则像一道道天然的屏障，在相当的程度上阻隔了塔塔尔族民歌赖以生存的土壤，此乃塔塔尔族民歌日渐式微的主要原因之一。

（二）语言流失导致了民歌的衰落

塔塔尔民族的语言才能非常出众，被新疆各族人民称之为"天才的翻译家"。究其原因，我们发现，强势民族的语言环境导致了塔塔尔族这一弱势群体不得不在诸多强势民族之语言环境的夹缝中求得生存和发展的机遇。譬如，塔城地区自清代以后就有蒙古、汉、满、锡伯、达斡尔、回、哈萨克、维吾尔、乌孜别克、柯尔克孜、俄罗斯、塔塔尔等民族杂居相处。如今在塔城市境内的民族亦有 25 个，它们分别是汉、回、哈萨克、维吾尔、东乡、乌孜别克、柯尔克孜、俄罗斯、塔塔尔、锡伯、蒙古、达斡尔、藏、苗、撒拉、裕固、犹太、鄂伦春、满、壮、鄂温克、侗、土家、朝鲜、彝等。就奇台县大泉塔塔尔民族乡而言，如今全乡有 917 户 4117 人，分属于塔塔尔、哈萨克、汉、维吾尔、回、蒙古等 8 个民族，其中塔塔尔族 1482 人，占全乡总人口的 36%，主要集中在黑沟村。该乡的塔塔尔族人在日常生活习惯、接人待客、婚丧习俗等方面皆与哈萨克族基本相同，因而其本位文化处于弱势的边缘地位。其他有塔塔尔人生存的地区也与以上情况如出一辙，大多与哈萨克、维吾尔、汉等民族杂居相处而深受其影响。众所周知，不同的民族都有着不尽一致的语言体系，即便是处于同一种语系之列，其所持语言之归属语族、语支也千差万别，因而造成不同的语言方言区域。新疆很多地区的塔塔尔族人通过与其他民族的杂居、交融，现在已经被维吾尔语、哈萨克语等语言环境所同化。我们知道，一种文化的形成、生存和发展既离不开自然因素也离不开人为因素，是维系其兴衰存续的先决条件。塔塔尔族民歌乃至传统音乐文化的生存与发展也是由其表象背后的自然生态因素和人为因素的双重因素来维系的。

众所皆知，民歌是语言的艺术，与语言有着天然的内在联系。无独有偶，塔塔尔族民歌与塔塔尔语言的水乳交融将以上真知灼见展现得淋漓尽致。塔塔尔语的音节构成及其格律特征均对塔塔尔族民歌的旋律、节拍节奏等状况有着至关重要的影响。据周建华先生的调查结果显示：目前，全区除占塔塔尔总人口 25% 左右，2300 余人使用哈语的塔塔尔族人之外，使用塔塔尔语的总人口为 3590 人左右，占塔塔尔族总人口的 73% 左右。[①] 他们主要生活在天山北麓的哈萨克族、维吾尔族和汉族聚居区，处在三种大语言环境之中。塔塔尔语属阿尔泰语系突厥语族西匈语支，是塔塔尔单一民族使用的语言，在长期的散居生活中因地理因素而形成了不同的语言区域。大致分为乌鲁木齐语言区，共约 900 人；阿勒泰地区语言区，共约 900 人；伊犁地区语言区，共约 700 人；塔城地区语言区，共约 300 人。[②] 以上数据均显示出塔塔尔语是在三大语言的包围中生存着，三大语言的辐射能力均以其强大的惯性影响着塔塔尔语的使用和传播。然而，从另一个

---

① 周建华：《中国塔塔尔族人口规模的变迁和人口分布现状》，《辽宁大学学报》2003 年第 2 期。

② 周建华：《塔塔尔人的语言使用概况》，《语言与翻译》2001 年第 1 期。

层面也无情地揭示了生存法则下的残酷事实：塔塔尔族人少且散居，造成了他们在与其他民族杂居相处的境遇下而被其所同化，进而改变了他们的生活方式和文化机制。毋庸置疑，这是他们在适应民族环境时必须做出的选择。

此外，塔塔尔族没有教授本民族语言的学校亦是其语言被同化的重要原因之一。我们通过调查获知，几十年来，塔塔尔人无论在小学、初中，还是在高中或者大学，哈萨克语、维吾尔语和汉语均为他们的必修课，这在相当的程度上培养了塔塔尔族人精深的双重语言乃至多重语言的能力。据调查获知，大多数塔塔尔族人都能够熟练掌握哈萨克语、维吾尔语和汉语等多种语言，"天才的翻译家"的称号当之无愧。但是，本民族自己的语言却在这种趋势下渐趋消亡的事实亦不得不引起我们乃至每一位塔塔尔族人的反思，进而采取积极、有效的措施来实行自救，因为语言是一个民族存续的鲜明标志，语言的消失即民族文化的消失乃至民族实体的消亡，所谓"皮之不存，毛将焉附"即是同理。田野调查告诉我们，现在新疆能够操塔塔尔语的百分之八九十的塔塔尔族人仅仅能够掌握些许简单的日常用语，能够运用塔塔尔族语言文字的人大多已进入风烛残年，年轻者甚少，尤其是生活在城市的青少年，他们中的很多人甚至连最简单、最基本的日常用语都难以驾驭，还何谈用塔塔尔语进行交流和演唱民歌？此外，此种窘境在农村牧区也是不容乐观的。譬如，笔者于 2007 年 6 月中旬在奇台县大泉塔塔尔乡调查时发现，在这个全国唯一的塔塔尔民族乡——塔塔尔族和哈萨克族共同生活的辽阔的山地、牧区，他们与哈萨克族不但朝夕和睦相处，而且相互通婚的惯制早已有之，相互之间建立了"你中有我，我中有你"的深情厚谊，颇似一个团结、和谐、温暖的大家庭。这里的塔塔尔族人专用哈萨克语进行日常生活中的交流乃至书信的往来，哈萨克语已经成为该地区塔塔尔族人的第一语言，其母语——塔塔尔语几乎销声匿迹，偌大的一个塔塔尔族民族乡能够操持其母语（塔塔尔语）者可谓屈指可数、凤毛麟角。加之子女族别的不断变化，让我们的调查陷入了极大的困惑之中。这不能不说是因地域因素抑或人为因素等诸多因素的影响而造成文化（语言等）的同化而致使本位文化消失。由以上论述已知，音乐艺术尤其是民歌艺术是语言的艺术，无论是民歌的歌词抑或旋律、节拍节奏等音乐形态状况均与语言的音节、格律等元素有着千丝万缕的天然联系，犹如《中国大百科全书》之民歌词条中所云："民歌是民间口头流传的歌曲，各民族民歌的旋律与该民族的语言密切结合，最容易在本地区流传。"① 其实，这在新疆塔塔尔族民歌中表现得尤为典型。2005 年，民族音乐学家毛继增先生在奇台县大泉塔塔尔族民族乡采风时发现，他们千辛万苦采录到的一首塔塔尔族民歌《你的眼睛》的演唱者——6 位塔塔尔族姑娘只能够在专家的提示下唱完全曲子，且基本上是采用哈萨克语演唱。笔者在调查中也发现，现在奇台县大泉塔塔尔族民族乡能够用塔塔尔语演唱民歌者已凤毛麟角。由此可见，塔塔尔族语言的渐趋消亡已成为塔塔尔族民歌青黄不接乃至渐趋消亡的最主要原因。塔塔尔族民歌正处于以上窘境之下，可以说，我们采取有效措施进行保护和传承塔塔尔族民歌的工作已经迫在眉睫，刻不容缓。

我们知道，民歌是广大民众在日常生活实践中经过广泛的口头传唱、即兴编创而产生和发展起来的草根艺术，即兴性与群众性是其最显著的特点。民歌以口头传唱而著称，语言（唱词）是其核心之所在，失去语言便失去了传播的平台和途径。纵观历史，多少与民歌相伴相生的民族，在历经沧海桑田、迁徙、融合和同化之后，从失去语言文字开始，便慢慢的、悄无声息地退出了人类的历史舞台。我们中华民族有着流传数千载的诗歌总集——《诗经》，也有着历久弥新、经久不衰的《乐府诗集》，还有着定格历史、表现中华民族顽强不屈的革命歌曲……试想，这一切优秀民族歌曲的兴衰存续哪一点不是与民族语言息息相关、血肉相连？生活在当今世界的我们仍然可以从这些以语言文字为载体的符码中探寻出古代民族的歌魂、神韵，究竟是什么留住了我们的音乐记忆？毫无疑问，是语言文字。我们的少数民族民歌何尝不是与此有着异曲同工之妙？塔塔尔族民歌也是这一艺术百花园中必不可少的绚丽多彩的音乐奇葩。以上论述也从反面论证，语言文字是民歌存续的载体，失去了语言这一载体亦即失去了民歌这一艺术奇葩。峰回路转，言归正传，再来看看我们的塔塔尔族民歌吧，很多塔塔尔人尤其是都市的年轻人甚至连最基本、最简单的日常用语都难以操持了，还何谈以语言为载体的塔塔尔族民歌呢？由此可见，其濒临灭绝的窘境也显而易见了。

我们知道，保护民族文化遗产，既是我国各民族文化传承和发展的基础，也是维护中华文化独特性和复兴中华文化的重要一环，具有重要的战

---

① 《中国大百科全书》（音乐舞蹈卷），中国大百科全书出版社，1989，第 631 页。

略性意义。随着现代化进程的加速，我国的物质文明得到了快速发展，追求精神文明已成为中华民族与时俱进的真实写照。我们欣喜地看到，伴随着"维吾尔木卡姆"、"玛纳斯"申遗成功和新疆非物质文化遗产保护研究中心的成立，随即自上而下形成了研究、保护和传承民族文化的有机链条。就塔塔尔民族文化而言，传统节日撒班节已成为弘扬和传承塔塔尔民族文化的重要平台，受到了政府、专业研究机构、社会和民间的高度重视。

最后，还是用我们调查的一个传承塔塔尔族民歌的典型个案来结束本文吧。塔城市有一个传承塔塔尔民歌的家庭，在塔塔尔族中小有名气。家庭的主人叫纳吉姆丁·安尼瓦尔，60岁，在一家医务所当医生，该主人有6个孩子，一家三代十几口人，老老少少个个都是演唱民歌的佼佼者。当我们来到这个家庭的时候，拉琴、唱歌和跳舞，场面激情荡漾、热闹非凡，无不感人至深。主人纳吉姆丁·安尼瓦尔告诉我们，他的爷爷就是一名优秀的民歌手。我们有幸在这个家庭里聆听了他和家人演唱的如《萨合奴库依》（思念）、《阔孜拉列》（眼睛）、《乌扎克康达》（送别）、《阿友拉格》（弯月）等塔塔尔族民歌，每一首歌都被他们演绎得精妙绝伦，实乃令人感动至极！从这个家庭传承民歌个案的表象背后，我们似乎看到了塔塔尔族发展前景的曙光。同时，在"非遗"保护之热潮奔涌而来的时候，我们一定要保持清醒的头脑，不能急于求成，好大喜功，因为保护和传承塔塔尔族民歌的工作不是一件轻而易举的事情，而是一个浩大的系统工程。我们只有以理性为指导，在借鉴其他民族民歌之保护成功经验的基础上，结合本民族民歌文化的特点，才能找到一个科学合理、循序渐进的有效方法。我们完全有理由相信，无论岁月怎样变迁，文化怎样涅槃嬗变，只要我们从今天开始，从自我开始，认识到塔塔尔族民歌的多重价值和重要性，采取一系列行之有效的保护措施，想必，塔塔尔族民歌的发展前景一定会越来越好。

参考文献

[1] 周泓：《我国塔塔尔族历史来源略述》，《中央民族大学学报》1995年第2期。

[2] 王远新：《加强人口较少民族语言的调查及弱势和濒危语言的保护》，《新疆师范

大学学报》2008 年第 1 期。

［3］文体记者：《塔塔尔：中国穆斯林人口中最为奇特的现象》，《民族团结》2000 年第 3 期。

［4］李建新：《新疆塔塔尔族调查研究——现状、问题与思考》，《西北民族研究》2001 年第 4 期。

［5］周建华：《新疆塔塔尔族文化构成分析》，《民族研究》2004 年第 2 期。

［6］李晓霞：《新疆两乡民族混合家庭调查》，《新疆社会科学》2005 年第 3 期。

［7］曲笛：《论塔塔尔族民间音乐纯正性及相关问题》，《石河子大学学报》2000 年第 3 期。

［8］张敬仪、阿克赞：《关于"塔塔尔"一词的多种解释》，《西北民族学院学报》2001 年第 4 期。

［9］《中国民间歌曲集成》全国编辑委员会编《中国民间歌曲集成》（新疆卷），中国 ISBN 中心，1998。

［10］刘维新主编《西北民族词典》，新疆人民出版社，1998。

本文摘自《新疆师范大学学报》（哲学社会科学版）
2010 年第 3 期

图书在版编目（CIP）数据

丝路文化新聚焦/梁超主编. —北京：社会科学文献出版社，2011.12
（《新疆师范大学学报》"现代文化新视角"丛书）
ISBN 978-7-5097-2617-4

Ⅰ.①丝…　Ⅱ.①梁…　Ⅲ.①丝绸之路-文化史
Ⅳ.①K203

中国版本图书馆 CIP 数据核字（2011）第 159470 号

· 《新疆师范大学学报》"现代文化新视角"丛书 ·
丝路文化新聚焦

主　　编/梁　超

出 版 人/谢寿光
出 版 者/社会科学文献出版社
地　　址/北京市西城区北三环中路甲 29 号院 3 号楼华龙大厦
邮政编码/100029

责任部门/人文科学图书事业部（010）59367215　　责任编辑/王琛玚
电子信箱/renwen@ ssap. cn　　　　　　　　　　　责任校对/杨俊芳
项目统筹/宋月华　范 迎　　　　　　　　　　　　责任印制/岳 阳
总 经 销/社会科学文献出版社发行部（010）59367081　59367089
读者服务/读者服务中心（010）59367028

印　　装/北京画中画印刷有限公司
开　　本/787mm×1092mm　1/16　　　　　　印　　张/27.75
版　　次/2011 年 12 月第 1 版　　　　　　　　字　　数/467 千字
印　　次/2011 年 12 月第 1 次印刷
书　　号/ISBN 978-7-5097-2617-4
定　　价/88.00 元